精品课程配套教材
21世纪应用型人才培养规划教材
“双创”型人才培养优秀教材

JINRONG
SHICHANGXUE

金融市场学

主　编　史昕艳　王　瑞　曹向杰
副主编　王　媛　石莉萍　杨　洋
周宇燕　周燕齐　杨茜云
李超颖

山东大学出版社

图书在版编目（CIP）数据

金融市场学/史昕艳，王瑞，曹向杰主编．—济南：山东大学出版社，2019.9
ISBN 978-7-5607-6441-2

Ⅰ．①金… Ⅱ．①史…②王…③曹… Ⅲ．①金融市场—经济理论—教材 Ⅳ．①F830.9

中国版本图书馆 CIP 数据核字（2019）第 220258 号

责任编辑：陈佳意
美术编辑：张　荔
封面设计：尤　岛

出版发行：山东大学出版社
社　址　山东省济南市山大南路 20 号
邮　编　250100
电　话　市场部（0531）88363008
经　　销：新华书店
印　　刷：北京俊林印刷有限公司
规　　格：787 毫米×1092 毫米　1/16
18 印张　466 千字
版　　次：2019 年 9 月第 1 版
印　　次：2019 年 9 月第 1 次印刷
定　　价：48.00 元

前 言

在现代金融学科的发展史上，人们把20世纪50年代以前形成的以货币供求和资金流动为主要研究对象的金融理论体系称为古典金融学，而把在此之后，以金融市场运行为主要研究对象的金融理论体系称为现代金融学。金融市场是现代市场体系的灵魂，在全球经济一体化的趋势下，金融市场也在走向一体化，并在世界范围内，发挥引导资金流动、优化资源配置和提高经济运行效率的作用。

在过去的几年，中国金融市场中，无论是资本市场、外汇市场，还是金融衍生品市场都发生了诸多实质性的变化，也面临着更多的机会和挑战。这些变化也为金融市场学课程的教学提出了新的要求和挑战。金融市场学已成为绝大多数金融专业的重要专业课程之一。掌握金融市场的基础理论和专业知识，熟悉金融市场的运行机制和运行规律，把握金融市场的发展趋势，既是金融、投资等相关专业人才培养的重要目标，也是从事或准备从事金融实务的人士应具备的基本素质。

本书在借鉴已有优秀金融市场学教材理论体系的基础上，引用大量最新的案例和资料，根据教学实践中课程教学改革的要求，从基本知识、基本理论和基本技能的培养目标出发，力求在体系上、内容上和形式上推陈出新。

本教材的特色如下：

1. 本教材的主要特色是“理论+实践”。基于“金融模拟实验教学软件”，使实训教学贯穿于理论教学中。我们要感谢深圳国泰安教育技术股份有限公司的积极配合，本书第十章“现代金融市场投资实践”就是与国泰安公司的盖亚军合作完成的。本教材将理论教学与实践教学紧密结合，通过对国泰安虚拟交易所模拟交易软件的应用介绍，使学生在学习金融市场基础知识的同时，可以利用交易软件，了解金融市场上真实的金融产品交易行情。

2. 本教材体例新颖，各章确定了“学习目标”，以金融市场实际案例作为“开篇导读”，使学生从金融市场实际中发现问题，带着问题进行学习，并在学习中理解金融市场理论的现实意义。部分章后附有“本章小结”“关键概念”“综合训练”以及“课外延伸阅读”，注重提高学生分析问题、解决问题的能力。

3. 本教材理论体系全面而简洁，行文规范，深入浅出。教材内容编写中注重体量适当，难度适中。由于教学学时所限，本教材摒弃了一般教材繁杂晦涩的章节，并结合金融学专业教学计划中各课程的设置顺序，简略了个别章节的内容。

本书由史昕艳、王瑞、曹向杰担任主编，王媛、石莉萍、杨洋、周宇燕、周燕齐、杨茜云、李超颖担任副主编。第一、七、八、九章由史昕艳编写，第二章由吕洪波、杨洋编写，第三章由王瑞、王媛编写，第四章由魏娜、杨茜云编写，第五章由魏岚、李超颖编写，第六章由曹向杰、石莉萍编写，第十章由盖亚军、周宇燕、周燕齐编写。全书由史昕艳负责基本框架设计和定稿工作。

本书在编写过程中参考了大量国内外相关资料，在此向有关作者致以深深的敬意。此外，本书的编写和出版也得到了闫秀丽处长和宣旭老师的大力支持和帮助，在此一并表示感谢！由于编者水平有限，时间紧迫，本书存在的疏漏和不足之处，恳请各位读者批评指正！

编　者

2019 年 9 月

目 录 Contents

第一章

金融市场概述

开篇导读

钱都去了哪里?

有一个小镇，每个人都负债累累，靠信誉度日。这时，从外地来了一位有钱的旅客，他进了一家旅馆，拿出一张1000元钞票放在柜台上，说想先看看房间，挑一间适宜的过夜。

就在此人上楼时分，店主抓了这张1000元钞，跑到近邻屠户那里支付了拖欠的肉钱。屠夫有了1000元，横过马路付清了猪农的猪本钱。猪农拿了1000元，出去付了他欠的饲料款。那个卖饲料的老兄，拿到1000元后赶忙到旅馆付清了他所欠的房钱。旅馆店主忙把这1000元放到柜台上，避免旅客下楼时起疑。

此时旅客正下楼来，他拿起1000元，称没一间房间是满意的，于是把钱收进口袋，走了。这一天，没有人出产了什么东西，也没有人得到什么东西，可全镇的债款都结清了，大家很高兴。

这个故事告诉我们什么道理？财物与负债是共生关系；现金只有流转才能产生价值，而金融市场正是为我们提供实现资金流转的各种机制的总和。

我们将在本章对金融市场的概念、金融市场的构成要素、金融市场的类型以及金融市场的发展趋势进行介绍，希望读者能从总体上对金融市场有一个整体性的认识。

(《三则精辟的金融故事告诉你你的钱做了什么》，2017年4月18日，https：//baijiahao. baidu. com/s？id=1565021283639915)

学习目标

1. 理解金融市场的内涵与特征。
2. 理解和掌握金融市场的基本功能。
3. 理解金融市场的构成与分类。

第一节　金融市场概述

一、经济运行与金融市场

为了说明金融市场在经济运行中的作用。让我们从最简单的两部门经济循环分析入手，假定整个社会经济部门由家庭和企业构成，家庭向企业提供劳动资本、土地和自然资源等生产要素，企业用这些生产要素生产各种产品及劳务。在商品经济条件下，家庭向企业提供生产要素，企业为了换取这些生产要素，要向家庭进行支付，这些支付称为收入；家庭购买企业的各种消费和劳务也必须进行支付，这些支付称为消费支出。假设家庭向企业提供生产要素 100 亿元，企业生产的产品及劳务也为 100 亿元，企业生产的商品与劳务全部为家庭所购买，则整个经济运行处于均衡状态。若家庭的收入并没有全部用于购买消费，只消费 90 亿元，储蓄 10 亿元，则企业出售商品及劳务 90 亿元，投资 10 亿元，储蓄转化为投资是通过金融市场来实现的，两部门的经济循环如图 1-1 所示。

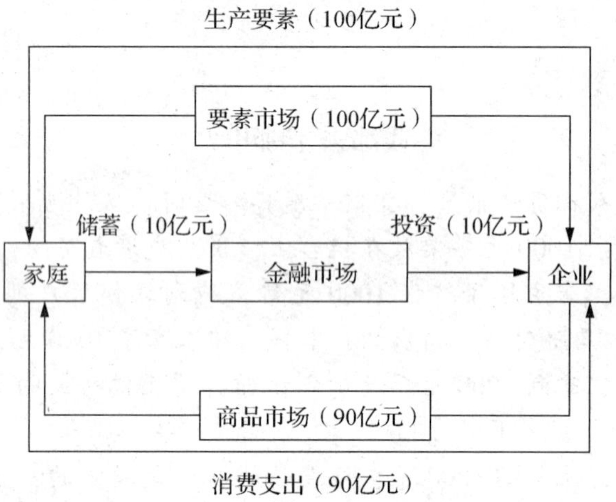

图 1-1　两部门的经济循环

在经济循环中，家庭向企业提供生产要素，是通过要素市场对等交换而实现的。在要素市场上，家庭向企业提供生产要素，相应地从企业获得对等的生产要素收入，而企业向家庭提供产品和劳务，是通过商品劳务市场的对等交换实现的。企业在商品劳务市场上，向家庭提供产品和劳务的同时，家庭向企业作出对等的消费支出，家庭的储蓄转化为企业的投资，则是通过金融市场的交易而实现的。在金融市场上，企业通过向家庭借款等形式，使家庭的储蓄转化为企业的投资。金融市场与要素市场、商品市场一起，构成经济运行中的市场体系。在现实经济中，储蓄和投资在家庭、企业、政府和国外四个部门同时存在，虽然国民收入中各个部门总和的储蓄和投资在事后应该平衡，但各部门各自的储蓄和投资通常是不平衡的。这就需要一个机制，将资金盈余的部门或单位的储蓄，转化为资金短缺部门或单位的投资。储蓄与投资之间的间接转化机制，可表达为买卖金融工具，实现储蓄转化为投资的机制，而金融市场就是买卖金融工具的市场。

二、金融市场的定义

金融市场通常是指资金供给者与资金需求者从事资金融通活动的场所。社会再生产的顺利进行，形成了大量闲散的货币资金，如果将它们动员和集中起来，就会形成巨大的资金力量。金融市场作为储蓄转化为投资的中介环节和传递机制，是经济体系中重要的组成部分。

严格上说，金融市场就是指以金融资产为交易对象而形成的供求关系及其机制的总和。

为准确地理解金融资产的含义，让我们先来看一看什么是资产。资产是指具有交换价值且产权归属明确的物品。资产可以分为实物资产和虚拟资产。实物资产对其所属者的有用性依赖于资产本身的特性，如厂房和设备对于厂商的有用性取决于厂商可以利用它们生产产品；虚拟资产的所有者所注重的不是资产本身的特性，而是其所代表的对未来利益的要求权，如普通股的持有者并不在意股票的物理形式是纸质的还是记账式的，他真正关心的是这项资产给他带来的控制公司或获取未来收益等权利。金融资产是虚拟资产的一种，是投资者向发行人要求未来现金流支付的权利凭证。以下几种资产都是金融资产：在中国工商银行的1000元定期储蓄存款；1张面值1000元财政部发行的10年期国债；1000股青岛海尔发行的普通股股票；张三向李四借款1000元时写的借条。随着金融资产的不断创新，在以上这些基础资产上还衍生出期货、期权等金融资产。通常，将金融资产的所有者称为投资者，也就是将资金借贷出去的人；而将获取资金并承诺未来支付相应现金流的经济主体称为金融资产的发行人。在上述例子中，中国工商银行、财政部、青岛海尔集团和张三都是发行人。

对金融市场应当从以下三个方面理解：①金融市场是一个交易市场和金融服务场所。不受固定场所、固定时间的限制。随着现代通信手段的发展和计算机网络的普及，越来越多的金融交易借助于无形市场，在瞬间便可以完成。因此，金融市场可以说是办理各种票据、有价证券和外汇买卖以及同业之间进行货币借贷的场所。②金融市场的交易对象是同质的金融商品，即货币资金等。③金融市场的参与者是资金的供给者和需求者。前者拥有闲置的盈余资金，后者则面临资金不足。交易双方的关系不再是单纯的买卖关系，而是建立在信用基础上的、一定时期内的资金使用权的有偿转让。

由此可见，金融市场不仅仅指金融商品的交易场所，还涵盖了一切由于金融交易而产生的关系。其中最主要的是金融商品的供求关系，以及金融交易的运行机制——价格机制，表现为金融产品的价格和资金借贷的利率。在金融市场上，利率就是资金的价格。在这种特殊价格信号的引导下，资金自动、迅速、合理地流向高效率的部门，从而优化资源配置，推动经济持续快速发展。

三、金融市场的特征

金融市场是社会经济与市场体系的重要组成部分，它同其他市场（如商品市场、生产资料市场等）紧密联系在一起。金融市场与其他市场有许多相同或相近之处，比如它们都是交易活动的场所等；但也存在着差别，金融市场有其自身的一些特点，主要表现如下：

（1）交易的对象不同，即金融市场上的交易对象具有特殊性。商品市场交易的对象是各种各样的普通商品；而金融市场的交易对象则是货币资金等各种金融资产类的特殊商品。

（2）交易的过程不同，即金融市场的借贷活动具有集中性。在商品市场上，其交易的过程只是一种简单的商品换位运动，商品从卖者手中转移到买者手中，这种交易一般不需要中间机构；而在金融市场上，货币资金的供应者与需求者通过相互接触，融通资金的余缺、实现资金交易却是一种极为复杂的借贷活动，需要有中间机构从中牵线搭桥。

（3）交易的场所不同，即金融市场的交易场所具有非固定性。商品市场一般是以固定的场所来实现商品的交易；而金融市场则是一个极为复杂而庞大的市场体系，它可以通过电话、传真、网络等进行交易，因此，金融市场是一个以不固定场所为主的交易市场，或者说，它既可以有一个具体的交易场所（如证券交易所），也可以没有具体的交易场所。

（4）交易的价格不同，即金融市场上的价格具有一致性。一方面，商品市场上的交易价格是围绕商品的价值在供求关系作用下上下波动；而金融市场上的交易价格则完全是由市场供求关系决定的，且这种价格并不是货币资金当时本身的价格，而是借贷资金到期归还时的价格即利息。另一方面，普通商品市场上的商品价格是商品价值的货币表现，其价格千差万别；而金融市场上货币资金的价格则是对利润的分割，在平均利润率的作用下趋于一致。

（5）交易商品的使用价值不同，即金融市场上交易商品的使用价值具有同一性。在普通商品市场上，各种商品虽然都有价值，但其使用价值各不相同；而在金融市场上，虽然交易的对象有许多种（如货币资金、商业票据、银行票据、债券、股票等），但它们都代表了一定量的货币资金，其使用价值是相同的。

（6）交易的双方不同，即金融市场上的买卖双方具有可变性。在普通商品市场上，一个人作为消费者通常是只买不卖，作为商品的供应者则只卖不买（虽然有时也买，但买是为了卖）；而在金融市场上，买卖行为可以交替出现。例如，一个时期某企业可能是资金的供应者，但另一个时期它又可能成为资金的需要者。

20世纪80年代以来，由于信息处理和电子通信领域的科技进步，金融业取得了突飞猛进的发展。在这一时期，世界各国为了在竞争激烈的金融市场中取得更大的份额和更多的利润，纷纷放松了对资本流动的管制，出现了混业经营的趋势，离岸金融市场发展迅猛，各种衍生金融产品快速增长，加之新兴金融市场的纷纷建立和蓬勃发展，金融市场进入了一个快速发展的时期，出现了一些新的特点，主要表现在：

（1）融资手段多样化。首先，从金融工具的种类来看，20世纪70年代之后，随着金融创新的兴起，金融工具出现了全球性的创新。一是股票和债券的种类增多了；二是与信托业务有关的金融工具大量涌现；三是“组合式”的衍生金融工具的出现。其次，从金融市场的交易方式来看，在20世纪70年代之前的交易方式仅限于现货交易、信用交易和期货交易三种，之后又逐渐出现了股票期权交易、股票指数期货交易、股票指数期权交易和期货合约的期权交易等新的交易方式。

（2）融资技术现代化。随着科学技术特别是高新技术的不断发展，信息技术将会对未来金融市场带来越来越大的冲击。由于这项高效率、低成本技术的广泛运用，原有的金融市场专业分工所形成的技能优势和规模效益变得无足轻重，特别是过去证券业花巨资建立起来的有形的分支机构和清算机构，在互联网时代就不再是其优势的象征。因为互联网不仅可以胜任其中的大部分功能，而且可以使融资成本大大降低，融资技术更趋现代化。

（3）融资范围国际化。随着科技的进步、金融市场工具的创新以及金融管制的放松，国内金融市场与国际金融市场将会更紧密地联系在一起，大大加速了金融市场国际化的进程。

第二节　金融市场的构成要素

金融市场是一个由多种要素构成的有机整体，尽管世界各国金融市场的发展程度各不相同，但就金融市场本身的构成要素来说都包括金融市场主体、金融市场客体（金融工具）、金融市场的交易价格和金融市场媒介四个部分。

一、金融市场主体

金融市场主体是指金融市场的参与者。作为金融市场的参与者必须是能够独立作出决策并承担利益和风险的经济主体，包括机构或个人，它们或者是资金的供应者，或者是资金的需求者，或者是以双重身份出现。一般来说，金融市场主体主要包括政府、企业、金融机构和居民个人。

（一）政府

政府部门是一国金融市场上主要的资金需求者，它们一般通过发行政府债券来筹措资金，用于基础设施建设、弥补财政预算赤字等。政府部门在一定时间内也可能成为金融市场上的资金供应者。由于财政资金收入和支出时间上的不一致，各级政府和政府机构也会出现年度中的资金短暂盈余，此时除了以银行存款形式保持盈余外，地方政府或政府机构也可持有国债或高级别的金融机构债券。除此之外，政府还是金融市场上重要的监管者和调节者，因此在金融市场上它具有双重身份。政府对金融市场的监管一方面授权给监管机构，但也经常自己出面向金融市场施加影响；另一方面，政府通过财政政策来对金融市场进行调控。一些发达国家的政府为了实现对世界经济和国际金融市场的控制，还通过政府协定方式，建立起许多国际金融市场的行为准则及权利、义务关系。例如，西方七国财长会议就经常对国际金融市场问题进行磋商，甚至为解决金融市场的突出问题而采取联合行动。这些都说明，政府部门在金融市场上起到了举足轻重的作用。

（二）企业

从法律形态上看，企业的组织形式主要有三种：独资制、合伙制和公司制。现代公司主要采取股份有限公司和有限责任公司两种形式，而独资企业和合伙企业则是传统的企业形式。作为金融市场主体的企业主要指的是公司，特别是有限责任公司和股份有限公司。在金融市场中，企业无论是作为资金的需求者还是资金的供给者都毫无疑问地居于非常重要的地位。在生产经营过程中，由于产供销渠道与环节的差异、周期性和季节性等因素的影响，会出现一些企业暂时性的资金盈余，而另外一些企业出现暂时性的资金短缺。这两类企业除了通过银行等金融中介机构进行资金余缺的融通外，资金短缺企业可以通过金融市场筹集短期资金来从事经营，以提高企业财务杠杆比例和增加盈利，也可以通过发行股票或中长期债券等方式筹措资金用于扩大再生产和经营规模。而资金盈余的企业可以通过在金融市场上购得金融工具将暂时闲置的资金让渡出去，以获得保值或盈利，同时使资金的运用发挥更大效益。

（三）金融机构

一般来说，凡是专门从事各种金融活动的组织，均称为金融机构。金融机构不仅是金融市场上重要的资金供给者和需求者，发行和购买各类金融工具，比如发行大额可转让存单，开展票据贴现、再贴现业务，向同业拆入资金，购买有价证券等；同时它也是金融市场上最重要的中介人，代理筹资者和投资者进行融资与投资活动。这里主要将金融机构分为存款性金融机构和非存款性金融机构。

1. 存款性金融机构

存款性金融机构是指通过吸收各种存款而获得可利用资金，并通过将之贷给需要资金的各经济主体及投资于证券等途径而获取收益的金融机构。它们是金融市场的重要中介，也是套期保值和套利的重要主体。存款性金融机构一般包括商业银行、储蓄机构、信用合作社等。

（1）商业银行。在存款性金融机构中，商业银行是其中最主要的一种金融机构。早期的商业银行是指接受活期存款，并主要为工商企业提供短期贷款的金融机构。但现代意义上的商业银行已经成为金融领域中业务最广泛、资金规模最雄厚的存款性金融机构。商业银行既是资金的供应者，又是资金的需求者，几乎参与了金融市场的全部活动。作为资金的需求者，商业银行利用其可开支票转账的特殊性，大量吸收居民、企业和政府部门暂时闲置不用的资金，还可以发行金融债券、参与同业拆借等。作为资金的供应者，商业银行主要通过贷款和投资来提供资金。此外，商业银行还能通过派生存款的方式创造和收缩存款货币，对整个金融市场的资金供应和需求产生着巨大的影响。中国目前的商业银行主要是指四大国有控股商业银行、新兴的股份制商业银行、城市商业银行等。

（2）储蓄机构。储蓄机构是指专门吸收居民储蓄存款，并为居民家庭或个人提供专门金融服务的金融机构。储蓄机构的名称各国有所不同，如在美国称为储蓄放款协会或互助储蓄银行；在英国则叫作信托储蓄银行、房屋互助协会；在法国、意大利和德国则为储蓄银行等。储蓄机构的资金来源除了自有资本外，主要是吸收小规模的居民储蓄存款与定期存款。其资产主要用于长期不动产抵押贷款、购买政府债券和公司的股票与债券、对个人提供分期付款的消费信贷等。与商业银行相比，储蓄机构的资产业务期限长，抵押贷款比重高。政府常利用储蓄机构来实现某些经济目标，其中多为房地产政策目标。因此，一些储蓄机构得到了政府的支持。在金融市场上，它们与商业银行一样，既是资金的供应者，又是资金的需求者。

（3）信用合作社。信用合作社是某些具有共同利益的人们组织起来的、具有互助性质的会员组织，如农村信用合作社、城市手工业者的信用合作社等。其资金来源主要是会员的存款，也可以来自于非会员。资金运用则是对会员提供短期贷款、消费贷款、票据贴现及从事证券投资，也有部分资金用于同业拆借和转存款等。信用合作社在经济生活中起着广泛动员社会资金的作用，它们遍布大银行难以顾及的每一个角落，进一步促进了社会闲散资金的汇聚和利用。由于金融竞争的影响及金融创新的发展，信用合作社的业务有拓宽的趋势。其资金来源及运用都从原有的以会员为主逐渐转向多元化，因此其在金融市场上的作用也变得越来越大。

2. 非存款性金融机构

金融市场上另一类重要的金融机构参与者就是非存款性金融机构。它们的资金来源与存款性金融机构吸收公众存款不一样，主要是通过发行证券或以契约性的方式聚集社会闲散资金。这类机构主要有以下类别：

（1）保险公司。保险公司专门提供风险管理服务，从被保险人那里获得保费收入，根据约定承担保险赔付责任，按照规定运用保险资金。保险公司的传统业务运作机制是筹集资本金、出售保单、收取保费、给付赔偿款和运作保险资金。保险公司获得的保费收入并不是立即全部用于赔偿，它们能够相对准确地预计未来的赔付金额，而对剩下的资金加以运用。不同种类的保险公司资金运用方向是不同的。保险公司一般包括人寿保险公司、财产保险公司和灾害保险公司。人寿保险公司是为人们因意外事故或死亡而造成经济损失提供保险的金融机构。财产和灾害保险公司是为企业及居民提供财产意外损失保险的金融机构。一般来说，人寿保险具有保险金支付的可预测性，并且只有当契约规定的事件发生时或到约定的期限时才支付的特征。因此，保险费实际上是一种稳定的资金来源。这与财产和灾害保险公司不同，财产和灾害事故的发生具有偶然性和不确定性。它们之间的差别决定了其在资金运用方面的不一致。人寿保险公司的资金运用以追求高收益为目标，主要投资于高收益、高风险的证券，如股票等，也有一部分用作贷款。因此，人寿保险公司成为金融市场上的主要资金供应者之一。财产和灾害保险公司在资金的运用上则注重资金的流动性，以货币市场上的金融工具为主，还有一部分投资于安全性较高的政府债券、高级别的企业债券等。

（2）养老基金。养老基金是一种类似于人寿保险公司的专门金融组织，它通过吸收公众为退休生活准备的储蓄金积聚资金、实施投资，并最终以养老金形式偿还给基金会员。养老基金是一种契约性的准金融机构，其资金来源是公众为退休后生活所准备的储蓄金，通常由资方和劳方共同交纳，也有单独由资方交纳的。养老金的交纳一般由政府立法加以规定，因此其资金来源是有保证的。与人寿保险一样，养老基金也能较精确地估计未来若干年它们应支付的养老金，因此，其资金主要投资于长期公司债券、质地较好的股票和发放长期贷款。各国养老保险基金的投资对象主要分为四类：政府债券类、银行证券类（银行债券、银行票据、银行存款等）、公司证券类（公司债务与股票）、不动产类（主要是房地产）。总而言之，养老基金也是金融市场上的主要资金供应者之一。

（3）投资银行。投资银行是资本市场上专门对工商企业办理长期投资、长期贷款、包销或代销新发行的有价证券业务的专业银行。最初的投资银行产生于长期证券的发行及推销要求，随着资本市场的发展，投资银行的业务范围也越来越广泛。目前，投资银行业务除了证券的承销外，还涉及证券的自营买卖、公司理财、企业购并、咨询服务、基金管理和风险资本管理等。投资银行在金融市场上的功能是，一方面，它为需要资金的单位，包括企业和政府部门提供筹集资金的服务；另一方面，投资银行充当投资者买卖证券的经纪人和交易商。投资银行适应市场发展的需要而产生，又以其长期在资本市场上运作而形成的丰富的市场经验及专长，为资金的供应者和需求者提供优质服务，从而促进资金的流动和市场的发展。在当今世界上，投资银行已成为资本市场上最重要的金融中介机构，无论是在一级市场还是二级市场上都发挥着重要作用。投资银行在不同的国家有不同的称呼，在美国为投资银行或公司，在英国称商人银行，在日本为证券公司等。在中国，目前一些比较规范的证券公司即中国的投资银行。

（4）投资基金。投资基金是向公众出售其股份或受益凭证募集资金，并将所获资金分散投资于多样化证券组合的金融中介机构。投资基金的当事人有四个：委托人是基金的发起人；受托人是基金经理公司即代理投资机构，经营基金所募集资金；受益人是投资者，即持有基金份额的人，基金份额的持有者可以按其持有比例分享基金的投资收益或资产净值；信托人负责基金资产的保管，一般由投资银行、信托公司和商业银行等大型金融机构充当。投资基金可以按多种方式分类，最常见的是按基金份额的变现方式划分为开放型基金和封闭型基金。

最后，我们对在金融市场中处于特殊地位的中央银行作一点说明。中央银行既是金融市场的行为主体，又是金融市场的监管者。从中央银行参与金融市场的角度来看，首先，作为银行的银行，中央银行虽然不直接向企业或个人提供资金，但它通过其办理的资产业务如再贴现业务充当银行金融机构最后贷款人的角色，从而成为金融市场资金的提供者。其次，中央银行为了执行货币政策，调节货币供应量，通过公开市场业务在金融市场上买卖证券的做法，进行公开市场操作。中央银行的公开市场操作不以营利为目的，但会影响到金融市场上资金的供求、其他经济主体的行为及有价证券的价格。此外，一些国家的中央银行还接受政府委托，代理政府债券的还本付息；接受外国中央银行的委托，在金融市场买卖证券参与金融市场的活动。作为金融市场的监管者，中央银行代表政府对金融机构的行为进行监督和管理，防范金融风险，确保金融市场的平稳运行。

二、金融市场客体

金融市场客体是指金融市场的交易对象或是交易的标的物，即通常所说的金融工具。

（一）金融工具的概念

金融工具也称信用工具，是证明债权债务关系并据以进行货币资金交易的合法凭证。金融工具是资本的载体，借助它就可以实现资本由供应者手中转移到需要者手中。因此，也可以说金融工具是资金供应者和资金需要者之间进行资金融通时所签发的各种具有法律效力的凭证。它既是一种重要的金融资产，也是金融市场上的重要交易对象。金融工具种类繁多，不同的金融工具反映着不同的融资关系和性质。我们可按不同的标准对金融工具进行分类。

1. 按发行者的性质或融资方式划分，金融工具可分为直接金融工具和间接金融工具两种。直接金融工具是指工商企业、个人和政府所发行或签发的商业票据、股票、债券等，这些金融工具是用来在金融市场上直接进行借贷或交易的。间接金融工具是指银行金融机构所发行的银行券、银行本票、可转让定期存单、人寿保单、各种借据和银行票据等，这些金融工具是由融资单位通过银行金融机构融资而产生的。

2. 按金融市场交易的偿还期限划分，金融工具可分为长期金融工具、短期金融工具和不定期金融工具。长期金融工具也叫资本市场工具，是指期限在一年以上的凭证，如公债券、股票、公司债券等。短期金融工具也叫货币市场工具，是指期限在一年以内的凭证，如国库券、商业票据、可转让存单等。不定期的金融工具是指没有规定信用关系存续期限并可长期循环使用的凭证，主要是银行发行的银行券。

3. 按不同金融市场交易的金融工具的品种划分，金融工具可分为货币市场工具、资本市场工具和外汇市场工具。货币市场工具主要有货币头寸、票据、国库券以及可转让大额定期存单等。资本市场工具主要有股票、公司债券及中长期公债等。外汇市场工具主要有外汇、外汇有价证券等。

（二）金融工具的特性

1. 偿还性

偿还性即金融工具的债权人或投资人可按金融工具上所记载的应偿还债务的时间，到期收回投资本金。例如，投入到股票上的资本虽然属于长期投资，但股票可随时卖出而收回投资，而商业票据或债券等金融工具，一般则注明了发行日期和到期的日期，即偿还期。但金融工具具体到其持有人（债权人）来说，实际的偿还期应从持有人得到金融工具之日开始，计算至到期日止。

2. 流动性

金融工具的流动性是指金融工具在不受或少受损失的情况下能迅速变现的能力。能随时在市场上出卖而换取现金的金融工具，表明其流动性强，反之则弱。衡量金融工具流动性强弱的标准有两个：一是能否及时变现；二是变现过程中价格的损失程度和交易成本的大小。

3. 风险性

一种金融工具风险的大小是决定其价值的主要因素之一。风险是指一种金融工具未来本金受损或收益的波动大小或不确定性的大小。金融工具本金受损的风险主要有两种：信用风险和市场风险。信用风险也叫违约风险或爽约风险，是指债务人不履行合约，不按期归还本金的风险。这类风险与债务人的信誉、经营状况有关，还与信用工具的种类有关。例如，企业发行的债券的风险小于优先股票的风险，而优先股票的风险又小于普通股票的风险。信用风险对于任何一个投资者来说都是存在的。市场风险是指由于市场利率上升而导致金融工具市场价格下跌所带来的风险。这是因为金融工具的市场价格与市场利率是成反方向变化的，而金融工具的市场价格下跌就意味着投资者的资产贬值（缩水）。

4. 收益性

收益性是指金融工具能定期或不定期为其持有人带来收益。金融工具的收益有两种：一种是固定收益，另一种是即期收益。而收益的大小主要是通过收益率反映出来的。一般来说，所有的金融工具都具备以上四个特点，但是同时兼得四者是不容易的。期限性的长短与风险性的大小成正比，与流动性的强弱成反比，与收益性的大小成正比；风险性的大小与流动性的强弱成反比，与收益性的大小成正比；流动性的强弱与收益性的大小成正比。总而言之，对于任何一种金融工具来说，安全与收益是不可能两全的，购买者应根据其投资的意愿进行选择。

三、金融市场的媒介

在比较发达的市场上，资金的融通或金融工具的交易，大多数是通过金融市场媒体进行的。在金融市场中，媒体作为融资双方的代理人，可以提高金融市场的运作效率，是金融市场不可缺少的部分。金融市场上的媒体是多种多样的，我们将这些媒体分为两类，金融市场的商人或经纪人和金融市场的中介机构。前者主要完成市场媒体的职能，后者着重于市场媒体的存在形式和活动方式，但在金融市场的实际运作中，两类媒体并非泾渭分明，而是相互交叉完成媒介的职能。

（一）经纪人

经纪人是指在金融市场上为交易双方撮合成交，并从中收取佣金的商人或商号。经纪人一般都对其经手中介的交易业务具有专业知识，熟悉市场行情和交易程序，对交易双方的资信有深刻了解，因此许多交易主体都喜欢通过经纪人进行交易。经纪人是金融市场运行中不可缺少的中介，可以说什么地方有市场，什么地方就有经纪人。金融市场作为一个市场体系，包括许多具体的子市场，金融市场的经纪人种类也有很多，我们主要研究最重要的如下几类：

1. 货币经纪人，又称市场经纪人，根据经济业务的不同，分为同业拆借经纪人、票据经纪人、短期证券经纪人、货币经纪人，获利的途径为收取佣金和赚取利差。

2. 证券经纪人是指在证券市场上充当交易双方中介和代理买卖而收取佣金的中间商人，他可以帮投资人选择投资证券，并获得席位后，直接进入证券交易所进行交易，证券经纪人可以是个人经纪人，也可以是法人经纪人。

3. 证券承销人，又称证券承销商，是指以包销或代销方式，帮助发行人发行证券的商人或机构。

4. 外汇经纪人是指在外汇市场上，促成外汇买卖双方成交的中介人。外汇经纪人既可以是个人，也可以是中介组织，如外汇中介行或外汇经纪人公司等。

（二）金融机构

在证券市场上，充当交易中介的金融机构很多，主要有证券公司、证券交易所、投资银行、商业银行等。

1. 证券公司

证券公司是金融市场上最大最主要的中介机构，它通过承购包销证券业务，即代理证券发行人承购推销所需发行的证券，使证券发行机构与购买证券的投资者完成证券买卖。它通过代理买卖业务，即作为客户代理人，代买代卖有价证券。自营业务系证券公司作为投资者直接购买有价证券，使已发行的证券在二级市场上交易更为活跃。此外，证券公司还从事证券咨询业务，证券公司的主要功能在于提高证券市场运行的效率，一方面，他通过向客户提供投资咨询和投资服务，使资金最有效地分配在收益比较高的部门或企业；另一方面，证券公司通过承销、包销代理业务和自营业务，提高了证券的交易效率。

2. 证券交易所

证券交易所是专门的有组织的证券买卖交易场所，如中国的上海证券交易所、深圳证券交易所等。严格讲，证券交易所不属于金融市场上的中介机构，而是服务性的中介机构，因为证券交易所本身不参加金融工具的交易，只是提供买卖双方能够顺利进行交易的场所或设施，属于服务于证券交易活动的组织，但从整个媒介金融工具交易活动来看，证券交易所又是不可或缺的，从这方面讲，它们也属于金融市场上的中介机构。

3. 投资银行

投资银行是指专门对工商企业办理投资和长期信贷业务的银行。投资银行最初专门从事政府债券的买卖业务，后来发展为经营股票业务。如果从职能及业务上考虑，投资银行同证券公司以及商业银行都大同小异，他们分别在不同国家和地区成为证券业务的主体。

4. 商业银行

商业银行是金融市场上重要的中介机构，在金融市场上，商业银行最传统的业务是承兑票据，充当票据市场的支付中介人；代理企业发行证券，为企业发行证券充当资本市场的发行代理人；经营外币债券，充当外汇市场的中介。

此外，金融公司、财务公司、票据公司、信托公司、信用合作社以及外国金融机构也在金融市场上起着重要的中介作用。

四、金融市场组织方式

前面我们介绍的金融市场交易主体、交易工具以及交易媒介，需要通过一定的方式达成交易，这种方式便是金融市场的组织方式，金融市场的组织方式主要有两种，拍卖方式和柜台方式。

（一）拍卖方式

在以拍卖方式组织的金融市场上，所有的金融交易都采取拍卖的方式成交，金融交易中的拍卖和其他商品拍卖一样，是买卖双方通过公开竞价来确定买卖成交价款。现在公开竞价有两种方式：一种是由出售人高声呼喊加手势，曝出金融市场工具的要价，通过购买人之间的激烈竞争，报出买价，最后将金融工具出售给出价最高的购买人；另一种方式是买卖双方不直接见面，通过计算机配对，在时间优先、价格优先的原则下实现成交。所谓时间优先是指同样价格，先提出的优先成交。所谓价格优先，是指对购买者而言，在同一时间，价格高的优先，对出售者而言，价格低的优先。

拍卖方式分为单向拍卖和双向拍卖。单向拍卖中的交易双方，一方是一个交易群体，即多个要购买或出售同一金融工具的交易者；而另一方只有一个交易单位。由后者报出买卖金融工具的出价或要价，前者中的各个交易单位围绕着报出价格展开竞争，或竞相抬价以求买进，或竞相压价以求售出。最后，单独的交易单位将要出售的工具卖给出价最高的交易对方，或从价格最低的交易对方买进金融工具。双向拍卖中的交易双方都是交易群体，交易双方在买卖某种金融工具时，以该工具上次成交的价格为基础，分别提出各自的出价或要价。买方希望以较低价格买入，而卖方力求以较高价格卖出。针对双方出价和要价的差距，在买卖群体中展开竞争。买方群体中不断有人为买进而抬高出价，卖方群体中不断有人为卖出而降低要价。报出价格逐步接近，直至双方群体中的最高出价和最低要价相等便可成交。根据双向拍卖交易规则中的买卖双方发生交易的时间不同，双向拍卖可以分为连续竞价和集合竞价。

金融市场工具的拍卖是在交易所进行的，进入交易所内的人并不全是实际上要买进卖出金融工具的市场参与者，而是受人委托代理他们买卖的经纪人和股票交易商。这些经纪人和股票交易商都是由作为交易所会员的经纪人公司和证券公司派出的，这些金融市场的专业机构受实际投资人、筹资人、保值人或投机人的委托，按委托人规定的条件，以尽可能有利的价格进行交易。这是拍卖方式的一个显著特点。

（二）柜台方式

柜台方式与拍卖方式不同，他不是通过交易所把众多交易集中起来，以竞价方式确定交易价格，而是通过作为交易中介的证券公司来买卖金融工具，金融工具的买卖双方都分别同证券公司进行交易，或将出售的金融工具卖给证券公司，或从证券公司那里买进想要购买的金融工具。

在以柜台方式组织的金融交易中，买卖价格不是通过交易双方的直接竞价来确定，而是由证券公司根据市场行情和供求关系自行确定。对证券公司同意交易的工具，推出买入价格和卖出价格，宣布愿以该买入价格购买该种工具，同时愿以该卖出价格出售该种工具。这种挂牌方式称为双价制。证券公司一旦报出双价，在报出新双价之前，不得拒绝以报出的买入价买入该种工具，也不得拒绝以报出的卖出价格出售该种工具。证券公司报出的双价中，买入价格略低于卖出价格，其差价便是证券公司的利润。

第三节　金融市场的分类

出于不同的研究目的，金融市场有多种分类方法，而每一个市场又可同时兼备几种市场属性，如股票市场可以同时是公开市场、初级市场、次级市场、资本市场等。正是这些按不同标准划分的子市场相互联系、相互依存，因此使用任何一种分类方法都不可能包罗一切。下面我们将从多个角度对金融市场进行划分。

一、按标的物划分

（一）货币市场

货币市场是指以期限在1年以下的金融资产为交易标的物的短期金融市场。这种市场的主要功能是保持金融资产的流动性，以便随时转换成现实的货币。它的存在，一方面满足借款者的短期资金需求，另一方面也为暂时闲置的资金找到了出路。由于该类市场金融工具随时可以在发达的二级市场上出售变现，具有很强的变现性和流动性，功能近似于货币，故称货币市场。又由于该市场主要经营短期资金的借贷，因此又称作短期资金市场。货币市场一般没有正式的组织，所有交易特别是二级市场的交易几乎都是通过电信方式联系进行的。市场交易量大是货币市场区别于其他市场的重要特征之一，巨额交易使得货币市场实际上成为一个批发市场。由于货币市场的非人为性及竞争性，因此它又是一个公开市场，任何人都可以进入市场进行交易，在那里不存在固定不变的顾客关系。货币市场又具体分为同业拆借市场、票据贴现市场、政府短期债券（国库券）市场、可转让定期存单市场、回购协议市场、共同基金市场及短期信贷市场等。

（二）资本市场

资本市场又称为长期资金市场，是指期限在1年以上的金融资产交易的市场，其交易对象包括股票、公司债券、中长期公债券和不动产抵押贷款等。资本市场的功能主要有两个：一是提供一种使资本从剩余部门转向不足部门的机制，实现资本的优化配置；二是为已经发行的证券提供具有充分流动性的二级市场，以保证发行市场活动的顺利进行。资本市场上的金融工具由于期限长、流动性较低、价格变动幅度较大，风险也较高。

（三）外汇市场

如同货币市场一样，外汇市场也是各种短期金融资产交易的市场，不同的是货币市场交易的是同一种货币或以同一种货币计值的票据，而外汇市场则是以不同种货币计值的两种票据之间的交换。在货币市场上所有的贷款和金融资产的交易都受政府法令条例管制。但在外汇市场上，一国政府只能干预或管制本国的货币。外汇市场按其含义有广义和狭义之分。狭义的外汇市场指的是银行间的外汇交易，包括同一市场各银行间的交易、中央银行与外汇银行间以及各国中央银行之间的外汇交易活动，通常被称为批发外汇市场。广义的外汇市场是指由各国中央银行、外汇银行、外汇经纪人及客户组成的外汇买卖、经营活动的总和，包括上述的批发市场以及银行企业、个人间外汇买卖的零售市场。

（四）黄金市场

黄金市场是专门集中进行黄金买卖的交易中心或场所。目前，由于黄金仍是国际储备工具之一，在国际结算中占据着重要的地位，因此，黄金市场仍被看作金融市场的组成部分。早在19世纪初黄金市场就已形成，是最古老的金融市场。现在，世界上已发展到40多个黄金市场。其中，伦敦、纽约、苏黎世、芝加哥和中国香港的黄金市场被称为五大国际黄金市场。

（五）保险市场

保险市场是指保险商品交换关系的总和。保险市场有狭义和广义之分。狭义的保险市场是指固定的保险交易场所，如保险交易所；广义的保险市场是指所有实现保险商品让渡的交换关系的总和。随着保险业的不断发展，承保技术日趋复杂化，承保竞争日趋激烈，保险商品推销的区域化与全球化趋势日趋明显，仅由买卖双方直接参与的交换关系显然不能满足保险商品交易的需要。这时保险市场的中介力量应运而生，使得保险商品交换关系更加复杂，同时也使保险市场日臻成熟。随着信息产业和互联网技术的飞速发展，网络保险已进入我们的现实生活，人们足不出户，就可以轻松、便捷地完成保险商品的交易活动。因此，现代保险市场从广义上去理解更贴合实际。

二、按交割方式划分

（一）现货市场

现货市场是指即期交易的市场，是市场上的买卖双方以现钱现货，在协议成交后即时进行交割的方式买卖金融商品的市场。当然，由于技术原因，成交后不可能立即交割，在成交与交割之间存在一定的时间差，不同的市场对于交割期限有不同规定，一般为1~5天。现货市场的主要特点是成交与交割的时间间隔很短，并且是实物交割，即卖方必须实实在在地向买方转移金融商品，同时，买方向卖方支付实际价款。

（二）期货市场

期货市场是在期货交易的基础上发展而来。期货交易是成交以后经过一段时间再进行实物交割，交割价格为成交时约定的价格，其目的是锁定价格，进而锁定成本和利润，实际上是一种远期交易。在期货市场上，由于成交和交割是分离的，交割要按成交时约定的协议价格进行，证券价格的波动既有可能使交易者获得利润，也有可能蒙受损失。因此，期货市场对于交易的参与者而言，既具有保值的功能又具有投机的功能。目前，世界金融商品期货交易的品种主要有外汇期货、利率期货和股票指数期货。期货市场的参与者主要有两种：一种是以回避价格风险为目的的套期保值者。他们通过现货市场和期货市场同时做一笔相反的交易，使其在现货市场上因价格变动遭受的亏损，由期货市场上的盈利予以弥补，或者期货市场的亏损由现货市场的盈利抵消。另一种是以承担高风险，追求高收益的套期获利者。他们在期货市场上通过对未来行情的预期，在不同的交易品种、交割期限之间套做，从期货市场价格的变动中获取收益或遭受亏损。

（三）期权市场

期权市场是期货市场的发展和延伸，具体来说，期权交易是指买卖双方按成交协议签订合同，允许买方在支付一定的期权费用后，取得在特定时间内、按协议价格买进或卖出一定数量的证券的权利。由于期权的买方获得的是一种权利，则权利可以执行，也可转让，还可放弃，因此期权交易又称为选择权交易。对于期权合约的卖方而言，则要承担相应的义务，即在买方要求行使按照合约买进或卖出金融商品的权利时，卖方必须按合约规定卖出或买入该种金融商品。期权市场行为建立在金融商品的价格波动基础之上。期权合约的买方有权按照合约规定的期限、数量及价格，根据金融商品价格的上涨或下跌情况决定购买或出售某种金融商品（若是买进的看涨期权则为购买，若是买进的看跌期权则为出售），同时也可依据行情放弃执行权利，期权卖方则承担相应的义务。在交易过程中，合约的买方支付一笔期权费，但可以从行情变动中获得较高的收益，其最大可能亏损为期权费；而合约的卖方则承担了较高风险，随期权交易行情变化及买方要求执行权利，其亏损可能无限，但也有可能在买方放弃执行权利时净得一笔期权费。

三、按交易程序划分

（一）发行市场

发行市场又称一级市场或初级市场，是指新发行的证券从发行者手中转移到投资者手中的市场，是证券或票据等金融工具最初发行的市场。发行市场具有两方面的职能：一是为资金需求者提供筹集资金的场所；二是为资金供应者提供投资及获取收益的机会。通过发行市场，货币资金实现从盈余部门（储蓄部门）向短缺部门（投资部门）的转化。因此可以说，发行市场交易规模的变动，一方面，能够直接代表全社会金融资产数量的变动；另一方面，也能够在一定程度上反映社会实际资本形成规模的大小。一般来说，证券发行市场由证券发行者、投资者和证券承销商三要素构成。发行市场是整个金融市场的基础，没有证券的发行，就没有证券的流通，初级市场的重要性不言自明。证券发行者与证券投资者的多少，是决定初级市场规模的直接因素。

（二）流通市场

流通市场又称二级市场或次级市场，是指已经发行的证券进行转让、交易的市场。流通市场是证券市场的重要组成部分，其交易活动可以在固定的场所集中进行，也可以在不固定的场所分散进行。发行市场是流通市场的基础和前提，没有发行市场就没有流通市场。流通市场是发行市场存在与发展的重要条件之一，无论从流动性上还是从价格的确定上，发行市场都要受到流通市场的影响。

尽管流通市场的交易只表现为证券投资人单方面的活动，不直接向筹资者供应资金，但流通市场是金融市场不可或缺的组成部分，它在社会储蓄向投资转化的过程中发挥着重要作用，是发行市场连续发展、顺利实现筹资职能的必要保障，这主要表现在以下四个方面：

（1）流通市场的交易为证券提供流动性。证券流动性的存在是证券能够吸引投资者的重要因素，也是保证资金占用的必要条件。它对于债券意义重大，对于股票更是不可缺少，因为股票没有偿还期，如果不能出售转让，则很难在发行市场上推销出去，同时，股东在需要资产变现时，只要抽回股本，企业的组织生命将难以为继。

（2）流通市场能够形成公平合理、准确的证券价格，从而为发行市场定价提供参考，并引导资源的有效流动和配置。发行市场的价格由发行者与承销机构制定，往往不能够准确地反映市场供求状况而带有不合理性。流通市场为证券买卖双方提供了获取各类相关信息和广泛接触、充分竞价的机会，使证券价格的形成能够充分地反映收益和风险等信息，提高了价格的合理性和公正性，为社会资金的流动作出正确的标示。

（3）流通市场在赋予证券流动性的同时，也为买卖双方创造了获取价差收益的机会，对于价差收益的追逐动机促使投资者积极参与金融市场活动，从而动员社会游资的进入，为筹资者供应更多的资金。

（4）流通市场的存在，使社会短期资金的运用能够续短为长，从而降低融资成本。一般而言，占用资金的时间越长，所应支付的成本越高，并且，社会长期闲置资金数量极为有限。流通市场通过同一证券在众多参与者手中不断换手，将短期资金转换为长期资金，而作为短期资金让渡人，投资者要求的收益水平相应较低，对于发行者来讲，自然大大缩减了筹资的成本。

四、按成交和定价方式划分

（一）公开市场

公开市场指的是金融资产的交易价格通过众多的买主和卖主公开竞价而形成的市场，或者说是众多的市场主体以拍卖方式定价的市场。金融资产在到期偿付之前可以自由交易，并且只卖给出价最高的买者。这类市场一般在有组织和有固定场所的有形市场如证券交易所进行。

（二）议价市场

议价市场是指没有固定场所、相对分散的市场。在议价市场上，金融资产的定价与成交是通过私下协商或面对面的讨价还价方式进行的。在发达的市场经济国家，绝大多数债券和中小企业的未上市股票都通过这种方式交易。最初，在议价市场交易的证券流通范围不大，交易也不活跃，但随着现代电信及自动化技术的发展，该市场的交易效率已大大提高。

（三）店头市场

店头是原来在交易所上市的证券移到场外进行交易所形成的市场，又称为第三市场或柜台市场，是指未上市的证券或不足一个成交批量的证券进行交易的市场。店头市场历史悠久，早在1792年，美国纽约金融市场非常繁荣。许多商人看到经营证券有利可图，便纷纷买进证券留在手边，待别人要买时以高出买进的价格在柜台上出售，从中获利。许多证券公司甚至跨国公司，都是由这种交易发展而来的。美国的柜台市场现已成为仅次于纽约股票交易所的大市场。

（四）第四市场

第四市场是指作为机构投资者的买卖双方直接联系成交的市场。一般是通过电脑通信网络如电脑终端机，把会员连接起来，并在办公室内利用该网络报价，寻找买方或卖方，最后定价成交。第四市场的运行，需要以非常发达的科技和通信手段作为基础，以高度发达的商品经济为依托。机构投资者的交易，一般而言数额巨大，利用第四市场进行交易，可以大大节省如手续费等中间费用。筹资成本的降低足以弥补利用高科技的花费，而且不为第三者所知，提高了交易的保密程度，也不会因交易量大而影响市场价格，往往能够对日后的继续交易带来意想不到的好处。

五、按地域划分

从金融市场活动的空间范围角度，可以将金融市场分为国内金融市场和国际金融市场。实际上，国内金融市场与国际金融市场的划分依据在表层上表现为空间范围的不同，而其实质则在于市场制度的差异。

（一）国内金融市场

国内金融市场是处于一国范围内的金融商品交易场所及交易体系，包括众多的国内地方及区域金融市场。国内金融市场的交易主体是本国投资者，市场活动受到国界的限制，金融交易行为的直接后果只改变本国国民收入的分配状况，并由此影响资源重新配置，却不存在资金在国际之间的流动，不会影响本国的国际收支规模。不同国家的国内金融市场保持相对独立性，受到本国政府的严格管理，并受本国货币政策的直接影响，在市场形式、交易制度及市场行情等方面存在显著差异。

（二）国际金融市场

国际金融市场有广义和狭义之分。狭义的国际金融市场，是指从事国际间资金融通和借贷交易的市场，又称为国际资金市场，包括国际货币市场和国际资本市场。广义的国际金融市场，则是指进行所有国际金融业务活动的场所，不仅包括国际货币市场、国际资本市场，还包括国际外汇市场、国际黄金市场、国际衍生工具市场。随着现代化通信技术和计算机系统的发展，国际金融市场已经突破了交易场所和地点的局限，发展成为全球性的金融市场网络。它同国内金融市场最重要的区别在于允许外国投资者参与交易，市场活动较少或不受所在国金融管理当局控制，国际金融市场的活动范围超越国界，可以是整个世界，也可以是某一个地区，如中东地区、加勒比地区、东南亚地区等。市场交易活动的后果表现为资金在国际之间的流动，对参与国的外汇收支产生直接影响。

第四节　现代金融市场的功能与发展趋势

一、金融市场的功能

金融市场通过组织金融资产、金融产品的交易，可以发挥以下功能。

1. 资源配置功能

金融市场帮助实现资金在盈余部门和稀缺部门之间的调剂，实现资源的配置。一般来说，资金总是流向最具有发展潜力，能够为投资者带来最大利益的部门和企业。这样，金融市场通过将资源从低效率利用的部门转移到高效率的部门，从而使一个社会的经济资源能最有效地配置在效率最高或效用最大的用途上，实现稀缺资源的合理配置和有效利用。

2. 风险分散和转移功能

在现代经济社会，人们对风险的喜好和承受能力各不相同。利用各种金融工具，风险厌恶程度较高的人可以把风险转嫁给风险厌恶程度较低的人，从而实现风险的分散和转移。例如，通过发行股票，上市公司将经营风险分散给了众多的投资者，而投资者可以根据自己的偏好进行组合投资或者转移股票的所有权，进而转移风险。通过金融资产的交易，对于局部和个体来说，风险被转移到别处甚至消失，但从整体上看，风险并没有消除。另外，由于信息不对称引发的逆向选择和道德风险始终存在，金融市场效率低下，容易产生摩擦，滋生风险，这种制度性的风险难以消除。在一个效率较低的市场上，由于市场不能很好地发挥分散和转移风险的功能，最终可能导致风险的集聚和集中爆发，引发金融危机。

3. 定价功能

金融资产的票面金额并不能完全代表其内在价值，如股票面值和股票市值相差甚远。只有通过金融市场交易中买卖双方相互作用的过程才能“发现”金融资产的内在价值，即必须以与该企业有关的金融资产由市场交易所形成的价格作为依据来估价，而不是简单地以会计报表的账面数字作为标准。金融市场的交易制度越健全、交易者数量越多，金融交易就越活跃，定价功能才能真正发挥作用。而良好的定价功能有助于金融市场资源配置功能的实现。

4. 提供流动性功能

金融市场的存在可以帮助金融资产持有者将资产出售、变现，发挥提供流动性的功能。

如果没有金融市场，人们将不愿持有金融资产，企业可能因为金融产品发行困难而无法筹集到足够的资金，进而影响正常的生产和经营。以股票市场为例，如果二级市场交易不活跃，那么一级市场的筹资能力就将下降，企业需要花更多的时间和成本才能筹集到资金。

5. 降低交易成本功能

金融市场的存在可以帮助交易者降低交易的搜寻成本和信息成本。搜寻成本是指为寻找合适的交易对象所产生的成本。信息成本是在评价金融资产价值的过程中所发生的成本。金融市场通过专业金融机构和咨询机构为交易者提供信息服务，众多金融中介的存在和相互竞争，可以使搜寻成本和信息成本不断降低，提高交易效率。

6. 调节功能

金融市场具有直接调节功能。在直接融资中，投资者为了自身的利益，会谨慎、科学地选择投资的国家、地区、行业、项目及产业，只有符合市场需要、效益高的投资对象，才能获得投资者的青睐。而获得资金的筹资者，则只有保持较高的经济效益和较好的发展势头，才能继续生存并进一步扩张。否则，一旦证券价格下跌，投资者一定会“用脚投票”，想在市场上继续融资将变得困难。金融市场的存在及发展为政府实施宏观调控创造了条件，这是金融市场间接的调节功能。金融市场为货币政策的实施提供了操作场所和操作信息。首先，因为金融市场的波动是对有关宏观经济信息的反映，所以政府部门可以通过收集及分析金融市场的运行情况来为政策的制定提供依据。其次，中央银行在实施货币政策时，通过金融市场可以调节货币供应量，传递政策信息，最终影响到经济主体的经济活动，从而达到调节整个宏观经济运行的目的。第三，金融市场也是国债发行和交易的重要场所，为中央银行提供开展公开市场操作的手段。

7. 反映功能

金融市场历来被称为国民经济的“晴雨表”和“气象台”，是公认的国民经济信号系统。金融市场的反映功能主要表现在以下四个方面。(1) 由于证券买卖大部分都在证券交易所进行，人们可以随时通过证券交易所的行情了解市场交易情况，以此判断投资机会。而证券价格的涨跌在一个有效市场中反映其代表企业的经营状况和发展前景。此外，一个有组织的市场，要求上市公司定期或不定期公布其经营信息和财务报表，这也有助于人们了解及推断上市公司及相关企业、行业的发展前景。所以，金融市场首先是反映微观经济运行状况的显示器。(2) 金融市场交易直接和间接地反映国家货币供应量的变动。货币的紧缩和放松均是通过金融市场进行的，货币政策实施时，金融市场会出现波动，表示出紧缩和放松的程度。因此，金融市场所反馈的宏观经济运行方面的信息，有利于政府部门及时制定和调整宏观经济政策。(3) 由于证券交易的需要，金融市场有大量专门人员长期从事经济运行和各产业发展的研究和分析，且他们每日与各类工商业直接接触，能了解企业的发展动态。(4) 金融市场有着广泛而及时地收集和传播信息的通信网络，整个世界金融市场已经连成一体，四通八达，从而使人们可以及时了解世界经济发展变化情况。

二、世界金融市场发展的新趋势

（一）金融自由化

金融自由化主要指通过消除信贷管制、利率市场化、银行部门自律、金融业进出自由、民营化及资本流动自由化等，实现成功的金融增长。20 世纪 80 年代以来，随着世界经济一体化程度的加深，国际垄断资本的跨国转移越来越频繁，规模日益增长，迫使西方各国不得不放松金融管制，从而在国际金融市场上形成了一股声势浩大的金融自由化浪潮。一般来说，金融自由化包括以下三个方面：（1）放松对金融机构的管制，取消或放宽对各类金融机构经营业务领域的限制，允许各类金融机构之间的业务相互交叉。（2）取消对各类金融机构存贷款的利率限制，如美国国会在 1980 年通过了《对存款机构放松管制与货币控制法》，规定逐步取消联邦储备委员会原来制定的“Q 条例”关于存款利率上限的规定。其他一些主要发达国家也相继取消了对银行存款利率的限制。（3）减少或取消国与国之间对金融机构活动范围的限制，国与国之间相互开放本国的金融市场，允许外国银行等金融机构在本国经营和国内金融机构一样的业务，给予外国金融机构国民待遇。这使国际金融交易急剧活跃，金融全球化进程大为加快。

（二）金融全球一体化

金融全球一体化是与金融自由化紧密联系在一起的一个概念。随着金融自由化的进行，资本流动逐渐实现自由化，出现了金融资本的全球流动。20 世纪 90 年代以来，网络革命构筑起全球互联的信息平台，市场化进程在全球范围内得到进一步推进，以中国为代表的“世界工厂”地位的崛起使全球贸易分工“重新洗牌”，以上诸多因素推动经济全球化进入一个加速发展的全新阶段。金融全球一体化作为经济全球化的伴生形式也得以同步高速推进，其中金融市场全球一体化是金融全球一体化的重要标志。金融市场全球一体化一般包含三层含义：第一，各国银行和金融机构跨国经营而形成的各国金融市场的关联链。第二，由于各国金融市场之间关联链的形成，极大地促成了各国金融市场之间的金融交易的增长。第三，基于以上两个方面，各国金融市场的利率决定机制相互影响，具体表现为相同金融工具在不同金融市场上的价格趋于一致。这种全球一体化的趋势，给世界范围内的经济金融都带来了深远的影响。从积极影响上看，加快了金融信息传递，提高了金融市场效率；扩大了金融资产的选择性，满足了各种金融需要；扩大了金融资产的流动性，提高了资本配置效率；促进了国际贸易发展，并使各国国际收支得以调节。但同时，金融市场全球一体化的趋势也存在一些消极影响，包括削弱了货币政策的自主性，降低了各国金融政策的效力；导致金融资产价格波动，增大了风险；增加了金融市场的脆弱性。金融市场全球一体化实质上就是全球金融活动和风险发生机制联系日益紧密的一个过程。只要经济在发展，技术在进步，制度在改变，金融市场全球一体化的进程就不会停顿，金融市场全球一体化将是一个必然的、不可逆转的历史过程。

（三）资产证券化

资产证券化是指把流动性较差的金融产品和非金融资产通过特定的程序，提高其信用等级，将其打包切块，变成可以在市场销售的标准的债券。如金融机构的一些长期固定利率放款或企业的应收账款等，通过商业银行或投资银行予以集中及重新组合，以这些资产做抵押来发行证券，实现相关债券的流动化。资产证券化的发展，从融资的结构上分析，其主要特点是将原来不具有流动性的融资形式变成具有流动性的市场性融资。以住宅抵押融资的证券化为例，住宅抵押融资虽然信用度较好，但属于小额债权，且现金流动不稳定。为此，有关金融机构就将若干小额债权集中起来，通过政府机构的担保，将其转化成流动性较高的住宅抵押证券。又如，对信用度较低的借款人融资的证券化，一些信用度较低的风险企业和中小型企业，其资金大都依靠商业银行的贷款，因为受自身信用度的限制，它们很难在资本市场上筹资。但是，随着流通市场的扩大，这种低信用等级的企业发行的债券迅速增加，出现了一种高收益债券市场。这种高收益债券可视为银行向低信用企业融资证券化的一种形式。当前，西方国家资产的证券化趋势正深入到金融活动的各个方面，不仅是传统银行贷款的证券化，而且经济中以证券形式持有的资产占全部金融资产的比例越来越大。社会资产金融资产化、融资非中介化都是这种趋势的反映。现代金融正由传统的银行信用阶段发展到证券信用阶段。在证券信用阶段，融资活动以有价证券作为载体，有价证券把价值的储蓄功能和流通功能集于一身，即意味着短期资金可以长期化，长期资金亦可以短期化，从而更好地适应了现代化大生产发展对资金调节的要求。

（四）金融产品创新的工程化

从世界范围看，科学技术高速发展，技术创新日新月异。同时，随着金融市场开放程度的日益提高，金融机构面临的竞争日趋激烈，这些因素都将促进金融创新持续高速发展。金融工程近年来已成为金融市场发展的一大特点，也是一个重要趋势。所谓金融工程就是模仿工程的方式解决金融问题，是新型金融工具与金融手段的设计、开发与实施，对金融问题进行创造性地解决。可以说，我们在金融工具中经常提及的大额存单、回购协议、可转换债券、远期利率协议、货币互换、利率互换、商品互换、股票指数期货等都是金融创新的结果，也可以把它们看成是金融工程的产品。金融工程不仅包括金融产品的创新，也包括金融手段的创新。当然，金融创新在提高金融机构的经营效率和盈利能力的同时，也给金融机构的运营和管理以及各国金融市场的监管带来了挑战。一方面，金融创新大大提高了金融市场的运作效率；另一方面，金融创新降低了金融市场的稳定性，滋生出高风险、泡沫、投机等弊端。因此，在对新的金融工具和技术运用时，要求金融机构提高管理水平和风险管理能力。除此之外，还要求金融监管机构重新审视自己的监管政策，对金融机构和金融市场因金融创新所产生的变化作出适应性的调整。

本章小结

1. 金融市场是指以金融资产为交易对象而形成的供求关系及其机制的总和。

2. 金融市场可以按多种方式进行分类，其中最常用的是按交易的标的物划分为货币市场、资本市场、外汇市场和黄金市场。

3. 金融市场的主体有筹资者、投资者（投机者）、套期保值者、套利者和监管者。

4. 金融市场在经济系统中具有聚敛功能、配置功能、调节功能和反映功能。

5. 资产证券化、金融全球化、金融自由化和金融工程化是金融市场的发展趋势。

关键概念

金融市场　金融资产　金融工具　套期保值者　套利者　投资者　投机者　货币市场　资本市场　外汇市场　直接金融市场　间接金融市场　初级市场　二级市场　第三市场　第四市场　公开市场　议价市场　有形市场　无形市场　现货市场　衍生市场　资产证券化　金融全球化　金融自由化　金融工程化

综合训练

1. 什么是金融市场？其主要特点是什么？
2. 金融市场的构成要素包括哪些？
3. 什么是金融工具？各类金融工具有什么共同特征？
4. 金融市场通常可以划分为哪几种类型？
5. 结合金融市场的基本功能，论述目前我国发展金融市场的现实意义。
6. 2006年6月14日，中国人民银行金融市场司副司长时文朝在中国社会科学院金融研究所举办的第100期“金融论坛”上，以“中国金融市场发展中的几个问题”为题作了精彩演讲。他的演讲主要围绕“金融市场发展的目的、模式和路径问题，法律环境问题，金融市场发展中的监管问题，金融市场与宏观调控，资本市场与债务市场，金融机构的定位与作用，市场连通问题，市场基础建设”八个方面展开。他指出，在经济全球化的趋势下，在国与国之间的竞争中，越来越倚重市场手段。如何利用金融市场，实现“对内支持经济发展，对外维护国家利益”，已成为一个紧迫而重要的课题。他认为，发展金融市场，首先是建立宏观经济政策，然后是逐步依托市场来进行宏观经济调控体系的实施。金融市场的发展程度取决于市场主体的行为选择，不取决于管理者的政府决定。但是，市场确实需要规划，只有通过制定相对统一的规划，管理者的理念得到统一，才能达成共识。投资人也会在取得共识理念的引导下，理性地选择自己的行为。他强调，主体、产品、制度是金融市场的三个要素。在这三要素当中，发展金融市场的突破口在于产品创新，这是发展中国金融市场的必然选择。谈到金融市场的制度环境问题时，他指出，现在很多产品都是在规则不清的情况下运作，这对未来造成了不稳定的预期。创新的产品数量很多，但真正能够付诸实践的却比较少，这是由于管理政策的交叉和不协调导致的。因此，现实中存在的政策层面如何协调配合、真正地为市场化金融产品创新打开一条能持续的通道，是一个非常现实且亟待解决的问题。他还强调，金融产品创新实际上就是制度创新，金融产品创新中的价值取向决定了后期金融市场的发展问题。

结合上述案例，说明：

(1) 为什么说发展金融市场的突破口在于产品创新？

(2) 怎样看待金融机构在金融市场中的地位和作用？

课外延伸阅读

把现代金融归入产业体系发出什么信号

党的十九大报告提出，着力加快建设实体经济、科技创新、现代金融、人力资源协同发展的产业体系。“把现代金融归入产业体系中的一部分，实际上强调金融是整个国民经济的一部分，与实体经济紧密联系、互相支撑，而不是孤立的、分割的。”十九大代表、大连商品交易所理事长李正强说，这个定位就要求金融业发展回归本源，服务好实体经济，而不能搞自我循环、自我膨胀。这是对金融业本身、金融与实体经济关系认识的进一步深化。

中国社科院金融研究所银行研究室主任曾刚说，实际上现代金融本身就属于现代服务业的一部分，现代经济也很难把实体经济和金融截然分开。金融通过服务实体经济获得自身发展，而实体经济发展也离不开金融服务，二者一荣俱荣、一损俱损。认识深化后，就会更加把金融和实体经济统筹起来考虑，金融改革的大方向更加明朗。十九大报告强调，深化金融体制改革，增强金融服务实体经济能力，提高直接融资比重，促进多层次资本市场健康发展。健全货币政策和宏观审慎政策双支柱调控框架，深化利率和汇率市场化改革。健全金融监管体系，守住不发生系统性金融风险的底线。金融服务好实体经济，定位已经非常明确。

银监会主席郭树清代表表示，经过今年以来的整治，银行业资金脱实向虚势头得到了初步遏制。但不能掉以轻心，还需继续加大整治力度。未来银行业要继续做好服务实体经济工作，重点支持普惠金融、小微企业融资、三农融资、脱贫攻坚方面的融资。

中国银行董事长陈四清代表说，中行将着力服务实体经济，坚决贯彻新发展理念，大力支持供给侧结构性改革，积极服务国家重大战略实施，大力发展普惠金融，不断为实体经济注入“源头活水”。当前，防范和化解金融风险任务较为艰巨，需要把金融和实体经济作为整体一并应对。融资结构过于依赖间接融资和债权融资，是杠杆率较高的重要原因。

郭树清代表指出，实体经济 80%以上资金来源于银行。当前直接融资比重太低。提高直接融资比重、促进多层次资本市场发展，能明显降低杠杆率。

未来几年要在打好防范化解金融风险攻坚战的同时补短板，其中包括补齐资本市场的短板。要持续推进改革，以更大的勇气推进开放，尽早建成具有国际竞争力的多层次资本市场体系。杠杆率较高，不仅有金融体系的问题，还有企业资金运用效率不够高的问题，实体经济也需要进行深度调整。我们特别强调供给侧结构性改革，“三去一降一补”不仅涉及企业，也涉及银行如何看待自己的资产质量，必须两方面共同努力来调整。

人民银行行长周小川代表说，把金融和实体经济看作一个整体，就能更好地防范和化解风险，推动高质量发展。

曾刚分析，未来金融改革发展的方向是回归本源、强化监管，而实体经济也要加快供给侧结构性改革，转向高质量发展。金融和实体经济的改革和调控，需要加强协同配合。

（《把现代金融归入产业体系发出什么信号?》，2017 年 10 月 22 日，https：//finance. sina. com. cn/roll/2017-10-22/doc-ifymzksi0961718. shtml）

离岸金融市场

离岸金融市场是指在非居民与居民之间，从事离岸货币（也称境外货币借贷）的市场，因此金融活动的主要业务是货币业务。从离岸金融业务与国内金融业务的关系看，离岸金融中心有以下三种类型（见表 1-1）。

表 1-1　离岸金融中心

类型	特点	举例
伦敦型中心	（1）交易的货币币种是不包括市场所在国货币的其他货币； （2）经营范围比较广泛，市场的参与者可以同时经营在岸金融业务和欧洲货币等离岸金融业务； （3）对经营离岸业务没有严格的申请程序	英国伦敦和中国香港

续表

类型	特点	举例
纽约型中心	(1) 欧洲货币业务，包括市场所在国货币的非居民之间的交易； (2) 管理上对境外货币和境内货币严格分账	美国纽约的国际银行便利、日本东京的海外特别账户，以及新加坡的亚洲货币单位
避税港型中心	(1) 资金流动几乎不受任何限制，且免征有关税收； (2) 资金来源于非居民，也运用于非居民； (3) 市场上几乎没有实际的交易，而只是起着其他金融中心自行交易的记账和转账作用，所以又称为走账型和簿记型中心	巴哈马、开曼等岛国，加勒比海的百慕大和巴拿马，以及西欧的马恩岛等

一、什么是人民币离岸市场

一般来说，各国的金融机构只能从事本国货币存贷款业务，但是二战之后，各国金融机构从事本国货币之外的其他外币的存贷款业务逐渐兴起，有些国家的金融机构因此成为世界各国外币存贷款中心，这种专门从事外币存贷款业务的金融活动称为离岸金融。

人民币离岸业务是指在中国境外经营人民币的存放款业务。

二、人民币离岸市场和在岸市场的关系

在人民币还未能完全自由兑换和资本项目还有限制的情况下，人民币离岸市场和在岸市场是有分隔的。但这分隔不可能是绝对的，例如有意见提出人民币从内地流出后，最好就在境外持续流转，不再回流内地，但这是不可能的。人民币流到离岸市场后，无论怎样运转，最终都要回流境内。目前在中国内地以外，并没有全面使用人民币的经济体系，不可能将流入的人民币持续循环使用而不需回流到在岸市场。

换句话说，在岸市场必须要与离岸市场相联系，既要有有序流出安排，亦需有良性回流机制，才可以逐步实现人民币国际化的目标。就目前来说，在岸和离岸市场是靠三座桥梁来联系的：

第一，贸易项目。基本上中国的对外贸易，包括货品和服务，都可以选择以人民币结算和自由跨境流进流出。现阶段是流出比流入多，这为人民币离岸市场的形成提供所需头寸和流动性。

第二，直接投资。在目前的资本账户下，外商直接投资内地是有管制和需要审批的。过去外商在汇入美元或其他外币时需要得到外汇局批准，才可结汇，换取人民币去支付各种费用。同样地，内地企业要到海外直接投资，亦只能以外汇作为支付手段。自 2014 年 1 月开始，中国央行公布了新的办法，内地企业可以将人民币从境内汇出，作为海外直接投资之用。至于外商欲要以人民币直接投资内地，目前则需个案审批。

第三，金融市场。内地资本市场与国际市场的连接是国家资本账户管制逐步开放的一项重要举措，需要小心从事、循序渐进。目前国际金融市场存在很多不平衡和不稳定因素，某地的金融危机很容易通过国际金融市场被放大和传导到全球各地，资金大进大出，对全球的金融稳定都可能构成威胁。但资本账户要开放，便不可能同国际金融市场完全隔离。流到离岸市场的人民币资金不可能全部以贸易或直接投资回流到内地，而主要保值和增值的市场都还是在内地。所以在风险可控的情况下，逐步和有序地建立在岸和离岸人民币金融市场的联系是必要的。

（《离岸人民币市场和在岸市场的关系如何？离岸人民币是什么意思?》，2017 年 10 月 18 日，http：//www. 885. com/a/117172. html)

第二章

利　率

开篇导读

什么是 LIBOR 利率?

LIBOR 利率是伦敦同业拆借利率的简称，是英国银行家协会根据其选定的银行在伦敦市场报出的银行同业拆放利率进行取样并平均计算成为基准利率。现在，LIBOR 已成为国际金融市场中大多数浮动利率的基础利率，作为银行从市场上筹资进行转贷的融资成本，贷款协议中议定的 LIBOR 通常是由几家指定的参考银行，在规定的时间（一般是伦敦时间上午 11：00）报价的平均利率。最大量使用的是 3 个月和 6 个月的 LIBOR。我国对外筹资成本即是在 LIBOR 利率的基础上加一定百分点。

利率是金融市场上资金借贷的价格，利率问题是金融市场学最基础最核心的问题。当前，利率政策在一国中央银行货币政策中的地位越来越重要，中央银行实施利率政策，不仅可以调控国内的宏观经济，而且会影响到资本在国际间流动。因此，利率以及利率的变化成为人们广泛关注的重大问题。

学习目标

1. 掌握利息、利率的本质与分类。
2. 掌握利率的计算与运用。
3. 了解利率决定理论。

第一节　利息与利率概述

一、利息及其本质

利息是资金时间价值的表现形式之一，从形式上看，利息是货币所有者因为发出货币资金而从借款者手中获得的报酬。利息是伴随着信用关系的发展而产生的经济范畴，并构成信用的基础。从另一方面看，它是借贷者使用货币资金必须支付的代价，利息实质上是利润的一部分，是利润的特殊转化形式。

（一）马克思关于利息本质的理论

马克思认为，在资本主义制度下，货币资本的所有权和使用权相分离，货币资本家将货币资本借贷给职能资本家，经过一段时期，职能资本家将所借货币资本归还给货币资本家，在借贷资本回流时，职能资本家除了要偿还本金以外，还要将增值的一部分作为报酬支付给货币资本家，也就是利息。因此，利息本质上是部分平均利润、剩余价值的特殊转化形式。正如马克思指出的，只有资本家分为货币资本家和产业资本家，才使一部分利润转化为利息，一般地说，才创造出利息的范畴；并且，只有这两类资本家之间的竞争，才创造出利息率。马克思从借贷资本的特殊运动形式的分析中，揭示了利息的源泉，分析了利息的本质。他分析借贷资本的运动特点是双重支出和双重回流。双重支出首先是货币资本家把货币资本贷给职能资本家，然后职能资本家用货币购买生产资料和劳动力。双重回流是职能资本家把生产出来含有剩余价值的商品销售出去，取得货币，然后把借贷资本连本带利归还给货币资本家。也就是说，借贷资本的运动与现实资本的运动和资本主义再生产过程密切相关，货币资本家在资本贷出期内，将资本商品的使用价值即生产利润的能力让渡给职能资本家，后者运用借入的资本购买生产资料和特殊商品——劳动力，进行生产，生产出的商品价值大于预付资本的价值，这个增值部分就是剩余价值，剩余价值转化为利润。职能资本家与借贷资本家共同瓜分剩余价值，利润分割为两部分：企业主收入和利息。所以，利息是利润的部分，是剩余价值的转化形式。马克思揭示利息本质的意义在于：（1）利润来源于劳动者创造的价值。（2）利润分割为两部分，一部分是企业主收入，即资本使用权的报酬；一部分是利息，即资本所有权的报酬。资本家作为一个阶级，与劳动对立，共同瓜分劳动创造者的剩余价值。（3）利息的形式与利息内容之间的关系，利息表现为借贷资本商品的价格，实际上则是借贷资本商品特殊使用价值的价格。

（二）近现代资产阶级经济学家关于利息来源与本质的观点

在近现代资产阶级利息理论中，对利息性质的研究角度与古典经济学不同。后者主要从借贷关系和分配关系来研究利息的产生和性质，前者主要从资本的范畴、人的主观意愿和心理活动等角度来研究利息的性质。从资本的范畴来研究利息的性质主要有资本生产力论和资本使用论，主要代表人物是萨伊。资本生产力论认为利息是资本生产力的产物。资本使用论是资本生产力论的发展，其主要内容是资本增值是“资本使用”的牺牲，利息是资本使用牺牲部分的报酬。从人性和人的心理活动来研究利息性质的理论有节欲论、人性不耐论和时间偏好论等。

节欲论的倡导者是西尼尔。他认为节欲是利息来源的原始因素，利息就是资本家牺牲自己的消费来增加资本的报酬。库西尔-塞尼尤尔则把劳动分为两种：节省劳动和体力劳动。既然体力劳动可以得到工资报酬，那么节省劳动同样应得到报酬。节省劳动的报酬就是利息。马歇尔和尤塞尔倡导利息等待论，其实是西尼尔的节欲论的翻版。他们一致认为等待或节欲是资本家的一种牺牲，利息是“等待”或“节欲”的报酬。时差利息论是奥地利的著名学者庞巴维克提出的。他认为，通常人们都对现在的物品评价高，而对未来的货物评价低，现在物品与未来物品相比较，这种价值上的差别正是一切资本利息的来源，利息就是时间的报酬。费雪则完全从人的主观因素来分析利息的产生和性质。他认为人们宁愿现在获得财富而不愿将来获得财富的不耐心情或时间偏好是利息理论的基础。利息是“人性不耐”的结果，与生产完全无关。凯恩斯在批判古典学派利息理论的基础上建立了自己的流动性偏好理论。他认为，由于交易动机、预防动机和投机动机的存在，人们乐于持有现金。这样，人们对具有完全流动性的资产有一定偏好。利息是公众放弃对货币灵活性偏好的一种报酬。希克斯与凯恩斯一样，把利息问题当作一种纯粹的货币现象。但是他认为利息起源于证券的不完全“货币性”。证券是一种不具有普遍接受性的近似货币，因而其现在的价值总是低于其票面价值，利息就是对证券的不完全“货币性”的衡量。

二、利率

（一）利率的定义

利率，也称利息率，是指一定时期内利息额和本金额的比率，即利率＝利息/本金。利用利息率计算利息分为两种情况：单利和复利。单利是指在计算利息时，不论期限长短，仅按本金计算利息，所生利息不再加入本金计算下期利息。

单利计算公式为：

$$I=P\cdot r\cdot m$$

$$S=P\ (1+r\cdot n)$$

式中，I 表示利息额，P 表示本金，r 表示利息率，n 表示借贷期限，S 表示本金和利息之和，简称本利和。

复利是指计算利息时，按一定期限（如 1 年），将所生利息加入本金再计算利息，逐期滚算。其计算公式为：

$$S=P\times(1+r)^n$$

$$I=S-P$$

用单利计算利息，手续简便，有利于减轻借款人的利息负担。用复利计算利息，有利于加强资金的时间价值观念，促使企业关心加速资金周转，提高资金使用效率，同时还便于比较不同期限的资金使用效率。

（二）利率的种类

1. 名义利率与实际利率

在纸币流通的条件下，由于纸币代表的价值量随纸币数量的变化而变化，因此，当流通中纸币数量超过市场上的货币需要量时，单位纸币实际代表的价值量必然下降，于是就产生了纸币的名义价值与实际价值之分，进而出现了名义利率与实际利率之分。

名义利率是以名义货币表示的利息率，也即我们平时所说的利息率。例如，我们说存款利率为10%，这个利率就是名义利率。实际利率是名义利率剔除通货膨胀因素以后的真实利率。其计算公式为：

$$i=r-P$$

式中，i 表示实际利率，r 表示名义利率，P 表示借贷期间的通货膨胀率（物价上涨率）。当 $r>P$，则 $i>0$，实际利率为正数，表明有利息，借贷资金增值；$r=P$，则 $i=0$，实际利率为零，无利息，借贷资金保值；$r<P$，则 $i<0$，实际利率为负数，无利息，借贷资金贬值。

2. 官定利率、市场利率、公定利率

按利率是否按市场规律自由变动可分为市场利率、官定利率、公定利率。市场利率是指在借贷货币市场上由借贷双方通过竞争而形成的利息率，包括借贷双方直接融通资金时商定的利率和在金融市场上买卖各种有价证券时的利率。市场利率是借贷资金供求状况变化的指示器。当资金供给超过需求时，利率呈下跌趋势；反之，当资金需求超过供给时，利率呈上升趋势。由于影响资金供求状况的因素十分复杂，因此市场利率变动非常频繁、灵敏。官定利率是指一国政府通过中央银行确定的各种利息率，如中央银行对商业银行和其他金融机构的再贴现率和再贷款利率。在现代经济中，利息率作为国家调节经济的重要经济杠杆，利率水平不再是完全随着资金供求状况自由波动，国家通过中央银行确定的利率调节资金供求状况，进而调节市场利率水平。因此，官定利率在整个利率体系中处于主导地位。公定利率是指由非政府部门的金融民间组织如银行公会等确定的利率。它对会员银行有约束作用。

3. 存款利率与贷款利率

存款利率是指客户在银行或其他金融机构存款时所取得的利息与存款额的比率。存款利率的高低直接决定了存款者的利息收益和银行及其他金融机构的融资成本，对银行集中社会资金的数量有重要影响。一般说来，存款利率越高，存款者的利息收入越多，银行的融资成本越大，银行集中的社会资金数量越多。贷款利率是指银行和其他金融机构发放贷款时所收取的利息与借贷本金的比率。贷款利率的高低直接决定着利润在企业和银行之间的分配比例，因而影响着借贷双方的经济利益。贷款利率越高，银行和其他金融机构的利息收入越多，借款企业融资成本就高。贷款利率也因贷款种类和期限不同而变化，例如，流动资金贷款利率、固定资金贷款利率、抵押贷款利率、票据贴现利率等。同一类贷款中也因贷款期限不同而利率高低不同。

4. 固定利率与浮动利率

固定利率是指利息率在借贷期内不随借贷资金的供求状况而波动的利率。通常，在借款期限较短或市场利率变化不大的条件下，可采用固定利息率。但是，当借款期限较长或市场利率变化较快时，利率变化趋势很难预测，借款人或贷款人可能要承担利率变化的风险，因此，对于中长期贷款，借贷双方都不愿采用固定利率，而乐于选择浮动利率。浮动利率又称可变利率，是指随市场利率的变化而定期调整的利息率。调整期限和调整时作为基础的市场利率的选择，由借贷双方在借款时议定。例如，欧洲货币市场上的浮动利率，调整期限一般为3~6个月，调整时作为基础的市场利率大多采用伦敦市场银行间同业拆借市场的同期利率。实行浮动利率，借款人在计算借款成本时要困难一些，利息负担也可能加重，但是，借贷双方承担的利率变化风险较小，利息负担同资金供求状况紧密结合。因此，一般中长期贷款都选用浮动利率。

5. 一般利率、差别利率、优惠利率

一般利率、差别利率与优惠利率是按金融机构对同类贷款利率制定不同的标准分的。一般利率是金融机构按照一般标准发放贷款和吸收存款所执行的利率，主要是针对普通客户使用。差别利率是指针对不同的货款种类和借款对象实行的不同利息率，一般可按期限、行业、项目、地区设置不同的利息率。由于利率水平的高低直接决定着利润在借贷双方的分配比例，影响借款者的经济利益，所以对国家支持发展的行业、地区的贷款实行低利率，对于国民经济发展中的长线和经济效益不好、经营管理水平差的企业实行高利率贷款，有利于支持产业结构的调整和经济协调发展。因此，实行差别利率是运用利率杠杆调节经济的一个重要方面。优惠利率是指国家通过金融机构对于需要重点扶植或照顾的企业、行业或部门所提供的低于一般贷款利率水平的利率。在我国，优惠利率通常用于技术改造、重点行业的基本建设、贫困地区的经济建设、出口贸易等方面。优惠利率对于推动实现国家的产业政策有重要作用。但它与银行自身的短期经营效益相矛盾，因此，国家为了减少银行的经营损失可对某些贷款实行贴息贷款，财政部门也可以给银行一定的税收优惠或财政补贴。

三、利率体系

利率体系是指一个国家在一定时期内各种利率按一定规则构成的复杂系统。在一个经济体系中任何时候都不只存在一种利率，而是存在多种利率，并且这些利率的相互作用对一般利率水平的决定影响极大。为了准确掌握利率的内涵，有必要对利率体系作简要分析。一般来说，利率体系主要包括以下几个方面的内容。

（一）中央银行再贴现率与商业银行存贷利率

中央银行再贴现率是中央银行对商业银行和其他金融机构短期融通资金的基准利率。它是中央银行对商业银行的贴现票据进行再贴现时所使用的利率，其水平由中央银行决定。它在利率体系中占有重要的中心地位，发挥着核心和主导作用，反映全社会的一般利率水平，体现一个国家在一定时期内的经济政策目标和货币政策方向。商业银行存贷利率，又称市场利率，是商业银行及其他存款机构吸收存款和发放贷款时所使用的利率。它在利率体系中发挥基础性作用，一方面反映货币市场上的资金供求状况；另一方面对资金的融通和流向起导向作用。它一般分为存款利率与贷款利率。

（二）拆借利率与国债利率

拆借利率是银行及金融机构之间的短期资金借贷利率，主要用于弥补临时头寸不足，通常是隔夜拆借，期限一般不超过半年。拆借利率是根据拆借市场的资金供求关系来决定，它能比较灵敏地反映资金供求的变化情况，是短期金融市场中具有代表性的利率。其他短期借贷利率通常是比照同业拆借利率加一定的幅度来确定。国债利率通常是指一年期以上的政府债券利率，它是长期金融市场中具有代表性的利率。国债的安全性强、流动性较高，收益性较好，所以国债利率水平通常较低，成为长期金融市场中的基础利率，其他利率则参考它来确定。

（三）一级市场利率与二级市场利率

一级市场利率是指债券发行时的收益率或利率，它是衡量债券收益的基础，同时也是计算债券发行价格的依据。二级市场利率是指债券流通转让时的收益率，它真实地反映了市场中金融资产的损益状况。一般来说，二级市场收益率高，会使债券需求增加，从而使发行利率降低；反之，会使发行利率提高。

第二节　利率的计算与运用

一、利率的计算

由于各种信用工具要求支付利息的时间不同，例如简易贷款是到期一次还本付息；固定分期付款以等额分期支付的方式在各期偿还贷款；附息债券向债券持有人定期支付固定数额的利息，期末还本；贴现债券通常折价出售，到期按面值偿付等等，因而选择不同类型的信用工具会给投资人带来不同的收入。当我们选择购买某一种信用工具时，通常是以放弃购买其他债券的机会为代价的，即要付出机会成本。因此，信用工具的选择或机会成本、收益水平的比较必然涉及货币的时间价值。

货币的时间价值涉及现值、终值和贴现的概念。众所周知，1 年后的 1 元钱和现在的 1 元钱是不同的。1 年后的 1 元钱价值较低，而现在的 1 元钱可以存入银行，1 年后可以获得超过 1 元钱的偿付。现值概念就是基于这一事实而得出的。现值是指未来某一时间的终值在现在的价值，可见它与终值正好相反。

比如，投资者发放 1000 元贷款进行某项投资，1 年后不但可得到 1000 元本金的偿还，而且还得到 100 元的利息收入。这样，1 年后的 1100 元就等于现值 1000 元。贷款利率 i=利息/本金=10%，如果表示为现值为：

1000 元现值=1 年后的 1100 元本息和/（1+利率 i）=1100/1.1

如果这 1000 元的贷款期限不是 1 年，而是 n 年后一次性还本付息，利率 i 为 10%，那么今天的这 1000 元现值就是 n 年后的 $1000\times(1+10\%)^n$ 元，用公式表示即：

n 年后的本息总收入 $=1000\times(1+10\%)^n$

或者表示为：

1000 元现值 $=n$ 年后的本息总收入$/(1+10\%)^n$

一般地，假设投资于某项资产在 n 年后可一次得到 F 元的总收入，利率为 i，那么把未来的这 F 元贴现到现在的价值，就是未来 F 元的现值（Present Value，PV），其计算公式为：

$$P=F/(1+i)^n$$

此式称为简单贴现公式。这种计算未来收入在今天的价值的过程，称为对未来的贴现。

以上讲述的是一次性贴现。实践中，有些投资项目是在未来 n 年中每年都有回报的。假定第 k 年的回报为 R_k 元（$k=1, 2, \cdots, n$），利率为 i，于是这种投资回报的现值计算公式应为：

$$PV=\frac{R_1}{1+i}+\frac{R_2}{(1+i)^2}+\cdots+\frac{R_k}{(1+i)^k}+\cdots+\frac{R_n}{(1+i)^n}=\sum_{k=1}^{n}\frac{R_k}{(1+i)^k}$$

式中，PV 为资产（或资金）的现值；$R_1, R_2, \cdots, R_n$ 为当前预期的第 1，2，…，n 年的收益；i 为贴现率。此式称为定期定额贴现公式，其意义是，当前投资 PV 元，按照利率 i，在今后 n 年中，第 1 年收回 R_1 元，第 2 年收回 R_2 元……第 n 年收回 R_n 元，最后把投资全部收回。

有一种特殊情形是，一项投资利率为 i，每年连本带息收回 R 元，n 年将该投资全部收回，则这项投资的现值为：

$$PV=\sum_{k=1}^{n}\frac{R}{(1+i)^k}=\frac{R}{i}\left[1-\frac{1}{(1+i)^n}\right]$$

另一种情形是，一项投资利率为 i，每年利息收回 C_K 元，连续收 n 年后还有 F 元的本金偿还，则这项投资的现值为：

$$PV=\sum_{k=1}^{n}\frac{C_k}{(1+i)^k}+\frac{F}{(1+i)^n}$$

二、利率与收益率

（一）到期收益率

在各种计算利率的常见方法中，到期收益率是最重要的一种。所谓到期收益率，是指来自某种信用工具的收入的现值总和与其今天的价值相等时的利率水平。比如，投资者用 V 元投资于某种信用工具，n 年后可一次得到 R 元的总收入，那么使这 R 元收入的现值 PV 等于当前投资的价值 V 的利率 i 应该由公式 $PV=\frac{R}{(1+i)^n}=V$ 来确定，即 $i=\sqrt[n]{\frac{R}{V}}-1$。

由此确定的利率就是该信用工具的到期收益率。由于到期收益率的概念中隐含着严格的经济含义，因此经济学家往往把到期收益率看成是衡量利率水平的最精确指标。

（二）当期收益率

到期收益率是最精确的利率指标，经济学家谈到利率时，指的就是这个含义。然而在没有电子计算器和计算机的年代里，根据到期收益率来计算利率是相当困难的。为了避免计算复杂性，人们找出了近似计算利率的办法。

债券的当期收益率是指债券的当期利息与当期价格之比，即：

$$当期收益率=\frac{当期利息}{当期价格}$$

设债券的当期价格为 P，当期利息（年息）为 C，则债券的当期收益率 i_c 为：

$$i_c=\frac{C}{P}$$

对于面值为 F、价格为 P 的息票债券来说，当期利息 C 就等于息票利息（年息）。于是，根据息票债券的到期收益率 i 的计算公式为：

$$PV=\sum_{k=1}^{n}\frac{C_k}{(1+i)^k}+\frac{F}{(1+i)^n}=\frac{C}{i}\left[1-\frac{1}{(1+i)^n}\right]+\frac{F}{(1+i)^n}$$

可知当期收益率 i_c 与到期收益率 i 之间的关系为：

$$i_c=\frac{C}{P}=\frac{1-\frac{\frac{F}{P}}{(1+i)^n}}{1-\frac{1}{(1+i)^n}}\times i$$

由此可见：

（1）当债券价格 P 等于债券面值 F 时，当期收益率 i_c 等于到期收益率 i。

（2）当 $P\to F$ 时，$i_c\to i$。这表明债券价格越是接近于债券面值，当期收益率就越接近于到期收益率。

（3）当 $n\to+\infty$ 时，$i_c\to i$。这说明债券期限越长，当期收益率越接近于到期收益率。

（4）当期收益率与到期收益率之间正相关。

这些事实告诉我们，当期收益率是到期收益率的近似值，而且当期收益率的变动总是预示着到期收益率的同向变动。因此，人们常常喜欢使用计算简便的当期收益率。

（三）利率与收益率的联系与区别

按到期收益率计算的债券利率，实际上反映的是债券的全部未来收益的贴现率，是债券的满期收益率，只与债券的起初买进价格有关，而与整个期间内的市场价格变化无关。因此，到期收益率是债券的内部报酬率，即由债券本身内在确定的收益率不受市场价格因素的影响。

我们将会看到，正是由于利率的内部报酬性，债券利率上升并不能使债券投资者获利。实际上，能够准确衡量在一定时期内投资人持有债券或其他有价证券究竟能够得到多少收益的指标是收益率，这是一种外部报酬率概念。

债券持有者可以在债券到期日之前将债券按当时的市场价格出售。投资者从买进债券到卖出债券的这一段时期，称为债券的持有期，简称为持期。用 P_b 表示债券的买进价格，用 P_s 表示债券的卖出价格，用 C 表示持期利息（即在债券的持有期内投资者所能得到的债券利息），则投资者持有债券所得到的收益率 r 为：

$$r = \frac{C + P_S - P_b}{P_b} = \frac{\text{利息} + \text{资本利得}}{\text{购买价格}}$$

我们将这个指标 r 称为债券的收益率，或者更确切地称为持期收益率。

一般来讲，投资者在这一时期买进债券，到下一时期将债券卖出，从相邻两期之间债券的市场价格差价中获取利润。这样，假定投资者在时期 t 买进债券，到下一时期 $t+1$ 卖出债券。再假定时期 t 内债券的市场价格为 P_t，时期 $t+1$ 内债券的市场价格为 P_{t+1}，每一时期内债券的利息为 C（比如息票债券的年息）。则债券的收益率就为：

$$r = \frac{C + P_{t+1} - P_t}{P_t} = \frac{\text{利息} + \text{前后期价差}}{t\text{期购买价格}}$$

我们把上式分解为两项：第一项是当期收益率 $r_c = \dfrac{C}{P_t}$，第二项是资本利得率 $g = \dfrac{P_{t+1} - P_t}{P_t}$。因此债券收益率是当期收益率与资本利得率之和，即 $r = r_c + g$。

利率上升，意味着债券的后期价格低于前期价格（$P_{t+1} < P_t$），于是资本利得率 g 变为负值。由于 r_c 是根据前期价格 P_t 计算的，所以利率上升对于计算收益率中的当期收益率 r_c 没有影响。这样一来，利率上升意味着债券价格下降，从而收益率下降，甚至出现负的收益率。这就证明了我们的断言：债券利率上升并不能使债券投资者获利。

另外需要说明的一点是，不同类型信用工具或者同类信用工具由于风险级别的差别，所要求的到期收益率是不同的。这说明信用工具的风险特征已暗含于到期收益率当中，要求的到期收益率越高，意味着风险级别越高，反之亦然。

第三节　利率的影响因素

一、利率决定理论

关于利率决定理论，争论已久。其中代表性的理论主要有马克思的利润率决定利率理论、西方实物资本利率理论、货币利率理论、新古典可贷资金利率理论、理性预期理论等。

（一）马克思利润率决定利率理论

按照马克思的观点，利息是剩余价值的一种分割。而利息率就是借贷双方同意的作为一年内或任意一个或长或短的时期内利用一个定额货币资本的代价来接受借款或贷款的比例金额。因此马克思认为利息是由利润调节的，确切说是由一般利润率调节的。以单纯取得利息收入为目的、用于贷放的货币资本即为生息资本，它的运动只是一种有偿让渡运动，也就是说，它必须带有一个增值的货币额即利息回流，因此，利息率的最低限度应该大于零。马克思认为，平均利息率应该根据利息率在大工业周期中发生变动的平均数和那些资本贷出时间较长的投资部门中的利息率来计算。而市场利息率则完全由供求关系直接地、不通过任何媒介决定。当平均利润率提高时，资本家投资动机会变得强烈起来。营业的扩展自然增加对货币的需求，当货币供应量一定时，货币需求量增加，利率就提高；在相反的情况下，即平均利润率下降，资本家投资动机减弱，货币需求下降时，利息率也要随之下降。总的来说，马克思的利率理论分析了自由竞争时期资本主义条件下市场利率决定和变动的一般规律以及利率变动的影响因素。因为当时资本主义国家在对经济的运行调节方面还没有进入角色，所以，马克思受这种客观条件的局限，并没有把利率提高到对经济运行控制和调节的高度来分析利率决定和职能等问题。

（二）实物资本利率理论

该理论形成于 19 世纪末至 20 世纪初，它最显著的特点就是承袭了古典经济理论强调实物因素的传统，从影响实物资本供求因素的角度出发研究利率的决定，因此也被称为古典利率理论。古典利率理论认为，人们借入货币是为了购买实物资本，因而借入的不是简单的货币，而是凭借这些货币所能购买的实物资本，因而利息不是对货币支付，而是对实物资本支付的。利息并非产生于货币而是首先产生于实物资本，利息是利润的一部分，这样利息率就以利润为最高界限。对于支配资本供求关系的因素，古典利息率理论认为资本的供给来源于储蓄，资本的需求来源于投资，储蓄和投资决定着利息率。古典利率理论的代表人物之一的马歇尔认为，利息应作为一种要素价格来研究，而要素价格是由供求平衡所决定的。在他看来，资本是一种生产要素，而利息是其价格，利息的多少由资本供求关系所决定。资本的供给主要来自社会储蓄，而储蓄者是为了将来的快乐而牺牲现在的快乐，他必然要取得一定的报酬即利息，利息越多，储蓄越多。利息的多少或利息的高低就是资本供给支配性因素。资本需求支配因素是资本的收益性和生产能力。只要借入资本能获得收益，企业就继续借入资本，扩大对资本的需求，直到资本的边际收益率与借贷资本的利息率相等为止。资本的需求是利率的递减函数。这样，利息率决定于资本的供求平衡。

（三）流动性偏好利率理论

实物资本利率理论强调储蓄、投资等实物因素对利息率的决定作用，忽视货币因素的影响。因此凯恩斯在他的流动性偏好理论中指出，按照储蓄和投资的定义，二者无论何时都是相等的，所以利率并不能由储蓄和投资来决定。利息和利息率完全是一种货币现象，其数量的大小或利息率的高低，完全由货币市场的货币供求来决定。流动性偏好是人们在选择储蓄方式时表现出的持有现金的意愿，而利息是指一定时期内放弃流动性偏好的报酬。利率水平主要取决于货币供给数量和人们对货币的偏好程度。凯恩斯认为，在一定时期内，一个国家的货币供给量基本上由货币当局所掌握和控制，是一个外生变量，对利率没有弹性。而货币需求即货币的流动性偏好取决于交易动机、预防动机和投资动机。其中出于前两者动机的货币需求为收入的递增函数，而出于后一种动机的货币需求为利率的递减函数。利率就是由货币总供给与货币总需求达到均衡状态时所决定的。

（四）新古典可贷资金利率理论

新古典可贷资金利率理论产生于20世纪30年代后期，代表人物有剑桥学派经济学家罗伯逊、瑞典学派经济学家俄林和英国经济学家勒纳。这一理论认为，肯定储蓄与投资的相互作用决定实物资本利息率是对的，但完全忽视货币因素也是不妥的。凯恩斯提出储蓄与投资相等进而无法决定利息率的结论是错误的，他混淆了计划或意愿储蓄与实际储蓄的概念。该理论认为，利息率是借贷资金的价格，借贷资金的价格决定于金融市场上的需求关系。借贷资金的来源有自愿储蓄、社会的现金反“窖藏”和新增加的货币供给。借贷资金的需求主要来自投资的需求和社会“窖藏”的资金需求。这样，利息率就决定于金融市场上可贷资金的供给与需求均衡时的状态。新古典学派的可贷资金利息率理论，后经希克斯和汉森改造成为著名的IS-LM模型。他们把投资与储蓄的均衡以及货币需求的均衡同国民收入水平和利息水平同时分析，确定出均衡利息率。他们认为，不同的投资和储蓄水平各相交点联结起来构成IS曲线。因投资是利息率的递减函数，储蓄是国民收入的递增函数，所以IS曲线表明要使储蓄与投资相等，利息率和国民收入必须配合。不同的货币需求和货币供给量水平各相交点联结起来构成LM曲线。货币需求中的交易需求和预防需求是国民收入的递增函数，货币需求中的投机需求是利息率的递减函数。LM曲线表明要使货币供求相等，利息率和国民收入必须相互配合。该理论提出利率取决于借贷资金的供求，而借贷资金的供求既有实物市场因素，又有货币市场因素，均衡利率最终取决于实物市场和货币市场的均衡。

（五）理性预期理论

理性预期理论最近十几年才发展起来，它通过实证发现，货币与资本市场在消化影响利率与证券价格的新信息方面非常高效。新数据一出现，人们会很快根据这些新信息改变对利率的预期，作出借入或贷出资金的决定，就会立刻反映到资产价格和利率之中。如果没有新信息出现，那么对下期利率的最优预测就等于当期的利率。理性预期理论的重要假设和结论是：

（1）证券价格与利率应反映所有可获得的信息，市场利用所有这些信息建立了一个预期未来价格与利率的概率分布。

（2）利率与证券价格的变化只与未预期到的信息相关，而与预期到的信息无关。

（3）连续时期内收益率之间的相关性为零。

（4）在证券市场上不能找到未利用的获利机会（超过正常利润）。

（5）证券交易与贮藏的成本忽略不计，信息成本相对于交易的证券价格的价值很小。

（6）市场上能理性有效地形成关于未来证券价格与利率的预期。

这一理论假定企业和个人都是理性行为者，会最优地利用现有资源，使收益最大化。而且，理性人对未来资产价格、利率和其他变量的预测是无偏的，不会犯系统性的预测错误。这种无偏倾向源于理性预期者认为货币或资本市场是高度有效率的，利率和证券价格总是位于或接近均衡水平。按照理性预期理论，要成为一个正确的利率预测者，你必须知道什么新信息将会出现在市场上以及市场参与者的预期会发生怎样的变化，这确实具有一定的难度。这也给政策制定者提出了难题，因为他们要想使政策有效，就要首先了解公众的预期。理性预期理论进一步证实了货币中性的结论，即货币当局并不能左右经济中的实际变量，而只能作用于名义变量。因为按照这一理论的逻辑，只有在假定中央银行突然地、出乎意料地改变货币供应增长率的前提下，利率才会发生变动，而这种假定与实际情况并不相符。现实中，货币当局总是按照常规性的原则来决定货币政策，货币政策都会在公众中形成合理的预期，政策效果会被公众采取的对抗行动抵消。

二、影响利率的主要因素

（一）平均利润率

当企业从银行和其他金融机构借入资金从事生产经营后，所得利润必须分为两部分：一部分以利息形式支付给银行和其他金融机构，作为使用借贷资金的代价；另一部分作为企业的利润。一般而言，随着一国市场机制的作用和价格体系的调整和完善，企业间的利润率的差距将会逐渐缩小而出现平均化的趋势。因此企业所支付的利息率必然以平均利润率作为最高界限，如果利息率超出这一界限，就会使企业运用借入资金所生产的利润等于零或小于零，企业就不会再从金融机构借入资金了。至于利息率最低可到什么程度，则没有一个确切的界限，但一般不会等于零。

（二）银行成本

银行作为经营存、放、汇等金融业务的特殊企业，以盈利为目标。利润大小取决于两个方面：一是收入的多少；二是成本的高低。因此，成本必须通过其收益得到补偿。银行的成本分为两类：一是借贷资金的成本，即银行吸收存款时对存款人支付的利息；二是经营的所有费用，包括银行的厂房、设备等固定资产的支出，雇佣劳动力的工资以及其他费用。银行在考虑其贷款的利率问题时，必须将这些因素充分考虑进去。

（三）通货膨胀预期

在预期通货膨胀率上升期间，利率水平有很强的上升趋势。而当预期通货膨胀率下降时，利率水平也将下降。对持续增长通货膨胀的预期将减少可贷资金的供给，在各种利率水平上愿意贷出的货币数量减少，贷款者会考虑选择贷款的替代方式投资。有些贷款者可能会选择购买普通股股票、黄金和其他贵重金属、不动产或者其他被认为能比债务工具更有效地抵御通货膨胀的资产。由于这些原因，可贷资金的供给减少。在任意给定的利率水平下，由于预期通货膨胀增加了，贷款变得没有吸引力了。同时，预期通货膨胀的上升也增加了对可贷资金的需求。在各种利率水平下，借款的意愿增大，这是因为用借来的资金购买的商品或资产的价格或名义价值预期将随通货膨胀的上升而升高，而借款本金的名义价值则不会变。或者也可以说，用借贷资金建设的项目或购买商品的实际价值在通货膨胀期间保持不变，而实际的债务负担却减少了。因此，预期通货膨胀率上升将导致在每一个可能的利率水平上的房屋开工率上升、房屋信贷购买增加，对厂房、设备和存货的投资增多。所以，在预期通货膨胀率上升时，可贷资金的需求会增加。由于预期通货膨胀率上升，使可贷资金的供给减少而需求增加，所以利率开始上升。预期通货膨胀变化引起利率水平发生变动的效应被称为费雪效应，它是以最先发现利率和预期通货膨胀之间联系的美国经济学家费雪命名的。

（四）中央银行政策

中央银行运用某些政策工具通过银行影响可供贷款。由于银行贷款是可贷资金供给的重要组成部分，所以我们可以把中央银行政策看作能够引起可贷资金供给增加或减少的因素。当中央银行想要刺激经济时，它将采取措施以鼓励银行增加可供贷款的数量。这时可贷资金供给将增加，利率下降，同时刺激了对利率敏感项目如房地产、企业厂房和设备的支出。当中央银行要限制经济活动时，它将采取迫使银行收回贷款的措施，这时可贷资金供给将减少，利率上升，家庭和企业支出受到抑制。一般来说，中央银行货币政策对短期利率的影响作用大于对长期利率的影响，而后者主要受预期通货膨胀的影响。当中央银行首先向银行注入资金以刺激银行贷款增加并降低利率时，大部分效果显示短期利率将发生变化。由于货币供应量增加将提高预期的通货膨胀，费雪效应可能会导致长期利率的上升。在金融市场与通货膨胀预期高度相关的时代，人们不能相信中央银行有能力通过相应的政策措施显著降低长期利率。

（五）商业周期

利率的波动表现出很强的周期性，在商业周期的扩张（繁荣）阶段上升而在经济紧缩（衰退）阶段下降。在经济扩张期，随企业和消费者借款增多，对资金的需求迅速上升。此外，通过费雪效应拉升利率的通货膨胀压力增加，而且中央银行可能采取措施限制可供资金以抵消随经济增长而产生的通货膨胀。所有三种力量都将推高利率水平。在商业衰退期，会发生相反情况。随着企业和消费者缩减支出，对资金的需求下降，通货膨胀压力减轻，中央银行也开始增加可贷资金供给，而这三种力量合起来又降低了利率水平。事实上这一过程可能更为复杂一些。在复苏的初期，第一年或第二年，使利率升高的动力是比较温和的。随着企业借款，增加存货和增加运营资本，可能使信贷需求有所增加，市政发行债券数量也会增加。但这几种因素使利率在经济复苏的第一年或第二年在低位徘徊甚至继续下降。由于税收增加，政府赤字减少。在可贷资金市场的供给方面，失业人数减少和工资收入增长使个人储蓄增加，企业盈利和利润留成也有利于经济扩张。可是，在循环扩张的初期，由于经济上仍然存在着相当多的失业和过剩的生产能力，所以中央银行可能通过采取鼓励刺激的货币政策措施增加货币供应量。有关通货膨胀预期的表述在复苏的初期降至低点，因此，在复苏的第一年或第二年使利率上升的动力非常小。在循环扩张的后半段，促使利率上升的动力增加。由于生产能力利用率提高和增加，而且对销售和盈利健康增长的乐观情绪使企业投资（以及当前对资金的需求）达到高潮。消费者的信心也随着失业的减少、工作稳定性增大而大增，这会导致房屋信贷购买增多进而增加对可贷资金的需求，央行可能开始采取措施减少资金的供应。最后，在经济扩张的后期，预期通货膨胀随着通货膨胀的压力达到顶峰而急剧上升。所有这些不利因素都超过了个人和企业储蓄的持续增长以及政府预算赤字下降的有利影响，因此，利率在循环扩张的后期强劲上升。

（六）借贷资金供求状况

如前所述，利息率的界限在零和平均利润率之间，这只是说利息率一般可以在这个界限内取值，并不能确定某一时期具体的市场利息率。在利率市场化条件下，市场利息率一般是在借贷资金市场上由资金的供求双方协商确定，在这一过程中，资金的供求状况就起着决定性作用。在通常情况下，借贷资金供大于求，则对借方有利，可争取到较低的贷款利率；反之，在借贷资金供不应求时，则借者处于不利地位，贷者提出较高的贷款利率，在资金难求之时，借方也只能接受高利率的贷款。当借贷资金市场供求平衡时，则在一段时间内形成了市场的均衡利率。

（七）政府预算赤字

如果其他因素不变，政府预算赤字增加则利率一定升高。而且较大的预算赤字可能引起通货膨胀预期，进而由费雪效应拉动利率上升。多数经济学家赞同预算赤字增加将导致利率上升这一观点，但也有对这种观点持有不同意见的，至少在20世纪80年代以前有一段时期，令人惊奇地没有任何证据可以证明利率和预算赤字间的正相关（这可能部分地因为80年代以前的预算赤字比现在小得多）。那些不相信预算赤字能显著影响利率的经济学家发展了两种支持他们观点的解释：其一是可贷资金具有世界范围的市场，其二是预算赤字增大的趋势刺激了国内私人储蓄率上升。近年来，各国的金融市场逐渐连成一体，并成为世界范围的大市场。如果一国的利率开始随该国借款增加而上升，那么为满足政府需求的可供资金的数量也将随着外国机构增加对该国的贷款而增多。换句话说，该国可贷资金的供给相对利率被认为是完全弹性的。这种敏感的资金供给使得由于政府借款增加导致该国利率上升的压力非常有限。另外，假设公众是“向前看的”并且认识到今天增多的预算赤字预示着未来的高税收或低生活水平，为了防止自己和后代在未来勒紧腰带，他们增加了当前的储蓄。这种情况下，可贷资金的供给会增加，趋向于中和由于政府资金需求增加而对利率产生的影响。如果存在合理的行为和预期的话，利率将不受预算赤字增大的影响。

（八）国际利率水平

随着各国经济对外开放程度的提高，国际利率水平的高低对一国利率也开始产生影响。这种影响是通过下述两条渠道实现的：一是国际信贷渠道。在国际金融市场利息率较低的条件下，一方面，银行等金融机构从国际金融市场上筹资成本较低，从而使其能够以较低的利息率发放贷款；另一方面，某些大企业也可在国际金融市场上直接筹措资金，缓解国内资金供不应求的矛盾，这必然要影响国内利息率回落到国际金融市场上的利率水平。而在国际金融市场利息率高于国内利息率的条件下，无论银行还是企业都会减少从国际金融市场上筹措资金的数量，而把资金筹措的主要力量放在国内，从而使国内资金供不应求，在国内资金供不应求的压力下，利息率必然要逼近国际金融市场的利息率。二是国际贸易渠道。例如，在国际金融市场利率高于国内贷款利率的条件下，出口企业会把一些可以即期结汇的交易做成远期结汇交易，这实际上等于出口企业向外国进口商提供了一笔贷款，外国进口商会在出口商品价格中，根据国际金融市场和国内利率水平的差异中获利，但国家的大量资金却被外商占用。因此，国家在制定和调整利息率时，也不能不考虑国际利率水平的影响。

本章小结

1. 利息是资金借贷的价格，是在信用关系中，债务人支付给债权人的报酬。利息是信用关系得以存在和发展的必要条件，并构成了信用的基础。

2. 利率是金融资产的价格。利率的种类很多，如基准利率和一般利率、固定利率与浮动利率、名义利率与实际利率等。

3. 利率的计算方法分单利和复利两种，在实际的金融市场活动中，复利更为重要。

4. 现值就是未来现金收入（现金流）的贴现值。终值就是现在一定量的资金在未来某一时点上的价值。

5. 到期收益率是购买国债的内部收益率，它相当于投资者按照当前市场价格购买，并且一直持有到期满时可以获得的年平均收益率。

关键概念

利率　复利　名义利率　实际利率　官定利率　市场利率　公定利率　固定利率　浮动

利率 现值 终值 当期收益率 贴现收益率

综合训练

1. 谈谈你对利息的起源和本质的理解。
2. 利率的种类有哪些？
3. 计算利率的主要方法有哪些？
4. 理解现值和终值的含义。
5. 影响利率的主要因素有哪些？

课外延伸阅读

利率市场化进程回顾

利率市场化改革的基本含义是：在消解金融抑制过程中，利率的形成机制从行政管制走向以市场机制为基础，并形成由市场来决定利率的过程。早在1993年，我国货币当局就已经提出了利率市场化改革的初步设想，并于1996年以后按照“先外币后本币，先贷款后存款，先长期后短期，先大额后小额”的操作思路逐步推进。

虽然我国利率市场化进程开始较早，但在此后的十余年中，央行屡屡运用行政机制调控存贷款基准利率，真正意义上的由市场机制决定存贷款利率并配置金融资源的格局并未形成。“稳步推进利率市场化改革”，是我国金融体系调整和完善货币政策调控机制的一项战略性举措，也是金融体系体制改革深化的一个重点和难点。

一、存贷款利率在利率市场化改革中的重要地位

利率是资金的价格，在我国金融系统中，有着各种纷繁的借贷关系，也就对应着各种纷繁的资金价格。各个利率体系相互关联，存贷款利率占据基础性地位，直接制约着各种金融产品价格体系的市场化程度。正因如此，存贷款利率的市场化是一项复杂艰巨的系统工程，存在着一系列巨大的改革风险，贸然举步很可能引致金融体系乃至整个经济运行的剧烈动荡。

我国的利率体系可以分为官方利率和市场利率两种类型。官方利率包括再贷款利率、再贴现利率、存贷款准备金利率、超额准备金利率和金融机构法定存贷款利率。市场利率包括银行同业拆借利率、银行间国债回购利率、交易所国债回购利率、央行票据利率、财政部发行的国债利率和企业发行的企业债券利率。利率市场化针对的肯定不是市场利率，因为市场利率本身就是由市场供求关系决定的。因此，改革的目标是官方利率，其中最为重要的，就是法定存贷款利率。

一方面，再贷款、再贴现存款准备金和超额准备金利率是中央银行与商业银行发生借贷的利率，由中央银行完全控制，而存贷款利率是金融机构和借贷人之间发生的利率，央行无法详细监控；另一方面，在所有的官方利率中，金融机构存贷款利率直接影响其他各个部门，除存贷款利率以外的四种官方利率只涉及央行和商业银行之间的借贷关系，而存贷款利率广泛涉及企业部门、居民部门和银行部门。

二、改革并非易事

存贷款利率市场化改革的难点，首先是由我国金融体系特点决定的。在宏观经济学两部门模型中，居民部门是资金盈余部门，厂商（非金融实体企业）是资金的需求部门。经济运行中资金的基本走向是：居民部门先以投资的方式向厂商部门提供股权性资金，以购买债券等方式向厂商部门提供债权性资金。接下来，各家实体企业彼此以投资的方式提供股权性资金，以购买债券、借贷、融资租赁等方式提供债权性资金。随后，厂商部门再将经营运作收益以股息、利息等方式回报给居民部门。由此可见，最初的金融活动是在居民部门和厂商部门之间展开的。

但在长期的计划经济时期，我国的资金供给是由政府部门运用财政机制控制的，切断了居民部门和厂商部门之间的资金联系，形成了居民部门将盈余资金存入存贷款金融机构，存贷款金融机构再将资金贷放给厂商部门的格局（间接金融体制）。改革开放以来，尽管我国金融业快速发展，但这一格局并没有发生实质性改变，多年来的金融体系始终以间接金融为主：包含居民和企业在内的实体经济部门缺乏最基本的金融权利，存贷款金融机构成为嵌入实体部门的卖方垄断机构，既能以低廉的利率从居民部门获得资金，又可以高昂的价格将这些资金借贷给厂商，换取巨额利差。

20 世纪 90 年代中期以后，我国政策当局就强调要大力发展直接金融。但是，与其他各种金融产品相比，无论是数额还是比重，存贷款在体量上都占据主体地位，存贷款金融机构成为经济运行中的资金配置主渠道。一方面，诸如国债、央行债券等存贷款类债权性金融产品的每项盈余均远低于“各类贷款余额”；另一方面，其他债权类金融产品也主要由存贷款金融机构运用从实体经济部门吸收的存款资金进行购买，充其量可算作是存贷款的“补充品”，而非“替代品”。

党的十八届三中全会指出，要发挥市场在资源配置方面的决定性作用。存贷款利率市场化改革，不仅要改变存贷款利率的形成机制，更要调整非市场化的金融体系，改变由存贷款金融机构通过存贷款机制集中配置绝大部分金融资源的状况，归还居民部门和厂商部门的金融权利。

前面提到，自上世纪 90 年代中期我国就提出了利率市场化改革的观点，但在此后的近二十年中，存贷款利率作为利率体系的主体部分，市场化推进始终举步维艰。首先，存贷款利率的改革有着牵一发而动全身的效应，改革进程急需谨小慎微。其次，存贷款利率市场化改革所需的各种条件并未有效形成，具体包含如下几项：一是市场化改革后，央行是否具有新的可调控的资产来影响存贷款金融机构可使用资金的数量和价格？如果没有，那么央行运用资产调控货币和金融的能力将严重降低，但从金融运行和经济运行的“稳定”需求出发，存贷款利率又“不应在完全自由放任的金融市场环境中形成”。二是存贷款金融机构硬约束的市场条件难以有效形成。我国存贷款金融机构的资金来源主要以吸收存款为主，资金运用以发放贷款为主，且处于卖方垄断的市场优势地位。在此背景下，如果贸然取消对存贷款基准利率的行政管控，很可能损伤存款客户、实体企业利益，或者引致投资过热和通货膨胀。三是实体企业和居民部门在金融市场中的买方选择权难以形成。受到体制机制制约，市场机制在配置金融资源方面难以发挥基础性作用，原属于实体企业自主范畴的证券发行需要经历复杂的金融监管部门的行政审批和筛选程序。对于绝大多数实体企业来说，除了从存贷款金融机构获得贷款以外，再无其他融资渠道；对于大多数居民来讲，消费剩余的资金除了用于存款外也再无其他金融投资运作渠道。整体看来，金融交易中的实体企业和城乡居民缺乏金融交易的选择权，处于买方弱势地位。

三、市场化改革的基本条件

根据国际经验，存贷款利率市场化的推进通常有如下经济背景：第一，宏观经济环境发生变化，金融脱媒加速。第二，在金融全球化背景下，被管制的国内利率与国际市场利率之间存在较大的“价差”，导致跨境资金巨幅变动（如我国早年间关于“热钱”的讨论），严重影响了国内的金融稳定。第三，受到利率管制的金融机构设法逃避管制，从而催生了大量金融工具创新。

与国际经验相对应，近年来我国基本具备了以上三个推动利率市场化的基本条件。第一，随着互联网金融产品的高速发展，金融脱媒现象在中国已经愈演愈烈。第二，随着美欧经济复苏，退出 QE 的预期导致国际资本流动在方向和规模上出现急剧变化，国内资本流动和方向也相应出现变化，各国利率差异引致了大量的“息差交易”，对国内金融市场产生极大的不确定性冲击。第三，各种理财产品和互联网金融产品的崛起大大改变了银行体系之外的利率决定机制，金融体系中的种种套利行为油然而生。

正是在这几个基本条件都成熟之后，我国的利率市场化进程才有了快速发展。

四、改革的路径选择

社科院金融所前所长王国刚教授曾提出，我国推进利率市场化有两条路径可供选择：一是“内科手术式”调控，央行不断运用行政机制直接调整存贷款利率；二是“外科手术式”改革，通过发展存贷款及其利率的替代品，运用金融市场的机制力量从外部推进利率市场化改革。这种“外科手术式”改革的过程同时也是金融机构业务转型、金融产品创新和金融市场重新发展的过程。实际上，1996 年以来我国的利率市场化操作路线选择的都是“内科手术式”，正如行政机制不可能创造市场机制一样，“内科手术式”的利率调整也不可能令市场机制充分发挥作用。

相比之下，“外科手术式”改革从发展金融市场中的存贷款替代品入手，通过直接金融机制，既可以满足居民、厂商和政府部门追求较高收益率的要求，又可以满足资金需求者降低融资成本的要求。随着直接金融广度和深度的加大，资金供给者和需求者可以获得更多的金融选择权，与存贷款金融机构展开竞争的能力增强，存贷款金融机构卖方垄断的格局可以逐步打破。不仅如此，“外科手术式”改革在时间序列上是一个渐进过程，避免了对交易各方造成过度直接冲击。

五、改革步调

2012 年以后，在存贷款利率市场化改革过程中，央行推出的改革措施主要有三个：第一，2012 年 6 月 8 日和 7 月 6 日，央行在下调存贷款基准利率过程中，将金融机构的贷款利率下限调整为基准利率的 0.7 倍，将存款利率上限调整为基准利率的 1.1 倍，改变了 2004 年 10 月 29 日以来的存贷款基准利率限制。第二，2013 年 7 月 20 日，央行下发《关于进一步推进利率市场化改革的通知》，要求取消金融机构贷款利率 0.7 倍的下限，取消票据贴现利率管制，取消农村信用社贷款利率 2.3 倍的上限。第三，2013 年 10 月 25 日，在央行的指导下，存贷款基础利率集中报价和发布机制正式运行。毫无疑问，存贷款基准利率浮动区间的扩大，有利于增强存贷款利率的弹性，迫使存贷款金融机构关注供求关系的变化，但上述三个操作还不足以实现利率市场化。

首先，几乎没有哪家金融机构会按照贷款基准利率下限放出贷款，从这个角度讲，央行放开贷款利率下线的措施不过是将实践中几乎不存在的运作行为以制度方式透明化了。

其次，存贷款利率作为资金的价格，仍未充分在买卖双方之间的双向竞争中形成，至多只是实体企业在贷款环节中少付了点利息，居民部门在存款环节中多了点利息，金融体系格局并未改变。

再次，由存贷款法定利率演变的存贷款基准利率，决定了其他债权债务性产品与存贷款之间缺乏竞争，实体企业和城乡居民在金融产品交易方面与存贷款金融机构的竞争严重不足，买方竞争力没有提高。

在贷款利率下限放开之后，存款利率市场化便成为了我国利率市场化改革的核心任务。2014 年 11 月，存款利率浮动区间的上限调整至基准利率的 1.2 倍。2015 年 10 月，对商业银行与农村合作金融机构等不再设置存款利率浮动上限，标志着利率市场化接近于基本完成。我国利率市场化进程大致可以总结如下（见表 2-1）：

表 2-1 我国利率市场化进程

时间	改革进程
1996 年 6 月	放开银行间同业拆借利率
1997 年 6 月	放开银行间债券回购利率
1998~1999 年	中国人民银行连续三次扩大金融机构贷款利率浮动区间
2000 年 9 月	放开外币贷款利率和 300 万美元以上的大额外币存款利率
2003 年 11 月	对美元、日元、港元小额存款利率实行上限管理，商业银行可根据国际金融市场利率变化，在不超过上线的前提下自主确定
2004 年 1 月	再次扩大金融机构贷款利率浮动区间，贷款利率浮动区间不再根据企业所有制性质、规模大小分别制定
2004 年 1 月	上调金融机构存贷款基准利率，并放宽人民币贷款利率浮动区间和允许人民币存款利率下浮
2007 年 1 月	推出上海银行间同业拆借利率
2012 年 6 月	确定下调金融机构人民币存款基准利率，并调整利率浮动区间
2013 年 7 月	全面放开金融机构贷款利率管制，取消金融机构贷款利率 0.7 倍的下限，取消票据贴现利率管制，取消农村信用社贷款利率 2.3 倍的上限
2013 年 9 月	提出有序推进利率市场化工作的三项任务，一是建立市场利率定价自律机制；二是开展贷款基础利率报价工作；三是推进同业存单发行与交易
2013 年 10 月	贷款基础利率集中报价和发布机制正式实行
2014 年 11 月	将金融机构存贷款利率浮动区间的上限由存款基准利率的 1.1 倍调整为 1.2 倍
2015 年 3 月	将金融机构存贷款利率浮动区间的上限由存款基准利率的 1.2 倍调整为 1.3 倍
2015 年 5 月	将金融机构存贷款利率浮动区间的上限由存款基准利率的 1.3 倍调整为 1.5 倍
2015 年 6 月	推出大额存单
2015 年 8 年	放开一年期以上定期存款的利率浮动上限
2015 年 10 月	对商业银行和农村合作金融机构等不再设置存款利率浮动上限

资料来源：根据中国人民银行网站资料整理。

六、改革成效

一是提升了实体部门的金融选择权。在传统“外植型金融体系”下，资金价格的决定权往往掌握在金融机构手中，居民和企业部门的投融资渠道和成本都十分被动。市场化改革后，资金定价权被更多的实体部门所掌握，既降低了实体企业融资成本，又加大了居民部门的投资意愿和渠道。

二是增强了国内金融体系对国际热钱的冲击防范能力。利率市场化改革使国内的金融资产价格与国际接轨，降低了国内外金融资产利差，推动了汇率形成机制，间接助力了人民币国际化进程。

三是提升了金融机构的创新和服务能力。利率市场化终止了金融机构依靠利差获取高额利润的时代，金融机构只有不断提升产品创新能力和服务能力才能继续维持生存。

七、接下来的工作重点

可以看到，2015 年 10 月对存款利率上限的取消，标志着我国以存贷款利率为主的利率市场化阶段性告一段落。但是，全面的放开并不代表着利率市场化改革的完成，我国利率市场化最主要的目的是为了发挥市场在资源配置中的决定性作用，是为了解决“外植型金融体系”下实体经济部门的经营压力问题。然而，就在利率市场化最后的标志性事件（放开存款利率上限）结束的两年多以后，我国的实体企业部门仍存在信贷错配现象：国有企业相比民营企业仍旧获得更多信贷资源；不仅如此，金融脱离实体的老生常谈问题也没有根本解决。

对于信贷错配问题，早在 2008 年金融危机时就已经表现得非常突出。当时出于风险防范考虑，以商业银行为主体的金融机构更倾向于将信贷额度提供给“效率低、需求程度相对较低”的大型国企，而对迫切需要资金的民营小微企业尽量回避。这导致的直接结果就是东部沿海民营企业出现大规模倒闭，而内陆大型国企反而被银行“追着走”。信贷错配问题的根源在于信息不对称，所以，利率市场化目前只能算作拓宽了实体部门的金融选择权，如果想更大限度发挥市场化优势，还需要解决信贷错配问题。

对于金融脱离实体，也并非放开存贷款利率限制可以解决的。利率市场化仅是解决了定价问题，但资金青睐性还需要更多依靠行政手段解决。目前包含资管新规在内的各类监管新规，就是从“堵渠道、抬门槛、引流向”的角度出发，对金融体系内“空转”的资金作出“惩戒”，对流向实体的资金予以“表扬”，进而化解金融脱离实体的问题。

（张玮：《改革开放以来的利率市场化进程：需解决信贷错配》，2018 年 3 月 20 日，http：//money. 163. com/18/0320/17/DDBVJB7N00258J1R. html）

第三章

货币市场

开篇导读

继 2013 年 6 月 19 日上海银行间同业拆解市场（Shanghai Inter-bank Offered Rate，SHIBOR）隔夜利率大幅上涨 206.40 个基点后，6 月 20 日隔夜 SHIBOR 再次飙升 578.40 个基点，至 13.444%，7 天期 SHIBOR 上涨 292.90 个基点，至 11.004%；14 天期 SHIBOR 略降 24.5 个基点，至 7.5940%；1 月期 SHIBOR 上涨 178.40 个基点，至 9.399%。

同日，银行间国债收盘价格全线暴跌，1 年期国债收益率飙涨至 4%，10 年期国债价格被逼升至 3.7%，二者利率倒挂达 30 个基点。SHIBOR 的上涨也引发了 A 股市场的暴跌，当天，上海证券综合指数收报 2084.02 点，跌 2.77%，盘中最低下探 2082.83 点，为 2012 年 12 月 14 日以来新低；深圳证券交易所成分股价指数收报 8147.48 点，跌 3.25%，盘中最低跌至 8138.57 点，创 2012 年 12 月 7 日以来最低。

这次资金价格的大幅度波动反映了影子银行业活动正对货币市场利率的形成带来不可预知的影响，未来在利率市场化进程中，SHIBOR 能否扮演我国金融市场的基准利率的角色？

（《银行间市场拉响流动性“警报”》，2013 年 6 月 27 日，https：//wenku.baidu.com/view/a0d00a35192e45361166f50a.html）

学习目标

1. 识记、理解票据市场、同业拆借市场、回购市场、短期政府债券市场以及货币市场基金的基本概念、特点和运行机制。

2. 了解货币市场各子市场发展的基本状况。

按照金融市场交易工具的长期性与短期性，可将金融市场分为货币市场和资本市场。货币市场是指一年期以内的短期金融工具交易所形成的供求关系及其运行机制的总和。货币市场金融工具具有短期性，主要表现是这些金融工具很容易转化成货币支付手段 M_1，从而实现其货币功能。M_1 是货币层次划分中的狭义的货币供应量，M_1 = 流通中的现金+商业银行体系的支票存款。

货币市场的参与者主要有五类：一是各类金融机构，包括商业银行和其他非银行金融机构，其中商业银行是货币市场最主要的参与者。二是机构投资者，包括保险公司和货币市场基金等。三是各类企业，包括各行业有短期资金需求和短期资金供给的企业。四是政府部门和中央银行，其中政府部门作为资金需求者通过发行短期政府债券参与货币市场，中央银行作为货币政策的执行者参与货币市场交易，通过投放和回笼货币，调控货币供应量。五是个人投资者，一般情况下货币市场是投资高度机构化的市场，家庭部门和个人投资者很少参与，即便参与也仅限于购买货币市场基金和大额可转让存单。

经济主体通过货币市场可以有效管理流动性。因为货币市场一方面可以满足资金需求者的短期资金需要，另一方面也为资金盈余者的暂时闲置资金提供获取营利机会的出路。货币市场中所形成的利率被视为整个金融市场的基准利率，是中央银行制定货币政策的重要参考依据；货币市场也为中央银行实施货币政策提供了有利的条件，中央银行通过公开市场操作不仅可以调控基础货币进而影响货币供应量，还可以借助交易价格引导金融市场的利率走势。

第一节　同业拆借市场

同业拆借市场也可以称为同业拆放市场，是指金融机构之间以货币借贷方式进行短期资金融通活动的市场。同业拆借的资金主要用于弥补短期资金的不足、票据清算的差额以及解决临时性的资金短缺需要。同业拆借市场交易量大，能敏感地反映资金供求系和货币政策意图，影响货币市场利率，是货币市场体系的重要组成部分。

一、同业拆借市场的演进

同业拆借市场产生于存款准备金制度的实施，伴随着中央银行业务和商业银行业务的发展而发展。为了控制货币流通量和银行的信用扩张，美国 1913 年立法规定，所有接受存款的商业银行都必须按存款余额计提一定比例的存款准备金，作为不生息的支付准备存入中央银行，准备数额不足将受到一定的经济处罚。由于清算业务活动和日常收付数额的变化，往往会出现有的银行存款准备金多余而有的银行存款准备金不足的情况。存款准备金多余的银行一般愿意尽可能地对多余部分加以利用，以获取利息收益，而存款准备金不足的银行又必须按规定加以补足。这样，在存款准备金多余的银行和存款准备金不足的银行之间客观上就存在相互调剂的要求，同业拆借市场便应运而生。1921 年，在美国纽约形成了以调剂联邦储备系统会员银行的准备金头寸为内容的联邦资金市场，实际上就是美国的同业拆借市场。在英国，伦敦同业拆借市场的形成则是建立在银行间票据交换过程的基础之上。各家银行在轧平票据交换的差额时，有的银行头寸不足，从而就有必要向头寸多余的银行拆入资金，由此使不同银行之间出现经常性的资金拆借行为。在经历了 20 世纪 30 年代的经济大萧条之后，西方各国普遍强化了中央银行的职能，相继引入法定存款准备金制度作为控制商业银行信用规模的手段。与此相适应，同业拆借市场也得到了较快发展，当今西方国家的同业拆借市场，无论在交易内容、开放程度还是在融资规模、功能作用方面，都发生了深刻的变化。拆借交易不仅发生在银行之间，还出现在银行与其他金融机构之间。以美国为例，同业拆借市场形成之初，市场参与主体仅限于美联储的会员银行之间，后来，互助储蓄银行和储蓄贷款协会等金融机构也参与了这一市场。20 世纪 80 年代以后，外国银行在美国的分支机构也加入了这个市场。我国的同业拆借市场自 1996 年统一规范之后得到迅速发展，交易成员和交易量不断扩大，交易主体种类也由最初的银行机构扩展为目前的包括保险公司、证券公司、基金公司、财务公司在内的各类金融机构。

二、同业拆借市场的交易机制

同业拆借市场主要是银行等金融机构之间相互借贷在中央银行存款账户上的准备金余额，用以调剂准备金头寸的市场。一般来说，任何银行可用于贷款和投资的资金数额只能小于或等于负债额减去法定存款准备金后的余额。然而，在银行的实际经营过程中，资金的流入和流出是不确定的，银行要时时处处保持在中央银行准备金存款账户上的余额恰好等于法定准备金余额是不可能的。如果准备金存款账户上的余额大于法定准备金余额，即拥有超额准备金，那么就意味着银行有资金闲置，也就产生了相应的利息收入的损失；如果银行在准备金存款账户上的余额等于或小于法定准备金余额，在出现有利的投资机会而银行又无法筹集到所需资金时，银行就只有放弃投资机会，或出售资产，或收回贷款，等等。为了解决这一矛盾，有多余准备金的银行和存在准备金缺口的银行之间就出现了准备金的借贷。这种准备金余额的买卖活动就构成了传统的银行间同业拆借市场。

随着市场的发展，同业拆借市场的参与者也开始呈现出多样化的格局，交易对象也不仅限于商业银行的准备金，它还包括商业银行相互间的存款以及证券交易商和政府拥有的活期存款。拆借的目的除满足准备金要求外，还包括轧平票据交换的差额，解决临时性、季节性的资金要求等。但它们的交易过程都是相同的。

同业拆借市场资金借贷程序简单快捷，借贷双方可以通过电话直接联系，或与市场中介人联系。在借贷双方就贷款条件达成协议后，贷款方可直接或通过代理行经中央银行的电子资金转账系统将资金转入借款方的资金账户上，数秒钟即可完成转账程序。当贷款归还时，可用同样的方式划转本金和利息，有时利息的支付也可通过向贷款行开出支票进行支付。

三、同业拆借市场的参与者

同业拆借市场的主要参与者首推商业银行。商业银行既是主要的资金供应者，又是主要的资金需求者。由于同业拆借市场期限较短、风险较小，许多银行都把短期闲置资金投放于该市场，以便及时调整资产负债结构，保持资产的流动性。特别是那些市场份额有限、承受经营风险能力脆弱的中小银行，更是把同业拆借市场作为短期资金运用的经常性的场所，力图通过该市场提高资产质量，降低经营风险，增加利息收入。非银行金融机构也是金融市场上的重要参与者。证券公司、互助储蓄银行、储蓄贷款协会等非银行金融机构参与同业拆借市场的资金拆借，大多以贷款人身份出现在该市场上，但它们也有需要资金的时候，如证券公司的短期拆入。此外，外国银行的代理机构和分支机构也是同业拆借市场的参与者之一。市场参与者的多样化使商业银行走出了过去仅仅重新分配准备金的圈子，同业拆借市场的功能和范围进一步扩大，促进了各种金融机构之间的联系。同业拆借市场中的交易既可以通过市场中介人，也可以直接联系交易。市场中介人是指为资金拆入者和资金拆出者之间媒介交易以赚取手续费的经纪商。同业拆借市场的中介人可以分为两类：一类是专门从事拆借市场及其他货币市场子市场中介业务的专业经纪商，如日本的短资公司就属这种类型；另一类是非专门从事拆借市场中介业务的兼营经纪商，大多由商业银行承担，这些大中型商业银行不仅充当经纪商，其本身也参与该市场的交易。

四、同业拆借市场的利率及期限

同业拆借市场的拆借期限通常以1~2天为限，短至隔夜，多则1~2周，一般不超过1个月，当然也有少数同业拆借交易的期限接近或达到1年。同业拆借的拆款按日计息，拆息额占拆借本金的比例为拆息率。拆息率每天不同，甚至每时每刻都会变化，其高低灵敏地反映货币市场资金的供求状况。在国际货币市场上，比较典型的有代表性的同业拆借利率有三种，即伦敦银行间同业拆借利率、新加坡银行间同业拆借利率和香港银行间同业拆借利率。伦敦银行间同业拆借利率是伦敦金融市场上银行间相互拆借英镑、欧洲美元及其他欧洲货币时的利率，由报价银行在每个营业日的上午11时对外报出，分为存款利率和贷款利率两种报价。资金拆借的期限为1个月、3个月、6个月和1年等几个档次。自20世纪60年代初，该利率即成为伦敦金融市场借贷活动中的基本利率。目前，伦敦银行间同业拆借利率已成为国际金融市场上的一种关键利率，一些浮动利率的融资工具在发行时也以该利率作为浮动的依据和参照物。相比之下，新加坡银行间同业拆借利率和香港银行间同业拆借利率的生成和作用范围是两地的亚洲货币市场，其报价方法与拆借期限与伦敦银行间同业拆借利率并无差别，但它们在国际金融市场上的地位和作用则要差得多。

2007年1月4日，被看作我国货币市场基准利率的SHIBOR（上海银行间同业拆借利率）正式运行，这是我国货币市场走向完善的重要一步。SHIBOR是由信用等级较高的银行组成报价团自主报出的人民币同业拆借利率计算确定的算术平均利率，是单利、无担保、批发性利率。目前，对社会公布的SHIBOR包括隔夜、1周、2周、1个月、3个月、6个月、9个月及1年多个品种。

五、同业拆借市场的特点

1. 融通资金期限短，流动性高。同业拆借市场的资金融通期限一般是1~2天或者1个星期，是为了解决头寸临时不足或头寸临时多余所进行的资金融通。目前，同业拆借市场已成为各金融机构弥补短期资金不足和进行短期资金运作的市场，成为解决或平衡资金流动性和盈利性矛盾的市场，从而临时调剂性市场也就变成短期融资市场。

2. 具有严格的市场准入条件。同业拆借一般在金融机构或指定的某类金融机构之间进行，而非金融机构包括工商企业、政府部门及家庭部门或非指定的金融机构不能进入同业拆借市场。有些国家或在某些特定的时期，政府也会对进入此市场的金融机构进行一定的资金限制。

3. 技术先进，手续简便，成交时间短。同业拆借市场的交易主要是采取电话协商的方式进行，是一种无形市场。达成协议后，就可以通过各自在中央银行的存款账户自动划拨清算；或者向资金交易中心提出供求和进行报价，由资金交易中心进行撮合成交，并进行资金交割划账。

4. 信用交易且交易数额较大。在同业拆借市场上进行资金借贷或融通，一般不需要以担保或抵押品作为借贷条件，完全是一种协议和信用交易关系，双方都以自己的信用担保，都严格遵守交易协议。

5. 利率由供求双方议定，可以随行就市。同业拆借市场上的利率可由双方协商，讨价还价，最后议定成交。因此，同业拆借市场上的利率是一种市场利率，或者说是市场化程度最高的利率，能够充分灵敏地反映市场资金供求状况及其变化。

六、同业拆借市场的作用

1. 同业拆借市场的存在加强了金融机构资产的流动性，保障了金融机构运营的安全性。流动性风险是金融机构经营过程中面临的主要金融风险之一，同业拆借市场的存在为金融机构提供了一种增强流动性的机制，这也间接保障了金融机构经营的安全性。由于同业拆借市场的存在，金融机构可以比较方便地获得短期资金融通来弥补资金缺口，从而满足了其流动性的需要。同时，同业拆借市场的存在也使金融机构不需要通过低价出售资产来维持流动性，这在一定程度上又保障了机构的经营安全。因此，金融机构通过同业拆借加强了资产的流动性和运营的安全性，优化了资产和负债的组合。

2. 同业拆借市场的存在有利于提高金融机构的盈利水平。一方面，金融机构通过同业拆借市场可以将暂时盈余的资金头寸及时贷放出去，减少资金的闲置，由此增加资产的总收益；另一方面，金融机构特别是商业银行不必为了维持一定的法定准备金而刻意保持较多的超额准备资金，这使得金融机构能够更充分、更有效地运用所有资金，增加盈利性资产的比重，提高总资产的盈利水平。此外，同业拆借市场的存在也有利于金融机构灵活调整流动性储备，提高资产组合的平均及总体盈利水平。

3. 同业拆借市场是中央银行实施货币政策的重要载体。首先，同业拆借市场及其利率可以作为中央银行实施货币政策的重要传导机制。中央银行可以通过调节存款准备金率使同业拆借市场银根紧缩或放松，调节同业拆借市场的利率，进而带动其他利率变动，控制商业银行的信贷能力与规模。其次，同业拆借市场利率反映了同业拆借市场资金的供求状况，是中央银行货币政策调控的一个重要指标。中央银行可以结合当前的通货膨胀（或通货紧缩）率、就业率及经济增长率制定适当的货币政策，从而实现宏观金融调控目标。

4. 同业拆借市场利率往往被视作基准利率，反映社会资金供求状况。金融市场银根的松紧以及整个社会的资金供求状况往往会通过同业拆借市场的交易量及市场利率得到反映。同业拆借市场利率水平及其变化可以反映出整个金融市场利率的变动趋势以及资金的供求情况，对宏观经济也起着十分重要的作用。因此，有些国家的中央银行将同业拆借市场利率视为货币政策的中间目标。此外，同业拆借市场上的利率也经常被看成基础利率，各金融机构的存放款利率都在此利率基础上进行确定。

第二节　票据市场

一、票据概述

票据是一种重要的有价证券，它作为金融市场上通行的结算和信用工具，是货币市场上的主要交易工具之一。以票据为媒介构成的票据市场构成了货币市场的一个重要组成部分。依据票据的种类，票据市场可以简单地分为商业票据市场、大额可转让存单市场和银行承兑汇票市场三类货币子市场。

（一）票据的特点

票据作为一种有价证券，具有以下几个明显的特征：

1. 票据是一种完全有价证券。票据的权利随票据的设立而设立，随票据的转让而转让。只有在权利行使之后，票据体现的债权债务关系才宣告结束。因此，票据是一种典型的完全有价证券，票据的这一特点也是票据贴现市场形成的基础。

2. 票据是一种设权证券。票据所代表的财产权利即一定金额的给付请求权完全由票据的制成而产生。换言之，票据的制成并非是用来证明已经存在的权利，而是创立一种新的权利。票据一旦制成，票据关系人的权利义务关系随之确立。

3. 票据是一种无因证券。票据的持票人只要持有票据就能享受票据拥有的权利，而不必说明票据取得及票据行为发生的原因。票据债务人也不能以票据所有权发生变化为理由而拒绝履行其因票据行为而负担的付款义务。正是由于这种无因性，票据的流通和转让成为可能。

4. 票据是一种要式证券。票据的制成和记载事项必须严格依据法律规定进行，并且票据的签发、转让、承兑、付款、追索等行为的程序和方式也都必须依法进行。如果违反了法律规定，将会导致票据行为的无效或对票据权利产生影响。

5. 票据是一种文义证券。票据在流通过程中若发现文字内容有错误，不得用票据以外的证据方法予以变更或补充。这样做是为了保证流通信用和交易安全，保护流通信用和交易安全，保护流通过程中善意持票人的权利。例如，票据上记载的出票日与实际出票日不符时，以票载日期为准。

6. 票据是一种流通证券。票据权利可以通过一定的方式转让，一般包括背书或交付。票据债权债务关系的转让不必依照民法中有关债权转让的规定进行，这使票据具有高度的流通性。在西方国家票据制度中特别强调了这一点。英美等国就是以“流通证券”来形容票据的。一般来说，无记名票据通过交付就能转让，而记名票据转让时则须经过背书。

7. 票据是一种返还证券。票据权利人实现了自己的权利、收领了票据上的金额之后，应将票据归还给付款人。而在其他债权中，债务人履行债务后，即使债权人不同时交还有关债权证书，也可以用其他的凭证如收据来证明债务的履行。在票据债权中，若债权人不交还票据，债务人可拒付票款。如果付款人是主债务人，付款后票据关系宣告结束，如果付款人是次债务人，付款后可向其前手追索。

（二）票据的种类

1. 汇票

汇票是由出票人签发的委托付款人在见票时或者在指定日期无条件支付一定金额给收款人或持票人的一种票据。汇票有三方当事人，即出票人、付款人和收款人。出票人是在票据关系中履行债务的当事人。收款人是在票据关系中享有债权的人，在接受汇票时有权向付款人请求付款。付款人即受出票人委托向持票人进行票据金额支付的人。付款人和出票人之间往往存在一定的资金关系，通常是出票人的开户银行。按汇票记载权利人方式的不同，汇票可分为记名汇票、不记名汇票和指定汇票。按汇票上记载付款期限的长短，汇票可分为即期汇票和远期汇票。此外，汇票还可以按出票人不同分为银行汇票和商业汇票。

2. 本票

本票是指出票人签发的承诺自己在见票时无条件支付确定的金额给收款人或持票人的票

据。本票具有三个特征：一是本票的基本当事人只有两个，即出票人和收款人；二是本票的付款人为出票人自己；三是本票的出票人自己承担无条件付款的责任，故没有承兑制度。以出票人的不同，可以将本票分为银行本票和商业本票。在我国，本票只能由商业银行签发，不承认商业本票。

3. 支票

支票是出票人签发的委托办理支票存款业务的银行或其他金融机构在见票时无条件支付确定金额给收款人或持票人的票据。

（三）票据行为

票据行为是指以产生票据上载明的债权债务关系为目的的要式行为，包括出票、背书、承兑、保证、付款及追索。在我国，汇票可以发生上述全部票据行为，而支票和本票是以出票人或银行和金融机构为付款人，因此不需要承兑。出票是指出票人按照法定形式签出票据，并将它交付收款人的票据行为。

出票是一切票据行为的基础，票据的权利义务关系从此产生。

背书是指以转让票据权利或将一定票据权利授予他人行使为目的，在票据的背面或者粘单上记载有关事项并签章的票据行为。背书是票据权利转让的重要方式。和无记名票据以票据交付即可转让不同，记名票据必须经转让人背书方能转让。但出票人在票据上记载“不得转让”字样的，票据不能转让。

承兑是指票据付款人承诺在票据到期日支付票载金额的行为。承兑是汇票特有的票据行为，主要目的在于明确汇票付款人的票据责任。受出票人委托的付款人在承兑之前，从法律意义上并非汇票债务人，只有经过承兑，表示愿意支付汇票金额，付款人才成为债务人，对持票人负有付款的责任。

保证是指票据债务人以外的任何第三人担保票据债务人履行债务的票据行为。担保票据债务履行的人叫票据保证人。被担保的票据债务人叫被保证人。保证人为票据担保后，票据到期得不到付款的，持票人有权向保证人请求付款。保证人应该足额支付。

付款是指票据的付款人向持票人支付票载金额从而消除票据关系的票据行为。票据的付款人仅限于票据上记载的当事人，其他任何人的付款都不具有票据付款行为的性质。只有付款人足额支付后才能收回票据，消除该票据的债权债务关系，因此，付款是票据关系的最后一个环节。

追索是指票据到期不获付款或期前不获承兑，或有其他法定原因出现时，持票人请求背书人、出票人及其他债务人偿还票据金额及有关损失和费用的票据行为。追索权的行使可以在票据到期之前，也可以在票据到期之后。

二、商业票据市场

商业票据是大公司为了筹措资金，以贴现方式出售给投资者的一种短期无担保承诺凭证。美国的商业票据属本票性质，英国的商业票据则属汇票性质。由于商业票据没有担保，仅以信用作保证，因此能够发行商业票据的一般都是规模巨大、信誉卓著的大公司。商业票据市场就是这些信誉卓著的大公司所发行的商业票据交易的市场。

（一）商业票据市场的演进

商业票据是货币市场上历史最悠久的工具，最早可以追溯到 19 世纪初。早期商业票据的发展和运用几乎都集中在美国，发行者主要为纺织品工厂、铁路、烟草公司等非金融性企业。20 世纪 60 年代，商业票据的发行迅速增加。其原因有三：一是持续 8 年的经济增长。这段时间企业迅速增加，资金短缺，从银行贷款的费用增加，于是企业便转向商业票据市场求援。二是美联储体系实行紧缩的货币政策。1966 年和 1969 年，那些过去使用银行短期贷款的公司发现由于 Q 条例利率上限的限制使银行无法贷款给它们。这样，许多公司转向商业票据市场寻找替代的资金来源。三是银行为了满足其资金需要，自己发行商业票据。为逃避 Q 条例的限制，银行仅在 1969 年就发行了 110 多亿美元的商业票据。商业银行曾是商业票据的主要购买者。自 20 世纪 50 年代初期以来，由于商业票据风险较低、期限较短、收益较高，许多公司也开始购买商业票据。现在，商业票据的主要投资者是保险公司、非金融企业、银行信托部门、地方政府、养老基金组织等。商业银行对商业票据的市场需求已经退居次要地位。但银行在商业票据市场上仍具有重要作用，这主要表现在商业银行代理发行商业票据、代保管商业票据以及提供商业票据发行的信用额度支持等。由于许多商业票据是通过滚动发行偿还，即发行新票据取得资金偿还旧票据，加之许多投资者选择商业票据时较为看重银行的信用额度支持，因此，商业银行的信用额度对商业票据的发行影响极大。

（二）商业票据市场的交易机制

1. 发行者

商业票据的发行视经济及市场状况的变化而变化。一般说来，高利率时期发行数量较少，资金来源稳定时期、市场利率较低时，发行数量较多。如 2008 年 8 月，伴随着长期的低利率，美国的商业汇票规模达到了 1.78 万亿美元的顶峰。商业票据的发行者包括金融性公司和非金融性公司。金融性公司主要有三种：附属性公司、与银行有关的公司及独立的金融公司。第一类公司一般附属于某些大的制造公司，如附属于通用汽车公司的通用汽车承兑公司；第二类是银行持股公司的下属子公司；其他则为独立的金融公司。非金融性公司发行商业票据的频次较金融公司少，发行所得主要解决企业的短期资金需求及季节性开支，如应付工资及交纳税款等。

2. 面额及期限

同其他货币市场信用工具一样，发行者利用商业票据筹集资金。在美国商业票据市场上，虽然有的商业票据的发行面额只有 2.5 万美元或 5 万美元，但大多数商业票据的发行面额都在 10 万美元以上。在二级市场上，商业票据的最小交易单位为 10 万美元。据统计，商业票据市场上每个发行者平均拥有 1.2 亿美元的未到期的商业票据，一些较大的单个发行者拥有的未到期的商业票据达数 10 亿美元之多。商业票据的期限较短，一般不超过 270 天。市场上未到期的商业票据平均期限在 30 天以内，大多数商业票据的期限在 20～40 天之间。

3. 销售渠道

商业票据的销售渠道有二：一是发行者通过自己的销售力量直接出售，二是通过商业票据交易商间接销售。采取何种方式主要取决于发行者使用这两种方式的成本的高低。非金融性公司主要通过商业票据交易商间接销售，因为它们的短期信用需求通常具有季节性及临时性，建立永久性的商业票据销售队伍不合算。但有一些规模非常大的公司则通过自己的下属金融公司直接销售，在这样的大公司中，其未到期的商业票据一般在数亿美元以上，其中大多数为大金融公司和银行持股公司。尽管在投资者急需资金时商业票据的交易商和直接发行者可在到期之前兑现，但商业票据的二级市场并不活跃。这主要是因为商业票据的期限非常短，购买者一般都计划持有至到期。另一个原因是商业票据是高度异质性的票据，不同经济单位发行的商业票据在期限、面额和利率等方面各有不同，其交易难以活跃。

4. 信用评估

美国主要有四家评级机构对商业票据进行评级，它们是穆迪投资服务公司、标准普尔公司、德莱·费尔普斯信用评级公司和费奇投资公司。商业票据的发行人至少要获得其中的一个评级，大部分获得两个。商业票据的评级和其他证券的评级一样，也分为投资级和非投资级。美国证券交易委员会认可两种合格的商业票据：一级票据和二级票据。一般说来，要想成为一级票据，必须有两家评级机构对其所发行的票据给予“1”的评级；成为二级票据则必须有一家给予“1”的评级，至少还有一家或两家的评级为“2”。二级票据为中等票据，货币市场基金对其投资会受到限制。

5. 非利息成本

同发行商业票据有关的非利息成本有：（1）信用额度支持费用。一般以补偿余额的方式支付，即发行者必须在银行账号中保留一定金额的无息资金，有时则按信用额度的0.375%~0.75%一次性支付。后一种方法近年来较受商业票据发行者的欢迎。（2）代理费用。主要是商业银行代理发行及偿付的费用。（3）信用评估费用。发行者支付给信用评估机构的报酬。在美国，国内出票人每年支付500~25000美元，国外出票人还要多支付3500~10000美元。

6. 投资者

在美国，商业票据的投资者包括中央银行、非金融性企业、投资公司、政府部门、私人抚恤基金、基金组织及个人。货币市场基金和银行信托是最主要的投资者，前者持有的商业票据存量超过40%，后者持有量在20%左右，而其他投资者包括非金融机构、保险公司、政府及个人养老基金等，持有的商业票据存量在5%~15%。另外，储蓄贷款协会及互助储蓄银行也获准以其资金的20%投资于商业票据。投资者可以从三个渠道购买商业票据：从交易商手中购买、从发行者那里购买以及购买投资商业票据的基金份额。

三、银行承兑票据市场

在商品交易活动中，售货人为了向购货人索取货款而签发的汇票，经付款人在票面上承诺到期付款的“承兑”字样并签章后，就成为承兑汇票。经购货人承兑的汇票称商业承兑汇票，经银行承兑的汇票即为银行承兑汇票。由于银行承兑汇票由银行承诺承担最后付款责任，实际上是银行将其信用出借给企业，因此，企业必须交纳一定的手续费。这里，银行是第一责任人，而出票人则只负第二手责任。以银行承兑票据作为交易对象的市场即为银行承兑票据市场。

（一）银行承兑汇票

银行承兑汇票是为方便商业交易活动而创造出的一种工具，在对外贸易中运用较多。当一笔国际贸易发生时，由于出口商对进口商的信用不了解，加之没有其他的信用协议，出口方担心对方不付款或不按时付款，进口方担心对方不发货或不能按时发货，交易就很难进行。这时便需要银行信用从中作保证。一般地，进口商首先要求本国银行开立信用证，作为向国外出口商的保证。信用证授权国外出口商开出以开证行为付款人的汇票，可以是即期的也可是远期的。若是即期的，付款银行（开证行）见票付款；若是远期汇票，付款银行

(开证行)在汇票正面签上“承兑”字样，填上到期日，并盖章为凭。这样，银行承兑汇票就产生了。

在国际贸易中运用承兑汇票至少有三个方面的优点：第一，出口商可以立即获得货款进行生产，避免由货物装运而引起的时间耽搁；第二，由于出口国银行以本国货币支付给出口商，避免了国际贸易中不同货币结算上的麻烦及汇率风险；第三，由于有财力雄厚、信誉卓著的银行对货款的支付作担保，出口商无须花费财力和时间去调查进口商的信用状况。

银行承兑汇票不仅在国际贸易中运用，也在国内贸易中运用。在有些货币为国际硬通货的国家，如美国，银行承兑汇票还因其他国家周期性或季节性的美元外汇短缺而创造出来，这种承兑汇票称作外汇承兑汇票。但总的来说，为国际贸易创造的银行承兑汇票占绝大部分。银行承兑汇票最常见的期限有30天、60天和90天等几种，也有期限为180天和270天的。交易单位一般为10万美元和50万美元。银行承兑汇票的违约风险较小，但有利率风险。

银行承兑汇票被创造后，银行既可以自己持有当作一种投资，也可以拿到二级市场上出售。如果出售，银行可以通过两个渠道：一是利用自己的渠道直接销售给投资者，二是利用货币市场交易商销售给投资者。因此，银行承兑汇票二级市场的参与者主要是创造承兑汇票的承兑银行、市场交易商及投资者。二级市场上的银行可分为五个层次：第一层次是若干家最大的国内银行。它们创造的银行承兑汇票最安全，市场性最强，因而利率（贴现率）最低。第二层次是略逊于最大银行的银行，它们创造的银行承兑汇票的利率通常接近第一层次的银行的承兑汇票的利率。余下的银行属于第三及第四层次，它们的利率远高于前两层次的银行承兑汇票的利率。第五层次的银行为外国银行在美国的分支机构，它们创造的承兑汇票利率高出国内承兑汇票利率很多，主要是因为投资者对它们的信誉缺乏足够的信任。

（二）银行承兑汇票市场的作用

同其他货币市场信用工具相比，银行承兑汇票在某些方面更能吸引储蓄者、银行和投资者，因而它是既受借款者欢迎又为投资者青睐，同时也受到银行喜欢的信用工具。

1. 从借款人角度分析

首先，借款人利用银行承兑汇票的成本较传统银行贷款的利息成本及非利息成本之和低。要求银行承兑汇票的企业实际上就是借款者，它必须向银行交付一定的手续费。当它向银行贴现后又取得现款，故其融资成本为贴息和手续费之和。传统的银行贷款除必须支付一定的利息外，借款者还必须在银行保持超过其正常周转资金余额的补偿性最低存款额，这部分存款没有利息，构成企业的非利息成本。对比而言，使用传统银行贷款的成本比运用银行承兑汇票的成本高。其次，借款者运用银行承兑汇票比发行商业票据筹资有利。能在商业票据市场上发行商业票据的都是规模大、信誉好的企业。许多借款者都没有足够的规模和信誉以竞争性的利率发行商业票据筹资。这部分企业却可以运用银行承兑票据来解决资金上的困难。即使是少数能发行商业票据的企业，其发行费用和手续费加上商业票据利息成本，总筹资成本也高于运用银行承兑票据的筹资成本。

2. 从银行角度分析

首先，银行运用承兑汇票可以增加经营效益。银行通过创造银行承兑汇票，不必动用自己的资金赚取手续费。当然，有时银行也用自己的资金贴现承兑汇票。但由于银行承兑汇票拥有大的二级市场，很容易变现，因此银行承兑汇票不仅不影响其流动性，而且提供了传统银行贷款所无法提供的多样化的投资组合。其次，银行运用承兑汇票可以增加其信用能力。一般地，各国银行法都规定了银行对单个客户提供信用的最高额度。通过创造、贴现或出售符合中央银行要求的银行承兑汇票，银行对单个客户的信用可在原有的基础上增加 10%。最后，银行法规定出售合格的银行承兑汇票所取得的资金不要求交纳准备金。这样，在流向银行的资金减少的信用紧缩时期，这一措施将刺激银行出售银行承兑汇票引导资金从非银行部门流向银行部门。

3. 从投资者角度分析

投资者最重视的是投资的收益性、安全性和流动性。投资于银行承兑汇票的收益同投资于其他货币市场信用工具如商业票据、大额可转让定期存单等的收益不相上下。银行承兑汇票的承兑银行对汇票持有者负不可撤销的第一手责任，汇票的背书人或出票人承担第二手责任，即如果银行到期拒绝付款，汇票持有人还可向汇票的背书人或出票人索款。因此，投资于银行承兑汇票的安全性非常高。一流质量的银行承兑汇票具有公开的贴现市场，可以随时转售，因而具有高度的流动性。

四、大额可转让定期存单市场

（一）大额可转让定期存单

大额可转让定期存单（CDs）产生于 20 世纪 60 年代，当时市场利率上升，而美国的商业银行受 Q 条例的存款利率上限的限制，不能支付较高的市场利率，大公司的财务主管为了增加临时闲置资金的利息收益，纷纷将资金投资于安全性较好又具有一定收益的货币市场工具，如国库券、商业票据等，银行的企业存款急剧下降。为了阻止存款外流，美国花旗银行率先设计了大额可转让定期存单这种短期的有收益票据来吸引企业的短期资金。此后，这一货币市场工具迅速在各大银行得到推广。大额可转让定期存单一般由较大的商业银行发行，主要是由于这些机构信誉较高，可以相对降低筹资成本，且发行规模大，容易在二级市场流通。同传统的定期存款相比，大额可转让定期存单具有以下几点不同：第一，定期存款记名，不可流通转让，而大额可转让定期存单则是不记名的，可以流通转让。第二，定期存款金额不固定，可大可小；可转让定期存单金额较大，在美国向机构投资者发行大额可转让定期存单的面额最少为 10 万美元，二级市场上的交易单位为 100 万美元，但向个人投资者发行的大额可转让定期存单的面额最少为 100 美元。在我国香港最小面额为 10 万港元。第三，定期存款利率固定，而可转让定期存单利率既有固定的，也有浮动的，且一般来说比同期限的定期存款利率高。第四，定期存款可以提前支取，提前支取时要损失一部分利息；可转让存单不能提前支取，但可在二级市场流通转让。

（二）大额可转让定期存单的种类

1. 国内存单

国内存单是历史最悠久也最为重要的一种，它由美国国内银行发行。存单上注明存款的金额、到期日、利率及利息期限。国内存单的期限由银行和客户协商确定，常常根据客户的流动性要求灵活安排，一般为 30 天到 12 个月，也有超过 12 个月的。流通中未到期的国内存单的平均期限为 3 个月左右。初级市场上国内存单的利率一般由市场供求关系决定，也有由发行者和存款者协商决定的。利息的计算通常按距到期日的实际天数计算，1 年按 360 天计。利率又有固定和浮动之分。在固定利率条件下，期限在 1 年以内的国内存单到期时偿还本息；期限超过 1 年的，每半年支付一次利息。如果是浮动利率，则利率每 1 个月或每 3 个月调整一次，主要参照同期的二级市场利率水平。国内存单以记名方式或无记名方式发行，大多数以无记名方式发行。

2. 欧洲美元存单

欧洲美元存单是美国境外银行（外国银行和美国银行在外的分支机构）发行的以美元为计价单位的一种可转让定期存单。欧洲美元存单市场的中心在伦敦，但欧洲美元存单的发行范围并不仅限于欧洲。欧洲美元存单最早出现于 1966 年，它的兴起应归因于美国的银行条例尤其是 Q 条例对国内货币市场筹资的限制。由于银行可以在欧洲美元市场不受美国的银行条例的限制为国内放款筹资，欧洲美元存单数量迅速增加。美国大银行过去曾是欧洲存单的主要发行者，1982 年以来，日本银行逐渐成为欧洲美元存单的主要发行者。

3. 扬基存单

扬基存单也叫“美国佬”存单，因为美国历史上也叫作扬基国。扬基存单的发行者主要是西欧和日本等地的著名的国际性银行在美分支机构。扬基存单期限一般较短，大多在 3 个月以内。外国银行发行扬基存单之所以能在美国立足是基于两个方面的原因：一是这些银行持有美国执照，增加了投资者对扬基存单的安全感。二是其不受美联储条例的限制，无法定准备金要求，使其同国内存单在竞争上具有成本优势，外国银行在美国发行证券一般都比美国国内银行支付更高的利息，但由于扬基存单在准备金上的豁免，使得其成本同国内存单的成本不相上下，甚至更低。

4. 储蓄机构存单

这是出现较晚的一种存单，它是由一些非银行金融机构（储蓄贷款协会、互助储蓄银行、信用合作社）发行的一种可转让定期存单。其中，储蓄贷款协会是主要的发行者。储蓄机构存单或因法律上的规定，或因实际操作困难而不能流通转让，因此其二级市场规模很小。

（三）大额可转让定期存单的市场交易

1. 利率和期限

20 世纪 60 年代，大额可转让存单主要以固定利率的方式发行，存单上注明特定的利率，并在指定的到期日支付，这在当时利率稳定时深受投资者欢迎。那些既注重收益又要求流动性的投资者购买短期可转让存单，而那些更注重收益的投资者则购买期限稍长的存单。60 年代后期开始，金融市场利率波动加剧并趋于上升，在这种情况下，投资者都希望投资于短期的信用工具，可转让存单的期限大大缩短。60 年代存单的期限为 3 个月左右，1974 年以后缩短为 2 个月左右。

2. 风险和收益

对投资者来说，可转让存单的风险有两种：一是信用风险，二是市场风险。信用风险是指发行存单的银行在存单期满时无法偿付本息的风险。在美国，虽然一般的会员商业银行必须在联邦存款保险公司投保，但由于存单发行面额大，而每户存款享受的最高保险额只有 25 万美元，因此存单的信用风险依然存在，更不用说没有存款保险制度国家的银行所发行的存单了。而且，由于近年来国际金融风波不断，信用风险还有加大的趋势。市场风险指的是存单持有者急需资金时存单不能在二级市场上立即出售变现或不能以较合理的价格出售的风险。尽管可转让存单的二级市场非常发达，但其发达程度仍比不上国库券市场，因此并非完全没有市场风险。一般地说，存单的收益取决于三个因素：发行银行的信用评级、存单的期限及存单的供求量。另外，收益和风险的高低也紧密相连。可转让存单的收益高于同期的国库券收益，主要原因是国库券的信用风险低并且具有免税优惠。另外，国库券市场的流动性也比存单市场高。在四种存单中，欧洲美元存单的利率高于国内存单的利率，一般高0.2%~0.3%。扬基存单的利率和欧洲美元存单的利率差不多，但平均来说，扬基存单的利率略低于欧洲美元存单的利率。这主要是由于以下两个原因：一是扬基存单受美国法令和条例保护，因而投资者不用承担国外政治或国家风险；二是交易商从事扬基存单交易比欧洲美元存单交易更容易、成本更低。储蓄存单由于其很少流通，因而利率无法与以上三种存单比较。

（四）大额可转让定期存单的投资者

大企业是大额可转让定期存单的最大买主。对于企业来说，在保证资金流动性和安全性的情况下，其现金管理目标就是寻求剩余资金的收益最大化。企业剩余资金一般有两种用途：一种用于应付各种固定的预付支出如纳税、分红及发放工资等，一种用于意想不到的应急之需。企业可将剩余资金投资于存单，并将存单的到期日同各种固定的预期支出的支付日期联系起来，到期以存单的本息支付。至于一些意外的资金需要，则可在企业急需资金时在二级市场上出售存单来获取资金。金融机构也是存单的积极投资者。首先是货币市场基金在存单的投资上占据很大的份额。其次是商业银行和银行信托部门。银行可以购买其他银行发行的存单，但不能购买自己发行的存单。此外，政府机构、外国政府、外国中央银行及个人也是存单的投资者。对许多投资者来说，大额可转让定期存单，既有定期存款的较高利息收入特征，又同时有活期存款的可随时获得兑现的优点，是追求稳定收益的投资者的一种较好选择。对银行来说，发行存单可以增加资金来源，而且由于这部分资金可视为定期存款而能用于中期放款。发行存单的意义不仅在于增加银行存款，更在于由发行存单所带来的对银行经营管理方面的作用。存单发行使银行在调整资产的流动性及实施资产负债管理上具有更灵活的手段。存单市场在很大程度上是通过存单交易商维持的。存单交易商的功能主要有两个：一是以自己的头寸买进存单后再零售给投资者；二是支持存单的二级市场，为存单的不断买卖创造市场。交易商购买存单的资金头寸主要是通过回购协议交易进行的。由于存单较政府证券的风险要大，因而以存单作抵押进行回购协议交易时，买回存单的价格要高于买回政府债券的价格。在美国，存单交易商的数量一度超过30家，但今天只有很少的交易商为存单做市。因此，存单的流动性大为降低。中国早于1986年也引进和发行了大额可转让定期存单，但由于市场的不完善和时机的不成熟，央行又于1997年暂停了对大额可转让定期存单的审批。2013年12月8日中国人民银行推出《同业存单管理暂行办法》，表明我国同业大额可转让存单正式重启。2015年6月2日，中国人民银行首次宣布金融机构可面向企业和个人推出大额存单产品。可见，大额可转让存单已成为我国利率市场化的重要突破口。

第三节　回购协议市场

一、回购协议市场的概念和特点

回购协议市场是指通过回购协议进行短期资金融通交易的场所。所谓回购协议是指证券资产的卖方在卖出一定数量的证券资产的同时与买方签订的在未来某一特定日期按照约定价格购回所卖证券资产的协议。

回购交易的实质是一种以证券资产作抵押的资金融通。融资方（正回购方）以持有的证券作质押，取得一定期限内的资金使用权，到期以按约定的条件购回证券的方式还本付息。融券方（逆回购方）则以获得证券质押权为条件，暂时放弃资金的使用权，到期归还对方质押的证券，收回融出的资金并取得一定的利息收入。与回购协议相反方向的交易被称为逆回购协议，它与回购协议实际上属于同一次交易的两个方面。回购协议是从资金需求者即证券资产的卖方角度出发，而逆回购协议是从资金供给者即买入证券资产的角度出发的。证券回购是对某种证券现实的购买（出售）及之后一笔相反交易的组合。一笔回购交易涉及两个交易主体和两次交易契约行为，两个交易主体分别为以券融资的资金需求方和以资融券的资金供给方，两次交易契约行为分别为交易开始时的初始交易和交易结束时的回购交易。

回购协议交易的特点是：金额大，期限短，风险小，收益低。因此，回购协议是种有效、安全的短期融资工具。与传统的金融活动相比，回购协议的优越性主要表现在以下几个方面：

1. 对于资金借入方来说，回购协议可以使其免受购回金融资产时市场价格上升引起的损失，降低市场风险。

2. 对于资金借出方来说，回购协议中涉及的质押证券可以使其在减少债务人无法按期还款的信用风险的同时，也免受卖出时市场价格下降引起的损失。

3. 回购协议的出现，使得商业银行可以将大量的资产投资于国库券、银行承兑汇票等有利可图的生息资产，将超额准备金降到最低限度，从而最大限度拓展业务，增加盈利，避免了由于发放贷款或者支付需要而以贴现的方式出售原有的金融资产或回收贷款，加大了银行资金运用的灵活性。

4. 商业银行利用回购协议获得的资金无须向中央银行交纳法定存款准备金，从而降低了商业银行筹资的成本，增加了商业银行扩张业务的积极性。

5. 降低了银行间同业拆借的风险和成本，能够更好地引导信贷资金实现最佳配置。

6. 中央银行采用回购协议可以保证对货币供应量的调节，同时降低公开市场操作的成本。

二、回购协议市场的形成及发展

（一）回购协议市场的形成

回购协议是在第二次世界大战结束以后逐渐形成的。在当时，随着证券发行量的增加，有的证券公司因募集的证券未能全部发售而库存增加，有的证券投资者中途变现又进一步使证券公司的滞留证券增加。于是，证券公司为筹集资金，向其他金融机构以购回为条件，将证券卖出，由此证券回购交易的雏形开始出现。1969 年，回购交易首次在美国出现，联邦储备银行规定回购协议的买方可以免交存款准备金，在这以后，回购协议市场才开始发展。

（二）回购协议市场的发展

20 世纪 60 年代后期，回购协议市场迅速发展，逐渐成为最大、最具流动性的货币市场之一。特别是在日本 70 年代初允许国债回购交易市场建立与发展时，由于将其当作一种债券交易方式，其价格可随行就市，根据供求情况上下浮动，避开当时日本银行的利率管制政策，从而吸引了大量资金，对于推动日本利率自由化与市场化起到了不可磨灭的作用。回购交易不仅是大多数非金融公司管理资金头寸、获得短期证券市场稳定收益或者获取短期融资的有效渠道，也是商业银行、投资银行、基金管理公司等金融机构进行资产管理和融资的主要工具之一。因而市场交易十分活跃，交易规模不断增加，其每日交易量达几千亿美元，是一个规模颇大的资金市场。回购协议市场的发展深刻地改变了以商业银行为代表的金融机构对于资产管理的理念，显著地增强了各种金融工具的流动性和资产组合的灵活性，从而大大提高了资金的使用效率，促进了金融体系的稳定，丰富了中央银行公开市场操作的手段。

（三）我国回购协议市场的发展历史和现状

我国的回购市场发端于 20 世纪 90 年代初，上海证券交易所和深圳证券交易所分别于 1993 年 12 月、1994 年 10 月开办了以国债为主要品种的质押式回购交易。当时的主要目的是发展中国的国债市场，活跃国债交易，以便发挥国债的信用功能，为社会提供种新的融资方式。此后，为促进货币市场的健康发展、推动政策性金融债券和中央银行融资券的流通转让、扩大银行间同业拆借市场的交易品种、规范商业银行的债券回购业务，中国人民银行于 1997 年 6 月 6 日发布了《关于银行间债券回购业务有关问题的通知》。其规定自 1997 年 6 月起，全国统一同业拆借中心开办国债、政策性金融债和中央银行融资券回购业务，商业银行间的债券回购业务必须通过全国统一同业拆借市场进行，不得在场外进行。随着沪、深证券交易所债券市场和全国银行间债券市场的发展，中国债券回购交易的券种不断扩大。2003 年以前，债券回购交易的券种只能是国库券和经中国人民银行批准发行的金融债券。为推动中国企业债券市场的发展，完善债券交易机制，活跃上海和深圳债券市场，上海证券交易所和深圳证券交易所分别于 2002 年 12 月 30 日和 2003 年 1 月 3 日推出了企业债券的回购交易业务。目前我国的证券回购业务的主要交易场所是沪、深证券交易所和全国银行间同业拆借中心，其中，沪、深证券交易所的回购品种主要是国债和企业债，全国银行间同业拆借中心的证券回购品种主要是国债、融资券和特种金融债券。

债券回购提高了债券市场的流动性，特别是国债回购因为有国债作质押，所以被投资者看作无风险品种。但在实践中，交易所国债回购规则却为券商违规挪用客户债券提供了便利，因国债回购引发的资金黑洞长期被掩盖，结算违约现象时有发生。同时由于在质押式回购中，融出资金的逆回购方只是获得债券的质押权，无权对债券进行处置，且债券处于冻结状态无法流通。因此，随着回购业务发生额的放大，市场上流通的债券存量减少，市场流动性因而大大受限。在这种情况下，2004 年 5 月 20 日，银行间债券市场正式推出了买断式回购，同年 12 月上海证券交易所推出国债买断式回购，从而大大解放了质押式回购债券被冻结的局面，有利于提高市场的流动性。买断式回购由于在回购期间债券的所有权发生了转移，因此在实现融资目标的同时，也具备了一定的融资功能。买断式回购通过两次买断操作赋予交易成员以做多、做空兼备的功效，为获取双重收益提供了可能。

近年来，我国的回购市场交易也比较活跃。2012 年，我国债券回购累计成交人民币 141.7 万亿元，其中 1 天质押式回购成交 110.9 亿元，占回购成交总量的 81.2%。2013 年，我国银行间市场债券回购累计成交人民币 158.2 万亿元，其中 7 天以内质押式回购成交 139.8 万亿元，占质押式回购成交总量的 92%。

三、回购协议市场的参与者

回购协议市场的参与者包括商业银行、非银行金融机构、企业、政府和中央银行。商业银行是回购协议市场中的主要参与者，商业银行在短期资金不足的情况下可以通回购协议借入资金，弥补不足；也可以在短期资金盈余时通过逆回购协议贷出资金获得收益。可见商业银行在回购协议市场中既可以是资金需求者，也可以是资金供给者

非银行金融机构同样是回购协议市场中的主要参与者，它们包括证券公司、基金管理公司、保险公司和储蓄类机构等非银行金融机构。与商业银行相同的是，这些非金融机构也会因自身的短期资金状况既成为资金的需求者，也成为资金的供给者。但银行金融机构与商业银行短期资金盈余或不足的产生原因、方向、期限、数额不尽相同，它们往往与商业银行成为交易对手，形成互补交易。

企业作为回购协议市场的参与者，主要是资金供给者。因为企业在日常生产经营活动中可能存在闲置资金，这些闲置资金可以通过回购协议的方式贷给资金需求者，从而获得高于存款利率的收益。

政府或政府机构大多也是作为资金供给者参与回购协议市场的。政府或政府机构可以在该国法律允许的范围内，将暂时闲置的资金通过回购协议贷出，从而使资产增值。

中央银行参与回购协议市场则有着不同于其他参与者的意图。中央银行参与回购并非为了获得收益，而是通过回购协议市场进行公开市场操作，从而有效实施货币政策。

四、回购协议的基本要素

回购协议的要素一般包括五个方面，即回购协议证券的品种和价格、回购协议的期限、回购协议的利率、保证金比例以及报价方式。

（一）回购协议的证券品种和价格

在证券的回购交易中，可以作为回购协议标的物的主要包括政府短、中、长期债券以及其他可流通证券，如商业票据、银行承兑汇票、可转让大额定期存单等。证券的定价方法有两种：(1) 净价定价法，也叫“清洁定价”。它仅考虑证券的市场价格，不考虑回购协议交易期间证券的利息。(2) 总价定价法，也叫“肮脏定价法”。在证券价格的确定中要考虑回购协议期间的利息。两种定价方法均以交易开始日证券的市场价格为基础，所不同的是对回购协议交易期间证券利息的处理不同。

（二）回购协议的期限

回购协议的期限是指从卖方卖出证券资产时与买方签订回购协议到卖方最终将证券资产购回的这段时间。其期限比较短暂，从 1 天到数月不等，如 1 天、7 天、14 天、21 天、1 个月、2 个月、3 个月和 6 个月等。其中，1 天的回购协议又被称为隔夜回购，超过 1 天的回购协议则统称为定期回购。

（三）回购协议的利率

回购协议的利率是衡量回购协议交易中借款人（证券出售者）向贷款人（证券购买者）所支付的报酬比例，反映了交易中证券购买人（投资者）所承担的各种风险。在回购协议市场上，利率并不统一。回购协议利率与证券本身的利率无关，而是由多种因素确定。(1) 用于回购的证券质量。证券的信用度越高，流动性越强，回购利率就越低；相反，利

率就高一些。(2) 回购期限的长短。一般来说，期限越长，由于不确定因素越多，因而利率也应高些。但这也并不是绝对的，利率在实际运作中可以随时调整。(3) 交割的条件。如果采用实物交割的方式，回购利率就会较低。如果采用其他方式，利率就会相对高一些。(4) 货币市场中其他子市场的利率水平。回购协议的利率水平不可能脱离货币市场其他子市场的利率水平而单独决定，否则该市场将失去吸引力，它一般是参照同业拆借市场利率而确定的。

(四) 保证金比例

根据惯例，证券购买者要在证券市场价格的基础上，减去几个点后或削减一部分后，再将资金交给证券的出售者。被削减下来的部分就是证券的出售者向购买者交纳的“保证金”。保证金的作用在于防止证券价格下跌，担保物价值下降而给证券的购买者（投资者）带来损失。保证金比例的确定也很重要。比例太高，会增加回购协议的交易成本，不利于回购协议市场发展；而比例太低，又无法有效地保护证券购买者（投资者）的利益。

(五) 回购协议的报价方式

国际通行的回购协议报价方式是以年收益率进行报价，这有利于直接反映回购协议双方的收益与成本。在一笔具体的回购协议交易中，所报出的年收益率对于以券融资方（正回购方）而言，代表其固定的融资成本；对于以资融券方（逆回购方）而言，代表固定的收益。

五、回购协议市场的交易及风险

(一) 回购交易的种类

按照所质押的证券所有权是否由正回购方转移给逆回购方进行区分，回购交易可以分为封闭式回购和开放式回购两种交易方式。在封闭式交易方式中，正回购方所质押证券的所有权并未真正让渡给逆回购方，而是由交易清算机构做质押冻结处理，并退出二级市场；待回购协议到期，正回购方按双方约定的回购利率向逆回购方返还本金并支付利息后，交易清算机构对质押冻结证券予以解冻，质押证券重新进入二级市场流通。在回购期间，逆回购方没有权利对质押证券实施转卖、再回购等处置的权利。封闭式回购实际上是一种以证券为质押的资金拆借方式。开放式回购，又称买断式回购，是指证券持有人（正回购方）将证券卖给证券购买方（逆回购方）的同时，交易双方约定在未来某一日期，正回购方再以约定价格从逆回购方买回相当数量同种证券的交易行为。与封闭式回购不同，开放式回购的交易双方质押证券采取买断和卖断的方式。逆回购方拥有买入证券的完整所有权和处置权，因而赋予逆回购方在回购期间灵活运用质押证券的权利。在回购到期前，逆回购方可以根据资金管理的需要和市场形势的把握将质押证券用于再回购或者在二级市场上交易，并只需在未来某一日期再以约定价格将相等数量的同种证券返售给正回购方即可。开放式回购实际上是一种依附于证券买卖的融资方式。

(二) 回购交易的风险

现实的市场对于参与交易的主体都存在风险，封闭式回购与开放式回购因为交易过程复杂程度的差异，交易者所承受的风险也不尽相同。

1. 封闭式回购风险

在封闭式回购中，质押证券所有权不从正回购方转让给逆回购方，只是由专门机构将所质押证券冻结。尽管这种做法牺牲了所质押证券的流动性，但能够在一定程度上控制风险。封闭式回购的风险主要有信用风险和清算风险两种。（1）信用风险。封闭式回购的信用风险主要是指交易双方不履行回购协议中的买回或卖回义务，而使对方遭受损失的可能性。一种情况是，证券卖方到期未再购回证券，若此时市场利率上升，证券价格下降，则买方只能拥有此证券，并遭受损失；另一种情况是，市场利率下降，证券价格上升，买方不履行按约定价格卖回卖方的义务，则证券卖方将遭受损失。为避免此种风险，一种方法是，回购协议中贷款的数额往往少于抵押品证券的市场价值，给贷款者在证券市场下跌时提供一定的缓冲；另一种方法是，定期公布抵押品的市价，按照市价来记录头寸的价值。（2）清算风险。在回购交易中，买方（资金供应者）应付款收取抵押证券，到期收回本金和利息，返还抵押证券，由于到期时间很短，交割实物证券的成本很高，因而产生了以账户划转的交割方式，并以证券保管凭单代替实物证券，以节省时间和费用。但随之而来的是清算风险的增加，即可能出现并无足够抵押证券的买空卖空行为，加剧融资风险。为避免此种风险，许多国家要求证券由第三方金融机构统一进行保管，保管凭单必须以真实、足额证券为依据。

2. 开放式回购风险

由于开放式回购交易过程更为复杂，因此除了信用风险和清算风险以外，还有自身特有的风险，这种风险主要体现在开放式回购的卖空机制方面。开放式回购的卖空机制是由于开放式回购协议一旦签订，逆回购方就拥有了正回购方所质押证券的所有权，并且可以在回购协议到期前，对所拥有的质押证券进行再回购和卖出交易。尽管卖空交易的存在可以增加质押证券的流动性，但与此同时也产生了更多的风险。（1）提前卖出交易的价格风险。如果逆回购方预期未来协议到期时证券价格下降，将会进行质押证券卖出交易。如果实际的证券价格变动方向与预期相反，逆回购方在协议到期时必须返回证券的情况下，只能以更高的价格购入质押证券用以履行回购协议，从而承担一定的价差损失。（2）循环再回购交易的交易链断裂的风险。在开放式回购方式中，每一笔回购交易中的逆回购方都拥有再回购交易的权利，因此对于同一笔质押证券就可能存在循环再回购交易的情形。当整个循环再回购交易链条中的任意逆回购方到期不能按照协议买回所质押证券或不能足额偿还时，整个再回购交易链就会出现断裂，从而可能发生连锁到期偿付困难。（3）利用卖空交易，操纵市场的投资风险。如果不对卖空交易进行限制，资金实力雄厚的逆回购方就可以通过大量的证券卖出交易有意压低质押证券价格，从而实现其在协议到期日以低价购回所质押证券进行履约的目的。这种利用卖空交易操纵市场从而获利的行为对于整个市场的健康发展是相当不利的。

第四节 短期政府债券市场

短期政府债券是政府部门作为债务人承担到期偿付本息责任，期限在 1 年以内的债务凭证。从广义上看，政府债券不仅包括国家财政部门所发行的债券，还包括了地方政府及政府代理机构所发行的证券。狭义的短期政府债券则仅指国库券（T-Bills）。一般来说，政府短期债券市场主要指的是国库券市场。需要说明的是，发达国家的国库券与我国早期（20 世纪 80 年代）的国库券是不同的。当时，我国国库券的期限长达 10 年，是中长期国债，不属于货币市场的范畴。

短期政府债券市场又称为国库券市场，是一国货币市场的重要组成部分，在美国更是其货币市场的核心。与其他货币市场工具不同，短期政府债券的发行主体是一国政府，有国家的税收作为担保，因此具备高信誉、低风险的特征，吸引了来自国内外的广泛投资者，所以该市场交易量活跃、流动性强，国库券利率也成为货币市场的基准利率。英国是最先发行国库券的国家。1696 年英国政府首次发行付息短期政府债券，称为财政部债券。19 世纪 70 年代，英国政府因给地方政府机构融资及建设苏伊士运河的需要，经常缺乏短期周转资金，于是英国政府接受经济学家沃尔特·拜基赫特的建议，发行一种证券，这种证券尽可能地接近于商业汇票，即以票据贴现方式发行，且每隔一定时期到期，这就是英国政府于 1887 年发行的国库券。美国政府在第一次世界大战期间，向商业银行发行了一种债券凭证，其特点是息票利率固定，每次发行利率视市场情况予以调整，财政部直接销售给商业银行，商业银行贷记特别存款账户。后来在此基础上，1929 年 6 月，美国国会通过法律授权发行国库券，1929 年 12 月进行第一次发行。随后很多国家效仿美国的做法，国库券成为政府短期融资的重要工具，国库券市场开始快速发展。

一、短期政府债券的特征和功能

短期政府债券又称国库券，是由一国财政部发行的，期限在 1 年及 1 年以内的政府债券。短期政府债券是中央政府债券，属于国家信用范畴。各国发行短期政府债券主要是满足先收后支而产生的临时性财政资金需要。

（一）短期政府债券的特征

1. 违约风险小

国库券是财政部发行，以国家信用为担保的债务，通常被看作无风险债券。其他的货币市场工具，都存在一定风险，在金融危机或经济衰退时期表现更为明显。由于违约风险小，国库券不仅成为商业银行等金融机构流动性管理的重要手段，也是政府机构和个人投资者争相看好的投资工具。

2. 流动性强

短期政府债券市场有着发达的二级市场，流动性很强。该市场是由证券公司等金融机构和其他市场参与者组成的高度竞争的市场体系，可以使投资者在交易成本和价格风险较低的情况下迅速变现。

3. 面额小

相对于其他货币市场工具，短期政府债券面额较小。美国在 1970 年以前发行的国库券最小面额为 1000 美元，后来面额逐渐提高，升至 1000～10000 美元不等，目前为 10000 美元，而商业票据和大额可转让定期存单面额大多在 10 万美元以上，所以，短期政府债券市场的投资者不但包括公司和金融机构，也包括中小投资者。对于中小投资者来说，短期政府债券是他们能从货币市场直接购买的唯一证券。

4. 利息免税

在美国，国库券的利息收入免除州及地方税，而对商业票据的利息收入州或地方政府要收取一定比率的税，其税率在不同地区高低不同。所以，即使短期政府债券的名义利率没有商业票据高，但由于税收的影响，其实际收益率仍有可能高于商业票据。

（二）短期政府债券的功能

1. 满足中央政府对短期资金的需求

为了保持中央银行的独立性，大多数国家在中央政府出现财政赤字或需要临时性短期资金时，不能向中央银行透支，而只能在金融市场上发行各种债券。中央政府为弥补长期收支差额，可通过发行长期公债来筹措。但政府收支中有季节性的变动，每一年度预算即使平衡，其间也可能有一段时间的资金短缺，需要筹措短期金进行周转。所以，国库券的发行成为满足财政部临时性短期资金需求的重要手段。

2. 为中央银行实施公开市场操作提供工具

公开市场操作业务是中央银行货币政策的重要工具，相对于调整存款准备金率、再贴现率，公开市场操作业务更加及时、灵活和有效。而国库券无信用风险、期限短、流动性强，是公开市场业务操作的理想对象。中央银行根据其货币政策要求，通过国库券市场上利率的变动，随时测定货币政策的执行情况，并通过随时买进或卖出国库券，调节货币供应量，实现其稳定通货的政策目标。如果国库券市场的交易品种少、市场不够活跃，中央银行只能使用其他货币工具如票据等来代替国库券，这将给央行货币政策的实施带来一定的困难。

3. 为市场投资者提供一种无风险的金融工具

国库券常被市场投资者视作无风险的投资工具，其利率称为无风险利率，是衡量货币市场投资者在无风险环境下愿意接受的最低利率水平。其他金融市场工具的利率均在此基础上根据其各自不同的风险特征和流动性状况加上一定利率而定，国库券成为各金融机构进行资产负债管理的有效工具，在很多金融机构，国库券是仅次于现金的一级储备。国库券市场的存在，也为各企业及其他市场投资者提供了进行流动性管理的最佳渠道。

二、短期政府债券的发行和流通

（一）短期政府债券的发行方式

短期政府债券的发行人是中央政府，一般由财政部负责发行，通常采取贴现方式发行，即投资者以低于面值的价格购买短期政府债券，到期时按面额偿还金额，发行价和面额之差就是短期政府债券投资者的收益。短期政府债券一般采取公开招标发行的方式，通过投标人的直接竞价来确定国库券的发行价格（或收益率），发行人将投标人的报价自高价向低价或者自低利率向高利率排列，发行人则从高价（或低利率）选起，直到达到需要发行的数额为止。

1. 荷兰式招标

荷兰式招标也称单一价格招标，即在招标规则中，发行人按募满发行额时的最低中标价格，作为全体中标商的最后中标价格，每家中标商的认购价格是统一的。在这种招标形式下，如果市场对债券需求强烈，招标商为了能够多认购债券，往往会将价格抬升较高，因为就单个投标商而言，即使将价位报得较高，最后与其他中标商同样按最低中标价格认购债券，而且还能满足自己增加认购量的需求。如果所有投标商都有这种心理，必然会使最低中标价格也较高。所以荷兰式招标结果对发行人有利，但容易使新发债券的发行收益率因竞争激烈而被压低，在净价交易制度下，附息债券进入二级市场的交易价格可能低于面值。但当市场需求不大时，最低中标价可能会很低，此时发行人不宜采用荷兰式招标。

2. 美式招标

美式招标也称多种价格招标，即在招标规则中，发行人按每家投标商各自中标价格确定中标者及其中标认购数量，招标结果一般是各中标商有各自不同的认购价格，每家的成本与收益率水平也不同。这种招标形式能体现投标商的认购能力，投标商需要综合考虑每个价位上的中标概率，符合公平竞争原则。但如果没有合理的限额规定，美式招标也容易出现垄断市场现象，新发行债券的收益率会取决于少数实力雄厚的机构。

（二）短期政府债券的流通

短期政府债券一般有流动性较强的二级市场。在发行市场上购得债券的投资者，可以在希望变现或者预期未来市场利率上升时出售债券。在发行市场上没有购得债券的投资者，也可以通过二级市场购买债券，获得收益。

三、国库券的收益与报价

国库券的收益率一般以银行贴现收益率（bank discount yield）表示，其计算方法为：

$$Y_{BD} = \frac{10000 - P}{10000} \times \frac{360}{t} \times 100\%$$

其中：Y_{BD} 为银行贴现收益率；P 为国库券价格；t 为距到期日的天数。在公式中之所以用 10000 是因为国库券的面额一般为 10000 美元。

【例 3-1】 一张面额 10000 美元、售价 9800 美元、到期期限 182 天（半年期）的国库券，其贴现收益率为：

$$[(10000 - 9800)/10000] \times \frac{360}{182} \times 100\% = 3.96\%$$

若已知某国库券的银行贴现收益率，我们就可以算出相应的价格，其计算方法为：

$$P = 10000 \times [1 - Y_{ND} \times (t/360)]$$

实际上，用银行贴现收益率计算出来的收益率低估了投资国库券的真实年收益率。真实年收益率指的是所有资金按实际投资期所赚的相同收益率再投资的话，原有投资资金在一年内的增长率，它考虑了复利因素。其计算方法为：

$$Y_E = \left[1 + \left(\frac{10000 - P}{P}\right)^{365/t}\right] - 1$$

其中：Y_E 为真实年收益率。

在例 3-1 中，该国库券的真实年收益率为：

$$Y_E = \left[1 + \left(\frac{10000 - 9800}{9800}\right)^{365/182}\right] - 1 = 4.13\%$$

从以上数字可以看出，银行贴现收益率低估了国库券的真实收益率。与真实年收益率相比，银行贴现收益率存在以下几个问题：首先，在折算为年利率时，银行贴现收益率用的是 360 天而不是 365 天。其次，它用单利计算法而不是复利计算法。最后，贴现公式中的分母用的是面额而不是投资额。

由于在实践中期限小于 1 年的大多数证券的收益率都是按单利计算的，因此《华尔街日报》在国库券行情表的最后一栏中所用的收益率既不是银行贴现收益率，也不是真实年收益率，而是债券等价收益率。其计算方法为：

$$Y_{BE}=\frac{10000-P}{P}\times\frac{365}{t}\times 100\%$$

其中：Y_{BE} 为债券等价收益率。

债券等价收益率考虑了 365 天（如遇到闰年年份，公式中的 365 则为 366 天）和分母应为投资额的问题，但未考虑复利问题。上述国库券的债券等价收益率为：

$$\left[\frac{10000-9800}{9800}\right]\times\frac{365}{182}\times 100\%=4.09\%$$

可见，债券等价收益率低于真实年收益率，但高于银行贴现收益率。

表 3-1 为《华尔街日报》刊登的 2011 年 10 月 15 日国库券的市场交易行情。第一列表示国库券的到期时间。第二列表示到期日距刊登日的天数。第三列表示买入价，第四列表示卖出价，该报价用贴现率表示。例如，2011 年 11 月 17 日到期的国库券买入贴现率和卖出贴现率分别为 0.01%和 0.005%，10 月 15 日距到期日为 33 天。如果票面金额是 10000 美元，则该国库券的买入价格 P_1 和卖出价格 P_2 分别为：

$$P_1=10000-10000\times 0.01\%\times\frac{33}{360}=9999.9083(美元)$$

$$P_2=10000-10000\times 0.005\%\times\frac{33}{360}=9999.9542(美元)$$

第五列表示与前一个交易日相比，国库券买入价和卖出价的变化，即国库券买入贴现率和卖出贴现率的变化，用百分数表示。第六列表示的是用国库券的卖出贴现率所计算的收益率。

表 3-1　美国国库券行情

MATURITY	DAYS TO MAT	BID	ASKED	CHG	ASKYLD
Oct 27 2011	12	0.010	0.005	-0.0200	0.0050
Nov 17 2011	33	0.010	0.005	0.0000	0.0050
Jan 05 2012	81	0.025	0.015	0.0150	0.0150
Feb 09 2012	116	0.030	0.020	0.0050	0.0200
Feb 23 2012	130	0.030	0.015	-0.0050	0.0150

四、我国的短期政府债券市场

我国政府于 1994 年开始发行短期政府债券。1994 年初，我国采用无纸化方式向银行、证券公司等金融机构发行了两期短期国债：第一期是期限 6 个月的 50 亿元国债；第二期是期限 1 年的 80 亿元国债。1996 年，又发行了期限为 3 个月、6 个月和 1 年的短期国债，当年短期国债发行额为 649 亿元，占国债发行总额的 32.99%。1997 年，国债发行停止。2003 年起我国恢复短期国债的发行。2003 年 12 月 23 日，财政部在全国银行间债券市场进行了为期 3 个月的记账式（十三期）国债发行招投标，发行计划总额为 100 亿元，采用荷兰式招标方式，最终每百元面值的短期国债以 99.41 元的价格贴现发行。此后短期国债发行量逐年增加，2006 年占国债总额的 23.89%。2009 年 3 月 23 日，财政部下发《对记账式国债实行分类管理的通知》，将记账式国债规范分类为记账式贴现国债和记账式附息国债两大类。自此，贴现式国债开始大量发行，全年贴现国债累计发行次数 26 次，占国债发行总次数的 35%。贴现式国债的滚动、高频发行，为我国国债收益率曲线短端基准的完善提供了重要支持。

第五节　货币市场基金

货币市场基金是指投资于货币市场上短期（1 年以内，平均期限 120 天）有价证券的一种投资基金。货币市场基金最早出现于 1972 年的美国。当时，由于美国政府出台了限制银行存款利率的 Q 条例，银行存款对许多投资者的吸引力下降，他们急于为自己的资金寻找到新的能够获得货币市场现行利率水平的收益途径。货币市场基金正是在这种情况下应运而生。它能将许多投资者的小额资金集合起来，由专家操作。与股票型基金和债券型基金不同，货币市场基金的投资对象主要是短期政府债券、银行承兑汇票、大额可转让定期存单和商业票据等货币市场投资品种，故称为货币市场基金。它通过提高投资的流动性而降低了投资的风险性。

一、货币市场基金的特征

货币市场基金首先是基金中的一种，同时，它又是专门投资货币市场工具的基金，与一般的基金相比，除了具有一般基金的专家理财、分散投资等特点外，货币市场基金还具有如下投资特征：

1. 货币市场基金投资于货币市场中高质量的证券组合

货币市场基金是规避利率管制的一种金融创新，其产生的最初目的是为了给投资者提供稳定或高于商业银行等存款金融机构存款利率的市场利率水平。因此，货币市场基金产生之后就在各种短期信用工具中进行选择组合投资。早期的货币市场基金所投资的证券级别是没有限制条款的。但由于一些货币市场基金为追求高回报而投资于高风险的证券，导致其发生巨额亏损，损害了投资者的利益，从而引起了监管者的重视。因此，1991 年 2 月，美国证券交易委员会要求货币市场基金提高在顶级证券上的投资比例，规定其投资在比顶级证券低一档次的证券的数量不超过 5%，对单个公司发行的证券的持有量不能超过其净资产的 1%。这里所谓的顶级证券是指由全国性证券评级机构中的至少两家评级在其最高的两个等级之中的证券。货币市场基金投资的高质量证券具有流动性高、收益稳定、风险小等特点，而资金较少的小投资者除了在货币市场上可以购买短期政府债券外，一般不能直接参与货币市场交易。货币市场基金的出现满足了一部分小额资金投资者投资货币市场获取稳定收益的要求，因此受到投资者的青睐。

2. 货币市场基金提供一种有限制的存款账户

货币市场基金的投资者可以签发以其基金账户为基础的支票来取现或进行支付。这样，货币市场基金的基金份额实际上发挥了能获得短期证券市场利率的支票存款的作用。尽管货币市场基金在某种程度上可以作为一种存款账户使用，但它们在法律上并不算存款，因此不需要提取法定存款准备金及受利率最高限的限制。当然，货币市场基金账户所开支票的数额是有最低限额要求的，一般不得低于500美元。另外，许多基金还提供客户通过电报电传方式随时购买基金份额或取现等的方便。

3. 货币市场基金所受到的法规限制相对较少

由于货币市场基金本身是一种绕过存款利率最高限的金融创新，因此，最初的发展中对其进行限制的法规几乎没有，其经营较为灵活，如加在商业银行及其他储蓄机构上的利率上限的限制、对未到期的定期存款的提取要收取罚金等，这使货币市场基金在同银行等相关金融机构在资金来源的竞争中占有一定的优势。货币市场基金也不用交纳存款准备金，所以，即使是保持和商业银行等储蓄性金融机构一致的投资收益，由于其资金的运用更充分，其所支付的利息也会高于银行储蓄存款利息。

二、货币市场基金的发行及交易

货币市场基金一般属开放型基金，即其基金份额可以随时购买和赎回。符合条件的基金经理人设立基金的申请，经有关部门许可后，它就可着手基金份额的募集。投资者认购基金份额与否一般依据基金的招募说明书来加以判断。基金的初次认购，按面额进行，一般不收或收取很少的手续费。由于开放型基金的份额总数是随时变动的，因此货币市场基金的交易实际上是指基金购买者增加持有或退出基金的选择过程。但货币市场基金与其他投资于股票等证券交易的开放型基金不同，其购买或赎回价格所依据的净资产值是不变的，一般是每个基金单位1元。同时，对基金所分配的盈利，基金投资者可以选择是转换为新的基金份额或是领取现金两种方式。一般情况下，投资者用投资收益再投资，增加基金份额。由于货币市场基金的净资产值是固定不变的，因此，衡量该基金表现好坏的标准就是其投资收益率。

三、货币市场基金的发展方向

货币市场基金的发展方向取决于其在金融市场中的作用。只有被市场需要的交易手段和机构才能得到不断发展。从目前的发展趋势看，货币市场基金的一部分优势仍得以保持，如专家理财、投资于优等级的短期债券等，但另一些优势正逐渐被侵蚀。主要表现在两个方面：

1. 货币市场基金没有获得政府有关金融保险机构提供的支付保证。货币市场基金提供支票账户，因此在某种程度上可被看作一种存款性金融机构，但政府存款保险公司不为货币市场基金的投资者的资金提供存款保险。这在经营出现风险时容易导致投资者的损失，不利于基金在市场竞争中争取稳健投资者的参与，尤其是在20世纪80年代以来银行业的经营风险增大、银行倒闭事件增多的情况下。尽管一些基金组织尝试建立私人保险机构，或采取限制投资方向如将基金资金只投资于无风险的政府债券上等措施，但并不能完全解除投资者的担忧。

2. 投资于货币市场基金的收益和投资于由银行等存款性金融机构创造的货币市场存款账户的收益的差距正在消失。一是由于银行面对竞争，在不断地推出新的更有吸引力的信用工具；另一个原因是货币市场基金受到管制较少的历史正逐渐成为过去。货币市场基金在追求高收益的过程中必然伴随着高风险。一些货币市场基金出现了巨额的亏损，给基金持有人带来了损害，这导致了政府的干预。1991年，美国证券交易委员会对货币市场基金投资的短期证券的级别作了限制，1996年还加强了对货币市场基金投资于风险较大的衍生金融证券的限制。这表明政府监管机构开始逐渐加强对货币市场基金的监管。

即使货币市场基金今天的发展面临着一些问题，但它并不会从市场上消失，仍将和其他存款性金融机构在竞争中一道发展。在这个过程中，货币市场基金将面临兼并重组要求，通过优胜劣汰、不断创新，以求在市场竞争中立足。

本章小结

1. 商业票据市场上交易的是由信用等级较高的大公司以贴现方式出售的一种无担保短期融资凭证。

2. 银行承兑票据市场交易的银行承兑票据是为方便商业交易而创造的，在对外贸易中运用较多。

3. 大额可转让定期存单是银行为逃避利率管制而进行创新的产物，主要用于吸引企业的短期闲置资金。

4. 同业拆借市场是金融机构之间进行短期资金融通活动的场所。

5. 短期政府债券市场是国库券发行及流通所形成的市场。

6. 在回购市场上，短期资金的供求者通过签订证券的回购协议来融通资金。

关键概念

同业拆借市场　回购协议　逆回购协议　商业票据　银行承兑票据　政府债券　大额可转让定期存单　货币市场基金

综合训练

1. 货币市场的界定标准是什么？它包括哪些子市场？
2. 同业拆借市场的主要参与者及交易对象是什么？
3. 回购市场的交易原理是什么？其与同业拆借市场的区别有哪些？
4. 商业票据市场和银行承兑票据市场的联系和区别有哪些？
5. 大额存单市场是如何产生的？它有哪些特征？

课外延伸阅读

上海银行间同业拆借市场十年的探索与实践

为推进利率市场化改革，健全市场化利率形成和传导机制，培育货币市场基准利率，中国人民银行于 2007 年正式推出了上海银行间同业拆借利率（SHIBOR）。十年来，在有关各方的共同努力下，SHIBOR 已经成长为我国认可度较高、应用较广泛的货币市场基准利率之一。

首先，SHIBOR 基准性明显提升，有效地反映了市场流动性松紧。短端 SHIBOR 与拆借、回购交易利率的相关性均在 80%以上，并维持较窄价差，其中隔夜 SHIBOR 与隔夜拆借、回购交易利率的相关性高达 98%；中长端 SHIBOR 得益于同业存单市场的发展壮大，基准性也有显著增加，SHIBOR3M 与 3 个月同业存单发行利率的相关系数高达 95%。

其次，SHIBOR 产品创新取得进展，应用范围不断扩大。目前 SHIBOR 已被应用于货币、债券、衍生品等各个层次的金融产品定价，部分商业银行也依托 SHIBOR 建立了较完善的内部转移定价（FTP）机制，金融体系内以 SHIBOR 为基准的定价模式已较为普遍。

再次，SHIBOR 与实体经济联系日趋紧密，越来越多地发挥了传导货币政策和优化资源配置的作用。通过 SHIBOR 挂钩理财产品、SHIBOR 浮息债、非金融企业参与的 SHIBOR 利率互换交易等渠道，SHIBOR 较好地将货币政策信号传导至实体经济，并随着直接融资比重提升和多层次资本市场建立完善，进一步发挥优化资源配置的作用。

SHIBOR 的创设借鉴了伦敦银行间同业拆借利率（LIBOR）等国际基准利率。2012 年以来，由于国际金融危机后无担保拆借市场规模有所下降，以及部分报价行操纵 LIBOR 报价案件等原因，国际社会开始着手改革以 LIBOR 为代表的金融市场基准利率体系。

2017 年 7 月，英国金融行为管理局（FCA）宣布将从 2021 年起不再强制要求 LIBOR 报价行开展报价，届时 LIBOR 可能不复存在，未来英国将逐步转向基于实际交易数据的 SONIA（英镑隔夜平均利率）作为英镑市场基准利率。另有一些国家和地区的中央银行（例如欧央行、日本央行）采取了更加中性、多元的做法：一方面研究引入基于实际交易数据的无风险利率，丰富市场基准利率体系，允许存在多个基准利率；另一方面改革 EURIBOR、TIBOR 等基于报价的基准利率，提高银行间拆借利率（IBOR）报价的可靠性和基准性。比较而言，SHIBOR 在报价和计算方法上与 LIBOR 类似，但在制度安排上更加注重与中国实际相结合，具有较为明显的特点：

一是更加注重报价监督管理。围绕全国银行间同业拆借中心（以下简称“交易中心”）等核心基础设施打造的统一集中的银行间市场，是我国相比于国际上其他场外市场的独特优势。在人民银行的指导下，交易中心作为 SHIBOR 指定发布人，充分发挥其优势，密切监测 SHIBOR 走势与报价情况，督促报价行提高报价质量。2013 年，人民银行指导建立市场利率定价自律机制（以下简称“自律机制”），并专门下设 SHIBOR 工作组，进一步加强对 SHIBOR 报价的监督管理。

二是始终强调报价成交义务。鼓励报价行以真实交易为定价基础，并引入报价考核机制，按年对报价行予以考核并施行优胜劣汰，有效发挥激励约束机制作用。

三是交易基础支撑不断拓展。2007—2016 年我国拆借市场交易量年均增幅达 28% 左右。2013 年推出同业存单以来，同业存单市场发展迅速，且均以 SHIBOR 作为定价基准。随着我国金融市场向纵深发展，SHIBOR 的交易基础不断拓展和夯实。

四是报价形成机制持续优化。2012 年，SHIBOR 报价行由 16 家增加至 18 家，并调整计算方式，由剔除最高、最低各 2 家报价调整为各剔除 4 家，进一步扩大了 SHIBOR 的代表性。同时，通过优化调整报价发布时间，使 SHIBOR 更好反映市场利率变化，增强其基准性和公信力。

SHIBOR 是我国基准利率体系的重要组成部分，SHIBOR 的培育与发展关系到进一步推进利率市场化改革，也关系到各层次金融市场体系建设。人民银行将组织自律机制和交易中心，认真总结 SHIBOR 运行十年来的经验，密切关注 LIBOR 等国际货币市场基准利率改革动向，进一步做好基准利率培育和完善工作。

一是加强 SHIBOR 报价行在市场自律方面的表率作用，引导报价行继续加强财务硬约束，根据实际交易、资金成本以及市场供求等因素合理定价。

二是进一步完善报价和考核机制，使报价利率与交易利率更为紧密结合。

三是继续开展SHIBOR产品创新，有序扩大其应用范围，加强市场建设，稳步提升SHIBOR代表性。

四是进一步发挥好SHIBOR的货币市场基准利率作用，为货币政策传导和推动利率市场化改革创造有利条件。

（《上海银行间同业拆借市场十年的探索与实践》，2017年11月22日，https：//www. sohu. com/a/205968876_ 561011）

2018年上半年票据市场运行分析报告

2018年上半年，票据承兑、贴现业务有所增长，票据利率总体回落，票据电子化促使企业使用票据显著增多。

一、票据市场运行特点

承兑、贴现业务有所增长，服务实体经济能力不断增强。2018年上半年，票据承兑发生额为8.44万亿元，同比增加2.04万亿元，增长31.96%。同期，票据贴现发生额为4.29万亿元，同比增加9372.76亿元，增长27.98%。6月末，票据承兑余额为10.36万亿元，较年初增加5781.45亿元，增长5.91%；票据贴现余额为5.23万亿元，较年初增加6342.65亿元，增长13.79%。

承兑、贴现面额趋于小额化，票据业务支持实体经济发展的效能进一步提升。

上半年，票据承兑笔数998.66万笔，同比增长148.04%；承兑平均面额84.49万元，同比下降46.8%。面额500万元及以下小额票据承兑张数为972.21万笔，在承兑业务中占比达到97.35%，进一步印证票据业务支付结算功能增强。同期，票据贴现笔数189.46万笔，同比增长176.14%；贴现平均面额226.25万元，同比下降53.65%。面额500万元及以下小额票据贴现金额为2.82万亿元，在贴现业务中占比34.13%，比去年同期提高15.5个百分点，说明小额票据的接受程度显著提高。

1. 从承兑、贴现期限结构看，票据承兑期限结构集中于长端。上半年，6个月以上的电票承兑业务在市场中占比达到76.17%，反映实体经济在选择票据作为支付工具时尽量拉长到期期限，延长资金使用周期。票据贴现期限结构集中于半年期和足年期。3~6个月和9~12个月的电票贴现业务在市场中占比分别为40.84%和41.27%，这是因为半年期和足年期票据交易更为活跃、流动性相对更好，因此银行也更倾向于贴现相应期限的票据资产。

2. 从行业分布看，纸票承兑、贴现主要集中在制造业、批发和零售业。上半年，承兑业务中，出票人所在行业为制造业的占比为38.54%，批发和零售业的占比为27.57%，建筑业的占比为10.91%；贴现业务中，贴现申请人所在行业为批发和零售业的占比达到59.69%，制造业的占比达到23.26%。

3. 从企业规模看，票据业务成为中小微企业获得金融支持的重要渠道，商票在大型企业中使用更为广泛。上半年，在纸票业务中，出票人为中小微企业的票据占比达到69.65%，而大型企业在商票承兑中占比达到54.6%；贴现申请人为中小微企业的贴现票据占比达到88.88%，其中小型企业市场占比达到60.41%。

4. 分地区看，上半年，江苏、广东、山东、浙江票据承兑和贴现业务均较为突出，四省合计在全国占比分别为43.11%和41.56%，反映了这些地区实体经济的活跃度较高。

5. 增速上看，贵州和青海承兑同比增速分别达到108.45%和92.79%，青海、宁夏和山西贴现同比分别增长224.27%、184.14%和174.92%。

6. 从交易情况看，地区集中度较高。上半年，广东转贴现交易在全国占比达到21.87%，主要是转贴现较为活跃的部分股份制银行集中于该地区；同期，上海质押式回购交易在全国占比达到26.55%，在沪部分国有大行机构开展票据资金业务较为活跃。从交易增速上看，云南和新疆票据交易在全国总量下降情况下出现了较快增长，同比增速分别达到135.7%和116.73%。

二、票据交易活跃度有所下降

2018年上半年，票据交易发生额为21.28万亿元，同比减少5.15万亿元，下降19.48%。分交易类型看，转贴现17.4万亿元，同比减少5.49万亿元，下降24%；质押式回购3.88万亿元，同比增加3455.93亿元，增长9.79%。

1. 分机构类型看，股份制商业银行是票据市场最为活跃的机构类型，同时也是交易下降最多的交易主体。上半年，股份制银行票据转贴现18.7万亿元，在市场中占比53.72%，同比减少9.81万亿元。同期，股份制银行质押式回购发生额为2.13万亿元，在市场中占比27.47%，同比减少8199.3亿元。同时，大型商业银行和农村金融机构则是票据交易增加较多的机构类型，上半年交易额分别为6.82万亿元和3.94万亿元，同比分别增加9366.39亿元和8637.3亿元。

2. 从交易期限结构看，短期化特征更趋明显。上半年，剩余期限为3个月以内的票据转贴现市场占比为35.23%，比上年同期提高了14.46个百分点。同期，质押式回购业务主要集中在7天期以内，占比达到64.61%；其中隔夜回购占全部回购的22.59%，比上年同期提高了18.24个百分点，票据产品在货币市场中的短期、超短期融资性特征日益明显。

三、票据利率总体冲高回落

1. 从总体水平看，2018年上半年，票据贴现加权平均利率为5.3%，同比提高50个基点；转贴现加权平均利率为4.85%，同比提高70个基点。受市场利率中枢上行影响，票据利率有所上涨，表明实体经济票据融资成本上升，但仍远低于一般贷款利率。根据人民银行公布的数据显示，一季度票据融资成本低于一般贷款利率43个基点。

2. 从走势看，票据贴现和转贴现利率总体呈现了冲高回落走势。票据利率高点在一季度末，年初企业信贷需求旺盛，银行贷款投放积极，票据规模不断压缩，导致票据供过于求，市场利率不断走高。进入二季度以后，银行贷款投放趋于谨慎，信贷规模趋于宽松，银行持票意愿上升，特别是6月末，票据利率较快下行。

上半年，质押式回购加权平均利率为3.55%，同比下降26个基点；从走势看，质押式回购利率整体呈现震荡走低。质押式回购与市场资金面情况密切相关；质押式回购利率与银行间市场7天回购利率（DR007）高度正相关，而与央行公开市场操作呈负相关关系。上半年市场资金面总体相对平稳，但个别时点趋紧导致质押式回购利率有所波动。

四、运行特点原因分析

票据电子化促使企业使用票据显著增多。企业使用票据可以降低财务成本。同时，相对于传统纸票业务，电票不存在假票、变造票等风险，且电子化背书成本更低、更便捷。根据《关于规范和促进电子商业汇票业务发展的通知》（银发［2016］224号文）要求，自2018年1月1日起，单张面额100万以上均需通过电票办理，票据电子化进程进一步加快。2018年上半年，电票承兑发生额为7.71万亿元，在承兑业务中占比91.43%；6月末，电票承兑余额为9.39万亿元，市场占比90.69%，电票已成为票据市场的主要介质。上半年，电票企业间背书次数为2495.45万次，环比大幅增长70.67%，企业对票据的接受和使用程度显著提升。

五、银行存款压力上升促使承兑和贴现业务较快增长

从承兑和贴现业务开展情况看，二者呈高度正相关，相关系数达到0.86，且呈现明显的周期效应，即月初走低、月末冲高的脉冲式波动，反映了银行对资金的周期性需求特征，也与银行月末存款考核的周期相吻合。

自2016年10月以来，人民币非金融企业存款增速有所放缓。承兑保证金存款和贴现资金留存均可以为银行带来非金融企业存款，因此商业银行通过加大承兑和贴现业务营销力度，提高非金融企业存款水平。

六、政策环境趋严促使票据转贴现交易活跃度下降

票据转贴现受政策影响呈现阶段性波动，其中1月中旬至2月上旬和5月以来两个阶段转贴现交易显著低于平均水平。年初以来，政策环境趋严促使机构开展票据交易更趋规范和谨慎，转贴现交易活跃度出现一定程度下降，1月18日至2月14日转贴现日均交易额为1219.43亿元，比上半年平均水平低13.8%。4月27日资管新规正式发布后，票据资管产品大行开始暂停票据资管业务，导致转贴现交易量下降较快，5月以来转贴现日均交易额为1035.82亿元，比上半年平均水平低26.78%。

（《2018年上半年票据市场运行分析报告》，2018年7月27日，https://www.sohu.com/a/243890201_100009714）

货币市场基金　想说再见不容易

自2018年6月6日开始，余额宝转出到银行卡的快速到账（“T+0”到账）额度将由每日限额5万元，调整为单日单户1万元。实际上，从2017年开始，余额宝规则经历了从“限额”到“限转”的多次调整，但余额宝整体规模并未发生明显萎缩，这表明部分投资者已经习惯了将货币市场基金作为闲置资金理财的主要手段

在金融投资领域，收益率与流动性被认为是不可兼得的。比如，我们常见的银行存款产品，如果是定期，存款时间越长，则收益率越高，而活期存款流动性好，收益率却相对较低。

但2013年余额宝的横空出世颠覆了我们对收益率与流动性的传统认知，即我们在享受定期存款收益的同时，也可以拥有活期存款的流动性。而实现这一目标的关键，就在于余额宝拓展了货币市场基金的功能。

所谓货币市场基金，是指投资于货币市场上短期（1年以内，平均期限120天）有价证券的一种投资基金，主要投资品种为同业存款、银行备付金、国债、央行票据等低利率的短期货币工具。通常来讲，货币基金本身的收益率不会很高，7日年化收益率可维持在2%~4%。

细心的投资者可能已经发现，货币市场基金也是有流动性约束的，但余额宝利用自身平台“垫资”，使得投资者通过快速到账服务将货币基金份额赎回到银行卡，即能够在当天，甚至在两小时内就可以资金到账。正是凭借这项服务带来的流动性优势，过去几年，不少注重资金流动便捷性的投资者成了余额宝和货币市场基金的忠实“粉丝”。

《中国证券报》曾在2013年披露，当年以管理基金资产规模排名，天弘基金由2012年的第50名飙升至2013年的第2名，在当年天弘基金管理的资产中，“余额宝-增利宝”规模达到1853亿元，占其总规模超过90%。而在2017年4月，天弘基金在其一季报中低调披露，余额宝的资产管理规模突破1万亿元。

投资者个人仅关注了货币市场基金流动性的便捷，但监管层却注意到了流动性风险。

正如前文所说，货币市场基金本身并不具备“T+0”功能，它需要依靠金融机构垫资来实现流动性。但问题是，有哪家金融机构能够时刻为万亿级别的资金提供流动性呢？监管部门明确指出，随着货币市场基金快速赎回业务发展迅猛，部分基金管理人和基金销售机构以所谓“实时大额取现”为卖点盲目扩张业务规模，部分支付机构违规提供资金垫支，给投资者带来无限流动性预期，存在一定流动性风险隐患。

2018年6月1日，中国人民银行与证监会正式发布了《关于进一步规范货币市场基金互联网销售、赎回相关服务的指导意见》，针对货币基金在互联网销售、赎回相关业务中产生的问题提出了具体要求。其中，对于互联网销售，强调严格落实“三强化、六严禁”原则，对于“T+0”赎回，设定单只货币基金在单一销售机构单日1万元的赎回额度上限，并严禁非银机构任何方式的垫支行为。

也是根据上述监管要求，余额宝宣布自6月6日零时起，余额宝转出到银行卡的快速到账“T+0”额度将由每日限额5万元，调整为单日单户1万元。转出到银行卡的普通到账服务（“T+1”到账）、消费等均不受影响。

“余额宝的调整可能会导致货币基金市场格局的变化。”一位金融机构负责人告诉“新金融”观察记者，虽然余额宝的规模已经达到1.6万亿，但只占到7.8万亿货币市场基金总规模的20%。“目前需要看其他互联网企业、银行如何跟进调整。”

有一种观点认为，由于当前余额宝人均账户余额是3000元，“限额”和“限转”政策调整对大多数用户影响不大。但更多市场人士认为，余额宝“限转”政策后，货币市场基金扩张速度会停滞，因为监管部门希望货币市场基金回归“小额”和“普惠”的本源，做大规模不再是政策鼓励方向。

但整体规模停滞却不意味着投资者从此和货币市场基金说再见，也不意味着没有市场竞争，实际上当前很多互联网公司都有类似余额宝的理财产品，比如百度平台的余额盈、腾讯平台的理财通、京东的小金库等。如果未来不能拼收益率，也没有“T+0”转账优势，这些平台如何依托自身优势，增加投资者黏性就成为首要问题。

另一个变化方向则来自银行系统。此前，为了应对余额宝造成的存款流失，许多银行都推出了“宝宝”类产品，该产品投资方向也是货币基金市场，同时兼顾国债、银行存款或有价证券，普遍预期收益率略高于余额宝。

但从4月以来，中国人民银行下调了存款准备金率，这使得银行间主要投资工具的收益率持续走低，影响了银行“宝宝”类产品的收益率。

更为重要的是，银行开始对所有理财产品进行调整。根据监管要求，银行理财产品要打破刚性兑付，向净值型产品转型，即理财产品不再承诺保本，转而推出预期年化收益区间。在此背景下，银行理财产品的收益率和风险偏好都由市场来决定。现阶段，大额存单和结构性存款的收益率已经出现上浮，而基于存款的协议存款利率则出现下滑，那么依托此类投资收益的银行“宝宝”类预期收益率自然也将下调。

根据监管要求，对各平台和机构存量业务额度上限给予了1个月过渡期，对改造存量业务垫支模式给予6个月过渡期，因此，货币市场基金会发生哪些变化依然有待观察。

但对投资者来说，未来选择货币市场基金平台应综合四方面因素考虑：第一，流动性要好，必须能提供快速提现且支持多家银行；第二，年化收益率要能和银行定期存款相近（3%以上）；第三，投资平台最好有银行、大型互联网企业的背书；最后，投资门槛低。

（《新金融观察》，2018年6月11日，http://finance.sina.com.cn/money/fund/jjxylc/2018-06-11/doc-ihcufqif9646430.shtml）

第四章

资本市场

开篇导读

我国多层次资本市场体系

在我国资本市场上，不同的投资者与融资者都有不同的规模大小与主体特征，存在着对资本市场金融服务的不同需求。投资者与融资者对金融服务的多样化需求决定了资本市场应该是一个多层次的市场体系。

我国资本市场从20世纪90年代发展至今，已由场内市场和场外市场两部分构成。其中场内市场的主板（含中小板）、创业板（俗称“二板”）、科创板和场外市场的全国中小企业股份转让系统（俗称“新三板”）、区域性股权交易市场（俗称“四板”）、证券公司主导的柜台市场共同组成了我国多层次资本市场体系。

由于新三板市场和四板市场的生态环境、研究方法、博弈策略、生存逻辑等，均不同于以中小散户为参与主体的沪深股票市场，因此，其股票投资方法论与沪深股票市场也有着显著的区别。

根据米什金（Mishkin，1995）的定义，所谓资本市场是指期限在一年以上的资金融通活动的总和，包括期限在一年以上的银行信贷市场。资本市场上资金的融通可以采取公募和私募两种形式，而基本的融资载体有股权和债权两种（见表4-1）。

表4-1　资本市场的子系统

	公募方式	私募方式
股权融资	股票市场	私人权益资本市场
债权融资	债券市场	银行中长期信贷市场

资料来源：盛立军：《中国金融新秩序》，清华大学出版社2003年版，第43页。

学习目标

1. 掌握资本市场及其各个子系统的基本概念。
2. 掌握各种主要交易工具的定义及特点。
3. 理解资本市场中各子系统的主要功能。
4. 了解我国资本市场发展的基本状况。

第一节　债券市场

一、债券的定义、票面要素、特征和分类

（一）债券的定义

债券是一种有价证券，是社会各类经济主体为筹措资金而向债券投资者出具的并且承诺按一定利率定期支付利息和到期偿还本金的债权债务凭证。债券有以下基本性质：

1. 债券属于有价证券。一方面，债券反映和代表一定的价值。债券本身有一定的面值，通常它是债券投资者投入资金的量化表现。同时，持有债券可按期取得利息，利息也是债券投资者收益的价值表现。另一方面，债券与其代表的权利联系在一起，拥有债券也就拥有了债券所代表的权利，转让债券也就将债券代表的权利一并转移。

2. 债券是一种虚拟资本。因为债券的本质是证明债权债务关系的证书，在债权债务关系建立时所投入的资金已被债务人占用，因此，债券是实际运用的真实资本的证书。

3. 债券是债权的表现。这种权利不是直接支配财产，也不以资产所有权表示，而是一种债权。

（二）债券的票面要素

债券作为证明债权、债务关系的凭证，一般以有一定格式的票面形式来表现。通常，债券票面上有四个基本要素：

1. 债券的票面价值

债券的票面价值是债券票面标明的货币价值，是债券发行人承诺在债券到期日偿还给债券持有人的金额。在债券的票面价值中，首先要规定票面价值的币种，即以何种货币作为债券价值的计量标准。确定币种主要考虑债券的发行对象。一般来说，在本国发行的债券通常以本国货币作为面值的计量单位；在国际金融市场筹资，则通常以债券发行地所在国家的货币或以国际通用货币为计量标准。此外，确定币种还应考虑债券发行者本身对币种的需要。币种确定后，还要规定债券的票面金额。票面金额大小不同，可以适应不同的投资对象，同时也会产生不同的发行成本。票面金额定得较小，有利于小额投资者购买，持有者分布面广，但债券本身的印刷及发行工作量大，费用可能较高；票面金额定得较大，有利于少数大额投资者认购，且印刷费用等也会相应减少，但使小额投资者无法参与。因此，债券票面金额的确定也要根据债券的发行对象、市场资金供给情况及债券发行费用等因素综合考虑。

2. 债券的到期期限

债券偿还期限是指债券从发行之日起至偿清本息之日止的时间，也是债券发行人承诺履行合同义务的全部时间。各种债券有着不同的偿还期限，短则几个月，长则几十年，习惯上有短期债券、中期债券和长期债券之分。发行人在确定债券期限时，要考虑多种因素的影响，主要有：

（1）资金使用方向。债务人借入资金可能是为了弥补自己临时性资金周转之短缺，也可能是为了满足对长期资金的需求。在前者情况下可以发行短期债券，在后者情况下可以相应地发行中长期债券。这样安排的好处是既能保证发行人的资金需要，又不因占用资金时间

过长而增加利息负担。

(2) 市场利率变化。债券偿还期限的确定应根据对市场利率的预期，相应选择有助于减少发行者筹资成本的期限。一般来说，当未来市场利率趋于下降时，应选择发行期限较短的债券，这样可以避免市场利率下跌后仍支付较高的利息；而当未来市场利率趋于上升时，应选择发行期限较长的债券，这样能在市场利率趋高的情况下保持较低的利息负担。

(3) 债券变现能力。这一因素与债券流通市场发育程度有关。如果流通市场发达，债券容易变现，长期债券较能被投资者接受；如果流通市场不发达，投资者买了长期债券而又急需资金时不易变现，长期债券的销售就可能不如短期债券。

3. 债券的票面利率

债券票面利率也称名义利率，是债券年利息与债券票面价值的比率，通常年利率用百分数表示。利率是债券票面要素中不可缺少的内容。

在实际经济生活中，债券利率有多种形式，如单利、复利和贴现利率等。债券利率亦受很多因素影响，主要有：

(1) 借贷资金市场利率水平。市场利率普遍较高时，债券的票面利率也相应较高，否则，投资者会选择其他金融资产投资而舍弃债券；反之，市场利率较低时，债券的票面利率也相应较低。

(2) 筹资者的资信。如果债券发行人的资信状况好，债券信用等级高，投资者的风险小，债券票面利率可以定得低一些；如果债券发行人的资信状况差，债券信用等级低，投资者的风险大，债券票面利率就需要定得高一些。此时利率差异反映了信用风险的大小，高利率是对高风险的补偿。

(3) 债券期限长短。一般来说，期限较长的债券，流动性差，风险相对较大，票面利率应该定得高一些；而期限较短的债券，流动性强，风险相对较小，票面利率就可以定得低一些。不过，债券票面利率与期限的关系较复杂，它们还受其他因素的影响，所以有时也能见到短期债券票面利率高而长期债券票面利率低的现象。

4. 债券发行者名称

这一要素指明了该债券的债务主体，既明确了债券发行人应履行对债权人偿还本息的义务，也为债权人到期追索本金和利息提供了依据。

(三) 债券的特征

债券作为一种有价证券，一般有以下特征：

1. 偿还性

偿还性是指债券有规定的偿还期限，债务人必须按期向债权人支付利息和偿还本金。债券的这一特征与股票的永久性有很大的区别。

2. 流动性

债券的流动性是指债券在偿还期限到来之前，可以在证券市场上自由流通和转让。由于债券具有这一性质，保证了投资者持有债券与持有现款或将钱存入银行几乎没有什么区别。

3. 安全性

与股票相比，债券通常规定有固定的利率。与企业绩效没有直接联系，收益比较稳定，风险较小。此外，在企业破产时，债券持有者享有优先于股票持有者对企业剩余资产的索取权。

4. 收益性

收益性是指债券能为投资者带来一定的收入，即债券投资的报酬。在实际经济活动中，债券收益可以表现为三种形式：一是利息收入，即债权人在持有债券期间按约定的条件分期、分次取得利息或者到期依次取得利息。二是资本损益，即债权人到期收回的本金与买入债券或中途卖出债券与买入债券之间的价差收入；三是再投资收益，即投资债券所获现金流量再投资的利息收入，受市场收益率变化的影响。

需要指出的是，债券的上述几个特性在一般情况下很难同时兼顾。例如，安全性高的债券收益率可能较低，而收益率高的债券可能其投资风险又较大。因此，对于投资者来说，应根据自己的情况和要求，选择最适合自己的投资方式和组合。

（四）债券的分类

债券的种类繁多，且随着人们对融资和证券投资的需要又不断创造出新的债券形式。

1. 根据发行主体的不同，债券可分为政府债券、金融债券和公司债券三大类

（1）政府债券。政府债券的发行主体是政府，中央政府发行的债券称为“国债”。政府债券的主要用途是解决由政府投资的公共设施或重点建设项目的资金需要和弥补国家财政赤字。

（2）金融债券。金融债券的发行主体是银行或非银行的金融机构。金融机构一般有雄厚的资金实力，信用度较高，因此，金融债券往往有良好的信誉。

（3）公司债券。公司债券是公司依照法定程序发行、约定在一定期限还本付息的有价证券。公司债券的发行主体是股份公司，但有些国家也允许非股份制企业发行债券，归类时，可将公司债券和企业发行的债券合在一起，称为“公司（企业）债券”。

2. 根据债券发行条款中是否规定在约定期限向债券持有人支付利息，债券可分为贴现债券、附息债券、息票累积债券三类

（1）贴现债券。贴现债券又被称为“贴水债券”，是指在票面上不规定利率，发行时按某一折扣率，以低于票面金额的价格发行，发行价与票面金额之差额相当于预先支付的利息，到期时按面额偿还本金的债券。

（2）附息债券。附息债券的合约中明确规定，在债券存续期内，对持有人定期支付利息（通常每半年或每年支付一次）。按照计息方式的不同，这类债券还可细分为固定利率债券和浮动利率债券两大类。

（3）息票累积债券。与附息债券相似，这类债券也规定了票面利率，但是，债券持有人必须在债券到期时一次性获得本息，存续期间没有利息支付。

3. 按募集方式不同，债券可以分为公募债券和私募债券

（1）公募债券。公募债券是指发行人向不特定的社会公众投资者公开发行的债券。公募债券的发行量大，持有人数众多，可以在公开的证券市场上市交易，流动性好。

（2）私募债券。私募债券是指向特定的投资者发行的债券。私募债券的发行对象一般是特定的机构投资者。

4. 按担保性质分类不同，可将债券分为有担保债券和无担保债券

（1）有担保债券。有担保债券指以抵押财产为担保发行的债券。按担保品不同，有担保债券又分为抵押债券、质押债券和保证债券。

①抵押债券以不动产作为担保，又被称为“不动产抵押债券”，是指以土地、房屋等不

动产作抵押品而发行的一种债券。

②质押债券以动产或权利作担保，通常以股票、债券或其他证券为担保。发行人主要是控股公司，用作质押的证券可以是它持有的子公司的股票或债券、其他公司的股票或债券，也可以是公司自身的股票或债券。

③保证债券以第三人作为担保，担保人或担保全部本息，或仅担保利息。

（2）无担保债券。无担保债券也被称为“信用债券”，仅凭发行人的信用而发行，是不提供任何抵押品或担保人而发行的债券。

5. 根据债券券面形态不同，可以将债券分为实物债券、凭证式债券和记账式债券

（1）实物债券。实物债券是一种具有标准格式，实物券面的债券。在标准格式的债券券面上，一般印有债券面额、债券利率、债券期限、债券发行人全称、还本付息方式等各种债券票面要素。

（2）凭证式债券。凭证式债券的形式是债权人认购债券的一种收款凭证，而不是债券发行人制定的标准格式的债券。

（3）记账式债券。记账式债券是没有实物形态的票券，它利用证券账户，通过电脑系统完成债券发行、交易及兑付的全过程。

二、债券的一级市场

一级市场也称为发行市场，它是指向投资者出售新发行债券的市场。

（一）债券一级市场的主要环节

债券的一级市场主要包括发行合同书、债券的评级和债券的偿还几个环节。

1. 发行合同书

发行合同书也称信托契据，是说明公司在债券持有人和发行债券公司双方权益的法律文件，由受托管人（通常是银行）代表债券持有人利益监督合同书中各条款的履行。债券发行合同书一般很长，其中各种限制性条款占很大篇幅。这些限制性条款就是用来设法保护债权人利益的，它一般可分为否定性条款和肯定性条款。

（1）否定性条款。否定性条款是指不允许或限制股东做某些事情的规定，最一般的限制性条款是有关债券清偿的条款，例如利息和偿还基金的支付，只要公司不能按期支付利息或偿还基金，债券持有人就有权要求公司立即偿还全部债务。

典型的限制性条款，包括对追加债务、分红派息、营运资金水平与财务比率、使用固定资产抵押、变卖或购置固定资产、租赁、工资以及投资方向等作出不同程度的限制。这些限制实际上为公司设置了某些最高限。

（2）肯定性条款。肯定性条款是指公司应该履行某些责任的规定，如要求营运资金、权益资本达到一定水平以上。这些肯定性条款可以理解为对公司设置了某些最低线。

无论是肯定性条款，还是否定性条款，公司都必须严格遵守，否则可能导致违约。但在违约的情况下，债权人并不总是急于追回全部债务，一般情况下会设法由债券受托管理人找出变通办法，要求公司改善经营管理。迫使公司破产清算，一般是债权人的最后手段，因为破产清算对于债权人通常并不是最有利的。

2. 债券的信用评级

债券的信用评级是指由专门的信用等级机构，根据发行人提供的信息资料，通过调查预

测等手段，运用科学的分析方法，对拟发行的债券资金使用的合理性和按期偿还债券本息的能力及其风险程度所作出的综合评价。

（1）信用评级的目的。虽然债券公开发行，要求发行人公布与债券发行有关的信息，但是由于所公布的信息内容较多，专业性较强，并不是所有投资者都能够根据公布的信息，准确判断发行人的偿债能力。为此，债券评级机构使用简略易懂的符号，向投资者提供有关债券风险性的实质信息，以供投资者作出债券投资的决策。多数国家并不强迫发行者必须采取债券评级，但是由于没有经过评级的债券，在市场上很难被市场投资者所接受，因此，在市场上公开发行债券的发行人，都自愿想在全评级公司申请评级。

（2）信用评级的依据。对于债券的信用评级，并不是评价各种债券的市场价格、市场销路和证券投资收益，而是评价债券发行人的偿债能力、资信状况和投资者承担的风险水平。

（3）信用评价的等级。在信用评级机构中，最具权威性的是标准普尔公司和穆迪公司。这两家公司的等级评价系统，通常将债券评定为 AAA，AA，A 和 BBB，BB，B 以及 CCC，CC，C 几个级别。

3. 债券的偿还

债券的偿还一般可分为定期偿还和任意偿还两种方式。

定期偿还是在经过一定宽限期后，每半年或一年偿还一定金额的本金，到期时还清余额，这种方式一般适用于发行数量巨大、偿还期限长的债券，但国债和金融债券一般不使用该方法。

任意偿还是债券发行一段时间（称为保护期）以后发行人可以任意偿还债券的一部分或全部，具体操作，可根据早赎或以新偿旧条款，也可在二级市场上买回予以注销。

（二）我国国债的发行方式

1. 公开招标方式

公开招标方式是通过投标人的直接竞价来确定发行价格（或利率）水平，发行人将投标人的标价自高价向低价排列，或自低利率排到高利率，发行人从高价（或低利率）选起，直到达到需要发行的数额为止。因此，所确定的价格恰好是供求决定的市场价格。我国国债发行招标规则的制定借鉴了国际资本市场中的美国式、荷兰式规则，并发展出混合式招标方式，招标标的为利率、利差、价格或数量。

2. 承购包销方式

承购包销方式是由发行人和承销商签订承购包销合同，合同中的有关条款是通过双方协商确定的。对于事先已确定发行条款的国债，我国仍采取承购包销方式，目前主要运用于不可上市流通的凭证式国债的发行。2010 年以后储蓄国债（电子式）也可采用包销方式。

（三）我国金融债券的发行条件

1. 金融债券的发行条件

（1）政策性银行。这里所指的政策性银行包括国家开发银行、中国进出口银行、中国农业发展银行。这 3 家政策性银行作为发行体，天然具备发行金融债券的条件，只要按年向中国人民银行报送金融债券发行申请，并经中国人民银行核准后便可发行。政策性银行金融债券发行申请应包括发行数量、期限安排、发行方式等内容，如需调整，应及时报中国人民银行核准。

（2）商业银行。商业银行发行金融债券应具备以下条件：具有良好的公司治理机制；核心资本充足率不低于4%；最近3年连续营利；贷款损失准备计提充足；风险监管指标符合监管机构的有关规定；最近3年没有重大违法、违规行为；中国人民银行要求的其他条件。根据商业银行的申请，中国人民银行可以豁免前款所规定的个别条件。

（3）企业集团财务公司。企业集团财务公司发行金融债券应具备以下条件：

第一，具有良好的公司治理结构、完善的投资决策机制、健全有效的内部管理和风险控制制度及相应的管理信息系统。第二，具有从事金融债券发行的合格专业人员。第三，依法合规经营，符合中国银监会有关审慎监管的要求，风险监管指标符合监管机构的有关规定。第四，财务公司已发行、尚未兑付的金融债券总额不得超过其净资产总额的100%，发行金融债券后，资本充足率不低于10%。第五，财务公司设立1年以上，经营状况良好，申请前1年利润率不低于行业平均水平，且有稳定的营利预期。第六，申请前1年，不良资产率低于行业平均水平，资产损失准备拨备充足。第七，申请前1年，注册资本金不低于3亿元人民币，净资产不低于行业平均水平。第八，近3年无重大违法违规记录。第九，无到期不能支付债务。第十，中国人民银行和中国银监会规定的其他条件。

（四）我国企业债券和公司债券发行的基本条件

1. 企业债券

（1）发行的基本条件。根据《企业债券管理条例》第十二条和第十六条规定，企业发行企业债券必须符合下列条件：企业规模达到国家规定的要求；企业财务会计制度符合国家规定；具有偿债能力；企业经济效益良好，发行企业债券前连续3年盈利；企业发行企业债券的总面额不得大于该企业的自有资产净值；所筹资金用途符合国家产业政策。

（2）募集资金的投向。根据《企业债券管理条例》第二十条规定，企业发行企业债券所筹资金应当按照审批机关批准的用途用于本企业的生产经营。企业发行企业债券所筹资金不得用于房地产买卖、股票买卖和期货交易等与本企业生产经营无关的风险性投资。

《中华人民共和国证券法》第十六条规定，公开发行公司债券筹集的资金，必须用于核准的用途，不得用于弥补亏损和非生产性支出。

根据《国家发展改革委关于推进企业债券市场发展、简化发行核准程序有关事项的通知》，企业债券筹集的资金可用于固定资产投资项目、收购产权（股权）、调整债务结构和补充营运资金。

（3）不得再次发行的情形。根据《中华人民共和国证券法》第十八条规定，凡有下列情形之一的，公司不得再次公开发行公司债券：前一次公开发行的公司债券尚未募足的；对已公开发行的公司债券或者其他债务有违约或者延迟支付本息的事实，且仍处于继续状态的；违反《中华人民共和国证券法》规定，改变公开发行公司债券所募资金用途的。

2. 公司债券

（1）发行的基本条件。根据《公司债券发行试点办法》，发行公司债券应当符合下列条件：公司的生产经营符合法律、行政法规和公司章程的规定，符合国家产业政策；公司内部控制制度健全，内部控制制度的完整性、合理性、有效性不存在重大缺陷；经资信评级机构评级，债券信用级别良好；公司最近1期末经审计的净资产额应符合法律、行政法规和中国证监会的有关规定；最近3个会计年度实现的年均可分配利润不少于公司债券1年的利息；本次发行后累计公司债券余额不超过最近1期末净资产额的40%，金融类公司的累计公司债券余额按金融企业的有关规定计算。

（2）募集资金投向。发行公司债券募集的资金，必须符合股东会或股东大会核准的用途，且符合国家产业政策。

（3）不得再次发行的情形。根据《公司债券发行试点办法》第八条，存在下列情形之一的，不得发行公司债券：最近36个月内公司财务会计文件存在虚假记载，或公司存在其他重大违法行为；本次发行申请文件存在虚假记载、误导性陈述或者重大遗漏；对已发行的公司债券或者其他债务有违约或者迟延支付本息的事实，仍处于继续状态；严重损害投资者合法权益和社会公共利益的其他情形。

三、债券的二级市场

债券的二级市场与股票类似，也可分为证券交易所、场外交易市场以及第三市场和第四市场几个层次。证券交易所是债券二级市场的重要组成部分，在证券交易所申请上市的债券，主要是公司债券，国债一般不用申请即可上市，享有上市豁免权。然而，上市债券与非上市债券相比，它们在债券总量中所占的比重很小，大多数债券的交易是在场外市场进行的，场外市场是债券二级市场的主要形态。

四、债券的交易

（一）现券交易、回购交易、远期交易和期货交易的基本概念

（1）现券交易。所谓现券交易，是指证券买卖双方在成交后就办理交收手续，买入者付出资金并得到证券，卖出者交付证券并得到资金。

（2）回购交易。债券回购交易就是指债券买卖双方在成交的同时，约定于未来某一时间以某一价格双方再进行反向交易的行为。

（3）远期交易。远期交易是双方约定在未来某一时刻（或时间段内）按照现在确定的价格进行交易。

（4）期货交易。期货交易是在交易所进行的标准化的远期交易，即交易双方在集中性的市场以公开竞价方式所进行的期货合约的交易。

（二）债券现券交易、回购交易、远期交易

理论上说，回购交易是质押贷款的一种方式，通常用在政府债券上。债券经纪人向投资者临时出售一定的债券，同时签约在一定的时间内以稍高价格买回来，债券经纪人从中取得资金再用来投资，而投资者从价格差中得利。回购交易长的有几个月，但通常情况下只有24小时，是一种超短期的金融工具，具有短期融资的属性。从运作方式看，它结合了现货交易和远期交易的特点，通常在债券交易中运用。

现券交易是一个现券的买卖，是指交易双方以约定的价格在当日或次日转让债券所有权的交易行为。实际上它就是一个债券的买卖行为。与现券交易相比，远期合同交易的特点主要表现在以下几个方面：

（1）远期合同交易买卖双方必须签订远期合同，而现券交易则无此必要。

（2）远期合同交易买卖双方进行商品交收或交割的时间与达成交易的时间，通常有较长的间隔，相差的时间达几个月是经常的事情，有时甚至达一年或一年以上。而现券交易通常是现买现卖，即时交收或交割，即便有一定的时间间隔，也比较短。

(3) 远期合同交易往往要通过正式的磋商、谈判，双方达成一致意见签订合同之后才算成立，而现券交易则随机性较大，方便灵活，没有严格的交易程序。

(4) 远期合同交易通常要求在规定的场所进行，双方交易要受到第三方的监控，以便使交易处于公开、公平、公正的状况，因而能有效地防止不正当行为，以维护市场交易秩序；而现券交易不受过多的限制，因此也易产生一些非法行为。

(三) 债券报价的主要方式

债券交易中，报价是每 100 元面值债券的价格，债券的报价方式主要有：

(1) 全价报价。此时，债券报价即买卖双方实际支付价格，全价报价的优点是所见即所得，比较方便；缺点是含混了债券价格涨跌的真实原因。

(2) 净价报价。此时，债券报价是扣除累积应付利息后的报价。优点是把利息累积因素从债券价格中剔除，可以更好反映债券价格的波动程度；缺点是双方需要计算实际支付价格。

第二节　债券价值分析

一、债券的估值方法

根据贴现现金流估值法，任何资产的内在价值等于投资者对持有该资产预期的未来的现金流的现值。

(一) 零息债券估值法

贴现债务的内在价值由以下公式决定：

$$V = \frac{A}{(1+y)^T}$$

式中：V 表示贴现债券的内在价值；A 表示面值；y 表示市场利率；T 表示债券到期时间。

(二) 固定利率债券估值法

固定利率债券是一种按照票面金额计算利息，票面上附有（也可不附有）作为定期支付利息凭证的期票的债券。投资者不仅可以在债券期满时收回本金（面值），而且可以定期获得固定的利息收入。所以，固定利率债券投资者未来的现金流包括了两部分：本金和利息。其内在价值公式如下：

$$V = \frac{C}{1+y} + \frac{C}{(1+y)^2} + \frac{C}{(1+y)^3} + \cdots + \frac{C}{(1+y)^T} + \frac{A}{(1+y)^T}$$

式中：C 表示每期支付的利息；V 表示贴现债券的内在价值；A 表示面值；y 表示市场利率；T 表示债券到期时间。

【例 4-1】 某半年付息一次的债券票面额为 1000 元，票面利率为 10%，必要收益率为 12%，期限为 5 年，如果按复利计息、复利贴现，其内在价值为多少元？

$$V = \sum_{t=1}^{10} \frac{50}{(1+6\%)^t} + \frac{1000}{(1+6\%)^{10}} = 926.40(元)$$

（三）统一公债估值法

统一公债是一种没有到期日的特殊债券。英格兰银行在18世纪发行的英国统一公债，英格兰银行保证对该公债的投资者永久地支付利息，该债券仍然在交易。统一公债的内在价值的计算公式如下：

$$V=\frac{C}{1+y}+\frac{C}{(1+y)^2}+\cdots+\frac{C}{(1+y)^n}$$

当 C 不变，$n\to\infty$ 时，整理可得：

$$V=\frac{C}{y}$$

二、当期收益率、到期收益率与债券价格之间的关系

（一）当期收益率

当期收益率又称当前收益率，是债券的年利息收入与当前的债券市场价格的比率。其计算公式为：

$$CY=C/P$$

式中：CY 表示当期收益率；C 表示年息票利息；P 表示债券购买时市场的价格。

从公式中可见，当期收益率没有考虑债券投资所获得的资本利得或损失，只是债券某一期间所获得的现金收入相较于债券价格的比率。

（二）到期收益率

到期收益率又称内部收益率，是可以使投资购买债券获得的未来现金流的现值等于债券当前市价的贴现率。到期收益率相当于投资者按照当前市场价格购买并且一直持有至到期可获得的年平均收益率。到期收益率隐含两个重要假设：一是投资者持有至到期，二是利息再投资收益率不变。

到期收益率 y 与债券市价的关系如下：

$$P=\frac{C}{1+i}+\frac{C}{(1+i)^2}+\cdots+\frac{C}{(1+i)^n}+\frac{F}{(1+i)^n}$$

式中：P 表示债券市场价格；C 表示每期支付的利息；n 表示时期数；F 表示债券面值。

到期收益率的影响因素主要有以下四个：

（1）票面利率：在其他因素相同的情况下，票面利率与债券到期收益率呈同方向增减。

（2）债券市场价格：在其他因素相同的情况下，债券市场价格与到期收益率呈反方向增减。

（3）计息方式：在其他因素相同的情况下，固定利率债券比零息债券的到期收益率要高。

（4）再投资收益率：在市场利率波动的情况下，再投资收益率变动会影响投资者实际的到期收益率。

（三）债券当期收益率与到期收益率之间的关系

（1）债券市场价格越接近债券面值，期限越长，则当期收益率就越接近到期收益率。

（2）债券市场价格越偏离债券面值，期限越短，则当期收益率就越偏离到期收益率。

（3）不论当期收益率与到期收益率近似程度如何，当期收益率的变动总是预示到期收

益率的同向变动。

三、债券的久期和凸性

利率变化是影响债券价格的主要因素之一。久期和凸性是衡量债券价格随利率变化特性的两个重要指标。

（一）久期

到期期限是度量债券寿命的传统指标，但它仅仅考虑了到期日本金的偿还，并不是衡量债券寿命的充分性指标，因此有必要引入一个新指标来度量债券寿命中的现金流模式（数量和时间）。1938 年，麦考利（Macaulay）为评估债券的平均还款期限，引入久期的概念，公式如下：

$$D_{mac} = \sum_{t}^{T} = 1 \frac{ct}{(1+y)t} \times t/p$$

麦考利久期（Duration）又称为存续期，指的是债券的平均到期时间，它是从现值角度度量了债券现金流的加权平均年限，即债券投资者收回其全部本金和利息的平均时间。

【例 4-3】 某 3 年期债券的面值为 1000 元，票面利率为 8%，每年付息一次，现在市场收益率为 10%，其市场价格为 950. 25 元，试计算其久期。

由久期的计算公式：

$$D_{mac} = \frac{\sum_{t=1}^{T} \frac{c_t}{(1+y)^t} \times t}{p}$$

可得久期：

$$D_{mac} \frac{\frac{1000 \times 8\%}{1+10\%} \times 1 + \frac{1000 \times 8\%}{(1+10\%)^2} \times 2 + \frac{1000 \times 8\% + 1000}{(1+10\%)^3} \times 3}{952.25} \approx 2.78(年)$$

上面介绍的是单个债券久期的计算，对于债券组合的久期计算，可以用组合中所有债券的久期的加权平均来计算，权重即为各个债券在组合中所占价值比率。修正的麦考利久期等于麦考利久期除以（1+y），即：

$$D_{mod} = \frac{D_{mac}}{1+y}$$

对于在到期日所有本息一笔付清的零息债券，麦考利久期等于期限。

修正久期衡量的是市场利率变动时，债券价格变动的百分比。

（二）凸性

利用久期来估计债券价格的波动性实际是用价格收益率曲线的切线作为价格收益率曲线的近似。只有在收益率变动较小时，此种方法才适用。若利率变化较大，我们需要引入更精确的度量方式——凸性（Convexity）。凸性是债券价格与到期收益率之间的关系用弯曲程度的表达方式。

由于债券价格与收益率呈反比关系。但这种反比关系是非线性的，即债券收益率下降所引起的债券价格上升的幅度不等于收益率同比上升所引起的债券价格下降的幅度，该现象就是凸性引起的。在图 4-1中，债券的持有期限收益率和债券价格分别用 y 和 P 表示。当债券的持有收益率增加或减少同样的比率，分别表示为 y^+ 和 y^-，债券价格则呈现不同幅度的变化特征。从图 4-1可以看出，当债券收益率从 y 增加到 y^+，债券价格相应地减少到 P^-；相反，当债券收益率从 y 减少到 y^-，债券价格相应地增加到 P^+。但是，债券价格与收益率反向变动的过程中，债券价格的上升幅度大于债券价格下降的幅度。

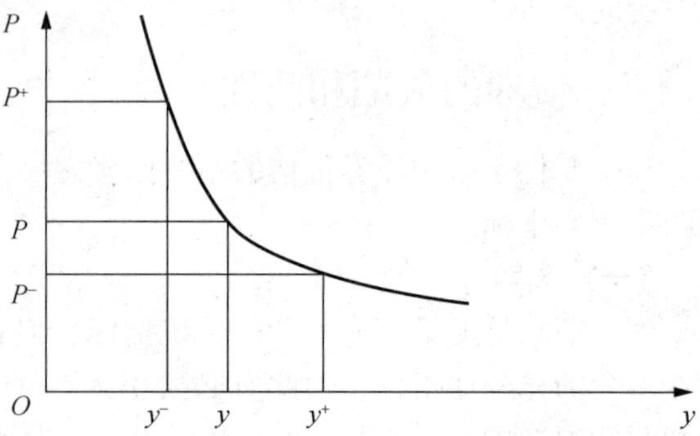

图 4-1　债券的凸性

价格收益率曲线表示的是债券价格变动与到期收益率之间的关系，该曲线是凸向原点的。曲线上任意一点的斜率表示久期，收益率越低，斜率越大，即久期越大。斜率变化的速率就是凸性。凸性是衡量价格收益率曲线弯曲程度的指标。价格收益率曲线越弯曲，凸性越大。之所以引入凸性指标，是因为价格收益率曲线越弯曲，用久期来衡量债券价格变动的偏差就越大。

（三）久期和凸性的应用

1. 债券基金经理通过运用久期和凸度实现资产组合现金流匹配和资产负债有效管理。

2. 免疫策略：债券基金经理能够确定持有期，那就能找到所有的久期等于持有期的债券，并选择凸性最高的那种债券投资。

3. 常用的免疫策略主要包括：所得免疫、价格免疫和或有免疫。

（1）所得免疫保证投资者有充足的资金可以满足预期现金支付的需要。这对于养老基金、社保基金、保险基金等机构投资者具有重要的意义。所得免疫包括现金配比策略、久期配比策略和水平配比策略。现金配比策略限制性强，弹性很小；久期配比策略也存在一定不足之处；水平配比策略的流动性强且弹性较大。

（2）价格免疫由那些保证特定数量资产的市场价值高于特定数量负债的市场价值的策略组成。价格免疫使用凸性作为衡量标准，实现资产凸性与负债凸性相匹配。

第三节　股票市场

1984 年 7 月北京天桥百货股份有限公司（600657）正式成立；同年 11 月上海第一家股份制企业飞乐音响公司成立（600651）；1986 年 9 月中国工商银行上海信托投资公司静安证券业务部成立；1988 年 5 月原沈阳金杯汽车股份有限公司（600609）成立，标志着一种股权式企业集团崛起，这些都为我国建立证券市场打下了坚实的基础。

中国改革时期，股票是中国进入市场经济、实行股份制制度的历史见证物。特别是上海的“老八股”、深圳的“老五股”，弥足珍贵。这些股票是中国改革开放的见证，不失为一个时代的历史文物，极具欣赏和收藏价值。

一、股票的定义、性质、特征

(一)股票的定义

股票是一种有价证券，它是股份有限公司签发的证明股东所持股份的凭证。

股份有限公司的资本划分为股份，每一股股份的金额相等。公司的股份采取股票的形式。股份的发行实行公平、公正的原则，同种类的每一股份具有同等权利。股票一经发行，购买股票的投资者即成为公司的股东。股票实质上代表了股东对股份公司的所有权，股东凭借股票可以获得公司的股息和红利，参加股东大会并行使自己的权利，同时也承担相应的责任与风险。

《中华人民共和国公司法》规定，股票采用纸面形式或国务院证券监督管理机构规定的其他形式。股票应当载明下列主要事项：公司名称、公司成立的日期、股票种类、票面金额及代表的股份数、股票的编号。股票由法定代表人签名，公司盖章。发起人的股票应当标明“发起人股票”字样。

(二)股票的性质

股票一经发行，持有者即为发行股票的公司的股东，有权参与公司的决策，分享公司的利益，同时也要分担公司的责任和经营风险。股票一经认购，持有者不能以任何理由要求退还股本，只能通过证券市场将股票转让和出售。作为交易对象和抵押品，股票业已成为金融市场上主要的、长期的信用工具，但实质上，股票只是代表股份资本所有权的证书，它本身并没有任何价值，不是真实的资本，而是一种独立于实际资本之外的虚拟资本。总之，股票的性质如下：第一，股票是有价证券；第二，股票是要式证券；第三，股票是证权证券；第四，股票是资本证券；第五，股票是综合权利证券。

(三)股票的特征

(1)收益性。收益性是股票最基本的特征，它是指股票可以为持有人带来收益的特性。持有股票的目的在于获取收益。股票的收益来源可分成两类：一是来自股份公司；二是来自股票流通。

(2)风险性。股票风险的内涵是股票投资收益的不确定性，或者说实际收益与预期收益之间的偏离。投资者在买入股票时，对其未来收益会有一个预期，但真正实现的收益可能会高于或低于原先的预期，这就是股票的风险。

(3)流动性。流动性是指股票可以通过依法转让而变现的特性，即在本金保持相对稳定、变现的交易成本极小的条件下，股票很容易变现的特性。通常，判断股票的流动性强弱主要分析三个方面：一是市场深度；二是报价紧密度；三是股票的价格弹性或者恢复能力。

(4)永久性。永久性是指股票所载有权利的有效性是始终不变的，因为它是一种无期限的法律凭证。

(5)参与性。参与性是指股票持有人有权参与公司重大决策的特性。股票持有人作为股份公司的股东，有权出席股东大会，行使对公司经营决策的参与权。

二、股票的种类

(一)普通股

普通股是在公司的经营管理和盈利及财产的分配上享有普通权利的股票代表，满足所有债权偿付要求，及优先股股东的收益权和求偿权要求后，对企业盈利和剩余财产的索取权。其股息收益上不封顶，下不保底，每一阶段的红利数额也是不确定的，普通股股东按其所持有的股份比例，享有以下基本权利，公司决策参与权、利润分配权、优先认股权以及剩余资产分配权。

普通股有时也将划分为不同等级，如 A 级和 B 级。A 级普通股票是对公众发行的，可参与利润分红，但没有投票权，或只有部分投票权。B 级普通股是由公司创办人持有的，具有完全投票权，在老股东想要筹集权益资本而又不愿过多放弃对公司的控制权时，常常采取发行另一等级普通股的办法。例如老股东的 B 级股票，每股含一个投票权，发行 A 级新股，则规定每股只含 1/3 的投票权。

应注意的是，中国股票有 A 股和 B 股之分，但含义与上述不同。A 股的正式名称是人民币普通股票，是由我国境内的公司发行，供境内机构组织和个人以人民币认购和交易的普通股股票。B 股的正式名称是人民币特种股票，也称境内上市外资股，它是由人民币标明面值，以外币认购和买卖，在境内证券交易所上市交易的普通股股票。

除了 A 股和 B 股外，我们还经常听到 H 股、N 股和 S 股。所谓的 H 股是指注册地在内地、上市地在香港的外资股。香港的英文是“HongKong”，即取其首字母，在香港上市的外资股就叫作 H 股。以此类推，纽约的第一个英文字母是 N，新加坡的第一个英文字母是 S，伦敦的第一个英文字母是 L，相应的纽约、新加坡和伦敦上市的股票，分别叫作 N 股、S 股和 L 股。

普通股股东具有优先认股权，即当公司增发新的普通股时，现有股东有权按其原来的持股比例认购新股，以保持对公司所有权的现有比例，现有股东也可以在市场上出售优先认股权，其价值取决于市场价格、新股出售价和购买一股所需的权数。当然，如果股东认为新发行的普通股无利可图时，他也可以放弃这种权利。

普通股的价格受公司的经营状况、经济政治环境、心理因素、供求关系等诸多因素的影响，其波动没有范围限制，暴涨暴跌现象屡见不鲜，因此普通股的投资风险较大，其预期收益率高，根据其风险特征，普通股又可分为以下几类：

（1）蓝筹股，指那些在其所属行业内占有重要支配地位，业绩优良、成交活跃、红利优厚的大公司股票。像目前美国电报电话公司、通用汽车公司等发行的普通股即属于蓝筹股。这里要特别指出的是，所谓的红筹股是指在中国境外注册、在香港上市但主要业务在中国内地，或者大部分股东权益来自中国内地的股票，它并不是与蓝筹股相对应的概念。

（2）成长股，指销售额和利润迅速增长，并且其增长速度快于整个国家及其所在行业的公司所发行的股票，这类公司目前一般只对股东支付较低红利，而将大量收益用于再投资，随着公司的成长，股票价格上涨，投资者便可以从中得到大量收益。

（3）收入股，指那些当前能支付较高收益的普通股。

（4）周期股，指那些收益随着经济周期而波动的公司所发行的普通股。

（5）防守股，指在面临不确定因素和经济衰退时期，高于社会平均收益且具有相对稳定性的公司所发行的普通股，公用事业公司发行的普通股是典型的防守股。

（6）概念股，指只适合某一时代潮流的公司所发行的，股价呈较大起伏的普通股。

（7）投机股，指价格极不稳定，或公司前景难以确定，具有较大投资潜力的普通股。

（二）优先股

优先股是指在剩余索取权方面较普通股优先的股票，这种优先性表现在，分得固定股息，并且在普通股之前收取股息，但是优先股在剩余控制权方面则劣于普通股，优先股股东通常是没有投票权的，只是在某些特殊情况下，才具有临时投票权。例如，当公司发生财务困难，而无法在规定时间内支付优先股股息时，优先股股东就具有投票权，而且一直延续到支付股息为止。又如当公司变更支付股息的次数、公司发行新的优先股等影响优先股股东的投资利益时，优先股股东就有权投票表决。当然，这种投票权是有限的。

由于优先股股息是固定的，因此优先股的价格与公司经营状况的关系不如普通股密切，而主要取决于市场利息率，其风险小于普通股，预期收益率也低于普通股。

三、股票的一级市场

一级市场也称为发行市场，是指公司直接或通过中介机构向投资者出售新发行的股票的市场。所谓新发行的股票包括初次发行的股票和再发行的股票，前者是公司第一次向投资者出售的原始股，后者是在原始股的基础上增加的新份额。

（一）股票发行制度

股票发行制度是指发行人在申请发行股票时必须遵循的一系列程序化的规范，具体而言，表现在发行监管制度、发行方式与发行定价等方面。健全的股票发行制度是股份制发展和完善的重要条件，也是证券市场建设的基础环节。

1. 注册制。注册制是市场化程度较高的成熟股票市场所普遍采用的一种发行制度。证券监管部门公布股票发行的必要条件，只要达到所公布条件要求的企业，即可发行股票，发行人申请发行股票时，必须依法将公开的各种资料，完全准确地向证券监管机构申报。证券监管机构的职责是对申报文件的真实性、准确性、完整性和及时性，作合规性的形式审查，而将发行公司的质量留给中介机构来判断和决定。

2. 核准制。核准制实行实时管理原则，系证券发行人不仅要以真实情况的充分公开为条件，而且必须符合证券监管机构制定的若干适合于发行的实质条件，只有符合条件的发行公司，经证券监管机构批准，方可在股票市场上发行股票。证券监管机构除了对申报文件的真实性、准确性、完整性和及时性进行审查外，还要对发行人的营业性质、财力、素质、发展前景、发行数量和发行价格等条件进行实质性审查，并据此作出发行人是否符合发行条件的价值判断和是否核准申请的决定。

目前我国股票发行实行核准制，并配以发行审核制度和保荐制度。上市公司申请公开发行股票，或非公开发行新股，应当由保荐人保荐，并向中国证监会申报保荐制度，明确了保荐人和保荐代表人的责任，并建立追究机制。保荐人及其保荐代表人，应遵循勤勉尽责、诚实守信的原则，认真履行审慎审核和辅导义务，并对其作所出的发行保荐书的真实性、准确性和完整性负责。

（二）股票的发行方式

1. 公募和私募。股票发行的方式一般可分为公募和私募两类。公募是指面向市场上大量的非特定的投资者公开发行股票。其优点是可以扩大股票的发行量，筹资潜力大；无须提供特殊优惠的条件，发行者具有较大的经营管理的独立性，股票可在二级市场上流通，从而提高发行者的知名度和股票的流动性。其缺点则表现为工作量大，难度也大，通常需要承销者的协助，发行者必须向证券管理机关办理注册手续；必须在招股说明书中如实公布有关情况，以供投资者作出正确决策。私募是指只向少数特定的投资者发行股票，其对象主要有个人投资者和机构投资者两类。前者如使用发行公司产品的用户或本公司的职工，后者如大的金融机构，或与发行者有密切业务往来关系的公司。

私募具有节省发行费、通常不必向证券管理机关办理注册手续、有确定的投资者从而不必担心发行失败等优点，但也有须向投资者提供高于市场平均条件的特殊优厚条件、发行者的经营管理易受干预、股票难以转让等缺点。

对于在发行的股票还可以采取优先认购股权方式，也称配股。它给予现有股东以低于市场价值的价格优先购买一部分新发行的股票的权利，其优点是发行费用低并可维持现有股东在公司的权益比例不变。在认股权发行期间，公司设置一个除权日，在这一天之前，股票带权交易，即购得股票者同时也取得认股权；而除权日之后，股票不再附有认股权。

2. 溢价发行、平价发行和折价发行。溢价发行是指发行人按照高于面额的价格发行股票。溢价发行，可以分为时价发行和中间价发行两种方式。时价发行，也称为市价发行，是指以同类股票的流通价格为基准来确定股票发行价格；中间价发行是以介于面额和时价之间的价格来发行股票。平价发行是指发行人以股票的面额作为发行价格。目前，平价发行在发达国家股票市场中很少运用，多在不发达的国家和地区运用。折价发行是指以低于面额的价格出售新股，即按面额打一定折扣后发行股票，我国目前规定股票发行不能折价。

（三）股票承销方式

发行公司着手完成准备工作之后，即可按照预定的方案发售股票。对于投资银行来说，就是执行承销合同批发认购股票，然后出售给投资者，具体方式通常有以下几种。

1. 包销。包销是指承销商以低于发行定价的价格，把公司发行的股票全部买进，再转卖给投资者，这样承销商就承担了在销售过程中股票价格下跌的全部风险。承销商所得到的买卖差价，是对承销商所提供的咨询服务以及承担包销风险的补偿，也称为承销折扣。

在包销发行时，发行公司与承销商正式签订合同，规定承销的期限和到期承销商应支付的款项，如到截止期，股票销售任务尚未完成，承销商必须按合同规定，如数付清合同确定的价款，若财力不足，又不能申请延期，就需向银行借款支付。为了增加潜在投资者，以便在较短的时间内把股票销售出去，牵头承销商往往会组织承销集团，这个集团包括承销银团成员和不属于银团的金融机构，其作用相当于零售商。

在销售过程中，如果股票的市场价格跌到发行报价之下时，主承销商可能会根据承销协议在市场上按市价购买股票，以支持发行价格。但如果市场价格已显著低于发行价，从而预定的发行额难以完成时，则承销银团只好解散，各个成员尽力去处理自己承诺完成的部分，最终损失也有各自承担。

2. 代销。代销即“尽力销售”，指承销商许诺尽可能多地销售股票，但不能保证能够完成预定销售额，任何没有出售的股票可退给发行公司，这样承销商不承担风险。

3. 助销。助销又包括余额包销及定额包销。余额包销是指先向社会不定向公开发行，剩余部分由承销商全部认购。定额包销是指承销商先认购部分证券，然后向社会发售剩余证券，发行失败的风险由发行人承担。定额报销是用于信誉好、资金分批投入的企业。

4. 备用包销。通过认购股权来发行股票，并不需要投资银行的承销服务，但发行公司可与投资银行协商签订备用包销合同，该合同要求投资银行作为备用认购者买下未能售出的剩余股票，而发行公司为此支付备用费用。但应该指出的是，在现有股东决定是否购买新股或出售他们的认股权的费用期间，备用认购者不能认购新股，以保证现有的股东的优先认股权。与承销相比，私募条件下的认购和销售则较为简单，它通常是根据认购协议直接出售给投资者，而投资银行则因安排投资者和提供咨询而得到酬金收入。

四、股票的二级市场

二级市场也称交易市场，是投资者之间买卖已发行股票的场所。这一市场为股票创造流动性，即能够迅速脱手，换取现值。在流动的过程中，投资者将自己获得的有关信息反映在交易价格中，而一旦形成公认的价格，投资者凭此价格就能了解公司的经营概况，公司则知道投资者对其股票价值及经营业绩的判断，这样一个价格发现过程降低了交易成本。同时，流动也意味着控制权的重新配置，当公司经营状况不佳时，大股东通过卖出股票，放弃其控制权，这实质上是一个“用脚投票”的机制，它使股票价格下跌，以发现公司的有关信息，并改变控制权分布状况，进而导致股东大会的直接干预或外部接管。由此可见，二级市场另一个重要作用是优化控制权的配置，从而保证权益合同的有效性。

（一）证券交易所及其组织形式

证券交易所是由证券管理部门批准的，为证券的集中交易提供固定场所和有关设施，并制定各项规则，以形成公正合理的价格和有条不紊的秩序的正式组织，证券交易所是整个证券市场的核心。

证券交易所从组织形式上可以分为会员制和公司制两种类型。会员制证券交易所是以会员协会成立的，不以营利为目的的组织，主要是由股票经纪商组成，实行会员资质，自律、自我管理，只有会员及享有特许权的股票经纪商才有资格在交易所中进行交易。会员大会是交易所的最高权力机构，理事会是其执行机构。公司制证券交易所以营利为目的，它是由各类出资人共同投资入股建立起来的公司法人。公司制证券交易所对在本所内的股票交易负有担保责任并设有赔偿基金。

随着经济全球化、金融全球化和信息技术的进步，证券交易所面临着来自其他交易所和被称为准交易所的替代交易系统的强大竞争压力，各国证券交易所都采取了众多的变革措施来加强自身的竞争力，以应对证券交易行业日趋激烈的竞争和挑战。主要的发展趋势有：证券交易所之间的联盟和合并日益盛行，证券交易所内部的市场结构日益完善，越来越多的证券交易所由会员制向公司制转变。

（二）证券交易所的交易制度

1. 判别交易制度优劣的标准

交易制度是证券市场微观结构的重要组成部分，它对证券市场功能的发挥起着关键的作用。交易制度的优劣可从以下六方面考察：流动性、透明性、稳定性、效率、成本和安全性。

流动性是指以合理价格迅速交易的能力。透明度是指证券交易信息的透明。稳定性是指证券价格的短期波动程度。交易制度的效率主要包括信息效率、价格效率和交易系统效率。证券交易的成本包括佣金、印花税、手续费、过户费，以及买卖差价、搜索成本等。安全性主要指交易技术系统的安全性。

2. 交易制度的类型

根据价格决定的特点，证券交易制度可分为做市商交易制度和竞价交易制度。

(1) 做市商交易制度也称报价驱动制度。做市商是指在证券市场上，由具备一定实力和信誉的独立证券经营法人作为特许交易商，不断向公众投资者报出某些特定证券的买卖价格（即双向报价），并在该价位上接受公众投资者的买卖要求，以其自有资金和证券与投资者进行证券交易。买卖双方不需等待交易对手出现，只要有做市商出面承担交易对手方即可达成交易。做市商制度就是以做市商报价形成交易价格、驱动交易发展的证券交易方式。它是不同于竞价交易方式的一种证券交易制度，一般为柜台交易市场所采用。

一般来说，做市商必须具备下述条件：

①具有雄厚的资金实力，这样才能建立足够的标的商品库存以满足投资者的交易需要。

②具有管理商品库存的能力，以便降低商品库存的风险。

③要有准确的报价能力，要熟悉自己经营的标的商品，并有较强的分析能力。

作为做市商，其首要的任务是维护市场的稳定和繁荣，所以做市商必须履行“做市”的义务，即在尽可能避免市场价格大起大落的条件下，随时承担所“做”证券的双向报价任务，只要有买卖盘，就要报价。

做市商交易的特征如下：

①提高流动性，增强市场吸引力。

②有效稳定市场，促进市场平衡运行。

③具有价格发现的功能。

(2) 竞价交易制度。竞价交易制度也称委托驱动制度，在此制度下，买卖双方直接进行交易，或将委托通过各自的经纪商送到交易中心，由交易中心进行撮合成交。根据证券交易在时间上是否连续，竞价交易制度又分为间断性竞价交易制度和连续竞价交易制度。

间断性竞价交易制度也称集合竞价制度，在该制度下，交易中心（如证券交易所的主机）将规定时段内收到的所有交易委托，并不进行一一撮合成交，而是集中起来，在该时段结束时进行。因此，集合竞价制度只有一个成交价格，所有委托价在成交价之上的买进委托和在成交价之下的卖出委托，都按该唯一的成交价格全部成交。这是一种多边交易制度，其最大优点在于信息集中功能，即把所有拥有不同信息的买卖者集中在一起，共同决定价格。当市场意见分歧较大或不确定性较大时，这种交易制度的优势就很明显，因此很多交易所在开盘收盘和暂停交易后的重新开始时，都采用集合竞价制度。

连续竞价交易制度是指证券交易可在交易日的交易时间内连续进行，在连续竞价过程中，当新进入一笔买进委托时，若委托价大于等于已有的卖出委托价，则按卖出委托价成交，当心进入一笔卖出委托时，若委托价小于等于已有的买进委托价，则按买进委托价成交，若新进入的委托不能成交，则按价格优先，时间优先的顺序排队等待。这是一种双边交易制度，其优点是交易价格具有连续性。

目前世界上大多数证券交易所都实行混合的交易制度，如纽约证券交易所实行辅之以专家的竞价制度；伦敦证券交易所部分股票实行做市商制度，部分股票实行竞价制度；包括我国在内的亚洲国家和新兴证券市场大多实行竞价交易。

对于大宗交易，各个证券交易所都实行了较特殊的交易制度，其中最常见的是拍卖和标购。在拍卖中，卖者只有一个，买者有很多竞争者；在标购中，买者只有一个，卖者则有很多竞争者。

（三）证券交易所交易原则

证券交易原则是反映证券交易宗旨的一般法则，应该贯穿于证券交易的全过程。为了保障证券交易功能的发挥，以利于证券交易的正常运行，证券交易必须遵循公开、公平、公正三个原则。

（1）公开原则。公开原则又称信息公开原则，指证券交易是一种面向社会的、公开的交易活动，其核心要求是实现市场信息的公开化。

（2）公平原则。公平原则是指参与交易的各方应当获得平等的机会。它要求证券交易活动中的所有参与者都有平等的法律地位，各自的合法权益都能得到公平保护。

（3）公正原则。公正原则是指应当公正地对待证券交易的参与各方，以及公正地处理证券交易事务。

（四）我国现行的股票交易规则

1. 证券账户的种类

目前，我国证券账户的种类有两种划分依据：一是按照交易场所划分；二是按照账户用途划分。按交易场所划分，证券账户可以划分为上海证券账户和深圳证券账户，分别用于记载在上海证券交易所和深圳证券交易所上市交易的证券以及中国结算公司认可的其他证券。按用途划分，证券账户可以划分为人民币普通股票账户、人民币特种股票账户、证券投资基金账户、创业板交易账户和其他账户等。

（1）人民币普通股票账户

人民币普通股票账户简称“A股账户”，其开立仅限于国家法律法规和行政规章允许买卖A股的境内投资者和合格境外机构投资者。A股账户按持有人分为自然人证券账户、一般机构证券账户、证券公司自营证券账户和基金管理公司的证券投资基金专用证券账户等。在实际运用中，A股账户是我国目前用途最广、数量最多的一种通用型证券账户，既可用于买卖人民币普通股票，也可用于买卖债券、上市基金、权证等各类证券。

（2）人民币特种股票账户

人民币特种股票账户简称“B股账户”，是专门为投资者买卖人民币特种股票（B股，也称为境内上市外资股）而设置的。B股账户按持有人可以分为境内投资者证券账户和境外投资者证券账户。

（3）证券投资基金账户

证券投资基金账户简称“基金账户”，是用于买卖上市基金的一种专用型账户。基金账户是随着我国证券投资基金的发展，为方便投资者买卖证券投资基金而专门设置的。

2. 开立证券账户的基本原则和要求

证券经纪商为投资者办理经纪业务的前提条件之一，是投资者必须事先到中央结算公司或其开户代理机构开立证券账户。开立证券账户应坚持合法性和真实性的原则。

（1）合法性。合法性是指只有国家法律允许进行证券交易的自然人和法人才能开立证券账户。对国家法律法规不准许开户的对象，中央结算公司及其开户代理机构不得予以开户。

（2）真实性。真实性是指投资者开立证券账户时所提供的资料必须真实有效，不得虚假隐匿。目前，投资者在我国证券市场上进行证券交易时采用实名制。《中华人民共和国证券法》规定，证券登记结算机构应当按照规定以投资者本人的名义为投资者开立证券账户。

投资者申请开立账户时，必须持有证明中国公民身份或者中国法人资格的合法证件。《证券账户管理规则》规定，一个自然人、法人可以开立不同类别和用途的证券账户。对于国家法律法规和行政规章规定需要资产分户管理的特殊法人机构（包括保险公司、证券公司、信托公司、基金公司、社会保障类公司和合格境外机构投资者等），可按规定向中央结算公司申请开立多个证券账户。

一般情况下，第一次开户往往建议投资者开立上海A股账户和深圳A股账户；如果投资者持有港币要进行证券投资的，则开立深圳B股账户；如果投资者持有美元要进行证券投资的，则开立上海B股账户；已经开立A股账户的投资者，允许其对基金进行投资，不必再开立基金账户。

3. 证券交易委托指令

在证券交易所市场，投资者买卖证券是不能直接进入交易所办理的，而必须通过证券交易所的会员来进行。换而言之，投资者需要通过经纪商的代理才能在证券交易所买卖证券。在这种情况下，投资者向经纪商下达买进或卖出证券的指令，称为“委托”。

委托指令有多种形式，可以按照不同的依据来分类：根据委托订单的数量，有整数委托和零数委托；根据买卖证券的方向，有买进委托和卖出委托；根据委托价格限制，有市价委托和限价委托；根据委托时效限制，有当日委托、当周委托、无期限委托、开市委托和收市委托等。

委托指令的内容。在委托指令中，不管是采用填写委托单还是自助委托方式，都需要反映客户买卖证券的基本要求或具体内容，这些主要体现在委托指令的基本要素中。以委托单为例，委托指令的基本要素包括证券账号、日期、品种、买卖方向、数量、价格、时间、有效期、签名、其他内容。

4. 证券交易的竞价原则和竞价方式

(1) 竞价原则

证券交易所内的证券交易按“价格优先、时间优先”原则竞价成交。

价格优先。成交时价格优先的原则为：较高价格买入申报优先于较低价格买入申报，较低价格卖出申报优先于较高价格卖出申报。

时间优先。成交时时间优先的原则为：买卖方向、价格相同的，先申报者优先于后申报者。先后顺序按证券交易所交易主机接受申报的时间确定。

(2) 竞价方式

目前，我国证券交易所采用两种竞价方式：集合竞价方式和连续竞价方式。

①集合竞价

集合竞价是指对在规定的一段时间内接受的买卖申报一次性集中撮合的竞价方式。根据我国证券交易所的相关规定，集合竞价确定成交价的原则为：

第一，可实现最大成交量的价格；第二，高于该价格的买入申报与低于该价格的卖出申报全部成交的价格；第三，与该价格相同的买方或卖方至少有一方全部成交的价格。

②连续竞价

连续竞价是指对买卖申报逐笔连续撮合的竞价方式。连续竞价阶段的特点是每一笔买卖委托输入交易自动撮合系统后，当即判断并进行不同的处理：能成交者予以成交；不能成交者等待机会成交；部分成交者则让剩余部分继续等待。

连续竞价时，成交价格的确定原则为：

第一，最高买入申报与最低卖出申报价位相同，以该价格为成交价；第二，买入申报价格高于即时揭示的最低卖出申报价格时，以即时揭示的最低卖出申报价格为成交价；第三，卖出申报价格低于即时揭示的最高买入申报价格时，以即时揭示的最高买入申报价格为成交价。

5. 委托受理的手续和过程

证券经纪商在收到客户委托后，应对委托人身份、委托内容、委托卖出的实际证券数量及委托买入的实际资金余额进行审查。经审查符合要求后，才能接受委托。

验证与审单。验证主要是对客户委托时递交的相关证件（如身份证件等）进行核实，审单主要是检查客户填写的委托单。证券经纪商要根据证券交易所的交易规则，对客户的证件和委托单在合法性和同一性方面进行审查。这些审查是为了维护交易的合法性，提高成交的准确率，避免造成不必要的纠纷。

查验资金及证券。在不采用信用交易的情况下，投资者必须用自己账户上的资金买入证券，或者卖出自己账户上实际存在的证券。因此，证券经纪商在受理客户委托买卖证券时，要查验证实客户的资金及证券。

需要说明的是，如果客户采用自助委托方式，则当其输入相关的账号和正确的密码后，即视同确认了身份。证券经纪商的电脑系统还自动检验客户的证券买卖申报数量和价格等是否符合证券交易所的交易规则。

6. 证券买卖中交易费用的种类

佣金是投资者在委托买卖证券成交后按成交金额一定比例支付的费用，是证券经纪商为客户提供证券代理买卖服务收取的费用。此项费用由证券公司经纪佣金、证券交易所手续费及证券交易监管费等组成。

过户费是委托买卖的股票、基金成交后，买卖双方为变更证券登记所支付的费用。这笔收入属于中央结算公司的收入，由证券经纪商在同投资者清算交收时代为扣收。

印花税是根据国家税法规定，在 A 股和 B 股成交后对买卖双方投资者按照规定的税率分别征收的税金。我国税收制度规定，股票成交后，国家税务机关应向成交双方分别收取印花税。为保证税源，简化缴款手续，现行的做法是由证券经纪商在同投资者办理交收过程中代为扣收；然后，在证券经纪商同中央结算公司的清算、交收中集中结算；最后，由中央结算公司统一向征税机关交纳。

7. 委托指令撤销

（1）撤单的条件

在委托未成交之前，客户有权变更和撤销委托。证券营业部申报竞价成交后，买卖即告成立，成交部分不得撤销。

（2）撤单的程序

在委托未成交之前，客户变更或撤销委托，在采用证券经纪商场内交易员进行申报的情况下，证券经纪商营业部业务员须即刻通知场内交易员，经场内交易员操作确认后，立即将执行结果告知客户。在采用客户或证券经纪商营业部业务员直接申报的情况下，客户或证券经纪营业部业务员可直接将撤单信息通过电脑终端输入证券交易所交易系统，办理撤单。对客户撤销的委托，证券经纪商须及时将冻结的资金或证券解冻。

第四节 普通股价值分析

一、股票的价值

股票作为有价证券，具有一定的价值。股票的价值有以下几种不同的含义。

(一) 股票的票面价值

股票的票面价值又称“面值”，即在股票票面上标明的金额。该种股票被称为“有面额股票”。股票的票面价值在初次发行时有一定的参考意义。如果以面值作为发行价，称为“平价发行”；如果发行价格高于面值，称为“溢价发行”。随着时间的推移，公司的净资产会发生变化，股票面值与每股净资产逐渐背离，与股票的投资价值之间也没有必然的联系。

(二) 股票的账面价值

股票的账面价值又称“股票净值”或“每股净资产”，在没有优先股的条件下，每股账面价值等于公司净资产除以发行在外的普通股票的股数。公司净资产是公司资产总额减去负债总额后的净值，从会计角度说，等于股东权益价值。股票账面价值的高低对股票交易价格有重要影响，但是，通常情况下，股票账面价值并不等于股票的市场价格。主要原因有两点：一是会计价值通常反映的是历史成本或者按某种规则计算的公允价值，并不等于公司资产的实际价格；二是账面价值并不反映公司的未来发展前景。

(三) 股票的清算价值

股票的清算价值是公司清算时每一股份所代表的实际价值。从理论上说，股票的清算价值应与账面价值一致，实际上并非如此。只有当清算时公司资产实际出售价款与财务报表上的账面价值一致时，每一股份的清算价值才与账面价值一致。但在公司清算时，其资产往往只能压低价格出售，再加上必要的清算费用，所以大多数公司的实际清算价值低于其账面价值。

(四) 股票的内在价值

股票的内在价值即理论价值，也即股票未来收益的现值。股票的内在价值决定股票的市场价格，股票的市场价格总是围绕其内在价值波动。研究和发现股票的内在价值，并将内在价值与市场价格相比较，进而决定投资策略是证券研究人员、投资管理人员的主要任务。由于未来收益及市场利率的不确定性，各种价值模型计算出来的内在价值只是股票真实的内在价值的估计值。经济形势的变化、宏观经济政策的调整、供求关系的变化等都会影响上市公司未来的收益，引起内在价值的变化。

二、普通股内在价值分析——股息贴现模型

与债券内在价值分析的原理一样，收入资本化法认为，任何资产的内在价值取决于持有资产可能带来的未来现金流收入的现值。将收入资本化法运用于普通股价值分析的模型又称股息贴现模型，其函数表达式为：

$$V = \frac{D_1}{1+y} + \frac{D_2}{(1+y)^2} + \frac{D_3}{(1+y)^3} + \cdots = \sum_{t=1}^{\infty} \frac{D_t}{(1+y)^t}$$

其中 V 代表普通股内在价值；D_t 是普通股第 t 期预计支付的股息和红利；y 为贴现率，

又称资本化率。

（一）股息贴现模型之零增长模型

该模型的公式如下：

$$V = \frac{D_0}{y}$$

（二）股息贴现模型之二：不变增长模型

该模型又称戈登模型，有三个假设条件：股息支付在时间上是永久性的；股息的增长速度是一个常数 g；模型中的贴现率大于股息增长率，即 y 大于 g。

由上述三个假设条件可得：

$$V = \frac{D_1}{1+y} + \frac{D_2}{(1+y)^2} + \frac{D_3}{(1+y)^3} + \cdots = \sum_{t=1}^{\infty} \frac{D_t}{(1+y)^t}$$

化简可得：

$$V = \frac{D_1}{y-g}$$

（三）股息贴现模型之多元增长模型

前面介绍的几个模型都是股息贴现模型的特殊形式，下面介绍股息贴现模型的最一般形式——多元增长模型。不变增长模型假定股息的增长率是恒久不变的，但事实上，大多数公司要经历其本身的生命周期，多元增长模型正是基于生命周期学说而引入的。

多元增长模型假定在某一时点 T 之后，股息增长率为一常数 g，但在这之前，股息增长率是可变的。因此，股利流分为两部分：

第一部分包括在股息无规则变化时期的所有预期股息的现值，用 V_{T-} 表示内在价值：

$$V_{T-} = \sum_{t=1}^{T} \frac{D_t}{(1+y)^t}$$

第二部分包括从时点 T 来看的股息不变增长率变动时期所有预期股息的现值。因此，股票在 T 时间的内在价值可通过以下不变增长模型求出：

$$V_T = \frac{D_{T+1}}{y-g}$$

但目前投资者不是在 $t=T$ 时刻来决定股票现金流的现值的，于是，在 T 时刻以后，$t=0$ 时的所有股息的贴现值为：

$$V_{T+} = \frac{V_T}{(1+y)^T}$$

将上式代入可得：

$$V_{T+} = \frac{D_{T+1}}{(y-g)(1+y)^T}$$

因此，第一部分与第二部分相加可得该股内在价值：

$$V = V_{T-} + V_{T+} = \sum_{t=1}^{T} \frac{D_t}{(1+y)^t} + \frac{D_{T+1}}{(y-g)(1+y)^T}$$

三、股票的理论价格与市场价格

（一）股票的理论价格

从理论上说，股票价格应由其价值决定，但股票本身并没有价值，不是在生产过程中发挥职能作用的现实资本，而只是一张资本凭证。股票之所以有价格，是因为它代表着“收益”的价值，即能给它的持有者带来股息红利。股票交易实际上是对未来收益权的转让买卖，股票价格就是对未来收益的评定。股票及其他有价证券的理论价格是根据现值理论而来的。现值理论认为，人们之所以愿意购买股票和其他证券，是因为它能够为它的持有人带来预期收益，因此，它的价值取决于未来收益的大小。可以认为，股票的未来股息收入、资本利得收入是股票的未来收益，亦可称之为“期值”。将股票的期值按必要收益率和有效期限折算成今天的价值，即为股票的现值。股票的现值就是股票未来收益的当前价值，也就是人们为了得到股票的未来收益愿意付出的代价。可见，股票及其他有价证券的理论价格就是以一定的必要收益率计算出来的未来收入的现值。

（二）股票的市场价格

股票的市场价格一般是指股票在二级市场上交易的价格。股票的市场价格由股票的价值决定，但同时受许多其他因素的影响。其中，供求关系是最直接的影响因素，其他因素都是通过作用于供求关系而影响股票价格的。由于影响股票价格的因素复杂多变，所以股票的市场价格呈现出高低起伏的波动性特征。

（三）影响股票价格变动的直接因素

在自由竞价的股票市场中，股票的市场价格不断变动。引起股票价格变动的直接原因是供求关系的变化或者说是买卖方力量强弱的转换。根据供求规律，价格是供求对比的产物，同时也是恢复供求平衡的关键变量。在任何价位上，如果买方的意愿购买量超过此时卖方的意愿出售量，股价将会上涨；反之，股价就会下跌。从根本上说，股票供求以及股票价格主要取决于预期。买方之所以愿意按某个价位买进股票，主要是因为他们认为持有该股票带来的收益超过了目前所花资金的机会成本（比如说，预期股价将会上涨、预期公司将派发较高红利），换言之，认为该股票的价格被低估了。同理，卖方之所以愿意出售股票，主要原因是他们认为该价格被高估了，将来可能下跌。当然，某些特殊原因也可能使股票的供求关系发生变化，比如为了夺取或保持公司控制权而买入股票，履行某种承诺（如期权到期行权）而买进股票。同样，股票持有人也可能因为流动性挤压或者财产清算等原因而卖出股票。

四、影响股票价格变动的基本因素

（一）公司经营状况

股份公司的经营现状和未来发展是股票价格的基石。从理论上分析，公司经营状况与股票价格正相关，公司经营状况好，股价上升；反之，股价下跌。公司经营状况的好坏可以从以下各项来分析：

（1）公司治理水平与管理层质量；

（2）公司竞争力；

（3）财务状况。

会计报表是描述公司经营状况的一种相对客观的工具，分析公司财务状况，重点在于研究公司的营利性、安全性和流动性。

（1）营利性。公司营利水平高低及未来发展趋势是股东权益的基本决定因素，通常把营利水平高的公司股票称为“绩优股”，把未来营利增长趋势强劲的公司股票称为“高增长型股票”，它们在股票市场上通常会有较好的表现。

（2）安全性。公司的财务安全性主要是指公司偿还债务从而避免破产的特性，通常用公司的负债与公司资产和资本金相联系来刻画公司的财务稳健性或安全性。而这类指标同时也反映了公司自有资本与总资产之间的杠杆关系，因此也称为“杠杆比率”。除此之外，财务安全性分析往往还涉及债务担保比率、长期债务比率、短期财务比率等指标。

（3）流动性。公司资金链状况也是影响经营的重要因素，流动性强的公司抗风险能力较强，尤其在经济低迷时期，这一类公司股票往往会有较好的表现；反之，流动性脆弱的公司，一旦资金链断裂，很容易陷入技术性破产。衡量财务流动性状况需要从资产负债整体考量，最常用的指标包括流动比率、速动比率、应收账款平均回收期、销售周转率等。

（4）公司改组或合并。公司改组或合并有多种情况，有的是为了扩大规模、增强竞争能力，有的是为了消灭竞争对手，有的是为了控股，也有的是为操纵市场。公司改组或合并总会引起股价剧烈波动，但要分析此举对公司的长期发展是否有利，改组或合并后是否能够改善公司的经营状况，这是决定股价变动方向的重要因素。

（二）行业与部门因素

股票市场中，经常观察到某一行业（例如有色金属、装备制造、商业零售、房地产）或者板块（例如新能源板块）的股票在特定时期中表现出齐涨共跌的特征，这说明，在这些股票中，存在着某种行业性或产业性的共同影响因素，对这些因素的分析称为行业、部门分析。

1. 行业分类

行业分类的依据主要是公司收入或利润的来源比重，目前我国常见的分类标准包括中国证监会2001年制定的《上市公司行业分类指引》、国家统计局发布的《行业分布标准》以及由摩根士丹利和标准普尔联合发布的《全球行业分类标准》（GICS）等。以中国证监会《上市公司行业分类指引》为例，其把上市公司按三级分类，分别列入农林牧渔业、采掘业、制造业、电力煤气及水的生产和供应业、建筑业、交通运输仓储业、信息技术业、批发和零售贸易业、房地产业、社会服务业、传播与文化产业、综合类共12个门类及若干大类和中类。上海证券交易所与中证指数有限公司参照GICS，于2007年5月31日对沪市上市公司行业分类进行了调整，分为金融地产、原材料、工业、可选消费、主要消费、公用事业、能源、电信业务、医药卫生、信息技术十大行业。

2. 行业分析因素

行业因素包括定性因素和定量因素，常见的有：

（1）行业或产业竞争结构；

（2）行业可持续性；

（3）抗外部冲击的能力；

（4）监管及税收待遇——政府关系；

（5）劳资关系；

（6）财务与融资问题；

（7）行业估值水平。

3. 行业生命周期

根据产业周期理论，任何产业或行业通常都要经历幼稚期、成长期、成熟期、稳定期四个阶段。即使行业不同，处于相同生命周期阶段的行业，其所属股票价格通常也会呈现相似的特征。

（三）宏观经济与政策因素

宏观经济发展水平和状况是影响股票价格的重要因素。宏观经济影响股票价格的特点是波及范围广、干扰程度深、作用机制复杂和股价波动幅度较大。

1. 经济增长。一个国家或地区的社会经济是否能持续稳定地保持一定的发展速度，是影响股票价格能否稳定上升的重要因素。当一国或地区的经济运行势态良好，一般来说，大多数企业的经营状况也较好，它们的股票价格会上升；反之，股票价格会下降。

2. 经济周期循环。社会经济运行经常表现为扩张与收缩的周期性交替，每个周期一般都要经过高涨、衰退、萧条、复苏 4 个阶段，即所谓的景气循环。经济周期循环对股票市场的影响非常显著，可以这么说，是景气变动从根本上决定了股票价格的长期变动趋势。

3. 货币政策。中央银行的货币政策对股票价格有直接的影响。货币政策是政府重要的宏观经济政策，中央银行通常采用存款准备金制度、再贴现政策、公开市场业务等货币政策手段调控货币供应量，从而实现发展经济、稳定货币等政策目标。

4. 财政政策。财政政策也是政府的重要宏观经济政策。财政政策对股票价格影响有四个方面：其一，通过扩大财政赤字、发行国债筹集资金，增加财政支出，刺激经济发展；或是通过增加财政盈余或降低赤字，减少财政支出，抑制经济增长，调整社会经济发展速度，改变企业生产的外部环境，进而影响企业利润水平和股息派发。其二，通过调节税率影响企业利润和股息。提高税率，企业税负增加，税后利润下降，股息减少；反之，企业税后利润和股息增加。其三，干预资本市场各类交易适用的税率，直接影响市场交易和价格。其四，国债发行量会改变证券市场的证券供应和资金需求，从而间接影响股票价格。

5. 市场利率。市场利率变化通过以下途径影响股票价格：

（1）绝大部分公司都负有债务，利率提高，利息负担加重，公司净利润和股息相应减少，股票价格下降；利率下降，利息负担减轻，公司净营利和股息增加，股票价格上升。

（2）在市场资金量一定的条件下，利率提高，其他投资工具收益相应增加，一部分资金会流向储蓄、债券等其他收益固定的金融工具，对股票需求减少，股价下降；若利率下降，对固定收益证券的需求减少，资金流向股票市场，对股票的需求增加，股票价格上升。

（3）利率提高，一部分投资者要负担较高的利息才能借到所需资金进行证券投资，如果允许进行信用交易，买空者的融资成本相应提高，投资者会减少融资和对股票的需求，股票价格下降；若利率下降，投资者能以较低利率借到所需资金，增加融资和对股票的需求，股票价格上涨。

6. 通货膨胀。通货膨胀对股票价格的影响较复杂，它既有刺激股票市场的作用，又有抑制股票市场的作用。通货膨胀是因货币供应过多造成货币贬值、物价上涨的经济现象。在通货膨胀之初，公司会因产品价格的提升和存货的增值而增加利润，从而增加可以分派的股息，并使股票价格上涨。在物价上涨时，股东实际股息收入下降，股份公司为股东利益着想，会增加股息派发，使股息名义收入有所增加，也会促使股价上涨。通货膨胀给其他收益固定的证券带来了不可回避的通货膨胀风险，投资者为了保值，增加购买收益不固定的股票，对股票的需求增加，股价也会上涨。但是，当通货膨胀严重、物价居高不下时，企业因原材料、工资、费用、利息等各项支出增加，使得利润减少，引起股价下降。严重的通货膨胀会使社会经济秩序紊乱，使企业无法正常地开展经营活动，同时政府也会采取治理通货膨胀的紧缩政策和相应的措施，此时对股票价格的负面影响更大。

7. 汇率变化。汇率的调整对整个社会经济影响很大，有利有弊。传统理论认为，汇率下降，即本币升值，不利于出口而有利于进口，同时会引起境外资本流入，国内资本市场流动性增加；汇率上升，即本币贬值，不利于进口而有利于出口，同时会导致境内资本流出，国内资本市场流动性下降。汇率变化对股价的影响要看对整个经济的影响而定。若汇率变化趋势对本国经济发展影响较为有利，股价会上升；反之，股价会下降。具体地说，汇率的变化对那些在商品进出口和资本项目两方面严重依赖国际市场的国家（或地区）和企业的股票价格影响较大。

8. 国际收支状况。一般地说，若一国国际收支连续出现逆差，政府为平衡国际收支会采取提高国内利率和提高汇率的措施，以鼓励出口、减少进口，股价就会下跌；反之，股价会上涨。

（四）影响股票价格变动的其他因素

1. 政治及其他不可抗力的影响

政治因素对股票价格的影响很大，往往很难预料，主要有以下几点：

（1）战争。战争是最有影响力的政治因素。战争会破坏社会生产力，使经济停滞、生产凋敝、收入减少、利润下降。战争期间除了军火工业以外，大部分企业都会受到严重打击。战争又使投资者风险明显增大，在生命得不到保障的情况下，人们的投资愿望降到最低点。特别是全面的、长期的战争，会使股票市场受到致命打击，股票价格会长期低迷。

（2）政权更迭、领袖更替等政治事件。这些事件的爆发都会影响社会安定，进而影响投资者的心理状态和投资行为，引起股票市场的涨跌变化。

（3）政府重大经济政策的出台、社会经济发展规划的制定、重要法规的颁布等。这些会影响投资者对社会经济发展前景的预期，从而也会引起股票价格变动。

（4）国际社会政治、经济的变化。随着世界经济一体化的发展，国家之间、地区之间的政治、经济关系更趋紧密，加之先进通信工具的运用，国际关系的细微变化都可能引致各国股市发生敏感的联动。因发生不可预料和不可抵抗的自然灾害或不幸事件，给公司带来重大财产损失而又得不到相应赔偿，股价会下跌。

2. 心理因素

投资者的心理变化对股价变动影响很大。在大多数投资者对股市抱乐观态度时，会有意无意地夸大市场有利因素的影响，并忽视一些潜在的不利因素，从而脱离上市公司的实际业绩而纷纷买进股票，促使股价上涨；反之，在大多数投资者对股市前景过于悲观时，会对潜在的有利因素视而不见，而对不利因素特别敏感，甚至不顾发行公司的优良业绩大量抛售股票，致使股价下跌。当大多数投资者对股市持观望态度时，市场交易量就会减少，股价往往呈现盘整格局。股票市场中的中小投资者由于信息不灵，缺乏必要的专业知识和投资技巧，往往有严重的盲从心理，而有的人就利用这一盲从心理故意制造假象、渲染气氛，诱使中小投资者在股价上涨时盲目追涨，或者股价下跌时恐慌抛售，从而加大了股价涨跌的程度。

3. 政策及制度因素

为保证证券市场的稳定，各国的证券监管机构和证券交易所会制定相应的政策措施和作出一定的制度安排。《中华人民共和国证券法》规定，证券交易所依照证券法律、行政法规制定上市规则、交易规则、会员管理规则，并经国务院证券监督管理机构批准。因突发事件而影响证券交易的正常进行时，证券交易所可以采取技术性停牌的措施；因不可抗力的突发性事件或者为维护证券交易的正常秩序，证券交易所可以决定临时停市。证券交易所根据需要，可以对出现重大异常交易情况的证券账户限制交易。有的证券交易所对每日股票价格的涨跌幅度有一定限制，即涨跌停板规定，使股价的涨跌会大大平缓。另外，当股票市场投机过度或出现严重违法行为时，证券监督管理机构也会采取一定的措施以平抑股价波动。

4. 人为操纵因素

人为操纵往往会引起股票价格短期的剧烈波动。因大多数投资者不明真相，操纵者乘机浑水摸鱼，非法牟利。人为操纵会影响股票市场的健康发展，违背公开、公平、公正的原则，一旦查明，操纵者会受到行政处罚或法律制裁。

第五节　私人权益资本市场

由于投资者和筹资企业时空上的不对称，资本市场的信息不对称问题尤为突出。新兴的中小企业，特别是高科技企业，由于资产负债比率过高或管理不善而处于财务困境的各类企业，需要进行财务重组的中型企业，拟进行管理层并购或杠杆并购的上市公司，以及具有敏感信息不便公开披露的企业，往往由于严重的信息不对称，而很难从证券市场或银行部门获得融资。在西方国家，私人权益投资（包括风险投资与非风险投资）的迅速发展为上述企业开辟了新的融资渠道。

一、私人权益资本市场的发展状况

根据美国哈佛大学商学院 Lerner 教授（2002）的定义，所谓的私人权益资本市场是指为那些高风险、高收益的项目提供资本的市场，市场投资主体在投资决策前执行审慎调查，并在投资后保留强有力的影响来保护自己的权益价值。

在西方发达国家，私人权益资本是新兴企业、尚未上市的中小企业、处于财务困境的企业，以及寻求并购资金支持的上市公司的重要资金来源，而其中对新兴的迅速发展且蕴藏巨大竞争潜力的企业的权益投资就是大家所熟悉的风险投资。

除了风险投资外，私人权益投资还包括管理层收购投资、杠杆并购、投资过渡期企业的麦则恩融资、次级债务，以及对财务困境企业的投资等非风险投资。在过去的 20 多年间，西方发达国家的私人权益资本市场发展迅猛，增长速度超过了证券市场和商业银行等传统融资渠道。以美国为例，私人权益投资由 1984 年的 67 亿美元，增长到 2010 年的接近万亿美元的规模。欧洲的私人权益投资，也由 1984 年的 5 亿欧洲货币单位，发展到 2010 年的超过 400 亿欧元，成为继美国之后，世界上第二大私人权益资本市场。

二、私人权益资本市场的结构分析

（一）私人权益资本市场的筹资者

不同规模的企业，出于不同的融资原因，都可能成为私人权益资本市场的筹资者。如图4-2所示，处于初创阶段的高科技企业是该市场的主要筹资者之一。由于对其产品和服务的市场前景缺乏充分可靠的信息，因此投资风险较高，这也决定了这类企业很难从传统的金融中介和金融市场获得融资，需要风险资本的支持，风险投资是私人权益投资的最初形式。

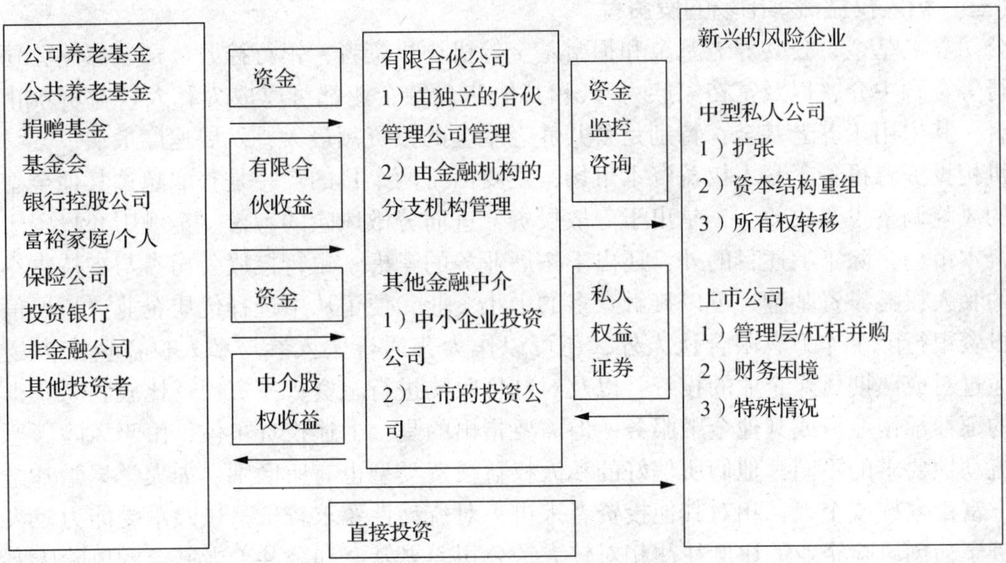

图4-2 私人权益资本市场结构

20世纪80年代以来，私人权益投资中的非风险投资额曾一度超过了风险投资额，在美国，那些年销售额在2500万美元到5亿美元的中型企业，得到私人权益投资的更多青睐。这些企业借助私人权益资本市场进行资金筹集，用于企业扩张、财务重组或所有权转移。此外，上市公司也可能成为私人权益投资的对象，他们往往利用私人权益资本市场进行管理层收购或杠杆收购。20世纪80年代中后期，管理层收购基金和杠杆收购基金成为非风险投资私人权益投资的主要形式，在西方发达国家，一些处于财务困境的上市公司也通过发行私人权益基金渡过危机，以避免公开发行的注册成本和信息披露。

上述企业的一个共性在于风险高、不确定性大、信息披露少，无法从银行或证券市场等其他渠道获得融资。因此，对上述企业的投资通常需要投资者在投资决策前进行严格筛选和审慎调查，而这又是普通金融中介很难完成的。上述企业的另一共性在于，除了需要资金支持外，还需要金融中介对其发展进行引导和咨询，也就是说，在投资后应积极参与所投资企业的管理与监控，这也是私人权益投资与其他投资方式的显著区别。

（二）私人权益资本市场的金融中介

20世纪70年代以前，私人权益投资主要以富裕家族金融机构和企业集团对筹资企业的直接投资为主，而目前绝大多数的私人权益投资是通过专业的金融中介进行，其中80%的金融中介是以有限合伙制的形式建立。在有限合伙制下，机构投资者作为有限合伙人，提供

99%的资本，但不负责私人权益投资的具体运营，仅以其投资额负有限责任的。私人权益投资经理，作为普通合伙人，往往要求投入1%的资本，但可以分享投资收益的20%左右，即所谓的“附加收益”，以此激励投资经理努力工作，除了附加收益外，普通合伙人还可以每年按投资金额的一定比例（通常2%~2.5%）提取管理费。普通合伙人对经营承担无限责任，并负责私人权益投资的具体运作。除了有限合伙企业外，小企业投资公司、公开上市的投资公司及其他机构，也可以作为私人权益资本市场的金融中介，但这些机构目前所占的市场份额相当有限。

（三）私人权益资本市场的投资者

公司养老基金、公共养老基金和捐赠基金等机构投资者，银行控股公司、保险公司和投资银行等金融中介，以及富裕家族/个人和其他非金融企业都可以成为私人权益资本市场的投资者。其中用于养老基金，特别是公共养老基金的投资额最大，发展速度最快。

机构投资者投资于私人权益资本市场，主要出于两个目的：一是获取超过其他金融投资收益的风险调整投资收益；二是出于分散投资，进而分散风险的考虑。金融中介投资于私人权益资本市场，除了上述目的外，还出于拓展业务的考虑。银行控股公司参与支持中小企业发展的私人权益投资基金，可以接触众多的中小企业，便于从中选择优质企业，拓展信贷业务。投资银行除了作为有限合伙人外，还可以作为普通合伙人参与私人权益资本市场的投资，通过对成熟期风险企业的投资，以及对杠杆收购进行融资，投资银行比较容易获得上述企业的证券承销业务或其他金融服务。但需要指出的是，上述投资主体，由于风险厌恶程度和对流动性要求的不同，他们所偏好的私人权益投资类型也有所区别。如大学捐赠基金、基金会、富裕家族或个人，相对其他投资者来讲，对流动性要求较低，风险承受能力较大，因此投资于初创风险企业的比例往往相对较大。公司养老基金和公共养老基金的风险厌恶程度和流动性要求较高，因此偏好投资于那些风险较小、投资回收较快的后期风险投资或非风险投资。

除了上述市场主体外，私人权益资本市场上还存在着一些代理机构和咨询公司，他们帮助私人权益投资基金的普通合伙人募集资金，为机构投资者评估私人权益投资基金，帮助投资企业寻找私人权益投资基金，对其所发行的私人权益进行设计和定价等等。这些中介机构的积极参与，在一定程度上缓解了私人权益资本市场严重的信息不对称和信息不完全。

三、私人权益资本市场的运作

（一）私人权益投资的运作过程

整个私人权益投资，包括融资与投资两个过程。私人权益的融资过程，简单讲就是普通合伙人（私人权益投资经理）向养老基金、富裕家庭或个人等投资者募集资金，成立有限合伙制的私人权益投资基金。

私人权益投资的过程相对复杂，依次为投资项目筛选、投资交易构造、投资管理监控，以及投资资本退出。首先，普通合伙人通过信息收集和信息分析，完成项目筛选，将私人权益资本投资于那些具有潜在高收益但却无法从其他传统融资渠道获得资金支持的高风险企业。其次，普通合伙人与筹资企业就权益投资的证券类型、数量和定价以及投资协议的其他相关条款进行协商和谈判，完成交易构造。随后，普通合伙人积极参与筹资企业的经营与监控，部分筹资企业会在普通合伙人的积极参与管理下，成长为能够通过其他资本市场融资或出售的企业。最后，普通合伙人协助筹资企业通过首次公开发行出售或公司回购等模式收回投资、获得收益并回馈投资者，在完成投资过程后，开始新一轮的私人权益投资。

（二）私人权益投资的特点

私人权益投资作为一种创新的投资方式，适合于风险大、不确定性高的投资环境。

第一，私人权益投资是一种管理高风险以获取高收益的投资方式。在私人权益资本市场筹资的企业，无论是处于初创阶段的新兴企业，还是陷于财务困境的上市公司，都面临着较大的不确定性，投资风险大，因此私人权益投资所要求的投资收益率也远高于一般的金融投资。一般而言，早期风险投资要求的投资收益率为35%~70%，后期风险投资要求的投资收益率为25%~40%，对财务困境企业的融资要求的投资收益率为30%~35%，而其他非风险投资所要求的投资收益率也高达15%~25%。因此私人权益投资也被称为最昂贵的融资方式。

第二，私人权益投资是一种主动参与管理型的专业投资。作为普通合伙人的私人权益投资经理，或者具备企业管理的丰富经验，或者具备投资银行的从业背景，对所投资企业的经营管理、市场前景和行业情况都有较深刻的理解，他们不仅投入私人权益资本，还利用长期积累的经验知识和商业网络关系，帮助筹资企业发展壮大，完成资产重组，或走出财务困境。

第三，私人权益投资是一种权益资本投资，而非借贷投资。他所关注的是投资对象的发展前景和资产增值，而非当前的盈亏情况。因此，私人权益投资并不是一般意义上的短期性或流动性投资，它是一种中长期投资，一般需要3~7年的时间，才能实现资本退出或获得收益。

（三）私人权益投资的有限合伙制

私人权益投资经理一旦被赋予监督者的角色，便产生了其本身的激励问题和相应的代理成本。有限合伙制的出现较好地解决了这些问题，因此其成为私人权益资本市场普遍的中介制度。

第一，有限合伙制的报酬体系设计，给普通合伙人以最优激励，普通合伙人只投入1%的资金，却享有20%左右的投资收益提成。

第二，私人权益投资基金是固定期限的，一般为10年。出于建立声誉，以便获得后续融资的考虑，普通合伙人就必须努力工作，运营好私人权益投资基金。

第三，在有限合伙制下，资金募集并非一步到位，更多的是采取承诺制，即有限合伙人只承诺提供一定数量的资金，但资金却是分期注入的。与此同时，有限合伙人采取“无过离婚条款”——即使普通合伙人没有重大过错，只要投资者丧失信心，就可以停止追加投资，保留撤销后续资金的权利。这可能造成投资者前期注入资金的部分损失，但却可以有效控制普通合伙人的道德风险行为。

第四，有限合伙制实行强制性分配政策，投资一有收益，就立即进行分配（最早在投资后第二年或第三年），并要求必须将出售投资组合的所得返还投资者，允许有限合伙人在普通合伙人获得附加权益之前收回他们的投资和管理费，并要求普通合伙人归还所得的附加收益。

此外，有限合伙契约还对普通合伙人和有限合伙人可能的利益冲突作出明确的规定，禁止普通合伙人从事私下交易，要求其尽职管理私人权益投资基金。

科学合理的契约设计可以有效减少普通合伙人的道德风险行为，并激励其全心全意为有限合伙人创造价值，实现私人权益投资的高收益。

四、发展私人权益资本市场的意义

从信息经济学的角度分析，对于大型企业来讲，他们一般具有成熟的产品和市场，有可预期的并较为稳定的未来现金流，投资风险相对较小，这使得他们在定价上能够被市场和投资者所充分理解。这类企业的信息不对称问题，通过证券市场的信息披露即可改善，投资者可以通过在证券市场上购买股票和债券，对其进行直接融资。

对于那些规模没有达到上市要求、信息处理相对复杂的企业，投资者可以委托金融中介进行间接融资。但作为最主要的金融中介，商业银行在信息处理上具有一定的局限性。一般来说，商业银行在处理标准化信息上具有规模优势，但却无法成功地处理不确定性、创新以及新思想；并且商业银行在向投资者提供跨期风险分散机制的同时，也将风险集中在自己身上，经受不住外界的冲击。这些因素制约了商业银行对高风险项目的投资，也就使得那些面临较大不确定性的风险企业，如处于初创阶段的高科技企业，由于资产负债比率过高而处于财务困境的企业，需要进行财务重组或拟进行管理层并购、杠杆并购的大中型企业，具有敏感信息、不便公开披露的企业等无法从商业银行等传统金融中介获得资金支持。他们的信息披露较少，投资风险较大，发展前景有较大的不确定性，投资者和筹资企业之间严重的信息不对称制约了投资者对这些企业的直接投资。要实现对上述企业的融资，投资者需要委托具有信息处理比较优势的金融中介，对筹资企业进行信息分析，消除这些企业可能的逆向选择，以大股东的身份作为投资者的代表，对投资进行管理监督，尽可能减少投资企业的道德风险，有效维护投资者的利益。作为一种颇具企业家精神的金融中介，私人权益投资基金能够有效缓解私人权益资本市场上严重的信息不对称问题，促成投资者对具有潜在高收益的高风险企业的投资。

我国资本市场的各个子系统发展很不均衡，以银行中长期信贷为主导的间接融资远远超过证券市场的直接融资，而证券市场的发展也不均衡，债券市场相对于股票市场来讲，规模太小，发展缓慢。私人权益资本市场仅局限于风险投资，且风险投资被定位为扶持中小科技企业发展、加快科技成果转化的“政策性金融”，这使得我国的风险投资在发展初始就存在着严重的先天不足，并很快随着 2000 年美国新经济泡沫的破灭而陷入低谷。运行良好的私人权益资本市场对我国资本市场发展和经济增长的意义深远：

第一，可以通过对新兴科技企业的支持，实现高新技术与金融资本的结合，进而促进我国技术创新和经济发展。

第二，可以通过对并购活动的融资，提高公司效率，运用市场手段实现优胜劣汰或强强联合，从而增进社会福利。

第三，可以通过对那些因为负债过重或管理不善而陷入财务困境的企业进行融资和整合，节约社会的破产成本。

第四，可以通过私人权益投资经理对各种风险企业的管理，扶持和引导价值创造活动，增加企业价值。

第五，更为重要的是，私人权益资本市场的发展可以为我国中小企业的发展壮大开辟新的融资渠道，弥补银行部门和证券市场在资源配置、信息生产和企业治理等方面的缺陷，提高资本市场的经济效率。

因此，发展私人权益资本市场，对我国资本市场的完善、金融深化和经济发展具有重要意义。

第六节 证券投资基金市场

一、证券投资基金的定义、特点和类型

（一）证券投资基金的定义

证券投资基金是一种利益共享、风险共担的集合证券投资方式，即通过发行基金单位，集中投资者的资金，由基金托管人托管，由基金管理人管理和运用资金，从事股票、债券等金融工具投资，并将投资收益按基金投资者的投资比例进行分配的一种间接投资方式。

（二）证券投资基金的特点

1. 集合投资

基金是这样一种投资方式：它将零散的资金巧妙地汇集起来，交给专业机构投资于各种金融工具，以谋取资产的增值。基金对投资的最低限额要求不高，投资者可以根据自己的经济能力决定购买数量，有些基金甚至不限制投资额大小，完全按份额计算收益的分配，因此，基金可以最广泛地吸收社会闲散资金，集腋成裘，汇成规模巨大的投资资金。在参与证券投资时，资本越雄厚，优势越明显，而且可能享有大额投资在降低成本上的相对优势，从而获得规模效益的好处。

2. 分散风险

以科学的投资组合降低风险、提高收益是基金的另一大特点。在投资活动中，风险和收益总是并存的，因此，“不能将所有的鸡蛋都放在一个篮子里”，这是证券投资的箴言。但是，要实现投资资产的多样化，需要一定的资金实力，对小额投资者而言，由于资金有限，很难做到这一点，而基金则可以帮助中小投资者解决这个困难。基金可以凭借其雄厚的资金，在法律规定的投资范围内进行科学的组合，分散投资于多种证券，借助于资金庞大和投资者众多的公有制使每个投资者面临的投资风险变小，同时又利用不同的投资对象之间的互补性，达到分散投资风险的目的。

3. 专业理财

基金实行专家治理制度，这些专业治理人员都经过专门练习，具有丰富的证券投资和其他项目投资经验。他们善于利用基金与金融市场的密切联系，运用先进的技术手段分析各种信息资料，能对金融市场上各种品种的价格变动趋势作出比较正确的预测，最大限度地避免投资决策的失误，提高投资成功率。对于那些没有时间，或者对市场不太熟悉，没有能力专门研究投资决策的中小投资者来说，投资于基金，实际上就可以获得专家们在市场信息、投资经验、金融知识和操作技术等方面所拥有的优势，从而尽可能地避免盲目投资带来的损失。

（三）证券投资基金的基本类型

1. 根据法律基础及组织形态的不同，分为契约型与公司型投资基金

契约型投资基金是依据信托契约，通过发行受益凭证而组建的投资基金。公司型投资基金是依据公司法组成的以盈利为目的的投资于特定对象的股份制投资公司。

契约型投资基金和公司型投资基金的区别如下：

（1）法律依据不同。契约型基金是依照基金契约组建的，信托法是契约型基金设立的

依据；公司型基金是依照公司法组建的。

（2）法人资格不同。契约型基金不具有法人资格，而公司型基金本身就是具有法人资格的股份有限公司。

（3）投资者的地位不同。契约型基金的投资者作为信托契约中规定的受益人，对基金如何运用等重要投资决策通常不具有发言权；公司型基金的投资者作为公司的股东，有权对公司的重大决策进行审批、发表自己的意见。

（4）融资渠道不同。公司型基金由于具有法人资格，在资金运用状况良好、业务开展顺利，又需要扩大公司规模、增加资产时，可以向银行借款；契约型基金因不具有法人资格，一般不向银行借款。

（5）经营财产的依据不同。契约型基金凭借基金契约经营基金财产；公司型基金则依据公司章程来经营。

（6）基金运营不同。公司型基金像一般的股份公司一样，除非依据公司法到了破产、清算阶段，否则公司一般都具有永久性；契约型基金则依据基金契约建立、运作，契约期满，基金运营也就终止。

从投资者的角度看，这两种投资方式没有太大的区别，至于一个国家采取哪一种方式好，要根据具体情况进行分析。目前，许多国家和地区都采用两种形态并存的办法，力求把两者的优点都利用起来。

2. 根据基金是否可赎回，分为封闭式基金和开放式基金

封闭式基金是指基金规模在发行前已确定，在发行完毕和规定的期限内基金规模固定不变的投资基金。开放式基金指基金的资本总额及股份总数不是固定不变的，而是可以随时根据市场供求状况发行新份额或被投资人赎回投资基金。

开放式基金和封闭式基金的主要区别如下：

（1）基金规模的可变性不同

封闭式基金均有明确的存续期限（我国为不得少于5年），在此期限内已发行的基金单位不能被赎回，基金规模是固定不变的。而开放式基金所发行的基金单位是可赎回的，而且投资者在基金的存续期间也可随意申购基金单位，导致基金的资金总额每日均不断地变化。换言之，它始终处于“开放”的状态。这是封闭式基金与开放式基金的根本区别。

（2）基金单位的买卖方式不同

封闭式基金发起设立时，投资者可以向基金管理公司或销售机构认购；当封闭式基金上市交易时，投资者又可在证券交易所按市价买卖。而投资者投资于开放式基金时，他们则可以随时向基金管理公司或销售机构申购或赎回。

（3）基金单位的买卖价格形成方式不同

封闭式基金因在交易所上市，其买卖价格受市场供求关系影响较大。当市场供小于求时，基金单位买卖价格可能高于每份基金单位资产净值，这时投资者拥有的基金资产就会增加；当市场供大于求时，基金价格则可能低于每份基金单位资产净值。而开放式基金的买卖价格是以基金单位的资产净值为基础计算的，可直接反映基金单位资产净值的高低。在基金的买卖费用方面，投资者在买卖封闭式基金时与买卖上市股票一样，也要在价格之外付出一定比例的证券交易税和手续费；而开放式基金的投资者需交纳的相关费用（如首次认购费、赎回费）则包含于基金价格之中。一般而言，买卖封闭式基金的费用要高于开放式基金。

(4) 基金的投资策略不同

由于封闭式基金不能随时被赎回，其募集得到的资金可全部用于投资，这样基金管理公司便可据以制定长期的投资策略，取得长期经营绩效。而开放式基金则必须保留一部分现金，以便投资者随时赎回，而不能尽数地用于长期投资，一般投资于变现能力强的资产。

二、证券投资基金的管理与托管

在基金的运作中，有两个重要的机构，即基金管理人和基金托管人。为了保证基金资产的安全，基金应按照资产管理和保管分开的原则进行运作，并由专门的基金托管人保管基金资产；基金管理人的主要职责是负责投资分析、决策，并向基金托管人发出买进或卖出证券及相关指令。从某种程度上来说，基金托管人和基金管理人是一种既相互合作又相互制衡、相互监督的关系。

三、证券投资基金与股票、债券的区别

(一) 投资者地位不同

股票持有人是公司的股东，有权对公司的重大决策发表意见；债券的持有人是债权人，享有到期收回本息的权利；基金单位的持有人是基金的受益人，体现的是信托关系。

(二) 风险程度不同

一般情况下，股票的风险最大，基金次之，债券风险最小。

(三) 收益情况不同

基金和股票的收益是不确定的，债券的收益是固定的。

(四) 投资方式不同

与股票、债券的投资不同，证券投资基金是一种间接的证券投资方式。

(五) 价格取向不同

基金的价格取决于资产净值，而债券价格的影响因素是利率，股票的价格受供求关系影响大。

(六) 投资收回方式不同

债券投资是有期限的，期满后收回本金；股票投资是无期限的；封闭式基金可在交易市场上变现，开放式基金可随时变现。

四、股票基金

(一) 股票基金与股票的不同

作为一篮子股票组合的股票基金，与单一股票之间存在许多不同：

(1) 股票价格随时变动，股票基金价格每个交易日只有1个价格。

(2) 股票价格受成交量的影响，股票基金价格不受申购、赎回数量的影响。

(3) 人们在投资股票时，一般会根据上市公司的基本面，如财务状况、产品的市场竞争力、盈利预期等方面的信息对股票价格高低的合理性作出判断；而不能对股票基金份额净值的合理性进行判断。换而言之，对基金份额净值高低进行合理与否的判断是没有意义的，因为基金份额净值是由其持有的证券价格复合而成的。

(4) 单一股票风险较大；而股票基金由于采取投资组合，风险相对较低。

（二）股票基金的类型

1. 按投资市场分类，可以分为国内、国外与全球股票基金

国内股票基金以本国股票市场为投资场所，投资风险主要受国内市场的影响。国外股票基金以非本国的股票市场为投资场所，由于币制不同，存在一定的汇率风险。全球股票基金以包括国内股票市场在内的全球股票市场为投资对象，进行全球化分散投资，可以有效克服单一国家或区域投资风险，但由于投资跨度大，费用相对较高。

国外股票基金可进一步分为单一国家型股票基金、区域型股票基金、国际股票基金三种类型。单一国家型股票基金以某一国家的股票市场为投资对象，以期分享该国股票投资的较高收益，但会面临较高的国家投资风险。区域型股票基金以某一区域内的国家组成的区域股票市场为投资对象，以期分享该区域股票投资的较高收益，但会面临较高的区域投资风险。

全球股票基金是以全球各国上市股票为投资标的的基金，由于分散程度较广，因此波动风险通常低于区域或单一市场股票基金。

2. 按股票规模分类，可以分为小盘、中盘与大盘股票基金

按股票市值的大小将股票分为小盘股票、中盘股票与大盘股票，是一种最基本的股票分析方法。与此相适应，专注于投资小盘股票的基金就称为小盘股票基金。类似地，有中盘股票基金与大盘股票基金之分。

对股票规模的划分并不严格，通常有两种划分方法：一种方法是依据市值的绝对值进行划分，另一种方法是依据相对规模进行划分。

3. 按股票性质分类，可以分为价值型股票基金与成长型股票基金

价值型股票通常是指收益稳定、价值被低估、安全性较高的股票，其市盈率、市净率通常较低。成长型股票通常是指收益增长速度快、未来发展潜力大的股票，其市盈率、市净率通常较高。价值型股票的投资者比成长型股票的投资者一般表现得更有耐心，更倾向于长期投资。

与此相反，一旦市场有变，成长型股票的投资者往往会选择快进快出，进行短线操作。

专注于价值型股票投资的股票基金称为价值型股票基金；专注于成长型股票投资的股票基金称为成长型股票基金；同时投资于价值型股票与成长型股票的基金则称为平衡型基金。价值型股票基金的投资风险要低于成长型股票基金，但回报通常也不如成长型股票基金。平衡型基金的收益、风险则介于价值型股票基金与成长型股票基金之间。

在价值型与成长型分类中还可以对股票的性质进一步进行细分，从而会有各种不同的价值型基金与成长型基金。

价值型股票可以进一步被细分为低市盈率股、蓝筹股、收益型股票、防御型股票、逆势型股票等，从而有蓝筹股基金、收益型基金等。成长型股票可以进一步分为持续成长型股票、趋势增长型股票、周期型股票等，从而有持续成长型基金、趋势增长型基金等。持续成长型股票是指业绩能够持续稳定增长的一类股票；趋势增长型股票是指波动大、业绩有望加速增长的一类股票；周期型股票是指利润随经济周期波动变化比较大的一类股票。

4. 按基金投资风格分类，可以分为九种类型

为有效分析股票基金的特性，人们常常会根据基金所持有的全部股票市值的平均规模与性质的不同而将股票基金分为不同投资风格的基金，如大盘价值型基金、大盘平衡型基金、大盘成长型基金、中盘价值型基金、中盘平衡型基金、中盘成长型基金、小盘价值型基金、小盘平衡型基金、小盘成长型基金等九种类型。

5. 按行业分类，可以分为多种类型

按照基金所属的行业分类，股票基金可分为基础行业基金、资源类股票基金、房地产基金、金融服务基金、科技股基金等。

（三）股票基金的投资风险

股票基金的投资风险分为系统性风险、非系统性风险以及管理运作风险。

1. 系统性风险

这是指市场风险，即由整体政治、经济、社会等环境因素对证券价格所造成的影响。系统性风险包括政策风险、经济周期性波动风险、利率风险、购买力风险、汇率风险等。这种风险不能通过分散投资加以消除，因此又称为不可分散风险。

2. 非系统性风险

这是指个别证券特有的风险，包括企业的信用风险、经营风险、财务风险等。非系统性风险可以通过分散投资加以规避，因此又称为可分散风险。

3. 管理运作风险

这是指由于基金经理对基金的主动性操作行为而导致的风险，如基金经理不适当地对某一行业或个股的集中投资给基金带来的风险。股票基金通过分散投资可以大大降低个股投资的非系统性风险，但却不能回避系统性投资风险，而管理运作风险则因基金而异。

（四）股票基金的分析方法

对股票基金的分析也有一些常用的分析指标。这些指标主要有：反映基金经营业绩方面的指标、反映基金风险大小的指标、反映基金组合特点的指标、反映基金操作成本的指标、反映基金操作策略的指标等。

1. 反映基金经营业绩方面的指标

反映基金经营业绩方面的主要指标包括基金分红、已实现效益、净值增长率等指标。

其中，净值增长率是最主要的分析指标，最能全面反映基金的经营成果。最简单的净值增长率指标可用下式计算：

净值增长率=［（期末份额净值-期初份额净值+期间分红）/期初份额净值］×100%

净值增长率对基金的分红、已实现收益、未实现收益都加以考虑，因此是最有效地反映基金经营成果的指标。净值增长率越高，说明基金的投资效果越好。但如果单纯考察一只基金本身的净值增长率说明不了什么问题，通常还应该将该基金的净值增长率与比较基准、同类基金的净值增长率相比较才能对基金的投资效果进行全面的评价。

2. 反映基金风险大小的指标

常用来反映股票基金风险大小的指标有标准差、贝塔值、持股集中度、行业投资集中度、持股数量等指标。净值增长率波动程度越大，基金的风险就越高。基金净值增长率的波动程度可以用标准差来计量，该指标通常按月计算。标准差将偏离均值的情况均视为风险。股票基金以股票市场为活动母体，其净值变动不能不受到证券市场系统风险的影响。

通常可以用贝塔值的大小衡量一只基金面临的市场风险的大小。公式为：

贝塔值=（基金净值增长率/股票指数增长率）×100%

如果股票指数上涨或下跌1%，某基金的净值增长率上涨或下跌1%，那么该基金的贝塔值为1，说明该基金净值的变化与指数的变化幅度相当。如果某基金的贝塔值大于1，说明该基金是一只活跃或激进型基金。如果某基金的贝塔值小于1，说明该基金是一只稳定或防御型的基金。

持股集中度的公式为：

持股集中度=（前十大重仓股股票投资市值/基金股票投资总市值）×100%

持股集中度越高，说明基金在前十大重仓股的投资越多，基金的风险越高。持股数量越多，基金的投资风险越分散，风险越低。但持股过于分散，也不利于基金业绩的提高。

3. 反映基金组合特点的指标

依据股票基金所持有的全部股票的平均市值、平均市盈率、平均市净率等指标可以对股票基金的投资风格进行分析。

基金持股平均市值的计算有不同的方法，既可以用算术平均法，也可以用加权平均法或其他较为复杂的方法。算术平均市值等于基金所持有全部股票的总市值除以其所持有的股票的全部数量。

加权平均市值则根据基金所持股票的比例进行股票市值的加权平均。通过对平均市值的分析可以看出基金是偏好大盘股投资、中盘股投资还是小盘股投资。

同理，可以利用基金所持有的全部股票的平均市盈率、平均市净率的大小，判断股票基金是倾向于价值型股票还是成长型股票。如果基金的平均市盈率、平均市净率小于市场指数的市盈率，可以认为该股票基金属于价值型基金；反之，该股票型基金则可以被归为成长型基金。

4. 反映基金操作成本的指标

费用率是评价基金运作效率和运作成本的一个重要统计指标。费用率等于基金运作费用与基金平均净资产的比率。费用率越低，说明基金的运作成本越低，运作效率越高。

基金运作费用主要包括基金管理费、托管费、基于基金资产计提的营销服务费等项目，但不包括前端或后端申购费、赎回费，也不包括投资利息费用、交易佣金等费用。相对于其他类型的基金，股票基金的费用率较高；相对于大型基金，小型基金的费用率通常较高；相对于国内股票基金，国外股票基金的费用率较高。

5. 反映基金操作策略的指标

基金股票周转率：通过对基金买卖股票频率的衡量，可以反映基金的操作策略。低周转率的基金倾向于对股票的长期持有；高周转率的基金则倾向于对股票的频繁交易。

五、债券基金

（一）债券基金在投资组合中的作用

债券基金是收益、风险适中的投资工具。债券基金主要以债券为投资对象，因此对追求稳定收入的投资者具有较强的吸引力。

债券基金的波动性通常要小于股票基金，因此常常被投资者认为是收益、风险适中的投资工具。此外，当债券基金与股票基金进行适当的组合投资时，常常能较好地分散投资风险，因此债券基金通常也被视为组合投资中不可或缺的重要组成部分。

（二）债券基金与债券的不同

作为投资于一篮子债券的组合投资工具，债券基金与单一债券存在重大的区别。

1. 债券基金的收益不如债券的利息固定

投资者购买固定利率性质的债券，在购买后会定期得到固定的利息收入，并可在债券到期时收回本金。债券基金作为不同债券的组合，尽管也会定期将收益分配给投资者，但债券基金分配的收益有升有降，不如债券的利息固定。

2. 债券基金没有确定的到期日

与一般债券会有一个确定的到期日不同，债券基金由一组具有不同到期日的债券组成，因此并没有一个确定的到期日。不过为分析债券基金的特性，我们仍可以对债券基金所持有的所有债券计算出一个平均到期日。

3. 债券基金的收益率比买入并持有到期的单个债券的收益率更难以预测

单一债券的收益率可以根据购买价格、现金流以及到期收回的本金计算其投资收益率；但债券基金由一组不同的债券组成，收益率较难计算和预测。

4. 投资风险不同

单一债券随着到期日的临近，所承担的利率风险会下降。债券基金没有固定到期日，所承担的利率风险将取决于所持有的债券的平均到期日。债券基金的平均到期日常常会相对固定，债券基金所承受的利率风险通常也会保持在一定的水平。单一债券的信用风险比较集中，而债券基金通过分散投资可以有效避免单一债券可能面临的较高的信用风险。

（三）债券基金的类型

根据发行者的不同，可以将债券分为政府债券、企业债券、金融债券等。根据债券到期日的不同，可以将债券分为短期债券、长期债券等。根据债券信用等级的不同，可以将债券分为低等级债券、高等级债券等。与此相适应，也就产生了以某一类债券为投资对象的债券基金。

与股票基金类似，债券基金也被分成不同的投资风格。债券基金投资风格主要依据基金所持债券的久期与债券的信用等级来划分。

（四）债券基金的投资风险

1. 利率风险

债券的价格与市场利率变动密切相关，且呈反方向变动。当市场利率上升时，大部分债券的价格会下降；当市场利率降低时，债券的价格通常会上升。一般来说，债券的到期日越长，债券价格受市场利率的影响就越大。与此相类似，债券基金的价值会受到市场利率变动的影响。债券基金的平均到期日越长，利率风险越高。

2. 信用风险

信用风险是指债券发行人没有能力按时支付利息、到期归还本金的风险。如果债券发行人不能按时支付利息或偿还本金，该债券就面临很高的信用风险。投资者为弥补低等级信用债券可能面临较高的信用风险，往往会要求较高的收益补偿。一些债券评级机构会对债券的信用进行评级。如果某债券的信用等级下降，将会导致该债券的价格下跌，持有这种债券的基金的资产净值也会随之下降。

3. 提前赎回风险

提前赎回风险是指债券发行人有可能在债券到期日之前回购债券的风险。当市场利率下降时，债券发行人能够以更低的利率融资，因此可以提前偿还高息债券。持有附有提前赎回权债券的基金将不仅不能获得高息收益，而且还会面临再投资风险。

4. 通货膨胀风险

通货膨胀会吞噬固定收益所形成的购买力，因此债券基金的投资者不能忽视这种风险，必须适当地购买一些股票基金。

（五）债券基金的分析方法

分析股票基金的许多指标可以很好地用于对债券基金的分析，如净值增长率、标准差、费用率、周转率等都是较为通用的分析指标。但由于债券基金的风险来源与股票基金有所不同，债券基金的表现与风险主要受久期与债券信用等级的影响，因此对债券基金的分析也主要集中于对债券基金久期与基金所持债券信用等级的分析。

久期是指一只债券贴现现金流的加权平均到期时间，它综合考虑了到期时间、债券现金流以及市场利率对债券价值的影响，可以用来反映利率的微小变动对债券价格的影响，因此是一个很好的债券利率风险衡量指标。债券基金的久期等于基金组合中各个债券的投资比例与对应的债券久期的加权平均。债券基金的久期越长，净值的波动幅度就越大，所承担的利率风险就越高。在其他条件相同的情况下，信用等级较高的债券，收益率较低；信用等级较低的债券，收益率较高。

六、货币市场基金

与其他类型的基金相比，货币市场基金具有风险最低、流动性最好的特点。货币市场工具通常指到期日不足 1 年的短期金融工具。货币市场基金的风险低，但并不意味着货币市场基金没有投资风险。

（一）货币市场基金的投资对象

按照《货币市场基金管理暂行规定》以及其他有关规定，目前我国货币市场基金能够进行投资的金融工具主要包括：

（1）现金；

（2）1 年以内（含 1 年）的银行定期存款、大额存单；

（3）剩余期限在 397 天以内（含 397 天）的债券；

（4）期限在 1 年以内（含 1 年）的债券回购；

（5）期限在 1 年以内（含 1 年）的中央银行票据；

（6）剩余期限在 397 天以内（含 397 天）的资产支持证券。

（二）货币市场基金的限制投资对象

（1）股票；

（2）可转换债券；

（3）剩余期限超过 397 天的债券；

（4）信用等级在 AAA 级以下的企业债券；

（5）国内评级 A-1 或相当于 A-1 以下的短期融资券；

（6）流通受限的证券。

（三）货币市场基金的分析方法

1. 收益分析

基金收益通常用日每万份基金净收益和最近 7 日年化收益率表示。日每万份基金净收益是把货币基金每天运作的净收益平均摊到每一份额上，然后以 1 万份为标准进行衡量和比较的一个数据。最近 7 日年化收益率是以最近 7 个自然日日平均收益率折算的年收益率。

从日每万份基金净收益指标看，按日结转份额的基金，在及时增加基金份额的同时将会摊薄基金的日每万份基金净收益；同时，份额的及时结转也增加了管理费计提的基金，使日每万份基金净收益有可能进一步降低。从7日年化收益率指标看，按日结转7日年化收益率相当于按复利计息，因此，在总收益不变的情况下，其数值要高于按月结转份额所计算的收益率。

2. 风险分析

用以反映货币市场基金风险的指标有投资组合的平均剩余期限、融资比例、浮动利率债券投资情况。

目前我国法规要求货币市场基金投资组合的平均剩余期限在每个交易日均不得超过180天。一般情况下，如果货币市场基金财务杠杆的运用程度越高，其潜在的收益可能越高，但风险相应也越大。另外，按照规定，除非发生巨额赎回，货币市场基金债券正回购的资金余额不得超过20%。因此，在比较不同货币市场基金收益率的时候，应同时考虑其同期财务杠杆的运用程度。货币市场基金可以投资于剩余期限小于397天但剩余存续期超过397天的浮动利率债券。

本章小结

1. 资本市场是指期限在1年以上的资金融通活动的总称，包括期限在1年以上的证券市场，以及期限在1年以上的银行信贷市场，可将资本市场分为银行信贷市场、股票市场、债券市场和私人权益资本市场。

2. 股票是投资者向公司提供资金的权益合同，是公司的所有权凭证，按剩余索取权和剩余控制权的不同，有不同种类的股票，最基本的分类是普通股和优先股。

3. 债券是投资者向政府、公司或金融机构提供资金的债权债务合同，它具有与股票不同的特征，可分为政府债券、公司债券和金融债券三大类。

4. 股票市场和债券市场的组织结构可以分为一级市场和二级市场，一级市场是发行新股票和债券的市场，二级市场是买卖已发行股票和债券的市场。

5. 股票的一级市场通常由咨询与管理、认购与销售两个阶段构成，相比之下，债券的一级市场多了一个偿还环节，并在限制性条款和债券评级两个方面具有其特点。

6. 二级市场通常可分为证券交易所和场外交易市场，以及具有混合特征的第三市场和第四市场等层次。

7. 证券投资基金是一种将众多不确定的投资者的资金汇集起来，委托专业的基金管理人进行投资管理，委托专业的基金托管人进行基金资产的托管，基金所得的收益由投资者按出资比例分享的一种投资工具。

关键概念

资本市场　股票　普通股　优先股　公募　私募　包销　承销　做市商交易制度　竞价交易制度　债券　私人权益资本市场　证券投资基金

综合训练

1. 如何理解资本市场的概念及其功能？
2. 什么是债券？它包括哪些种类？
3. 什么是股票？它有哪些特点？

4. 资本市场有哪些交易机制？

5. 投资基金有哪些独特的优势？

课外延伸阅读

中国资本市场的现状与前景

2018年4月17日，据知情人士透露，在美股上市的阿里巴巴、百度和京东三家互联网公司预计最快将于今年6月以CDR方式回归A股。届时，三家公司将成为第一批回归A股的互联网巨头企业，另一巨头企业腾讯尚未在此列。“独角兽”企业回归A股是2018年两会期间重要的议题。两会结束不久后于2018年3月30日，中国国务院办公厅转发证监会《关于开展创新企业境内发行股票或存托凭证试点的若干意见》，该政策意见的提出为独角兽企业送去A股上市利好，打开了一扇通往中国资本市场的大门，助力我国资本市场的规范化、市场化和国际化。

一、政策助力，明确为“BATJ”回归A股铺路

近年来，在我国经济实力不断增强及国际化地位不断提升和资本市场规范发展的影响下，国家重视对A股市场的完善建设。2018年两会期间，如何支持创新企业A股上市、把境内独角兽企业留在境内资本市场、为境外上市独角兽企业“回A”铺路等问题引发热议。而3月30日，中国国务院办公厅转发证监会《关于开展创新企业境内发行股票或存托凭证试点的若干意见》（见表4-2）为独角兽企业送去A股上市利好。

随着行业的转型升级和创新发展的驱动，该意见指出支持创新型企业在境内发型上市，同时完善政策吸引优秀企业回归A股。积极推动互联网、大数据、云计算、人工智能、软件和集成电路、高端装备制造、生物医药等高新技术产业和战略性新兴产业的发展，并针对企业的实际情况，明确了已在海外上市企业和非上市企业的A股上市要求。通过了百度、阿里巴巴、腾讯、京东、携程、微博、网易以及香港上市的舜宇光学8家首批可以通过CDR（中国存托凭证）A股上市的企业名单。

表4-2 《关于开展创新企业境内发行股票或存托凭证试点的若干意见》政策解读

<table>
<tr><th>要求</th><th colspan="2">具体分析</th></tr>
<tr><td>总体要求</td><td colspan="2">应属于互联网、大数据、云计算、人工智能、软件和集成电路、高端装备制造、生物医药等高新技术产业和战略性新兴产业，达到相当规模的创新企业</td></tr>
<tr><td rowspan="2">具体要求</td><td>已在海外上市企业</td><td>已在境外上市且市值不低于2000亿元人民币的红筹企业</td></tr>
<tr><td>未在海外上市企业</td><td>最近一年营业收入不低于30亿元且估值不低于200亿元，或收入快速增长，拥有自主研发、国际领先的技术，同行业竞争中处于相对优势地位的红筹企业和境内企业</td></tr>
<tr><td rowspan="2">首批企业名单</td><td colspan="2">第一梯队：百度、阿里巴巴、腾讯、京东</td></tr>
<tr><td colspan="2">第二梯队：携程、微博、网易以及香港上市的舜宇光学</td></tr>
</table>

资料来源：前瞻产业研究院。

“BATJ”在我国指百度、阿里巴巴、腾讯和京东4家互联网公司，作为早期的初创企业，其公司的经营波动较大，而我国A股市场对上市企业的基本要求是要保证连续三年盈利和同股同权等强制条件，一系列条件的约束使得当时需要融资发展的互联网企业选择海外上市，通过公司业务的发展壮大，现阶段“BATJ”的股价市值已经占据重要的市场份额，腾讯市值最高达到3.34万亿元，阿里巴巴紧随其后也超过3万亿元（见表4-3）。

表4-3 截至2018年3月BATJ市值（单位：亿元）

	成立时间	主要经营范围	上市日期	市值
（B）百度	2000-1-1	主要经营搜索引擎的互联网公司	2005-8-5	5652
（A）阿里巴巴	1999-9	电子商务在线交易平台	2014-9-19	3.07万
（T）腾讯	1988-11	互联网综合服务提供商	2004-6	3.34万
（J）京东	1998-6-18	自营式B2C购物网站	2014-5-22	4003

资料来源：前瞻产业研究院。

“BATJ”作为我国优势的互联网企业，其业务范围、经营状况都在国内占有绝对的竞争优势，但是受制于前期我国A股上市的严格限制，其被迫纷纷于海外上市，海外资本市场虽较为完善，但是国内企业的海外上市会受到国际大环境的影响，存在较大的不稳定性。而“BATJ”作为国内甚至全球互联网企业的代表，公司的经营模式相对规范且成熟，其回归A股将对资本市场的规范发展和价值投资理念的培育产生积极的影响。此外，这一回归在促进上市公司的规范化发展、促进企业的优胜劣汰、培养竞争意识的同时，为促进我国A股市场化和国际化的发展提供了较大的推动力（见图4-3）。

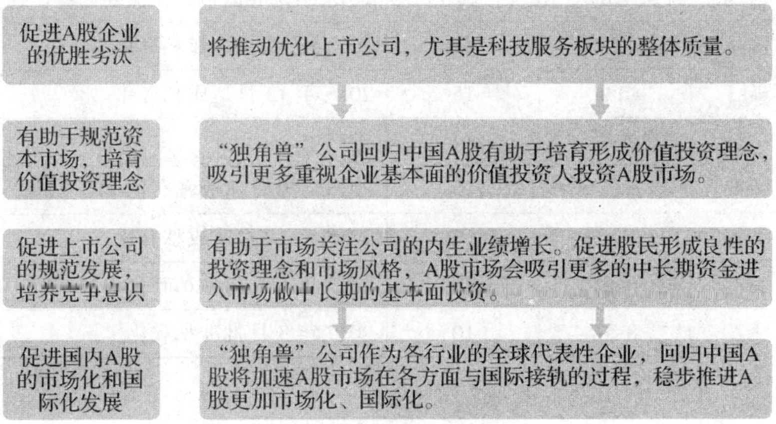

图4-3 BATJ回归A股对A股的影响

资料来源：前瞻产业研究院。

二、企业关注，海外股回归成为众多企业的选择

由于国内企业对海外资本市场制度、经济等的理解差异性较大，自2015年年中以来，中概股回归的队伍不断扩大。前期其回归A股的主要途径以私有化回归、借壳上市和IPO为主，CDR（中国存托凭证）回归模式为企业的回归提供了支持。

近年来，大部分企业通过私有化的模式海外退市，以期经过几年的积累进行国内资本市场的上市发展，而上市过程中，借壳上市因其流程时间相对较短且简化成为众多回归企业上市的重要选择方式。最近最为典型的海外回归A股上市的企业莫过于360公司。2015年360公司完成私有化，两年后于2017年11月宣布借壳江南嘉捷回归A股上市。其余多家企业大多已经完成私有化，但尚未在A股实现上市计划（见表4-4）。

表4-4　截至2017年部分企业私有化及相关信息（单位：美元）

名称	代码	私有化价格	发行价	私有化发展
优酷土豆	YOKU	27.6	47	被阿里45亿美元收购
如家快捷	HMIN	35.8	22	作价110亿元人民币并入首旅
智联招聘	ZPIN	17.5	14	与Zebra Mergerco，Ltd. 合并
酷6	kutv	1.08	借壳上市	2016年4月达成私有化
爱康国宾	kang	17.8	14	2018年3月12日接受云峰基金、阿里巴巴收购要约
艺龙	long	18	13.5	2016年2月达成私有化
当当	dang	7.8	16	2016年5月完成私有化
世纪佳缘	date	7.2	11	与百合签署合并协议
360	qihu	77	借壳上市	2015年12月达成私有化
中手游	game	22	24	2015年7月完成私有化
完美世界	pwrd	20.2	25	2015年7月完成私有化
盛大游戏	GAME	7.1	12.5	2015年完成退市，在借壳
淘米	taom	3.588	9	2015年12月达成私有化
乐逗游戏	dsky	14	15	2015年12月达成私有化
人人	renn	4.2	14	进行中
航美	amcn	6	15	2015年9月达成私有化
久邦数码	gomo	4.9	11.22	2015年11月达成私有化
易居	ej	6.64	12	2015年6月启动私有化
空中网	KZ	8.56	10	2017年3月批准私有化

资料来源：前瞻产业研究院。

三、IPO规模提升，A股市场跨越式发展

在我国经济全球化发展战略的促进下，部分企业开始拓展国外业务，并针对企业自身的业务及经营情况谋求海外市场上市融资。2011~2017年中国企业全球资本市场中IPO的总体数量不断增加，募资规模有所缩减。2017年，全球中企IPO大幅增长，达到了2011年以来的最高值，远超近年平均水平。尽管数量实现井喷，但募资规模仅出现微幅增长。至2017年，我国企业在全球资本市场首次公开发行企业达到598家，共募集资金3468亿元，平均募资金额在6亿元左右，较2014年的规模明显下降。截至2018年前2个月，中国企业全球资本市场IPO企业68家，共募集资金448.02亿元（见图4-4）。

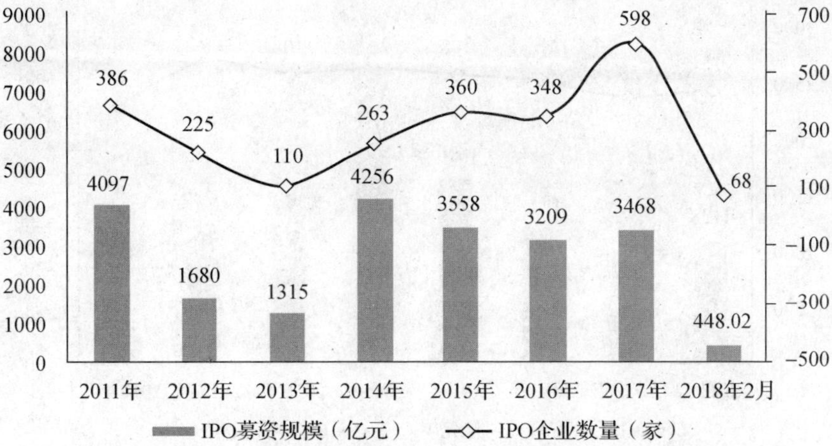

图 4-4　2011~2018 年中企全球资本市场 IPO 规模

资料来源：前瞻产业研究院。

相比于国内企业全球资本市场的公开发行情况，2017 年在新股发行常态化、监管层持续加快审核、提高审核速度的影响下，中国企业境内资本市场公开发行募集资金的企业也在不断增加，当年 A 股市场 IPO 数量实现跨越式增长，增幅高达 92. 07%，是近年来首次突破 400 大关，共有 436 家企业在国内资本市场进行 IPO 发行，共募集资金 2301 亿元，单笔平均募集金额约为 5. 3 亿元，低于全球市场的单笔融资金额。截至 2018 年前 2 个月，共发生 27 笔 IPO 融资事件，融资金额 291. 7 亿元（见图 4-5）。

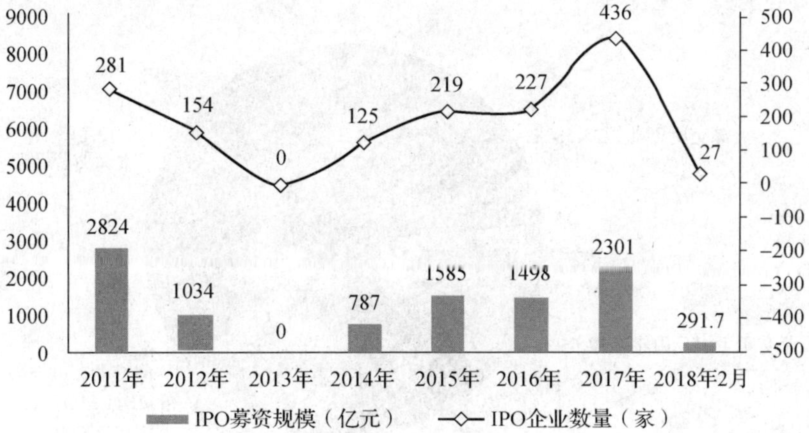

图 4-5　2011~2018 年中企境内资本市场 IPO 规模

资料来源：前瞻产业研究院。

受中小型企业上市活跃影响，港股创业板新股数量增加，超大型新股数量下滑，整体融资规模缩小。香港新股市场正逐渐演变为吸引潜在高增长中小企业的融资地。2017 年，港股市场中企 IPO 数量提速增长，创近年新高；同时募资规模最近 3 年出现连续下跌，2017 年降幅达到 41. 01%。截至 2018 年 2 月，我国企业在香港资本市场共完成 147. 71 亿元的 IPO 融资（见图 4-6）。

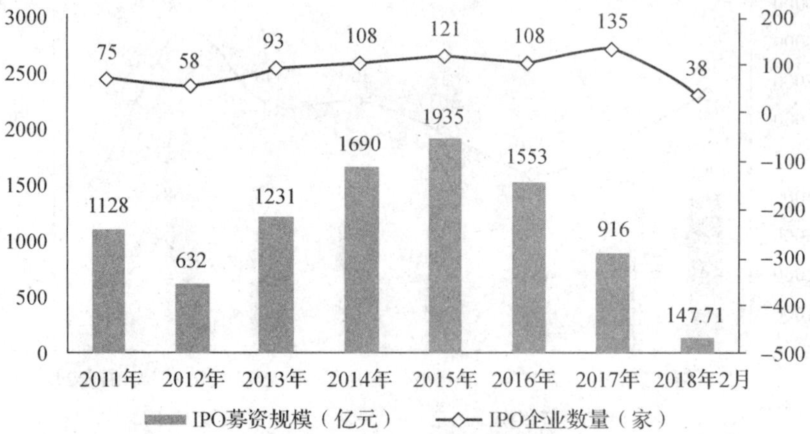

图 4-6　2011~2018 年中企香港资本市场 IPO 规模

资料来源：前瞻产业研究院。

从不同板块的 IPO 数量看，在我国资本市场规范发展及加速审批的影响下，现阶段，国内资本交易市场是国内企业的重要选择场所，国内资本市场 IPO 企业数量占比高达 72. 91%，而海外资本市场 IPO 数量占比仅为 27. 09%。可见本土企业对国内资本市场的认同和信心。

在国内资本市场中，上交所是企业 IPO 资金募集的重要选择场所，2017 年国内企业上交所 IPO 数量占比达到 35. 79%，而深交所创业板、主板及中小板的企业 IPO 数量占比分别为 23. 58%和 13. 55%（见图 4-7）。

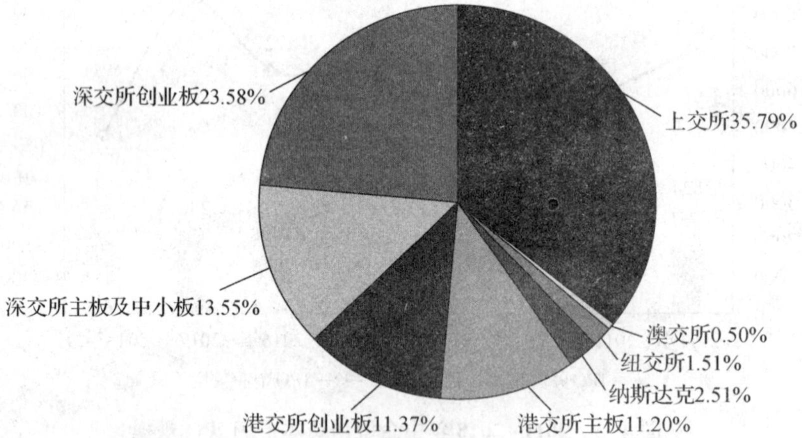

图 4-7　2017 年中企 IPO 数量交易板块分布

资料来源：前瞻产业研究院。

考虑不同资本市场的融资规模与各资本市场上市企业数量有较为明显的直接关系，但是在国内经济发展提振的影响下，国内 IPO 融资规模占比较大，上交所融资规模占比为 39. 69%，深交所创业板的融资规模占比为 25. 17%。相比于国内资本市场的融资规模，包含港交所及美国和澳洲股市的总体融资规模占比仅为 27. 09%（见图 4-8）。

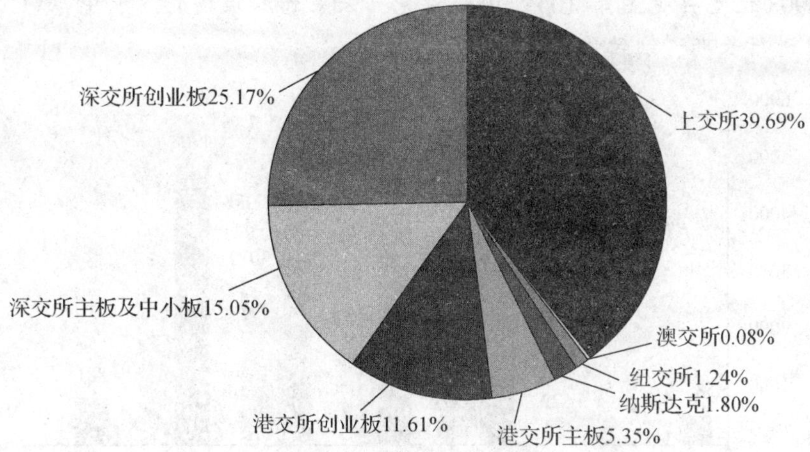

图 4-8　2017 年中企 IPO 规模交易板块分布

资料来源：前瞻产业研究院。

四、VC/PE 获发展，单笔融资规模增加

相比于 IPO 资本市场，VC/PE 可以看成是企业初始发展过程中重要的资金来源的补充。

前瞻产业研究院《2018~2023 年中国资产管理行业市场前瞻与投资战略规划分析报告》数据显示，近年来随着创业热潮的不断发展，VC/PE 的投融资逐渐成为新兴企业争抢的方向。而 2012~2017 年 VC/PE 市场募资基金数量呈现“倒 U 形”的发展特征，2015 年的开始和完成数量最多，当年的完成数量达到 2352 项。2015 年后，创新企业数量有所下降，至 2017 年，VC/PE 市场募资基金开始和完成数量均为 1000 项以内。截至 2018 年 2 月，市场募集基金的开始和完成数量分别为 167 项和 73 项（见图 4-9）。

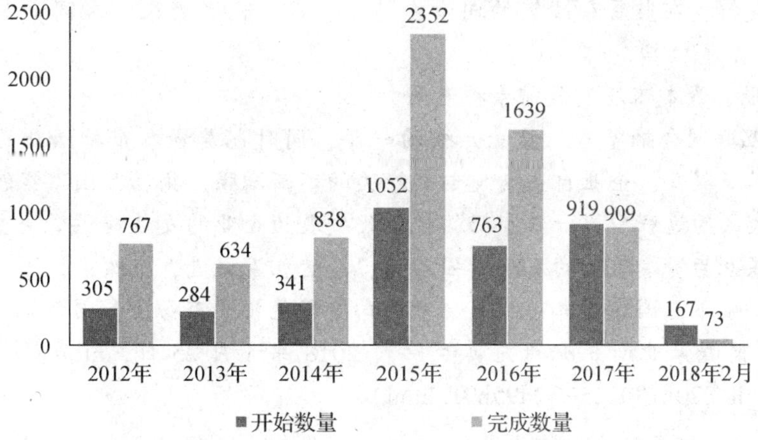

图 4-9　2012~2018 年我国 VC/PE 市场募资基金数量（单位：项）

资料来源：前瞻产业研究院。

与融资数量进行比较可以看出，2012~2017 年 VC/PE 市场募资基金的规模在不断增加，而各年的开始规模均较完成规模高，表现为其基金募集的资本有效性还应不断增强。总体来看，截至 2017 年，VC/PE 市场募资基金的完成规模仅为 1969 亿元，而当年募集基金的开

始规模高达 4908 亿元（见图 4-10）。由此可见，未来资本市场的发展中，VC/PE 应在前期对欲融资项目进行长期、细致的考察和评估。

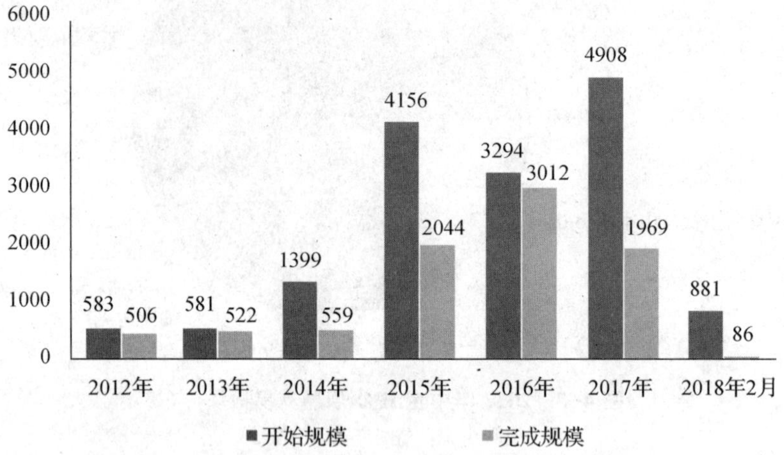

图 4-10　2012~2018 年我国 VC/PE 市场募资基金规模（单位：亿元）

资料来源：前瞻产业研究院。

五、监管趋严，国内资本市场发展前景广阔

1. 监管趋严，促进市场规范发展

近年来，防范金融风险、重塑市场秩序成为国家资本市场关注的关键问题。加强并购重组监管、调整完善再融资政策、规范上市公司股东和董监高股份减持行为、推进实施投资者适当性管理制度等，紧紧围绕风险防范、稳定市场发展进行资本市场的监管。两会期间国家对独角兽企业 A 规回归的关注和《关于开展创新企业境内发行股票或存托凭证试点的若干意见》政策的支持，在监管和政策的同步支持下，规范化成为未来我国资本市场的主要发展趋势。

2. 活力增强，资本市场发展前景被看好

2017 年是互联网金融整治、监管升级的一年，同时也是资本市场活跃的一年。随着我国技术水平的不断提升，企业自主研发创新能力的不断增强，推动了国家经济的发展。在各企业创新发展模式的过程中，资本市场的规范化发展为企业的发展提供资金支持，同时企业创新能力的增强也为资本市场的发展增强活力，两者相互促进，在政策促进、规范发展、企业活力增强的影响下，国内资本市场将会不断向着规范化、市场化和国际化的方向转变。

（朱茜：《前瞻产业研究院研究员专栏》，2018 年 4 月 25 日，https：//www. qianzhan. com/analyst/detail/220/180425-32d95b91. html）

吴晓求：制约中国资本市场发展的因素有哪些？

上个世纪 70 年代末的改革大潮，推动了中国资本市场的出现和成长，经历了从无到有、从小到大的迅速发展，在很多方面走过了发达市场几十年甚至上百年的道路。今天，资本市场已经成为我国社会主义市场经济的重要组成部分，总市值位居世界第二。但是，中国资本市场本身也存在着一些急需突破的问题，是哪些因素制约着中国资本市场进一步的发展？

吴晓求在《中国经济大讲堂》演讲时，分别从三个方面为我们解读了是什么制约了中国资本市场的健康发展。

一、企业不透明

部分企业在上市之前的账目都是不清楚的，它会有意地避税，它对税务局是一套账，对股东是一套账，管理层可能还有一套账，以至于董事长、财务主管都不知道哪一个是真实的，它想从这里面寻找它的利益最大化，而这种行为、这种心理特征、这种文化和资本市场是相互抵触的。而资本市场，它的灵魂就是透明，你必须透明，因为大家拿钱来买股票、买债券，他一定是基于你的信息披露，一定是基于信息的判断来作出投资决策，当发现你给的信息是不完整的，甚至是和事实相违背的、相反的、错误的、滞后的，那这个市场就没法发展。但是，这个是可以改变的。我们加入 WTO（世界贸易组织）之后，通过无数的案例，无数的事实，我们发现尊重知识产权、保护知识产权人人受益，有利于社会的进步，有利于经济的发展。通过资本市场发展，如果我们能够推动社会透明度的提高，我认为这就是巨大的进步。

二、部分法律欠缺

当然中国的法律结构对中国资本市场发展也有某种约束。中国是一个大陆法系的国家，它的这种灵活性相对是不够的。让什么样的企业上市？我们一般会选择它在国民经济中处于特别重要的地位、它有悠久的历史、它的赢利能力很强、它没有权属纠纷、它的规模很大、它为就业作了很大的贡献，当然这些东西都是很好的。而资本市场要求你及时解决问题，因为我们在法律上的某种特点，比如说我们有些很好的企业就到海外去上市了，是因为它有很多的公司治理结构以及它的一些企业的特点，不符合我们的法律要求，可是企业非常好，包括早年的腾讯，后来的阿里巴巴，也包括京东和小米等等，这些都是我认为最具有竞争力的企业。但是如果说按照它当时的状况来看，它显然不符合我们《中华人民共和国证券法》要求上市公司的那些要求、那些标准，于是乎它达不到，它就不选择在这儿上市，它就走了。在这方面，我们应该说是相对滞后。

三、独特的文化心理

中国人几乎很少认为在股市上挣钱是光荣的。有人在股市上挣了钱，他都说他赔了钱，因为他挣了钱，大家对他很嫉妒，他的朋友会越来越少。明明挣了钱，你说赔了钱，你的朋友会越来越多，因为同情你的人越来越多了。我经常说，在这个文化里面，巴菲特很难产生。因为你要挣那么多钱，大家总觉得你有问题，你这个人有点不劳而获，凭什么你买股票挣钱，你挣了谁的钱，他会有这样一个疑问。而且我们很多人不认为股票是一种基础性的金融资产，很多人潜意识里面认为这是一种投机的工具，所以很少有人说买完股票，我要一直看它未来的成长。他买完以后晚上睡不着觉，看看第二天是不是涨了，涨了赶紧把它卖掉，这种行为特征非常明显。这个潜意识里面想说明什么呢？说明他把股票本质上没看成是资产，他倒是把房子看成资产。我们对资产的一种物理形态的要求是非常强烈的，是看得见摸得着。那房子买了，虽然在那顶峰买的，虽然也套住了，他不着急；说股票套了，他着急。实际上这都是一种文化上的一个特质、一个特点。

这些实际上潜移默化地对我们的资本市场的发展产生某种约束作用。当然资本市场的发展会把这种约束慢慢转换过来。所以这就是在中国发展资本市场，你会发现为什么不容易。这个不容易还体现在我们很重要的制度设计、政策实施，它有时候和发展资本市场的战略目标是不匹配的，是相悖的。

吴晓求在《中国经济大讲堂》演讲时认为，只要中国经济是健康的，中国居民的收入是增长的，它这个增长的收入，用于银行储蓄的比例增长速度减少，这才是正确的。这意味着它有一部分开始投入到证券化的资产，包括股票和债券。首先主要是股票，这是一种积极的信号，这是推动中国金融结构变革的重要趋势。但是在政策解读上，必须要采取措施，让居民储蓄存款的增速不至于下降。如果这么下去，中国资本市场永远不会得到发展。“我们有足够的信心去推动资本市场发展，是因为金融的结构变革的一个重要方向，就是资本市场发展。”

（巨颖：《吴晓求：制约中国资本市场发展的因素有哪些?》，2018 年 8 月 1 日，http：//www. sohu. com/a/244670163_ 354046）

专家深度解读：市场波动，中国资本市场未来走向如何？

刚刚过去的 2018 年上半年，A 股主要股指从阶段新高到阶段新低上演了一波“蹦极”行情。上证指数在 2018 年 1 月 29 日涨至 3587. 03 点，创下两年来新高，随后掉头向下，在 6 月份接连失守 3000 点、2900 点甚至 2800 点关口。股指走低，投资者信心不足，A 股市场负面情绪有所蔓延。市场波动，中国资本市场未来走向如何?

吴晓求在《中国经济大讲堂》演讲时表示，虽然当前市场投资者的信心有些不足，情绪也比较低落，实际上最低落的时候也是离成功不远的时候，不能因为市场的低落丧失了信心。无论是相对悲观还是相对乐观，一定是有它的原因的，如何发展中国的资本市场，始终是一个重大的题目。

从融资的角度来看，我们的商业银行可以满足所有企业，包括个人的融资需求。而且资本市场充满了价格波动，充满了风险，那为什么还要发展资本市场？吴晓求从三个方面进行了解读。

一、为资金供给方和需求方“牵线”

第一个原因就是我们经济发展到今天，市场的发展是一种必然，因为人民的收入水平提高了之后，他希望他的资产能够有一个良好的增值机制，获得一个能够大大超过银行储蓄利息的这样一个收益。还有一些企业认为银行融资有很大的约束，比如说各种的报表，比如说受到货币政策周期的影响，比如说现在通货膨胀来了，我要收缩，银行经常会找上门来说要你还钱，可是他还不了。这个时候的企业家们就会想，要是有一种融资方式能够规避这种周期性的影响，我一发发五年甚至发更长时期的融资的凭证，我能够融到资。

金融本质上是一种供给，它必须要满足社会的需求，于是就会产生一个现象，这个现象在学术界称为脱媒现象，或者说叫融资的去中间化，即可以把这个融资通过发行证券化的这样一个工具，从社会融资。这样一来的话，对融资者来说他会发现，第一个他的融资期限长了，他可以避开经济周期的影响；第二个从投资者的角度来看，就资金的提供者来说，他发现了买的这些证券化的产品，它的收益率比商业银行的存款收益率要高不少。

这种凭证我们通常说的有两种，一个是债券，就是企业发行债券去融资，第二种就是企业通过必要的一个环节、程序和条件，发行股票。你会发现当经济发展到一定程度之后，实际上内生出一种现象，就是说推动了资本市场的发展，这两种金融工具就会应运而生。应运而生以后马上二级市场就要建立起来，因为它要交易，因为它可能需要一个流动性的要求，如此等等，一级市场和二级市场就建起来了。

二、满足百姓财富增长的愿望

在没有资本市场的时候，中国金融基本功能停留在融资功能上，主要通过商业银行以及后来发展的非银行金融机构来完成这个任务，第二是提供支付和清算，这两个是早期我们的金融体系所具有的基础功能。可是随着经济的发展，老百姓的收入提高之后，还是我刚才说的那个原理，他还是希望有一种金融机构能够帮助他理财，能够实现财富增长的这样一个愿望。这个财富增长的收益率，刚才我说了显而易见是要超过你把钱存到银行的那个收益率，所以金融的功能慢慢就开始升级了。

衡量一个国家金融是否发达，我们不是看它的商业银行有多大，甚至也不看它的金融资产规模有多大，主要是要看它的金融的功能，于是乎金融的财富管理就变得非常重要。那么既然要有财富管理，就一定要有实现财富管理的工具和基础资产。第一是它要有很好的流动性，它可以进行组合和配置；第二是它一定有风险，没有风险的资产，实际上它的收益率很低，同时它也难以实现一个最优的配置。所以中国的金融要完成从融资为主，到融资和财富管理并重的时代这样一个变革，这个变革靠什么来完成呢？只有靠大力发展资本市场来完成。

三、实现成为国际金融中心的目标

从全球来看，从历史的纵深来看，世界上没有一个全球性的大国它的金融不是开放的、它的市场不是国际金融中心。

到了20世纪90年代之后，中国经济开始蓬勃发展，基于我们四十年来的改革开放推动了中国经济的发展，推动了中国经济的市场化，也推动了中国国际贸易的发展。中国现在是全球进出口贸易最大的国家，外汇储备最大的国家，也是工业体系最完整的国家。所以从这个意义上说，必须推进中国金融的改革和开放。我们要构建一个国际化的金融体系，这其中非常重要的目标就是我们要构建一个国际化的金融中心、新的国际金融中心，或者说21世纪的国际金融中心。

吴晓求在演讲现场回答观众提问时强调，推进中国金融体系的现代化和国际化，最核心的指标就是要成为21世纪新的全球的金融中心。这个金融中心是人民币计价资产的配置中心，未来，人民币的计价资产应该成为全球投资者所必须配置的一部分资产，到这个时候，它才能成为全球金融中心。

吴晓求指出，现在因为外部环境，国际的经济秩序和贸易规则会不会发生重大的变化，这对人民币的国际化以及国际金融中心的建设带来了新的变量、新的不确定性。“现在的时间，显而易见比我以前的研究是要往后推了。但是我想应该相对乐观，到2030年我希望我们中国能够实现真正意义上的新的国际金融中心。”

（武新阳：《专家深度解读：市场波动，中国资本市场未来走向如何?》，2018年7月31日，https：//new. qq. com/omn/20180731/20180731A1YS94. html)

第五章

外汇市场

开篇导读

当购买湖北的橘子或上海的计算机时，很自然会想到用人民币支付，而种橘子的人和生产计算机的厂商，也希望得到人民币的账款。所以这些贸易都很自然地可以用人民币进行。但是如果是国际贸易，那么交易就会变得复杂起来。假如我们要进口日本的自行车，对于自行车制造商来说，他们需要得到的货币是日元，而不是人民币。因此，为进口自行车，就必须先用人民币购买日元，然后再用日元付款给日本的制造商。同理，如果日本人想购买中国的商品，也必须先获得人民币。可见，这里的新增环节，所涉及的就是外汇问题，

外汇市场是金融市场的重要组成部分，而外汇市场上各种不同的交易手段即构成了外汇市场工具。正是由于这些外汇市场工具的存在，资金在国际间的调拨和划转才得以进行，国际间的债权债务才得以清偿，国际资本才得以流动，跨越国界的资金借贷融通才得以实现。近年来，随着交易手段的现代化以及国际资本流动的迅速和巨大发展，外汇市场形成了24小时连续运作的全球统一市场，交易规模和交易数量都在迅猛增长，外汇市场每天成交量是纳斯达克市场每天成交量的100倍以上。例如，“双向宝”（个人保证金外汇买卖业务）就是指个人客户通过中国银行所提供的报价和交易平台，在事前存入超过建仓货币名义金额的交易保证金后，实现做多与做空双向选择的外汇交易工具，包括“双向外汇宝”和“双向黄金宝”。诸如此类的外汇交易还有很多。

何谓外汇交易？外汇交易货币有哪些？外汇交易时间如何？交易的策略与技巧有哪些？本章将带大家来解读有关外汇交易的基础知识。

（杨玉凤、李英主编：《国际金融实务》，复旦大学出版社2014年版，第3页）

学习目标

1. 熟悉外汇的概念、分类和作用。
2. 熟悉外汇市场的概念、种类和作用。
3. 掌握即期交易、远期交易、掉期交易的概念、交易方式。

第一节　外汇与汇率

国际贸易涉及不同国家货币的使用，当交易者想把一国的货币兑换成另一国货币时，就需要按照汇率来进行计算，那么什么是外汇及汇率呢？

一、外汇

（一）外汇的概念

外汇是国际汇兑的简称，外汇的概念有动态和静态之分。动态的外汇是指把一国货币兑换为另一国货币以清偿国际债务的金融活动。从这个意义上说，外汇即指国际结算。静态的外汇又有狭义与广义之分。

1. 狭义的外汇

狭义的外汇是我们通常所说的外汇，它是反映以外币表示的用于国际结算的手段。只有为各国普遍接受的支付手段，才能用于国际结算。为此，外汇必须具备三个特征：（1）必须是以外国货币表示的资产；（2）必须是在国外能够得到补偿的债券；（3）必须是以可兑换货币表示的支付手段。只有在国外的银行存款，以及索取这些存款的外币票据与外币凭证如汇票、本票、支票和电汇凭证等，才是外汇。需要指出的是，国外银行存款才是狭义外汇的主体。

我国于1996年1月29日颁布并于同年4月1日开始实施的《中华人民共和国外汇管理条例》第3条规定，外汇是指以外币表示的可以用作国际清偿的支付手段和资产，它们是：（1）外国货币，包括纸币、铸币；（2）外币支付凭证，包括票据、银行存款凭证、邮政储蓄凭证等；（3）外币有价证券，包括政府债券、公司债券、股票等；（4）特别提款权、欧洲货币单位；（5）其他外汇资产。

2. 广义的外汇

广义的外汇概念是指用于国际收支的一种债权。国际货币基金组织对外汇的解释就是广义的外汇概念即外汇是货币行政当局以银行存款、国库券、长短期政府债券等形式所保有的在国际收支逆差时可以使用的债权。其中包括中央银行之间及政府间协议而发行的在市场上不流通的债券。

广义的外汇突出了以不同形式表示的能用于国际结算的国际债权，它既可以用外币表示，也可以在一定条件下用本币表示。这是与狭义外汇的根本区别。

（二）外汇的种类

根据外汇能否自由兑换，外汇可以分为自由外汇和记账外汇。

1. 自由外汇

自由外汇是指不需经过货币发行国批准，可以自由兑换成其他货币，或者可以向第三国办理支付的外币及其支付手段。

根据《国际货币基金组织协定》第8条规定，一国货币成为自由兑换货币需具备三个条件：（1）对国际收支经常项目的资金不加限制；（2）实行单一汇率；（3）在其他国家提出要求时，有责任以对方可接受的货币或黄金回购对方经常项目项下所积存的本国货币。

2. 记账外汇

记账外汇又称双边外汇，是指未经货币发行国批准，不能自由兑换为其他国家货币或不能向第三国进行支付的外汇。

第二次世界大战以后，中国、苏联、东欧诸国之间的贸易（有时包括非贸易）曾采用过签订双边支付协定，采用记账方法办理清算。特别提款权由于可换成可兑换货币以偿付收支逆差，因而也具有外汇的性质，但它不能直接用于贸易与非贸易的支付。

（三）外汇的作用

外汇是国际间经济交往不可缺少的工具。随着国际经济、金融一体化的发展，外汇的作用越来越大。

1. 促进国际间购买力转移

由于各国货币不同，除了用黄金清偿国际债务关系外，不同国家的购买力不能转移。随着外汇业务的开展，国际间广泛运用代表外汇的各种信用工具，使不同国家间的货币购买力能够自由地转移。这就扩大了商品流通的范围和速度，促进了国际间的经济合作。

2. 方便国际结算

用外汇清偿国际的债权债务，可以节省运送黄金的费用，避免风险，缩短支付时间，加速资金周转，扩大资金融通范围。商业银行通过买卖不同货币、不同金额、不同支付时间汇票等外汇凭证，把企业间的结算变成少数经营国际结算业务的银行之间的结算，这就把国际债权债务集中在银行的账户上，最大限度地进行冲销，进行非现金结算。

3. 调剂国际间资金余缺

当今世界，某些发达国家的资本过剩与发展中国家的资金短缺并存。外汇业务的发展，使国际资本流动的广度和深度达到了前所未有的规模，这对于调节国际间的资金供求、活跃资金市场起到了重要的作用。

4. 衡量一国的国际经济地位

外汇是储备资产的重要组成部分，其数量是否充足，是衡量一国对外经济活动和清偿能力的标志之一。外汇收入及其储备的增加，对于提高本币币值、稳定外汇汇率、增强一国经济实力和提高其国际经济地位等均具有重要的作用。

二、汇率

（一）汇率的含义

外汇作为一种资产，它可以同其他商品一样进行买卖，只不过货币买卖是用货币购买货币，这就涉及外汇的买卖价格，即汇率的问题。汇率（Exchange Rate）是指两国货币的相对比价，即用一国货币表示另一国货币的价格，或以一个国家的货币折算成另一个国家的货币的比率，也称汇价、外汇牌价或外汇行市。

（二）汇率的标价方法

汇率的表达方式有三种：直接标价法（Direct Quotation）、间接标价法（Indirect Quotation）和美元标价法（US Dollar Quotation）。直接标价法是固定外国货币的单位数量，以本国货币表示这一固定数量的外国货币的价格，又称应付标价法（Giving Quotation）。例如，1 美元=6. 3785 元人民币。这种标价法的特点是：外国货币的数额固定不变，其折合成本国货币的数额随本币与外币的相对价值变化而变动。目前，除英镑、欧元、美元等货币外，世界上绝大多数国家的货币都采用直接标价法。间接标价法是固定本国货币的单位数量，以外国货币表示这一固定数量的本国货币价格，从而间接地表示出外国货币的本国价格，又称应收标价法（Receiving Quotation）。例如，1 元人民币 = 0. 1568 美元。间接标价法的特点是：本币的数额固定不变，其折合成外币的数额随本币与外币相对价值的变化而变动。目前，世界上使用间接标价法的国家和地区主要有英国、美国、新西兰、加拿大、澳大利亚、爱尔兰和欧元区等。假定 A 货币是本国货币，B 货币是外国货币，那么用公式表示外币的直接标价法为：汇率 = A 货币/B 货币；外币的间接标价法为：汇率 = B 货币/A 货币。可以看出，在直接标价法下，汇率的数值越大，意味着一定单位的外国货币可以兑换越多的本国货币，也就是本国货币的币值越低；在间接标价法下，这一关系则相反。美元标价法是以一定单位的美元为标准来计算能兑换成其他货币的数额。在这种标价法下，美元的单位始终不变，美元与其他货币的比值是通过其他货币的量的变化来表现的。目前，世界各金融中心的国际银行所公布的外汇牌价，都是美元对其他主要货币的汇率。非美元之间的汇率则通过各国对美元的汇率套算作为报价的基础。

（三）汇率的分类

按照不同的标准，汇率可有基本汇率和套算汇率，固定汇率和浮动汇率，即期汇率和远期汇率，单一汇率和复汇率，买入汇率、卖出汇率和中间汇率，官方汇率和市场汇率，电汇汇率、信汇汇率和票汇汇率等不同分类。

在这里，我们选择几种进行介绍：

1. 基本汇率和套算汇率

设有 A、B、C 等多种外币，一国在折算其本国货币汇率时，若先计算出本币与某一种外币（假定为 A 币）之间的汇率，再根据 A 币与 B 币、C 币的汇率折算出本币与 B 币、C 币的比价，则我们称本币与 A 币之间的汇率为基本汇率，本币与 B 币、C 币等之间的汇率为套算汇率。我国在计算人民币汇率时，曾长时间以美元为媒介来折算人民币与其他外币（比如英镑、日元等）之间的比价。因此，人民币与美元的汇率为基本汇率，而人民币与英镑、日元等之间的汇率为套算汇率。例如：已知 USD/RMB = 6. 3812，CAD/RMB = 6. 2506，求 USD/CAD。1USD = 6. 3812RMB，1RMB = （1/6. 2506） CAD，因此 1USD = （6. 3812/6. 2506） CAD = 1. 0209CAD，所以 USD/CAD = 1. 0209 即为套算汇率。

2. 固定汇率和浮动汇率

固定汇率是指政府用行政或法律手段选择一个基本参照物，并确定、公布和维持本国货币与该单位参照物之间的固定比价。浮动汇率制是指汇率水平完全由外汇市场上的供求决定，政府不加任何干预的汇率制度。

3. 单一汇率和复汇率

单一汇率是指一种货币（或一个国家）只有一种汇率，这种汇率通用于该国所有的国际经济交往中。复汇率是指一种货币（或一个国家）有两种或两种以上汇率，不同的汇率用于不同的国际经贸活动。复汇率是外汇管制的一种产物，曾被许多国家采用过。

4. 即期汇率和远期汇率

即期汇率和远期汇率是按时间来划分的。即期汇率是指目前的汇率，用于外汇的现货买卖。远期汇率是指将来某一时刻的汇率，比如 1 个月后的、3 个月后的或 6 个月后的汇率，用于外汇远期交易和期货买卖。

5. 买入汇率、卖出汇率和中间汇率

对于经营外汇的银行或其他金融机构来说，它们买入某一外汇时使用的汇率称为该外汇的买入汇率，它们卖出某一外汇时使用的汇率称为该外汇的卖出汇率。这两个汇率是不相等的，总是卖出汇率高于买入汇率，其差价就是外汇银行买卖该外汇赚取的盈利。买入汇率与卖出汇率的平均值，即为中间汇率。例如：某银行报价 USD/RMB = 6. 3778/82，表示银行的买入汇率为 1 美元 = 6. 3778 元人民币，银行的卖出汇率为 1 美元 = 6. 3782 元人民币，中间汇率为 1 美元 = 6. 3780 元人民币。

第二节　外汇市场

一、外汇市场的概念

外汇市场是指从事外汇买卖的交易场所，或者说是各种不同货币相互之间进行交换的场所。它是按照一定的价格用本币与外币互相交换或用一种外汇与另一种外汇互相交换的市场

二、外汇市场的参与者

从外汇交易的主体来看，外汇市场主要由下列参与者构成：

1. 外汇做市商（Market Makers）

外汇做市商主要是指由各国中央银行或货币当局指定或授权经营外汇业务的商业银行和金融机构。它可以是专门经营外汇的本国银行，也可以是兼营外汇业务的本国银行或者是在本国的外国银行分行。外汇银行是外汇市场上最重要的参加者，其外汇交易构成外汇市场活动的主要部分，每日的外汇交易中大约有 1/3 的交易额发生在银行与银行之间。大型的商业银行可能是在为其投资者进行交易，只收取佣金，并不以赚取汇价差为目的；也可能是自己的投资部门在外汇市场进行投资，以买卖价差来获取利润。

2. 外汇经纪商

外汇经纪商是指促成外汇交易的中介人，多是信托公司、银行等兼营机构，也有专门经营这种业务的公司和个人。它介于外汇银行之间、外汇银行和外汇市场其他参加者之间，代洽外汇买卖业务。外汇经纪人必须经过所在国的中央银行批准才能营业，一般分为两类：一种是一般经纪人，即以自有资金参与外汇交易，自负盈亏，这时经纪人就是自营商；另一种是跑街经纪人，即代表投资者进行外汇买卖，只收取点差，不承担任何风险。

3. 外汇投机者

外汇投机者的外汇买卖不是出于国际收付的实际需要，而是利用各种金融工具，在汇率变动中付出一定的保证金进行预买预卖，赚取汇率差价。基金机构是市场上真正的投机者，它们手中的资金就是俗称的“热钱”。这些机构投资者在市场上呼风唤雨，经常攻击他国货币，曾经最著名的是索罗斯和他的量子基金。由于全球共同基金、信托基金、退休金、套利对冲基金和其他外国的金融工具需要不断重新定位，以调整他们的外汇资产固定收益的投资组合，因此这些交易通常涉及很大的资金流，对市场汇价走势具有重大的影响。

4. 外汇实际供应者和实际需求者

在外汇市场上，外汇的实际供应者和实际需求者是那些利用外汇市场完成国际贸易或投资交易的个人或公司。他们包括进口商、出口商、国际投资者、跨国公司和旅游者等。

5. 中央银行

中央银行是货币市场的主要参与者之一，他们不是外汇投机者，他们进入外汇市场的主要目的是为了观察市场，控制货币供应和汇率走向。为了维护本国货币汇率的稳定，中央银行也可以通过直接参与外汇市场买卖，调整外汇市场资金的供求关系，使汇率维系在一定水平之上或限制在一定水平之下。中央银行通常设立外汇平准基金，当市场外汇求过于供、汇率上涨时，就抛售外币、收回本币；当市场外汇供过于求、汇率下跌时，就买进外币、投放本币。因此，从某种意义上看，中央银行不仅是外汇市场的参加者，而且也是外汇市场的实际操纵者。一国政府往往通过中央银行观察经济活动，从而维持适当的货币供应，以实现经济目标。

三、外汇市场的功能

外汇市场的功能主要表现在三个方面，一是实现购买力的国际转移，二是提供资金融通，三是提供外汇保值和投机的市场机制。

1. 实现购买力的国际转移

国际贸易和国际资金融通至少涉及两种货币，而不同的货币对不同的国家形成购买力，这就要求将本国货币兑换成外币来清理债权债务关系，使购买行为得以实现，而这种兑换就是在外汇市场上进行的。外汇市场所提供的就是这种购买力转移交易得以顺利进行的经济机制，它的存在使各种潜在的外汇售出者和外汇购买者的意愿能联系起来。当外汇市场汇率变动使外汇供应量正好等于外汇需求量时，所有潜在的出售和购买愿望都得到了满足，外汇市场处于平衡状态之中。这样，外汇市场提供了一种购买力国际转移机制。同时，由于发达的通信工具已将外汇市场在世界范围内联成一个整体，使得货币兑换和资金汇付能够在极短时间内完成，购买力的这种转移变得迅速和方便。

2. 提供资金融通

外汇市场为国际间的交易者提供了资金融通的便利。外汇的存贷款业务集中了各国的社会闲置资金，从而能够调剂余缺，加快资本周转。外汇市场为国际贸易的顺利进行提供了保证，当进口商没有足够的现款提货时，出口商可以向进口商开出汇票，允许延期付款，同时以贴现票据的方式将汇票出售，拿回货款。外汇市场便利的资金融通功能也促进了国际借贷和国际投资活动的顺利进行。美国发行的国库券和政府债券中很大部分是由外国官方机构和企业购买并持有的，这种证券投资在脱离外汇市场的情况下是不可想象的。

3. 提供外汇保值和投机的机制

在以外汇计价成交的国际经济交易中，交易双方都面临着外汇风险。由于市场参与者对外汇风险的判断和偏好的不同，有的参与者宁可花费一定的成本来转移风险，而有的参与者则愿意承担风险以实现预期利润。由此产生了外汇保值和外汇投机两种不同的行为。在金本位和固定汇率制下，外汇汇率基本上是平稳的，因而就不会形成外汇保值和投机的需要及可能。而浮动汇率下，外汇市场的功能得到了进一步的发展，外汇市场的存在既为套期保值者提供了规避外汇风险的场所，又为投机者提供了承担风险、获取利润的机会。外汇市场作为一个国际性的资本投机市场的历史要比股票、黄金、期货、利息市场短得多，然而，它却以惊人的速度迅速发展，其规模已远远超过股票、期货等其他金融商品市场，成为当今全球最大的单一金融市场和投机市场。

四、外汇市场的特点

近年来，外汇市场之所以能为越来越多的人所青睐，成为国际上投资者的新宠儿，这与外汇市场本身的特点密切相关。

（一）有市无场

西方工业国家的金融业基本上有两套系统，即集中买卖的中央操作和没有统一固定场所的行商网络。股票买卖是通过交易所买卖的。像纽约证券交易所、伦敦证券交易所、东京证券交易所，分别是美国、英国、日本股票主要交易的场所，集中买卖的金融商品，其报价、交易时间和交收程序都有统一的规定，并成立了同业协会，制定了同业守则。投资者则通过经纪公司买卖所需的商品，这就是“有市有场”。而外汇买卖则是通过没有统一操作市场的行商网络进行的，它不像股票交易有集中统一的地点。但是，外汇交易的网络却是全球性的，并且形成了没有组织的组织，市场是由大家认同的方式和先进的信息系统所联系，交易商也不具有任何组织的会员资格，但必须获得同行业的信任和认可。这种没有统一场地的外汇交易市场被称为“有市无场”。全球外汇市场每天平均上万亿美元的交易，如此庞大的巨额资金，就是在这种既无集中的场所又无中央清算系统的管制，以及没有政府的监督下完成清算和转移。

（二）循环作业

由于全球各金融中心的地理位置不同，亚洲市场、欧洲市场、美洲市场因时间差的关系，连成了一个全天24小时连续作业的全球外汇市场。以纽约时间为准，早上8时半纽约市场开市，9时半芝加哥市场开市，10时半旧金山开市，18时半悉尼开市，19时半东京开市，20时半中国香港、新加坡开市，凌晨2时半法兰克福开市，3时半伦敦市场开市。如此24小时不间断运行，外汇市场成为一个不分昼夜的市场，只有星期六、星期日以及各国的重大节日，外汇市场才会关闭。这种连续作业，为投资者提供了没有时间和空间障碍的理想投资场所，投资者可以寻找最佳时机进行交易。比如，投资者若在上午纽约市场上买进日元，晚间香港市场开市后日元上扬，投资者在香港市场卖出，不管投资者本人在哪里，他都可以参与任何市场、任何时间的买卖。因此，外汇市场可以说是一个没有时间和空间障碍的市场。

（三）零和游戏

在股票市场上，某种股票或者整个股市上升或者下降，那么，某种股票的价值或者整个股票市场的股票价值也会上升或下降。例如日本新日铁的股票价格从800日元下跌到400日元，这样新日铁全部股票的价值也随之减少了一半。然而，在外汇市场上，汇价的波动所表示的价值量的变化和股票价值量的变化完全不一样，这是由于汇率是指两国货币的交换比率，汇率的变化也就是一种货币价值的减少与另一种货币价值的增加。比如在22年前，1美元兑换360日元，目前，1美元兑换120日元，这说明日元币值上升，而美元币值下降，从总的价值量来说，变来变去，不会增加价值，也不会减少价值。因此，有人形容外汇交易是“零和游戏”，更确切地说是财富的转移。近年来，投入外汇市场的资金越来越多，汇价波幅日益扩大，促使财富转移的规模也愈来愈大，速度也愈来愈快，以全球外汇每天 1.5 万亿美元的交易额来计算，上升或下跌 1%，就是 150 亿美元的资金要换新的主人。尽管外汇汇价变化很大，但是，任何一种货币都不会变为废纸，即使某种货币不断下跌，然而它总会代表一定的价值，除非宣布废除该种货币。

五、外汇市场的类型

1. 零售市场和批发市场

按市场参加者不同，可以划分为零售市场、批发市场。零售市场是指外汇银行、个人和公司客户之间交易构成的外汇市场。批发市场指银行同业之间买卖外汇形成的市场，绝大部分外汇交易都发生在银行同业间外汇市场上。

2. 柜台市场和交易所市场

按组织形式不同，外汇市场可划分为柜台市场（又称无形市场）和交易所市场。

3. 官方外汇市场、自由外汇市场和外汇黑市

按对市场交易的干预程度不同，外汇市场可划分为官方外汇市场、自由外汇市场和外汇黑市。

4. 即期外汇市场、远期外汇市场和外币期货市场

按外汇买卖交割期限的不同，外汇市场还可分为即期外汇市场、远期外汇市场和外币期货市场。

第三节 外汇市场交易

外汇市场交易是利用现代化的电子通信设备进行的。外汇市场的存在与营运，在当前国际经济金融领域中起着重大作用。它促进了经济国际化的进一步发展，加速世界经济一体化的形成；它有利于国际资金周转加速与国际资本流通，促进国际经济合作。它是国际金融与国际资本流动发展趋势的晴雨表，通过它便于掌握国际金融的发展动向，制定并调整各国对外经济发展的战略与策略；它也是国际外汇投机的温床，是国际金融市场潜伏的重要的不稳定因素。

一、即期外汇交易

（一）即期外汇交易概念

即期外汇交易（Spot Exchange Transactions）又称为现货交易或现期交易，是指外汇买卖成交后，交易双方于当天或两个交易日内办理交割手续的一种交易行为。

（二）交割时间的决定

在国际外汇市场上，外汇交易双方一旦达成买卖协议，交易价格就已确定。由于外汇交易与其他商品交易不同，并不能当时就进行资金的收付。外汇交易涉及的金额较大，而汇率又在不停波动，所以，在所有的外汇交易市场上，都有其固定的标准交割日，以免于出现分歧和经济纠纷。大多数即期外汇交易是在成交后的第二个营业日进行交割。这里注意，“第二个营业日”的确定并不简单。比如即期外汇交易涉及两个国家时，这个“营业日”一般

是在这两个国家都营业的日子。另外，假如即期外汇交易是在周末成交的，其交割日一般也应顺延。

（三）即期外汇交易的种类

即期外汇业务可分为电汇、信汇和票汇。

1. 电汇（Telegraphic Transfer，T/T）

银行卖出电汇，由汇款人向当地外汇银行交付本币，由该行用电报或电传通知国外分行或代理行立即付出外币（由一种外币购买另一种外汇过程与此相仿）给收款人。电汇的凭证就是汇款行的电报汇款委托书。

在浮动汇率制度下，汇率经常大幅度浮动，电汇由于收付外汇时间短，可在一定程度上减少汇率波动的风险。因此，商业银行在平衡外汇买卖、调拨外汇以及投机者在进行外汇投机时，都使用电汇。进出口商为了避免汇率波动风险，也越来越多地在买卖合同中要求用电汇收付外汇。

2. 信汇（Mail Transfer，M/T）

银行卖出信汇，就是汇款人向当地银行交付本国货币，银行开具付款委托书，用信函通知国外的汇入银行，委托其支付一定款项于指定收款人的汇款方式。信汇的凭证就是信汇付款委托书。

3. 票汇（Demand Draft，D/D）

银行卖出票汇，就是汇出银行应汇款人的申请，开立以汇入行为付款人的汇票，交由汇款人自行寄送给收款人或亲自携带，凭票收款的一种汇款方式。票汇的特点一是收款人通过背书可以转让汇票，二是汇入行无须通知收款人取款，而由收款人上门自取。票汇的凭证即银行汇票。

由于信汇和票汇资金在途时间较长，银行可以在此期间利用顾客的汇款，故信汇和票汇的汇率要低于电汇汇率。

（四）即期外汇交易的报价

1. 报价标准与报价方式

在当今国际金融市场上，汇率表达方式已经标准化。国内外汇市场标价可能有差异，但各国银行在国际金融市场上的报价一般采用的标准方式就是美元标价法。如前所述，在美元标价法中，除英镑等极少数货币外，其他货币的报价都以美元作为基本货币，其他货币则为标价货币。例如，当交易员在外汇市场上询问日元价格时，他所指的正是美元对日元的汇率。

表示汇率的基本单位是基本点。在一般情况下，一个基本点为万分之一货币单位，即小数点后的第四个单位数（0.0001）。由于少数货币的面额较大，它们的基本点有些不同。如日元的价格变动主要在小数点后面的两位数上，因而它的基本点为0.01单位货币。以下为用点数报价的两个例子：

	即期报价	差价
USD/JPY	104.15/25	10基本点
USD/SF	1.2890/00	10基本点

值得注意的是，对于即期报价来说，斜线左边的数肯定小于斜线右边的数，否则银行就要吃亏。在上例第二行美元对瑞士法郎的汇价中，“00”是“100”的缩写。因为按照惯例，

斜线后面只写最后两位数。因此，斜线后的数字小于前边的数字，一定是省写了一位数。本例中，写全了应表示为“ 1. 2890/1. 2900”。

在即期外汇交易中，外汇银行的报价仅仅报出基本点的最后两位数。如中国银行某分行向日本银行询问美元对日元的汇率，当时的汇率为 USD1 = JPY104. 15-104. 25，这家日本银行回答询问时仅报出 15-25 或 15/25。这么做的原因是外汇银行对 15-25 前边的数字十分清楚，且外汇汇率的变化一天之中一般又不会超过最后两位数，不需要报全价，这也是外汇银行报价时的惯例。倘若汇率在一天内暴涨暴跌，打破惯例，则另当别论。

2. 确定汇率应考虑的基本因素

无论是确定开盘汇率，还是在营业中汇率的变动，外汇银行通常应该考虑以下因素：

（1）其他外汇市场汇率水平。借此可以了解外汇市场的动态，从而确定合理的汇价水平。

（2）国内外政治、经济等领域的最新动态。如货币供给、通货膨胀、利率的变化，关键地区或国家是否出现军事冲突、政治动乱等。

（3）合理确定价差。外汇银行报价采用“双档报价”，同时报出买入价和卖出价。

（4）利用价差吸引客户。银行自己报出的买卖价须同市场拉开一定的差幅，这是吸引客户或影响市场的主要技巧。

（5）兼顾外汇头寸平衡。银行自己报出的买卖价在市场中是不断变化的，为避免外汇头寸不平衡在汇率波动中形成风险，银行需不断调整价格以调整买卖外汇的币种和数量。

（五）即期交叉汇率的计算

在国际外汇市场上，各种货币的汇率普遍以美元标价，即与美元直接挂钩。非美元货币之间的买卖必须通过美元汇率来进行套算。通过套算得出的汇率叫作交叉汇率。交叉汇率的套算遵循以下几条规则：

（1）如果两种货币的即期汇率都是以美元作为单位货币，那么计算这两种货币比价的方法是交叉相除。

例如，假定目前市场汇率是：

USD1 = EUR0. 9524-0. 9534

USD1 = JPY133. 50-133. 60

则单位欧元兑日元的汇价为：

EUR1 = JPY133. 50/0. 9534-133. 60/0. 9524

（2）如果两个即期汇率都以美元作为计价货币，那么，汇率的套算也是交叉相除。

例如，假定目前市场汇率是：

GBP1 = USD1. 6125-1. 6135

AUD1 = USD0. 7120-0. 7130

则单位英镑兑澳元的汇价为：

GBP1 = AUD1. 6125/0. 7130-1. 6135/0. 7120

（3）如果一种货币的即期汇率以美元作为计价货币，另一种货币的即期汇率以美元为单位货币，那么，此两种货币间的汇率套算应为同边相乘。

例如，假定目前市场汇率是：

USD1 = EUR0. 9524-0. 9534

GBP1＝USD1.6125－1.6135

则单位英镑兑欧元的汇价为：

GBP1＝EUR0.9524×1.6125－0.9534×1.6135

即客户按银行英镑对美元的买价 GBP1＝USD1.6125，卖出 1 英镑获得 1.6125 美元，然后再按照银行美元对欧元的买入价 USD1＝EUR0.9524，卖出 1.6125 美元，得 0.9524×1.6125＝1.5357 欧元，因此客户卖英镑买欧元的汇价（即银行英镑对欧元的买入价）为 GBP1＝EUR1.5357，同理可算出银行英镑对欧元的卖出价。

二、远期交易

（一）远期外汇交易的基本概念

1. 远期外汇交易的概念

远期外汇交易是由外汇买卖双方签订合同，交易双方无须立即收付对应货币，而是约定在将来一定时期内，按照预先约定的汇率、币种、金额、日期、地点进行交割的外汇业务活动。

2. 远期外汇交易的特点

远期外汇交易有如下特点：（1）双方签订远期合同时，须详细载明交易者姓名、商号，约定的汇率、币种、金额、交割日等；（2）合同一经签订，双方必须按照合同有关条款履行义务，不能任意违约；（3）银行与普通私人或信誉不熟悉的企业等客户进行远期外汇交易时，一般还要求这些客户提供一定的保证物或保证金（通常为交易额的十分之一），以防汇价出现超乎寻常的变动时，客户不履行契约使银行遭受损失；并且，一旦汇价变动对客户造成的损失超过了保证品或押金的价值时，银行还将通知客户增加保证物或保证金。至于客户所交押金，银行通常会支付利息。

（二）远期汇率升贴水的概念

买卖远期外汇的汇率称为远期汇率，远期汇率以即期汇率为基础，并受到两种货币利差等因素的影响。为了反映外汇市场远期与即期价格之间的关系，引入远期升贴水概念。远期汇率和即期汇率的差价称为远期汇水。如果一种货币远期汇率低于即期汇率，其差价称为该货币的远期贴水（Forward Discount）；如果一种货币远期汇率高于即期汇率，其差价称为该货币的远期升水（Forward Premium）；如果两者相等，则称为远期平价（Forward Par）。

（三）远期汇率报价方式

在实际外汇交易中，银行远期汇率也采用双向报价方式。但根据国际惯例，有两种远期汇率的报价方式：

第一种是直接报出（Outright）方式。该报价方式是根据外汇市场报出的升贴水数直接报出不同期限的远期外汇买卖实际成交的买入汇率和卖出汇率。日本和瑞士外汇市场均采取这种报价方式。

第二种是点数（Point）报价方式。该报价方式是专业外汇交易员报远期汇率的方式，报出汇水点数，当然同时也报出即期汇率。

当银行仅报出远期汇水点数时，判断相关货币的远期是升水还是贴水存在一个简单的方法。在外汇市场上，人们根据这样一个简单算式来判断：明确即期汇率报价中的基准货币，若远期汇水数字前大后小，则基准货币远期为贴水；前小后大，则基准货币远期为升水。

用汇率升贴水点数报价计算远期买卖汇率的基本模式为：无论采用什么标价方法，无论货币是升水还是贴水，根据报价银行报出的汇水点数，可采用在即期汇率基础上，升贴水点数“前大后小同边往下减，前小后大同边往上加”的原则来计算远期买卖汇率。具体操作是：把升贴水点数左边数字最后一位对准即期汇率双向报价中左边汇率的末位数字，升贴水点数右边数字最后一位对准即期汇率双向报价中右边汇率的末位数字，然后依次前推，对好位后即可按以上原则推算出远期汇率买卖价。

（四）远期外汇交易的作用

远期外汇交易的作用可分为两大类：一是回避外汇风险，二是进行外汇投机。

1. 为进出口商防范汇率风险

在进出口贸易中，通常出口商以短期信贷方式出卖商品，进口商则以延期付款方式买进商品。从签订买卖合同，到货物发运、办理国际结算，通常需要30~90天的较长时间，如属大型设备进出口业务，则需要更长的时间。为了防范汇率波动给国际贸易和国际结算带来的巨大风险，进出口商在进出口业务成交和确认后，即向外汇银行签订买卖远期外汇的合同。在结算之日收付款项时即按约定汇率办理交割，这样就不受汇率波动的影响，避免了外汇风险，也有利于贸易成本的核算。

2. 外币投资的套期保值

在没有外汇管制的情况下，若一国利率低于他国，该国的资金就会兑换成外币以对外进行短期投资。为了避免外币贬值而遭受损失，则投资者在投资的同时可做一笔远期交易，从而保证预期收益实现。

3. 平衡银行外汇头寸

进出口商为避免外汇风险而进行期汇交易，这实质上是把汇率风险转嫁给了外汇银行。外汇银行在与客户进行了多种交易后，会产生一天的外汇“综合持有额”或总头寸，这难免会出现期汇和现汇的超买或超卖现象。银行为了避免外汇风险，则需对不同期限、不同货币头寸的余缺进行抛售或补进，以维持外汇头寸的平衡。

4. 进行外汇投机

外汇投机是利用外汇市场的汇率波动赚取价差收益的外汇交易。外汇投机分为两种形式：

（1）先卖后买，即“卖空”（Sell Shon）或“空头”（Short Position）。当投机者预期某种外汇汇率将有较大幅度下跌时，则在价位相对较高时先行预约卖出期汇。到期该种外汇汇率若下跌，则按下跌后的汇率买进该种货币的现汇来交割远期。在这种方式下，卖出远期时投机者手里实际并无外汇，故称为“卖空”。

（2）先买后卖，即“买空”（Buy Long）或“多头”（Long Pofition）。当投机者预期某种货币的汇率将上扬，就在该货币价值较低时在外汇市场上先行预约买进该种货币的远期，如果一段时间后该货币果真升值，就在交割远期后按上升的汇率卖出该货币的现汇，从中获利。

在期汇市场上进行投机，不涉及现金或外汇的实物交付，投机者只需支付少量的保证金，不必持有足额的现金或外汇，因此很容易把交易做大，当然，风险也大。而在现汇市场上进行投机，由于要求立即交割，投机者必须持有足额的现金或外汇，交易的规模受到限制。

三、掉期交易

（一）掉期的概念

掉期交易（Swap Transaction）是指与同一个交易对手同时进行买卖数额相同的某种货币，但买和卖的交割日不同的行为。掉期交易的特点是：与同一个交易对手同时进行某种货币的买和卖，该种货币的买和卖数额相同，交割的期限不同。凡符合这三个特点的，都可视为掉期交易。

掉期交易不会改变交易者的外汇持有额。但是，所买进的和所卖出的货币在期限上有所不同，这也是"掉期"的含义之所在。

（二）掉期交易的形式

1. 即期对远期（Spot Against Forward）

即在买进或卖出一笔现汇的同时，卖出或买进相同金额同种货币的期汇。期汇的交割期限大都为 1 星期、1 个月、2 个月、3 个月、6 个月。这是掉期交易中最常见的一种形式。

2. 明日对次日（Tomorrow-Next or Rollover）

即在买进或卖出一笔现汇的同时，卖出或买进同种货币的另一笔即期交易，但两笔即期交易的交割日不同，一笔是在成交后的第二个营业日（明日）交割，另一笔反向交易是在成交后的第三个营业日（次日）交割。这种掉期交易主要用于银行同业的隔夜资金拆借。

3. 远期对远期（Forward to Forward）

即同时买进并卖出两笔相同金额、相同币种但不同交割期限的远期外汇。这种掉期形式多为转口贸易中的中间商所使用。

（三）掉期交易的作用

1. 套期保值

交易者手中原持有货币 A，需要转换成另一种货币 B。为了避免 B 币贬值风险，同时在远期市场将 B 币换回货币 A。例如，客户想借 B 币 6 个月，而银行难以从货币市场拆借 B 币，但银行可以很容易借到 A 币，于是银行可以用在货币市场和外汇市场上较容易成交的两步操作满足客户要求：先借 A 币 6 个月，即期卖 A 币买 B 币，将 B 币向客户贷放。银行为了防止贷放 6 个月后 B 币贬值、换回较少 A 币的风险，在贷出 B 币的同时做一个 6 个月远期买 A 币卖 B 币的反向交易。银行即期卖 A 币、远期买 A 币就构成掉期交易，使原先所借的 A 币转换成 B 币，满足了客户要求，同时又防止了 B 币贬值的风险。

2. 调整资金期限结构

所谓资金期限结构是指支付外汇与收到外汇的期限分布，所谓调整就是当外汇收付时间不匹配时，将所持有的即期外汇变成远期或是将远期变成即期（或比原来期限短的远期），使得外汇收付时间一致。假如银行从客户手中买进 100 万 6 个月期远期英镑，银行通常通过以下两个方案避免英镑贬值风险。

方案一：银行直接向其他银行卖出 180 天远期英镑。这在理论上当然未尝不可，但若此时该银行与其他银行进行单方向卖出远期英镑（即只卖出该笔英镑的远期而没有即期的买入）进行抵补，会破坏对方的头寸状态，增加对方银行的头寸风险，交易起来不方便，回旋余地很小。这同一般商业客户的情况不同，商业客户可以进行单方面的远期交易以回避商业风险。事实上，大部分银行间的交易都不是按这种单方向方式进行交易。

方案二：银行在买入这100万远期英镑之后，立即在同业市场售出100万即期英镑，同时进行买/卖180天远期100万英镑的掉期交易。这样既可避免英镑贬值风险，同时又可使银行英镑资金期限结构不匹配的情况得到调整。虽然本方案操作有两个步骤，但实际上比方案一更容易实现：银行进行即期交易极易找到对手；银行进行掉期交易也很容易找到对手（掉期交易意味着“双向交易”，不会破坏对方的头寸状态，因而这种做法并不增加对方的头寸风险）。

总之，掉期交易的用途，或者是改变外汇的币别，或者是改变外汇的期限结构，目的都是保值。特别强调的是，在外汇市场与货币市场处于利率平价状态时（一般情况下都是如此），通过掉期交易是无法获得额外利润的。因为若有掉期的利差所得，则是以远期汇价损失为代价的（高息货币远期贴水）；若有远期汇价所得，则是以利差损失为代价的（低息货币远期升水）。

四、套汇交易

套汇交易是套利交易在外汇市场上的表现形式之一，是指套汇者利用不同地点、不同货币在汇率上的差异进行贱买贵卖，从中套取差价利润的一种外汇交易。由于空间的分割，不同的外汇市场对影响汇率诸因素的反应速度和反应程度不完全一样，因此在不同的外汇市场上，同种货币的汇率有时可能出现较大差异，这就为异地套汇提供了条件。套汇交易又可分为直接套汇和间接套汇。利用两个外汇市场之间某种货币汇率的差异进行的套汇，称为直接套汇，也叫两点套汇或两地套汇。间接套汇又称三点套汇或三角套汇，是指套汇者利用三个不同外汇市场中三种不同货币之间交叉汇率的差异，同时在这三个外汇市场上贱买贵卖，从中赚取汇率差额的一种套汇交易。

本章小结

1. 外汇是国际汇兑的简称，这一概念有动态和静态两种表述形式，而静态的外汇又有广义和狭义之分。动态的外汇是指人们将一国货币兑换成另一国货币，以清偿国际间债权债务的经济活动。广义的静态外汇是指一切用外币表示的资产。狭义的静态外汇是指以外币表示的可用于进行国际间结算的支付手段或工具，人们通常所说的外汇就是指这一狭义的概念。外汇的特征包括外币性、可偿性和可兑换性。

2. 汇率是指两国货币的相对比价，即用一国货币表示另一国货币的价格，或以一个国家的货币折算成另一个国家的货币的比率，也称汇价、外汇牌价或外汇行市。

3. 外汇市场是指由各外汇市场参与者组成的买卖外汇的交易系统。按照外汇交易参与者的不同，外汇市场有狭义和广义之分。

4. 外汇市场的主要作用是实现购买力的国际转移，为国际经济交易提供资金融通，为外汇保值和投机提供交易场所。

5. 外汇市场的参与者主要包括外汇银行、外汇经纪人、顾客、中央银行。相应地，外汇市场的交易可分为三个层次，即银行与顾客之间、银行同业之间、银行与中央银行之间的交易，外汇经纪人则在其中起中介作用。

6. 外汇市场交易主要包括即期外汇交易、远期外汇交易、择期交易、掉期交易和套汇交易。

关键概念

外汇　汇率　直接标价法　间接标价法　美元标价法　外汇市场　即期交易　远期交易　掉期交易

综合训练

1. 试分析外汇的含义和特征。
2. 外汇市场有哪些特点?
3. 外汇市场的交易主体及其交易动机是什么?
4. 世界主要外汇市场有哪些?
5. 简述远期外汇交易的特点。

课外延伸阅读

支持金融机构创新推出外汇衍生工具品种

自1978年党的十一届三中全会作出改革开放的决定以来,中国金融业实现了从计划经济体制向市场经济体制的深刻转轨。作为金融市场体系的重要组成部分,改革开放40年来,在党中央、国务院的正确领导下,我国外汇市场起于累土,从无到有、从小到大、从封闭到开放,最终在重要领域和关键环节的改革上取得了突破性进展,在宏观调控、资源配置、汇率形成和风险管理中发挥了并将继续发挥重要的作用。

一、我国外汇市场40年改革发展之路

改革开放前,我国实行统收统支的外汇管理体制,没有外汇市场的经济基础。改革开放后,为配合外贸体制改革,1979年8月,我国改革外汇分配制度,实行外汇留成管理,由此逐步产生了外汇调剂业务,催生了外汇调剂市场。这是我国最早的外汇市场。

1993年11月,党的十四届三中全会《关于建立社会主义市场经济体制若干问题的决定》提出,要"改革外汇管理体制,建立以市场为基础的、有管理的浮动汇率制度和统一规范的外汇市场,逐步使人民币成为可兑换货币"。自1994年1月1日起,我国开始实行银行结售汇制度,企业、个人的外汇收支按照市场汇率在外汇指定银行办理兑换,形成了银行对客户市场;同年,全国统一的、以电子化交易为平台的银行间外汇市场——中国外汇交易中心成立运行。统一外汇市场的建立,使全国的外汇交易通过银行结售汇体系纳入了银行间外汇市场,保障了外汇资源在全国范围内根据市场情况合理流动,为实行以市场供求为基础的、单一的、有管理的人民币浮动汇率制度提供了基础。

2005年7月21日,我国重启汇率市场化改革,开始实行以市场供求为基础、参考一篮子货币进行调节、有管理的浮动汇率制度。自此,人民币汇率不再盯住单一美元,我国外汇市场进入了新的更高发展阶段。以主要市场要素衡量,当前我国外汇市场已初步形成了适应社会主义市场经济体制的完整体系。主要体现在以下几个方面:

一是交易产品增多。目前,国内外汇市场已形成了包括即期、远期、外汇掉期、货币掉期和期权等国际成熟市场的基础产品体系,可交易货币超过30种发达和新兴市场货币,涵盖了我国跨境收支的主要结算货币。2017年,国内外汇市场人民币对外汇交易量达24.1万亿美元，较1994年增长134倍，其中：即期和衍生品分别为3.8万亿和20.3万亿美元，银行对客户市场和银行间市场分别为9.5万亿和14.6万亿美元。根据国际清算银行（BIS）的调查，2016年，中国外汇市场交易量占全球外汇市场交易量的比重为1.1%，为历史最高水平（见图5-1）。

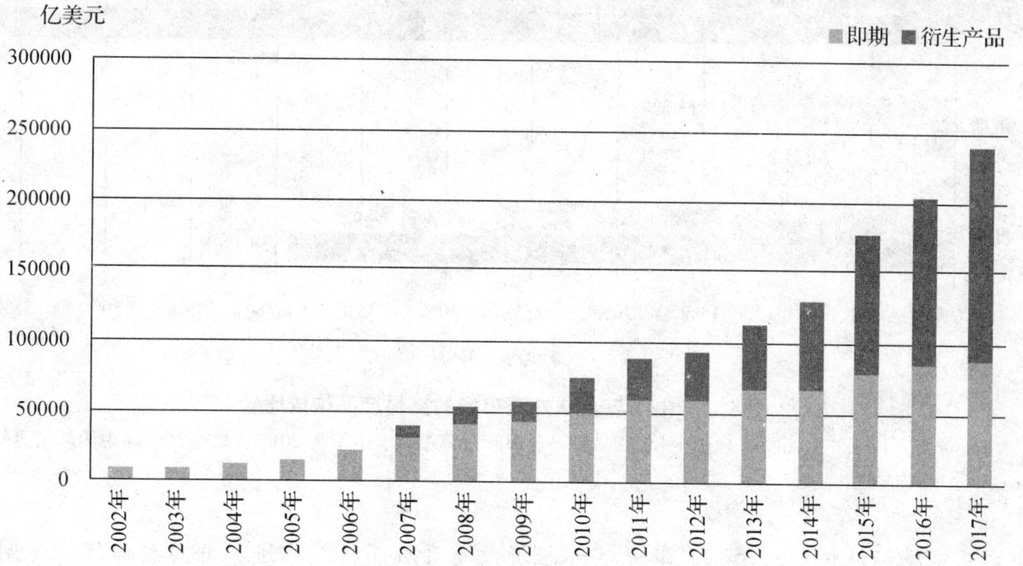

图5-1　中国外汇市场交易量

数据来源：国家外汇管理局、中国外汇交易中心。

二是市场开放扩大。40年来，我国外汇市场在对内和对外两个方向持续扩大开放。企业、个人在跨境贸易、投资和金融活动中的外汇交易需求在外汇市场上被充分、有序吸纳；同时，作为市场核心的银行间外汇市场，逐步改变了初始阶段单一银行的参与者结构，非银行金融机构和非金融企业入市交易，多元化的分层结构逐步形成。随着金融市场的对外开放和人民币国际化的推进，国内外汇市场从封闭走向开放，各类境外机构有序进入境内市场，外汇市场与债券市场、股票市场对外开放形成积极互动。

三是基础设施增效。银行间外汇市场已具有国际市场主流和多元化的交易清算机制。交易模式可选择集中竞价、双边询价和双边授信下集中撮合三种电子交易模式，以及货币经纪公司的声讯经纪服务；清算方式可选择双边清算或中央对手集中清算。此外，交易后确认、冲销、报告等业务，也广泛运用于银行间市场，提升了市场运行效率和风险防控能力。

四是市场管理有效。外汇市场在40年发展进程中，紧扣防范金融风险主线，不断改进市场监管，努力创造公平、透明、竞争的市场环境；同时，积极培育行业自律，推进形成以行业自律为主、政府监管为辅的外汇市场管理新框架。自1994年建立统一规范的外汇市场体系以来，有效应对了1998年亚洲金融危机、2008年国际金融危机等诸多外部冲击，始终未发生由市场自身运行引起的重大风险事件（见图5-2）。

二、我国外汇市场改革发展的内在逻辑和主要经验

作为整个经济体制改革和金融市场发展的重要组成部分，我国外汇市场发展始终伴随着

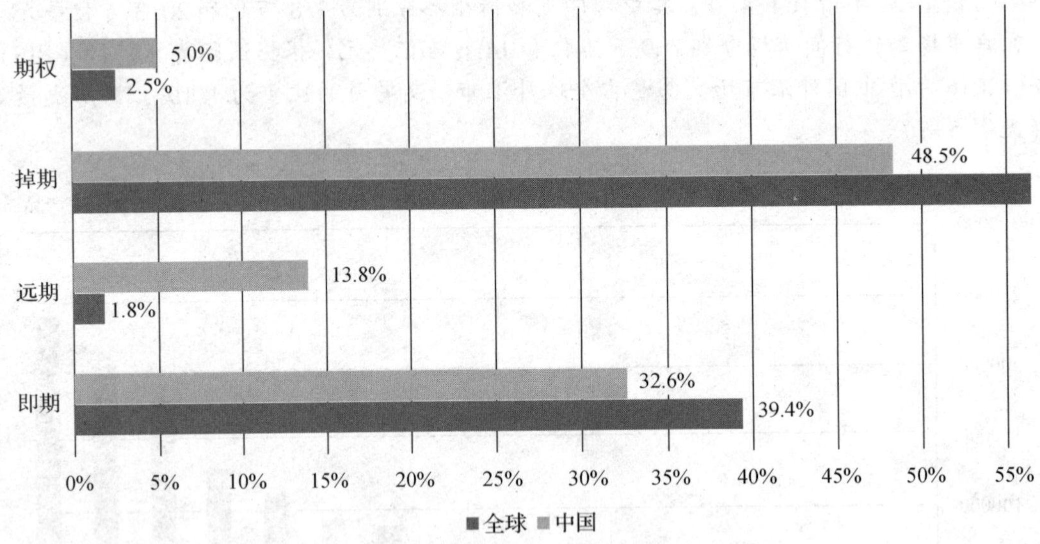

图 5-2　中国与全球外汇市场的交易产品构成比较

数据来源：国家外汇管理局、中国外汇交易中心、国际清算银行。中国为 2017 年数据，全球为国际清算银行 2016 年 4 月调查数据。

社会主义市场经济体制改革，尤其是实体经济改革开放而持续推进，并与整体经济体制改革和金融市场发展进程相衔接、与之配套并为之服务，呈现出一个内部连贯、逻辑一致的过程。随着越来越多的境外投资者进入中国外汇市场，中国的外汇市场已不仅仅是基于资本市场对外开放的被动接纳，而是成为了全球外汇市场的重要组成部分。这也表明，中国外汇市场的交易产品、基础设施等各类市场要素的全方位发展，已得到境外投资者的充分认可。回顾我国外汇市场 40 年的发展历程，有很多值得总结的经验。

一是坚持市场化改革方向。1992 年，党的十四大提出要使市场在国家宏观调控下对资源配置起基础性作用，并以这一重大理论突破为新起点，不断完善理论创新；党的十八届三中全会提出“使市场在资源配置中起决定性作用和更好发挥政府作用”。我国外汇市场在 40 年的发展中，从改革开放之初的外汇调剂业务，到 1994 年建立统一规范的外汇市场，再到 2005 年汇率形成机制改革，始终坚持市场化方向，不断完善市场配置外汇资源的体制机制。

二是与人民币汇率市场化改革相配合。过去 40 年，我国外汇市场发展有快有慢、甚至有暂时的搁置，一个重要原因就是注重与汇率改革保持协调，为主动、渐进、可控推进汇改创造市场条件，既不超越也不滞后。2005 年汇改后，发展外汇市场的节奏就主动加快了一些；而 1997 年亚洲金融危机和 2008 年国际金融危机期间，节奏又主动放慢了一些。

三是将服务实体经济放在首要位置。实体经济对于外汇市场的基本和核心需求，是有效配置外汇资源和防范汇率风险。如何满足这种需求，既不是简单的什么都不管就万事大吉，也不是一味迎合逐利需求让外汇产品眼花缭乱。我们充分考虑了微观经济主体的风险识别和管理能力，由简单到复杂、由基础到衍生，避免外汇市场发展脱实向虚。

四是充分借鉴国外发展经验，但并不简单照搬。相对于国外发达市场，发展中的中国外汇市场可以充分借鉴国际成熟经验，利用后发优势少走“弯路”。同时，不能简单照搬和模仿，应以前瞻性视角积极探索适合我国国情和引领国际趋势的发展新路。银行间外汇市场从

1994年建立以来，始终坚持有组织交易平台的市场形态，可以兼容多种交易模式、适应不同交易工具，打破了场内与场外的传统边界并形成了功能融合。正是得益于这一长期制度安排，使我国外汇市场在实践2008年国际金融危机后中央对手清算、交易后确认、冲销、报告等全球新的监管要求和发展措施方面，形成了独特的便利基础和先行优势。

五是与其他金融改革和发展协调推进。我国的改革是系统性的体制转轨，对整体配套关系的要求比较高。外汇市场作为金融体系的组成部分，要与其他领域的金融改革和发展协调推进，准确把握改革发展的节奏和机会窗口。没有一个整体有效的金融体系支持，外汇市场建设很难单兵突进。在推进外汇市场改革过程中，各项政策的选择、设计和推出时点，都是充分考虑了与其他改革的协调配合。

六是把握信息科技的时代潮流。国际外汇市场是一个已具有数百年历史的古老行业，仍保留了许多传统的交易模式。1994年我国银行间外汇市场建立之初，准确把握技术进步为金融市场发展带来的历史机遇，在交易模式选择上不拘泥于传统，引入电子交易模式，在全球范围内较早实现了大规模的电子化交易平台，为市场参与者享受高效率、低成本的市场环境提供了技术红利。

三、新时代推进外汇市场进一步深化发展

外汇市场的核心功能是为市场主体提供本外币兑换和风险管理渠道。回顾过去，我国外汇市场交易量的增长，主要来自三个方面的推动因素：一是我国对外贸易和投资的增长，直接带动了外汇交易的增长；二是2005年汇改后人民币汇率弹性逐步增强，市场主体管理汇率风险促进了外汇衍生品市场的发展；三是随着资本市场的双向开放，境内外投资者进入外汇市场开展本外币兑换和风险管理。外汇市场在这三个因素的带动下快速发展，有效服务和支持了实体经济运行和金融市场的改革开放。

展望未来，中国特色社会主义进入新时代，推动外汇市场发展的最主要因素可能不再是贸易和投资增长的量变，应积极把握人民币汇率市场化、可兑换和国际化对外汇市场发展提出的挑战与机遇。首先，人民币汇率双向波动成为常态后，主动管理汇率风险将成为市场主体的“必修课”，由此促进外汇衍生品市场持续、稳步发展。其次，资本市场加快对外开放和融入全球市场，将为外汇市场发展增加新的参与主体并释放交易需求。再次，人民币国际化进程中，人民币的广泛使用将促进全球人民币外汇交易，推动离岸与在岸市场的融合发展。

新时代，外汇局将按照党的十九大和全国金融工作会议的有关部署，坚持市场化改革方向，紧紧围绕服务实体经济、防控金融风险、深化金融改革三项任务，以拓宽交易范围、丰富交易工具、扩大市场主体、推动对外开放、健全基础设施、完善市场监管为重点，继续推动外汇市场深化发展，为经济社会平稳健康发展提供有力的支撑。

具体工作将围绕以下几方面开展：一是拓宽交易范围，完善实需交易管理，满足实体经济和金融交易的套期保值需求，逐步扩大外汇市场的投资交易功能。二是丰富交易工具，支持金融机构创新推出市场有需求、风险可管理的外汇衍生工具品种，便利金融机构为市场主体提供外汇服务。三是扩大市场主体，继续推动非银行金融机构参与境内外汇市场，扩大和便利境外机构参与在岸市场。四是健全基础设施。继续推动以中国外汇交易中心和上海清算所为重点的交易、清算等外汇基础设施建设，保障外汇市场的运行效率。五是加强市场监管，完善外汇市场监测和风险防范，推动《中国外汇市场准则》的执行和落实，培育市场主体风险中性意识和风险管理能力。

（《王春英：我国外汇市场的深化发展》，2018 年 11 月 22 日，http：//www. zarvagroup. com/waihui/2018112215754. html）

以中国为例，谈谈银行间外汇市场

数汇金融《中国外汇市场：外汇交易与外汇管制变革历程》一文中曾提及，整个外汇市场可以分为两个部分，也就是银行间外汇市场和零售外汇市场。

零售外汇市场指的就是外汇交易机构与客户之间的市场，在这个市场中最基础的阶层就是个人交易者，特点是广泛且分散。

而与零售外汇市场相对的，就是银行间外汇市场了。银行间外汇市场也可以称作是银行间的外汇批发市场，这是外汇交易中最上层的市场，是各家银行间进行外汇交易的市场，形成一个相对集中的外汇市场。在银行间市场，没有保证金交易这一说。

这两个市场相比较，银行间外汇市场的规模更大。以中国为例，据国家外汇管理局 2017 年 1 月 25 日公布的数据显示，2016 年中国银行间外汇市场人民币外汇交易量达约 112 万亿人民币，约是银行对客户市场交易量（23 万亿人民币）的 5 倍。

中国外汇市场目前就是一个以银行间市场为中心的市场体系，本文将以中国为例，来介绍银行间外汇市场，包括银行间外汇市场的参与者、银行间外汇市场的交易产品、交易方式、清算方式等。

一、银行间外汇市场的参与者（Participants）

全球范围内，每个国家银行间外汇市场的参与者大致都是相同的，可分为交易商、其他金融机构以及非金融机构，包括商业银行、投行、中央银行、基金公司和经纪商，银行间的大部分外汇交易是由 10~15 家大型商业银行控制的（主要任务是向市场客户提供流动性支持）。在细节上我国市场略有不同，中国的银行间外汇市场参与者就以银行为主，做市商银行为市场的主力机构，市场份额约为八成，其他参与者为经过国家外汇管理局批准经营外汇业务的非银行金融机构，总体上包括商业银行、政策性银行、外资银行、境外银行、财务公司等。中国人民银行作为央行，也是中国银行间外汇市场的重要参与者，央行可以根据货币政策的要求，在外汇市场内买卖外汇，调节外汇供求，平抑外汇市场价格。2015 年 9 月 30 日，中国央行公告称，境外央行类机构可以进入中国银行间外汇市场，开展包括即期、远期、掉期和期权在内的各品种外汇交易，无额度限制。这也是中国外汇管制进一步放松、进一步走向国际化的重要一步。

根据国家外汇管理局最新信息，截至 2016 年 9 月 21 日，中国银行间外汇市场有做市商 34 家。截至 2016 年 4 月 29 日，银行间外汇市场有人民币外汇即期会员 540 家、远期会员 136 家、掉期会员 136 家、货币掉期会员 111 家、期权会员 72 家、外汇拆借会员 320 家、外币对会员 151 家。

而国际外汇市场上，交易商的市场份额持续下降，以自动化交易机构、对冲基金等为主的其他金融机构已占有相对多数市场份额，与交易商一道共同成为国际外汇市场的主要参与者，此类机构在我国现阶段外汇市场仍缺失，目前我国银行间外汇市场交易主体单一，以银行为主体，非银行类机构很少。

二、银行间外汇市场交易产品（Products）

中国银行间外汇市场于1994年正式建立，早期只能进行即期交易，2005年开始引入各类外汇衍生品交易。至此，我国银行间外汇市场已经形成了现货和包括远期、掉期、货币掉期、期权在内的基础类场外衍生产品体系，与国际场外外汇交易市场结构较为一致，以现货产品和掉期产品为主。现货和掉期交易在我国银行间外汇市场中的合计比重超过90%，国际外汇市场以上两个品种合计比重也达到80%。不过，相对而言，我国银行间外汇市场远期、货币掉期和期权品种的交易份额明显落后于国际外汇市场。

三、银行间外汇市场交易方式（Trading）

银行间外汇市场提供竞价和询价两种交易方式。竞价交易又称集中撮合交易机制，指会员各自通过电子交易系统提交自己的买入、卖出报价，交易系统按照“价格优先、时间优先”的原则进行逐笔撮合，自动配对成交。询价交易指交易双方协商议定交易的货币、金额、汇率、起息日等要素的交易方式。目前我国银行间外汇即期交易可采用竞价交易和询价交易方式，外汇衍生品交易均采用询价交易方式。

四、银行间外汇市场清算方式（Clear）

银行间市场外汇交易清算按对手方不同分为集中和双边清算模式，按照交割方式不同分为全额清算和净额清算模式。集中清算指外汇交易完成后，由交易中心介入，担当中间人的角色，作为中央对手方同交易双方进行资金交割。双边清算是交易双方在交易完成后，按照约定的要素进行资金交割。全额清算是对外汇交易逐笔办理资金交割，净额清算是将清算会员同一清算日的外汇交易按币种进行轧差后办理资金交割。

国际上大部分国家都是取消外汇管理制的，资本可以自由流动，对外汇市场的交易基本没有限制。自金融危机以来，很多国家都加强了外汇市场的监管，但主要集中在提高市场透明度、集中交易平台以及中央对手方清算等，但总体限制较少。而我国对外汇市场的管制相对严格，零售市场交易要符合实需原则，即要有真实的贸易背景，银行间市场机构交易则受到结售汇综合头寸管理的限制，这就限制了境内外汇市场的广度。与之相对应的是离岸人民币外汇市场的快速发展，离岸市场因管制较少，近两年发展迅速，已超越境内市场。

（《以中国为例，谈谈银行间外汇市场》，2018年1月18日，http://www.sohu.com/a/217508336_822609）

第六章

保险市场与黄金市场

开篇导读

用系统撬动保险市场，熊猫车险获5000万元A+轮融资

近日，熊猫车险（北京易特创思科技有限公司）宣布完成5000万元人民币A+轮融资，投资方包括用友旗下的幸福投资、胜辉资本、原创资本，上一轮投资方联想之星、新浚资本、启赋资本、九果投资全部跟投。据悉，2017年5月，熊猫车险曾获5000万元人民币A轮投资。

《中国保险行业协会行业运行数据》显示，中国车险保费收入正在稳步增长，2016年财险原保费规模已超万亿，车险保费规模超过6000亿，车险市场规模在2020年有望达到万亿级。熊猫车险创始人王刚表示，熊猫车险未来会继续聚焦在车险领域，深入资产端是一个方向，比如通过交易数据帮助保险行业公司发行ABS及进行保险行业资产的金融化，此轮融资将用于加强金融科技平台的研发、理赔系统的建设以及引入行业人才等，公司计划今年进入其他区域。

据了解，熊猫车险对接保险公司和保险中介，其系统定制之后，接入保险公司的核心系统，提供交易和风控服务；同时，公司给保险代理和经纪提供SaaS平台，提供系统服务和金融服务，包括保费分期和佣金垫付。保险代理从保险公司结算的佣金周期会比较慢，通常为2周至1个月，熊猫车险提供垫资服务。

传统的保险中介对于出单体验、业务对账、应收付管理及资金垫付有较大的刚需，同时汽车后市场对于客户的进店续保提醒和转化有着强烈需求。因此，熊猫车险从保险出单、业务管理、帮助中介及汽车后市场获客及提供金融服务这几个痛点切入，为行业提供解决方案。

熊猫车险的不同之处在于，目前的互联网车险网平台大多是网销或网络爬虫技术接入模式，采用嵌套的链接或者采取电网销包装出来的部分接口进行系统接入。熊猫车险则是对接保险公司的核心系统，目前已完成对接的有中国平安、太平洋保险、国寿财险、英大财险、中银保险、中华联合、珠峰保险、建信财险、安心财险、渤海保险等16家保险公司。

（《用系统撬动保险市场，熊猫车险获5000万A+轮融资》，2018年1月8日，http://www.sohu.com/a/215305031_118792）

学习目标

1. 了解保险市场的定义、特点以及分类。

2. 了解保险市场的构成要素，掌握保险市场的供给与需求关系。
3. 了解黄金市场的概念、分类及主要交易方式。

第一节　保险市场概述

一、保险市场定义

保险市场是市场的一种形式，是保险商品交换关系的总和或是保险商品供给与需求关系的总和。它既可以指固定的交易场所如保险交易所，也可以是所有实现保险商品让渡的交换关系的总和。在保险市场上，交易的对象是保险人为消费者所面临的风险提供的各种保险保障。保险市场通过保险商品交易合理分散风险，提供经济补偿，在维护社会稳定方面发挥着积极的作用。保险市场运用科学的风险管理技术，为社会的高新技术风险提供保障，由此促进新技术的推广应用，加快科技现代化的发展进程。

二、保险市场的特征

保险市场的特征是由保险市场的交易对象的特殊性所决定的。保险市场的交易对象是一种特殊形态的商品——保险经济保障，因此，保险市场表现出其独有特征。

（一）保险市场是抽象的无形市场

一般的商品市场都是在一定的时空范围内进行交易的有形市场，它们都有集中的相对固定的交易场所，受到一定的时间制约。而保险市场是一个具有抽象性的无形市场，保险活动的全过程不可能受到一定的时间限制，也不可能固定集中于某一场所。尤其是现代保险经济活动，特别是再保险活动，基本上是通过电信和电脑设施随时进行的。保险中的展业、投保、签单、索赔、理赔、追偿等环节，都可以通过现代化通信手段进行，不受固定场所和时间的限制，因此保险市场从空间概念来说是抽象的无形市场。

（二）保险市场是直接的风险市场

这里所说的直接风险市场是就交易对象与风险的关系而言的。尽管任何市场都存在风险，交易双方都可能因市场风险的存在而遭受经济上的损失。但是，一般的商品市场所交易的对象，其本身并不与风险联系，而保险企业的经营对象就是风险，保险市场所交易的对象是保险经济保障，即对投保人转嫁于保险人的各类风险提供保险经济保障，所以本身就直接与风险相关联。保险商品的交易过程，本质上就是保险人聚集与分散风险的过程。风险的客观存在和发展是保险市场形成和发展的基础和前提。没有风险，投保人或者被保险人就没有通过保险市场需求保险保障的必要。无风险，无保险。所以，保险市场是一个直接的风险市场。

（三）保险市场是非即时清结市场

所谓即时清结的市场是指市场交易一旦结束，供需双方立刻就能够确切知道交易结果的市场。无论是商品市场，还是一般的金融市场，都是能够即时清结的市场。即使是银行存款，由于利率是事前确定的，交易双方当事人在交易完成时也就立即确切地知道了交易结果。保险交易活动，因风险的不确定性和保险合同的射幸性，使得交易双方都不可能确切知道交易结果，因此，不能立刻结清。相反，还需通过订立保险合同来明确双方当事人的保险关系，并且依据保险合同履行各自的权利与义务。因此，保险单的签发看似保险交易的完成，实则是保险保障的刚刚开始，最终的交易结果则要看双方约定的保险事件是否发生。所以，保险市场是非即时清结市场。

三、保险市场的主要种类

保险市场可以按不同的标准进行分类，常见的分类方法有以下几种。

（一）按保险业务性质的分类

根据保险业务性质的不同，保险市场可分为财产保险市场和人身保险市场两大类。财产保险市场是经营以财产或有关利益为保险标的的保险商品的市场，即在这个市场上，保险公司承保的标的都是各种有形的或无形的财产，包括物质形态的财产、民事损害赔偿责任和各种信用风险等。人身保险市场是经营以人的身体或寿命作为保险标的的保险商品的市场。

（二）按保险业务承保程序的分类

按保险业务承保的程序不同，可分为原保险市场和再保险市场。

原保险市场亦称直接业务市场，是保险人与投保人之间通过订立保险合同而直接建立保险关系的市场。

再保险市场亦称分保市场，是以原保险人将已经承保的直接业务通过再保险合同转分给再保险人的方式形成保险关系的市场。

（三）按保险市场地域的分类

按保险业务活动的空间不同，可分为国内保险市场和国际保险市场。

国内保险市场是专门为本国境内客户提供各种保险商品的市场，按经营区域范围又可分为全国性保险市场和区域性保险市场。

国际保险市场是国内保险人经营国外保险业务的保险市场。

四、保险市场的构成要素

保险市场的构成要素如下：首先是为保险交易活动提供各类保险商品的卖方或供给方；其次是实现交易活动的各类保险商品的买方或需求方；再次就是具体的交易对象——各类保险商品。随着市场的发展，保险中介方也渐渐成为构成保险市场不可或缺的因素之一。

（一）保险市场主体

保险市场的主体是指保险市场交易活动的参与者，包括保险商品的供给方和需求方以及充当供需双方媒介的中介方。保险市场就是由这些参与者缔结的各种交换关系的总和。

1. 保险商品供给方

保险商品的供给方是指在保险市场上提供各类保险商品，承担、分散和转移他人风险的各类保险人。它们以各类保险组织形式出现在保险市场上，如国有保险人、私营保险人、合营保险人、合作保险人、个人保险人。通常它们必须是经过国家有关部门审查认可并获准专门经营保险业务的法人组织。根据我国《保险法》的规定，保险人的组织形式只能是国有独资公司和股份有限公司，亦即只能是法人组织，不允许个人经营保险。因此，在我国提供各类保险商品的是各类保险公司，它们构成我国保险市场的供给方。

2. 保险商品需求方

保险商品的需求方是指保险市场上所有现实的和潜在的保险商品的购买者，即各类投保人，他们有各自独特的保险保障需求，也有各自特有的消费行为。

根据保险消费者不同的需求特征，可以把保险商品需求方分为个人投保人、团体投保人等。根据保险需求的层次还可以把保险商品需求方划分为当前的投保人与未来的投保人等。

3. 保险市场中介方

保险中介人是指介于保险人之间、保险人与投保人之间和独立于保险人与被保险人之外，专门从事保险中介服务并依法获取佣金的单位或个人。保险中介主要由保险代理人、保险经纪人、保险公估人三种形式组成，广义上也包括与保险有关的律师、理算师、精算师等。这里主要介绍前三种形式。

（1）保险代理人

保险代理是代理行为的一种，属民事法律行为。从经营角度看，保险代理是保险人委托保险代理人扩展其保险业务的一种制度。保险代理人是指根据保险人的委托，向保险人收取手续费，并在保险人授权的范围内代为办理保险业务的单位和个人。保险代理人的权利来自保险代理合同中所规定的保险人的授权。

（2）保险经纪人

我国《保险法》第126条规定："保险经纪人是基于投保人的利益，为投保人与保险人订立保险合同提供中介服务，并依法收取佣金的单位。"在我国，保险经纪人的存在形式是保险经纪公司。

保险经纪人与保险代理人同属保险中介范畴，均凭借自身的保险专业知识和优势活跃于保险人与被保险人之间，成为保险市场的重要组成部分，都应当具备金融监督管理部门规定的资格条件，并取得金融监督管理部门颁发的许可证，向工商行政管理机关办理登记，领取营业执照，方可从事保险中介服务。但是二者也具有明显区别，表现在以下方面：

①保险代理人是保险人的代表。保险代理人是受保险人的委托，代表保险人的利益办理保险业务；保险经纪人则是基于被保险人的利益从事保险经纪业务，为被保险人提供各种保险咨询服务，进行风险评估，选择保险公司、保险险别和承保条件等。

②保险代理人代销售的产品为保险人自己指定，保险代理人通常是代理销售保险人授权的保险服务品种；保险经纪人则接受投保人的委托为其与保险公司协商投保条件，向被保险人提供保险服务。

③保险代理人的代理佣金由保险人支付，保险代理人按代理合同的规定向保险人收取代理手续费；保险经纪人则根据被保险人的要求向保险公司投保，保险公司接受业务后向经纪人支付佣金，偶尔投保人也会根据保险经纪人提供的服务给予其一定的报酬。

④保险代理人是保险人的代理人，我国《保险法》第128条规定："保险代理人根据保险人的授权代为办理保险业务的行为，由保险人承担责任。"而保险经纪人是独立的一方经济主体，因此，我国《保险法》第130条规定："因保险经纪人在办理保险业务中的过错，给投保人、被保险人造成损失的，由保险经纪人承担赔偿责任。"

（3）保险公估人及其组织形式

保险公估人是指接受保险合同当事人的委托，为其办理保险标的的勘查、鉴定、估损及赔款的理算等并出具证明的中介人。保险公估人是保险中介人之一，与保险合同双方都没有利害关系，独立于保险合同的当事人之外，既可以接受保险人的委托，也可以接受被保险人的委托。保险公估人通常具有各行业专门的知识和技术，同时熟悉金融、保险、法律、会计，凭借其专业特长公正地为保险人或被保险人提供服务。在我国，保险公估人被称为保险公估机构。根据我国《保险公估机构管理规定》第 2 条的规定："保险公估机构是指依照《保险法》等有关法律、行政法规以及本规定，经中国保险监督管理委员会批准设立的，接受保险当事人委托，专门从事保险标的的评估、勘验、鉴定、估损、理算等业务的单位。"保险公估机构在国外被称为保险公估行或保险理算局等。

（二）保险市场的客体

保险市场的客体是指保险市场上供求双方具体交易的对象，这个交易对象就是保险商品，亦即保险经济保障。保险经济保障是保险市场的客体，它是一种特殊形态的商品，具有服务形态商品的一般特性，即它是一种无形的抽象的商品，而且生产与消费同步进行。这两个基本特征决定了保险商品的质量高低取决于保险业务人员的专业素质，因为保险客户事先无法感知保险商品的质量，而是通过与之打交道的保险业务人员所提供的服务来消费保险商品。因此，配备一批高素质的业务人员对保证保险企业稳健经营，乃至促进保险市场的健康发展都非常重要。

第二节　保险资金的运用方式

随着我国保险资金运用于资本市场的渠道的放宽，保险资金参与资本市场运作，多元化资产配置的框架已经初步形成。目前，我国保险资金运用于资本市场的渠道可以分为国债、金融债、企业债、基金与股票。

一、保险资金投资股票与债券策略

保险资金投资股票与债券的方式分为两种：一种是作为一般的机构投资者，直接在二级市场上进行股票、债券买卖；另一种是作为战略投资者，认购新发行股票或者债券。

（一）在二级市场直接投资

这种方式是目前发达国家和地区所普遍采用的方法，具体由保险公司的资产运用和管理部门对保险资金进行运作，将其中一部分资金投资于股票和债券。许多国家和地区还允许保险公司以机构投资者的身份接受其他机构和中小投资者的委托，进行委托资产管理，从事证券投资。

（二）作为战略投资者进行直接投资

新股收益在我国国内股市属于低风险收益，因为我国独特的非全流通现象使得流通股的价格较高，新股的价格必然低于同类股票的二级市场价格，因此新股上市后一般会出现较大幅度的上涨。历史数据表明，投资一级市场一般可获得可观的收益。保险资金具有安全性要求较高、资金规模大的特点，一级市场是其理想的投资渠道。

二、保险资金投资基金策略

近年来，保险公司的投资基金占总资产的比例在不断放宽，甚至一些保险公司投资型保险产品的投资基金比例已放宽至100%。基金的优势在于避免风险过度集中于某一行业或特定公司，可以充分地分散化投资，这对于一些中小规模的保险公司具有一定的吸引力，在我国保险资金运用的特定时期，对保险资金间接进入股票市场起到了重要作用。随着保险资金直接入市的放宽，一些具有较强投资管理能力的保险公司，将会逐步调整投资基金的比例，逐渐扩大对证券投资基金和股票的投资。由于证券投资基金具有投资方式组合性、经营管理专业性、投资工具流动性和经济效益稳定性的基本特征，保险公司通过在一、二级市场上投资证券投资基金，可以有效地减少由于缺乏投资人才和投资经验所带来的风险。

三、其他投资方式

（一）资金拆借

根据中国人民银行颁布的《关于批准保险公司在全国银行间同业市场办理债券回购业务的通知》规定，作为全国银行间同业拆借市场的成员，保险公司可与其他成员进行债券回购交易，交易券种包括中国人民银行批准的国债、政策性银行金融债券、商业银行债券等债券。保险公司在运作过程中，首先要选择好拆借对象，除保险公司以外，同业拆借市场主体还有银行、信托公司和证券公司等，从资金进入股市的角度来讲，保险公司宜加强与信托公司和证券公司的拆借。在选择对象时，应严格把关信托公司和证券公司的经营业绩和资金实力，以降低风险。

（二）设立证券投资基金

由保险公司发起设立证券投资基金，并由保险公司自己成立的基金管理公司来进行基金管理和运行是国外一种普遍的做法。其优点不容忽视，主要体现在：通过组建证券投资基金，既能保证资金的安全性，又可提高资金的收益水平。基金运行过程透明度高，运行机制和组织机构、法律框架都已比较规范，权力约束机制科学规范，能较好地保证保险资金的安全性。同时基金管理公司具有科学的投资决策机制和程序，专业证券投资机构的信息、知识、技术和人才优势，这些都为正确的投资决策提供了保证，而且还可以享受国家支持基金发展的多种优惠政策，进一步为提高保险资金的收益水平奠定基础。

四、保险资金运用方式的比较

从资金运用的安全性角度来讲，资金拆借由于采取了抵押的方式，增加了资金偿还的安全性，证券投资基金风险完全取决于基金管理公司的资产运作情况，可控性较差，选择优秀的基金公司尤为重要。从流动性的角度来讲，利用拆借市场投资，由于拆借一般期限较短，又有抵押，不存在到期无法支付的问题，因此流动性较好，通过基金入市的流动性也很好。再从资金运用的收益性角度分析，相对于购买基金而言，拆借市场的收益率较低。根据保险资金运用的安全性、流动性、收益性，对各种资金运用方式对于保险公司的影响进行比较分析，结果如表6-1所示。

表 6-1　保险资金三种运用方式的比较

入市方式	具体方式	安全性	流动性	收益性	对保险公司的正面影响
直接入市	直接投资股票债券	最差	最佳	一般	最差
	认购新股或债券	较好	较差	最佳	最佳
间接入市	资金拆借	最佳	较好	较差	最佳
	通过基金入市	一般	较好	一般	较差
设立保险基金	开放式基金	较好	较好	较好	较好
	封闭式基金	一般	一般	较好	较好

可见，保险资金直接入市、间接入市与设立保险基金这三种方式各有利弊，保险公司应该根据其自身特点，选择一种或多种投资方式。

（一）保险资金通过基金间接入市的局限性

我国保险资金进入资本市场运作的时间还不长，当前我国保险资金与资本市场连接的方式主要还是通过购买基金间接入市。保险资金通过证券投资基金间接进入资本市场的方式，理论上讲具有一定的合理性，证券投资基金管理公司作为专门从事资本市场投资的机构，进行多元化投资，采用有效的投资组合来降低风险，一般而言其收益不会因单个企业经营状况的好坏和单个股票供求状况的变化而受到较大影响，在安全性上有一定保障。但是，这种方式也存在一定的局限性，表现在以下几方面：

1. 证券投资基金的规模局限

目前我国资本市场上投资基金数目少，规模也比较小，能容纳的资金有限。截至2006 年 12 月 31 日我国资本市场上有开放式基金 116 只，封闭式基金 51 只，总规模大约为850 亿元。而 2006 年年底，我国保险公司可运用资金余额在 17000 亿元以上，证券投资基金的规模远远小于保险业的可用资金。

2. 证券投资基金模式的局限

证券投资基金按照管理方式不同，可以分成封闭式和开放式两种。对追求平稳收益的保险资金而言，开放式基金是比较合适的方式。虽然近两年我国连续发行了多只开放式基金，但是当前我国的证券投资基金还是以封闭式基金为主。封闭式基金的基金单位不能及时被追加或者赎回，基金的投资人和管理人之间的约束机制和激励机制不对称，也不完备。

3. 证券投资基金投资渠道狭窄，收益不确定

证券投资基金同样会面临系统性风险和非系统性风险，尤其是在我国，投资基金大部分投资于股票和国债，特别是股票，使得投资面临巨大的市场风险。在股票市场整体波动的情况下，即使最稳健的股票也难免遭受损失。由于缺乏专业人员，投资基金的管理风险和投资失误风险也不容忽视。尽管现有的投资基金有成长型、价值型、稳健型、优化型等类型划分，但从运行的结果来看几乎都是成长型，投资风格存在着很强的趋同性，无法满足保险投资多样化的需求。这些投资风险可能成为保险公司整体经营发展的阻碍因素，会加大经营管理成本。如果在投资中不能很好地处理风险，就会严重影响保险公司正常经营，甚至出现危机。总之，保险资金通过购买基金间接入市这一方式所依托的外部委托投资模式，既不符合

效益性原则，也不符合安全性原则。保险资金间接入市为外部的专业投资公司进行“黑箱”操作提供了机会，从而造成保险公司的资金损失。保险公司间接入市要求有相当的委托投资规模，并且要支付一定的管理费用，这加大了保险公司的经营成本。在基金市场尚未成熟、基金公司管理较差的情况下，保险资金间接入市可能导致其他行业的风险转嫁给保险公司。

（二）保险资金直接入市

随着资本市场的发展和保险资金运用渠道的放宽，保险公司的资金运用越来越重视直接入市，保险资金直接入市具有如下的作用：

（1）保险资金直接入市能拓宽保险资金运用渠道，构建合理的保险投资结构，优化资产配置，分散投资风险，逐步培养和形成新的保险资金投资能力，提高保险业的盈利能力和偿付能力。

（2）保险资金直接入市为保险公司的产品创新扩展了空间，有利于新险种在保证收入来源和资金运用结构上的进一步匹配，从而提高产品竞争力，更好地与外资保险公司竞争。近年来保险业尤其是人寿保险业进行了积极的产品创新，推出了兼具保险保障功能和投资理财功能的分红保险产品、万能保险产品和投资连接保险等产品。随着投资渠道的放宽，这些产品对于证券投资基金可以实现100%的投资。同时这些产品运用于股市，参与股市运作，可以提高投资收益率，使得产品能很好地实现其设计的功能。

（3）作为一个重要的机构投资者，保险资金直接入市将改善投资者结构，提升价值投资理念，同时完善资本市场的公司治理，证券市场长期稳定发展的基石也将更加坚固。

（4）可以为资本市场的发展提供长期的、稳定的资金支持，实现保险市场与货币市场、资本市场的有机结合与协调发展，不仅有利于金融资源优化配置，提高金融市场运行效率，而且有利于维护经济运行和金融市场的健康稳定，防范和化解系统风险。

从实际情况来看，我国保险公司确实存在投资管理落后于产品的设计、投资能力较差、资产负债组合不相匹配的不足。同时，保险产品的设计基本以投保人市场为导向，没有充分体现出资产管理的思想。

保险资金直接入市后追求收益的特点，决定了其应采取负债主导与资产主导相结合的方式来设计产品，即保险公司在建立资产负债管理体系时应该不断加强对投资组合的管理，同时在产品设计中，将投资收益率水平作为产品定价的重要参数，尽可能回避或减少资产负债不匹配的可能性。在这种模式下，保险公司根据自身的情况在两者之间平衡，对于投资能力相对较强或业务增长速度较快的公司，则可以注重投资主导的产品开发；而对于投资能力相对较差的公司，则应更注重资产负债的匹配。在资本市场和金融衍生工具逐渐成熟、保险公司的投资渠道逐渐增多、投资管理能力不断提高的情况下，保险公司的资产负债管理模式可以逐步过渡为投资主导的资产负债管理模式，保证保险资金运用的收益性和流动性。

第三节　黄金市场概述

黄金市场从其诞生以来就一直是金融市场的重要组成部分。黄金作为一般等价物开创了货币的鼎盛时期，黄金市场的发展也极大地促进了国际金融市场的发展，有力地支撑了社会经济的繁荣。

一、黄金的含义

黄金，从古至今都被人们看作财富的象征，实际上“金银天然不是货币，货币天然是黄金”。黄金就其使用价值来讲，与一般劳动产品一样，仅仅是可被人利用的商品。由于黄金特有的属性，比如数量较少，生产成本较高，价值昂贵，又具有良好的延展性，不易腐蚀，便于分割和携带等，决定了黄金成为商品社会中最适宜充当一般等价物——货币的商品。黄金在当代社会经济生活中扮演着非常重要的角色。

(1) 黄金是一种资产，是一种投资的对象和保值的手段。黄金的稀有性和价值的稳定性使得黄金成为人们储藏财富的理想手段，所以黄金得到了人们的青睐。

(2) 黄金是一种商品。黄金的民用功能，包括各种黄金首饰和黄金器具，是黄金最基本的用途。另外，在电子工业、医用及其他工业上，黄金也具有重要的用途。

(3) 黄金具有货币的作用。在人类历史上，黄金一直发挥着商品交换媒介作用。黄金市场上的黄金交易具有两重性：一方面属于国际金融性质，另一方面属于国际贸易性质。凯恩斯曾指出黄金在我们的制度中具有重要的作用。它作为最后的卫兵和紧急需要时的储备金，还没有任何其他的东西可以取代它。因此，现在的黄金仍然被视为一种准货币。

二、黄金市场的概念

黄金市场是专门集中进行黄金买卖的交易中心或场所。一般而言，黄金交易与证券交易一样，都有一个固定的交易场所，世界各地的黄金市场就是由存在于各地的黄金交易所构成。黄金交易所一般都是在各个国际金融中心，是国际金融市场的重要组成部分，在国际金融体系中发挥着重要的作用。黄金市场一般按照有关的法律制度，经当地政府的批准或认可而设立和运行。

三、黄金市场的分类

根据不同的标准，黄金市场可以被分为不同的种类。

(一) 根据交易结算的期限，黄金市场可分为现货黄金市场和期货黄金市场

现货黄金市场是交易者达成协议后两个营业日内进行交割的市场，如伦敦、苏黎世等地的市场。期货黄金市场是指交易双方在交易时先签订合约并交付一定押金，并根据合约指定的未来某个日期办理交割的市场，如美国纽约、芝加哥等地的市场就是典型的期货市场。期货黄金市场是黄金投机商进行投机买卖和套期保值的理想场所。

(二) 根据有无固定场所，黄金市场可分为无形黄金市场和有形黄金市场

无形黄金市场的交易方式类似于外汇市场，是指银行间利用电话、电传等现代化的通信网络进行同业交易的市场，像伦敦、苏黎世等。有形市场是指黄金买卖在专门设立的交易场所内进行的市场，如纽约、芝加哥等。

(三) 根据对国际黄金交易的影响程度，黄金市场可分为主导性黄金市场和区域性黄金市场

主导性黄金市场是对国际黄金交易起主导作用的国际性黄金交易市场。其特点是黄金交易量大，市场价格的形成和变化对其他黄金市场的价格和交易量会产生重大的影响。这类黄金市场主要有伦敦、纽约、芝加哥、苏黎世和中国香港五大黄金市场。区域性黄金市场是指

交易规模较小且交易者主要集中在本地区，其价格形成和交易量的变动对其他市场影响不大的市场。五大黄金市场之外的大多数黄金市场都属于这一类，比较有名的像巴黎、东京和新加坡等地的黄金市场。

（四）根据交易管制程度的不同，黄金市场可分为自由黄金市场和管制黄金市场

自由黄金市场是指政府对市场管制较低，黄金可以自由输出和输入、居民和非居民都可以自由买卖的市场。管制黄金市场是指市场管制程度相对较高，黄金不准自由输出和输入，严格限制黄金交易者的市场。

（五）根据交易标的物的不同属性，黄金市场可分为黄金货币商品市场和黄金饰品市场

黄金货币商品市场交易的标的物是金条或金块，交易者将金条或金块视为金融资产而进行投资。黄金饰品交易市场上交易的标的物为黄金首饰、黄金纪念章等装饰物。

四、国内外主要黄金市场介绍

目前，世界上最为著名和有影响力的黄金市场是伦敦黄金市场、苏黎世黄金市场、美国黄金市场、东京黄金市场和中国香港黄金市场。

（一）伦敦黄金市场

伦敦黄金市场历史悠久，其发展历史可追溯到距今300多年前。1804年，伦敦取代阿姆斯特丹成为世界黄金交易的中心，1919年伦敦黄金市场正式成立，每天进行上午和下午的两次黄金定价，具体时间分别是10：30和15：00。伦敦的金价与世界最大产金国南非的联系密切。伦敦黄金市场的特点之一是交易制度比较特别，交易主要是通过无形的方式。狭义地说，伦敦黄金市场主要是指伦敦银行市场协会（London Bullion Market Association，LBMA），该市场不是以交易形式存在，而是OTC市场。伦敦黄金市场的另一个特点是有很强的交易灵活性。黄金的纯度、重量等问题都可以进行选择，伦敦黄金交易市场交收的标准金成色为99.5%，重量为400盎司。若客户要求在较远的地方交收，金商还会报出运费以及保费等，也可以按客户要求报出期货价格。最通行的买卖伦敦黄金的方式是客户无须交收现金，即可买入黄金现货，到期只需按约定利率支付即可，但此时客户不能获取实物黄金。当然伦敦黄金市场这一特殊的交易体系也有若干不足：一是由于各个金商的价格都是实价，有时市场黄金价格比较混乱，当金商都不知道市场合理价格时，就会停止报价，伦敦黄金的买卖也会随之停止；二是伦敦市场对客户信息绝对保密，因此缺乏有效的黄金交易头寸的统计。

（二）苏黎世黄金市场

苏黎世黄金市场是第二次世界大战后发展起来的国际黄金市场，其在国际黄金市场上的地位仅次于伦敦黄金市场。苏黎世黄金市场没有正式组织结构，而是由瑞士三大银行——瑞士银行、瑞士信贷银行和瑞士联合银行负责清算结账，三大银行可为客户代行交易，黄金交易是这三家银行的主要业务。苏黎世黄金总库（Zurich Gold Pool）建立在瑞士三大银行非正式协商的基础之上，不受政府管辖，作为交易商的联合体与清算系统混合体在市场上起中介作用。苏黎世黄金市场无金价定盘制度，在每个交易日的任何一个特定时间，根据供需状况议定当日交易金价，这一价格为苏黎世黄金官方价。全日金价在此基础上波动而无涨停板限制。

（三）美国黄金市场

在当今世界黄金市场的格局中，美国市场同欧洲市场具有同等重要的地位，共同垄断着全世界80%以上的黄金交易量。美国黄金市场由纽约商品交易所（NYMEX）、芝加哥国际商品交易所（IMM）、底特律、旧金山和水牛城共五家交易所构成。其中，纽约黄金市场已成为世界上交易量最大和最活跃的黄金市场，主要是因为美国财政部和国际货币基金组织（IMF）也在纽约拍卖黄金。美国黄金市场以做黄金期货交易为主，其所签订的期货合约可长达23个月，黄金市场每宗交易量为100盎司，交易标的为99.5%的纯金，报价是美元。

（四）东京黄金市场

东京黄金市场于1981年4月成立，1982年开设期货。它是日本政府正式批准的唯一黄金期货市场，为投资日本的黄金交易者提供了一个具有透明度和有效率的交易平台。2004年，黄金期权获准上市，日本的黄金期货市场变得更加活跃。在24小时的黄金交易市场中，东京市场成为伦敦、纽约交易时间外的亚洲时段的重要交易市场。东京黄金市场与欧美市场的不同之处在于，欧美的黄金市场以盎司/美元计，而日本市场以日元/克计，每宗交易合约为1千克，交收纯度为99.99%的金锭，在指定的交割地点交割。

（五）中国香港黄金市场

中国香港黄金市场距今已有100多年的历史，其形成以1909年中国香港金银贸易场的成立为标志。1974年，中国香港政府撤销了对黄金进出口的管制，此后中国香港金市发展极快。由于中国香港黄金市场在时差上刚好填补了纽约、芝加哥市场收市和伦敦开市前的空当，可以连贯亚、欧、美时间形成完整的世界黄金市场。其优越的地理条件引起了欧洲金商的注意，伦敦五大金商、瑞士三大银行等纷纷进港设立分公司。它们将在伦敦交收的黄金买卖活动带到中国香港，逐渐形成了一个无形的当地“伦敦黄金市场”，促使中国香港成为世界主要的黄金市场之一。

目前，中国香港有三个黄金市场：

（1）以华资金商占优势，有固定买卖场所，黄金以港元/两定价，交收标准金成色为99%，目前仍然采用公开叫价、手势成交的传统现货交易方式，没有电脑网络反映实时行情的金银业贸易场。

（2）黄金期货市场。这是一个正规的市场，其性质与美国的纽约和芝加哥的商品期货交易所的黄金期货性质是一样的，交投方式正规，制度也比较健全，可弥补金银业贸易场的不足。

（3）由外资金商组成在伦敦交收的黄金市场，同伦敦金市密切联系，没有固定交易场所，一般称为“本地伦敦黄金市场”。中国香港的黄金交易主要集中于中国香港金银业贸易场及无形的伦敦市场进行，它们均属现货市场。

五、国际黄金市场的特点

（一）黄金市场是一个多层次的体系

按照组织化、公开化程度的高低，世界黄金市场可分为：

（1）从事黄金期货/期权交易的期货交易所，如NYMEX、TOCOM、CBOT、巴西商品交易所等。银行和机构投资者的参与提高了市场流通性，并为黄金企业提供风险管理服务。

（2）从事世界性的现货/远期黄金批发业务的市场，如伦敦金银市场协会（LBMA）是世界上最大的黄金 OTC 市场，它既是世界现货黄金有形的定价中心，又是联系世界黄金无形市场的最大枢纽。LBMA 的会员有跨国矿业公司、黄金经纪商、各国中央银行、国际金融组织等。

（3）纽约、苏黎世、东京、中国香港等地的区域性现货市场的特点是以银行、黄金经销商、综合性财团为市场主体，受各自所在国中央银行的监管，在本地区组织黄金买卖。

（4）在黄金主要生产国的黄金市场，如南非的黄金市场，长期以来由国家特许黄金银行和黄金公司专营，但逐渐出现市场自由化的趋势。

（5）在欠发达地区的黄金市场，如中东迪拜、印度孟买，由当地特许经营权的财团经销黄金，后进行改革，趋向更加公开的市场。

（二）黄金市场有不同的分工，相互衔接

期货交易所提供的黄金期货、期权交易，提高了整个世界黄金市场的流动性，黄金银行和黄金经纪可以借助这些工具以管理黄金脱离世界货币体系后的价格风险。黄金的现货定价仍然集中在伦敦黄金市场，为生产商、冶炼商、黄金银行之间的大宗现货交易服务。特别是伦敦世界金融中心的地位和发达的银行业务，为黄金场外衍生交易、融资安排，以及中央银行的黄金操作带来便利。国际黄金市场是国际分工不断深化的服务体系，没有特色的孤立市场会被逐步取代。

（三）黄金的实物流向基本上是由官方机构流向私人持有者

20 世纪 70 年代中后期，美国和 IMF 曾经多次拍卖库存黄金，一些黄金主要被私人机构买入。80~90 年代中期，主要西方工业国的黄金官方储备稳定，几乎没有减少。但 90 年代后期官方售金活动明显活跃。

（四）各类黄金业务相互交叉、渗透

交易所内交易的和场外交易的衍生工具之间的功能界限越来越模糊，两类交易之间的替代性越来越强。场内期货/期权的标准性，通过会员和黄金银行转化成更加灵活多样的场外合约交易；而场外的活跃交易又增强了场内合约的流动性。

六、黄金市场的功能

（一）价格发现功能

黄金同时具有商品属性和黄金属性。一般来说，商品的价格主要受供求规律影响，而金融产品的价格主要根据无套利原则确定，其受宏观经济条件以及相关金融产品影响较大。黄金的价格对供求规律敏感性较差，它主要受国际政治、经济环境的影响。黄金市场为人们发现黄金价格提供渠道。

（二）资源配置功能

黄金市场价格是信息传递的综合反映，它不仅包含了黄金的供求状况，也包括了国际政治动荡、经济金融危机等信息。通过黄金市场传递的价格信息，黄金生产者和需求者以及投机者能够不断调整生产、消费以及投机的规模，使市场趋于均衡状态，从而实现资源配置的效率。

（三）投资避险功能

黄金具有投资价值，它的价格变动往往与美元汇率变动以及其他投资品的价格变动呈现出负相关性。黄金与大多数投资品之间的负相关性使其成为一种重要的分散投资工具。当出现战争、经济危机等重大事件的时候，黄金往往成为规避风险的可靠选择；而当经济出现严重通货膨胀时，黄金也是保值增值的最佳投资品之一。

第四节　黄金市场的价格及其主要交易品种

一、黄金价格

黄金价格是指黄金市场上买卖黄金商品的单位交易价格。目前，世界黄金市场上的主要价格类型有三种：市场价格、生产价格和准官方价格。

（一）市场价格

黄金的市场价格是指买卖双方达成交易时的即时价格，又被称作市场行情，受供求等各种因素的制约，价格确定机制非常复杂。黄金的市场价格包括现货价格和期货价格两种形式，这两种形式价格既有区别又有联系。

由于现货价格和期货价格所受影响的因素类似，因此，两者的变化幅度和方向基本上是一致的。但是由于市场走势的收敛性，基金的基差（黄金的现货价格和期货价格之差）会随期货交割期的临近而不断减小，到了交割期，期货价格和交易的现货价格大致相等。从理论上说，期货价格应稳定地反映现货价格加上特定交割期的持有成本。因此，黄金的现货价格应低于期货价格，近期的期货价格应低于远期的期货价格，基差为负。

（二）生产价格

生产价格是根据黄金生产的成本计算的价格标准，它反映了黄金的内在价值，是确立各种黄金价格的最基本的标准。随着黄金找矿、开采、提炼技术的进步，黄金的生产成本有逐步下降的趋势。

（三）准官方价格

准官方价格是指被中央银行用于官方活动而采用的一种价格，分为抵押价格和记账价格。

二、影响黄金价格的因素

20 世纪 70 年代以前，黄金价格基本由各国政府或中央银行决定，国际市场上的黄金价格比较稳定。70 年代以后，黄金价格不再与美元挂钩，逐渐市场化，变动也更加频繁。

（一）国际地缘政治、军事局势

黄金价格对国际政治气候及军事局势的变化十分敏感。

国际地缘政治、军事局势主要是指国际政治局势的变化或国际性政治事件的爆发以及由此引起的国际关系格局的变化、各种国际性经贸组织的建立、有关商品协议的达成、政府干预经济采取的各种政策和措施等。

在信用货币时代，一旦国际地缘政治形势发生重大变化，该国政府发行的信用货币代表的债务清偿能力和购买能力将要被重估，将导致黄金价格（信用货币与黄金的比价）产生波动。历史上几次国际地缘政治事件对黄金价格都产生了较大的影响。在 1973~1974 年的第四次中东战争期间，黄金价格就出现了大幅上涨，其后随着事件的平息，黄金价格又大幅回落。1979~1980 年，伊朗伊斯兰革命、苏联入侵阿富汗和两伊战争爆发等国际重大地缘政治事件的密集发生，使得黄金价格在1980年创下了850美元/盎司的历史高点。在“9·11”事件后，随着地缘政治的动荡，黄金价格开始持续上涨。2003年3月，伊拉克战争使得金价继续上扬。进入2011年，世界局势依然不稳定，利比亚、叙利亚等国政治起伏动荡，给黄金市场的走向增添了更多的不确定性因素。

（二）国际经济、金融形势

国际经济、金融形势的变化，如货币载体的转换、货币汇率机制的改变等因素都会对黄金价格产生中长期影响，而利率变动、货币供应量的变化等因素则将会对黄金价格产生短期影响。

国际经济形势稳定并且发展良好，说明其他领域充满投资机会，黄金市场的资本存量和流量在短期内会减少，黄金价格呈下降趋势。如果国际经济面临通胀风险或是进入衰退，则黄金市场的资本存量和流量在短期内会增加，黄金价格呈上升趋势。

除了上述国际经济形势的变化会对黄金价格产生影响之外，近年来频频出现在人们视野中的国际游资也会对黄金价格产生较大的影响。国际游资是指与实际生产、交换没有直接联系，而以货币金融形态存在于国际的、以追逐风险利润为目的的投机性短期流动资本。国际游资会在全球的股票、外汇、黄金、商品期货等金融及衍生产品市场中不断地调整存量和流量的结构，从而导致股票指数、货币汇率、商品期货和黄金价格在不同方向进行波动调整。因此，国际游资在黄金市场上的存量变动与流量变动也将影响黄金价格走势。

（三）供给与需求关系

无论是作为商品还是货币，供求关系一直都是影响黄金价格的重要因素。当供大于求时，价格下跌；反之，价格就会上升。如果黄金的产量大幅增加，金价就会因供给增加而下降；如果出现黄金产量减少，金价就会在供小于求的情况下升值。

供给因素包括：经常性供给、调节性供给及偶发性供给。

（1）经常性供给

经常性供给的来源是世界主要产金国，这类供给是稳定的、经常性的。经常性供给量同产金国的生产能力、产量以及生产成本有直接关系。

（2）调节性供给

这是一类不规则的供给，主要来自中央银行的黄金抛售行为。中央银行是世界上黄金最大的持有者，在某些情况下为了达到特定的经济目的而在国际黄金市场上抛售黄金，如抑制国际金价或改善本国国际收支。

（3）偶发性供给

这一类供给是由于外界因素刺激作用而导致的供给，比如黄金生产国的政治、军事和经济的变动情况，导致金价变动，进而使得黄金的供应量发生显著的变化。

需求因素包括：黄金的工业与民用需求、投资性或投机性需求以及央行黄金储备的需求。

（1）黄金的工业与民用需求

随着全球经济的发展，黄金的民用与工业用量不断加大，例如在电子、通信、航空航天、医疗等领域需求量逐渐增加。

（2）投资性或投机性需求

投资性黄金需求包括两个方面：一方面，在通货膨胀情况下，投资黄金可以达到保值的目的；另一方面，在不同经济形势下，可在黄金与其他投资工具之间互相选择。投机性需求是指黄金交易者利用金价的波动，入市赚取投机利润的行为。最为常见的情况是，投机者根据国内形势，利用黄金市场上的金价波动，加上黄金期货市场的交易机制，大量“沽空”或“补进”黄金，人为地制造黄金需求的假象。

(3) 央行黄金储备的需求

黄金储备是各国央行国际储备的构成形式之一。尽管黄金价格经常出现波动，但黄金仍然是保值的较好手段，从这一点来说，它具备安全可靠的特点。当国际收支发生逆差时，中央银行可以动用黄金外汇储备补充所需外汇的不足；当国际收支经常项目出现顺差，黄金储备充足有余时，中央银行则可以用其清偿外债。因此，在各国的国际储备中，黄金都占有一定比例。

三、黄金市场主要交易品种

在经历了几百年的发展之后，黄金市场形成了种类较为多样的投资品种。一般来讲，黄金交易从交易形态上说有凭证形式和实物形式。

(一) 凭证形式的交易品种

1. 黄金账户

黄金账户是商业银行为黄金投资者提供的一种黄金交易品种，又称为黄金请求账户。黄金投资者选择黄金账户通过商业银行进行黄金买卖交易时，可在指定的资金账户上进行资金运作，在黄金账户上作交易记录，而无须进行黄金实物的提取交收。因此，黄金账户具有周转速度快、存储风险小、交易费用低的优点。

2. 纸黄金

纸黄金又称为黄金凭证，纸黄金交易是一种权证交易方式。投资者的买卖交易在个人预先开立的“黄金存折账户”上体现，而不涉及实物金的提取。采用纸黄金进行交易，可以节省黄金实物交易中所必需的保管费、储存费、保险费、鉴定及运输费等费用支出。相对实物金，其交易更为方便快捷，交易成本也相对较低。纸黄金的盈利模式即通过低买高卖，获取差价利润。

3. 黄金基金

黄金基金是黄金投资共同基金的简称，即专门以黄金类证券或黄金类衍生交易品种作为投资媒体的一种共同基金。黄金基金的投资风险较小、收益比较稳定，与我们熟知的证券投资基金有相同的特点。

4. 黄金股票

黄金股票就是黄金矿业公司发行的上市或不上市的股票。由于买卖黄金股票不仅是投资黄金矿业公司，而且还间接投资黄金，因此这种投资比单纯的黄金投资或股票投资更为复杂。投资者不仅要关注黄金矿业公司的经营状况，还要关注黄金市场的行情。

(二) 实物形式的交易品种

1. 金币

金币分为投资金币和纪念金币。投资金币又称作纯金币，一般由各国政府或中央银行发行。纯金币的价值基本与黄金含量一致，价格也随国际金价波动。纯金币投资是良好而安全的保值方式。纪念金币是各国政府或中央银行为了纪念某一事件或者人物而限量发行的铸金货币。由于纪念金币具有相应的纪念意义，因此其价格构成除了纯金币的价格要素以外，还应当考虑其历史价值、艺术价值和收藏价值。

2. 标金

标金是按规定的形状、规格、成色、重量等要素精炼加工成的标准化条状，俗称“金条”。标金是市场最重要的交易品种。按国际惯例，用于黄金市场实物交割的标金，在精炼厂浇铸成型时必须标明成色、重量，甚至精炼厂的编号及名称。标金的最大优点就是流通性强，可以立即兑现，可在世界各地转让，还可以在世界各地得到报价。从长期看，金条具有保值功能，是应对通货膨胀的理想投资工具。

目前，国际黄金市场上比较常见的标金规格有400盎司标金、1千克标金、111克标金、1盎司标金等。各国黄金市场上的标金成色也各不相同，有99.5%，也有99%和99.99%。

3. 黄金饰品

黄金饰品具有广义和狭义之分。广义的黄金饰品泛指含有黄金成色的装饰品，如金杯、金质奖章等纪念品。狭义的黄金饰品专指以成色不低于58%的黄金材料制成的装饰物。从投资理财的角度看，金饰的实用价值大于投资价值。因此，从严格意义上讲，金饰品只是一种保值手段。

本章小结

1. 保险市场是市场的一种形式，是保险商品交换关系的总和或是保险商品供给与需求关系的总和。它既可以指固定的交易场所如保险交易所，也可以是所有实现保险商品让渡的交换关系的总和。

2. 保险市场的特征是由保险市场的交易对象的特殊性所决定的。保险市场的交易对象是一种特殊形态的商品——保险经济保障。

3. 保险市场的构成要素如下：首先是为保险交易活动提供各类保险商品的卖方或供给方；其次是实现交易活动的各类保险商品的买方或需求方；再次就是具体的交易对象——各类保险商品。保险中介方也渐渐成为构成保险市场不可或缺的因素之一。

4. 我国保险资金运用于资本市场的渠道可以分为：国债、金融债、企业债、基金与股票。

5. 黄金市场是专门集中进行黄金买卖的交易中心或场所。一般而言，黄金交易与证券交易一样，都有一个固定的交易场所，世界各地的黄金市场就是由存在于各地的黄金交易所构成。黄金交易所一般都是在各个国际金融中心，是国际金融市场的重要组成部分。

6. 黄金市场有价格发现、资源配置、投资避险的功能。

关键概念

保险市场　保险市场资金　保险中介人　黄金市场　市场价格　生产价格　黄金账户

综合训练

1. 什么是保险市场？它由哪些要素构成？

2. 保险市场有哪些类型？

3. 保险资金的运用形式有哪些？

4. 简述黄金市场的分类与特点。

5. 黄金市场有哪些主要交易品？

课外延伸阅读

大变局——2019 中国保险十大发展趋势

2018 年的保险行业逐步从过去多年高速发展的激进和亢奋中，带有些许焦虑和茫然，逐步走向了“转型发展”之路。2019 年，中国保险行业将呈现以下十大发展趋势。

第一，保险行业发展速度趋缓，但仍将高于经济增长速度。

自从我国 2001 年加入 WTO 以来，中国保险行业保持了高速增长。对照国际保险市场的发展水平，中国是目前全球发展最快的寿险市场之一。2017 年中国的保险密度大约为 400 美元，虽然和 1980 年相比增加了 5600 余倍，但保险密度仍远低于发达国家，发展空间还有 6~11 倍。因此，从行业发展空间来看，保险行业还有着巨大的增长潜力。

一直以来，中国的保险行业发展速度比经济发展速度快。但是，从整体而言，保险业发展速度和经济发展呈正相关关系。在未来经济发展趋缓的大背景下，保险业也不会像过去那样突飞猛进。对此，保险行业人士应该有合理的判断。

第二，在人寿和健康保险领域，传统人寿寿险将受到更多的重视，健康保险和养老保险将获得更多重视，发展速度加快。

人口结构变迁为保险市场打开广阔空间。按照联合国标准，中国将分别于 2025 年和 2035 年进入深度老龄化和超级老龄化社会。与养老问题相伴而生，养老金缺口的增大使民众养老面临严峻挑战。2018 年 5 月我国开始税收递延养老保险试点工作，预计 2019 年将大概率推广实施，有望在未来 5 年给保险行业带来千亿级别的保费增量。

健康险和养老险的税收优惠政策落地，预示着接下来的健康保险和商业养老保险蓄势待发，保险行业应该抓住政策红利带来的机遇。

第三，在健康和人寿保险领域，个人保险代理人渠道仍将是第一大渠道，银行保险 2019 年将延续 2018 年的调整，互联网渠道仍然处于调整和尝试过程中。

个人代理人渠道是人寿保险的最主要渠道。近年监管机构强调“保险姓保”，并制定相应的监管措施，银行保险和互联网渠道销售投资类保险产品受到了抑制。在此背景之下，个人代理人渠道的重要性变得更为突出。个人寿险营销已占中国寿险半壁江山，成为最大的渠道。

银保渠道也是人寿保险的重要渠道。在未来银行保险发展过程中，保险公司将不会满足于销售利润边际较低的储蓄投资类银保产品，而在产品创新方面不断寻求突破。未来银保产品的开发设计将会针对银行客户的需求和银行渠道的特性展开，同时保险产品和银行信用产品的捆绑融合也会成为创新趋势。

电话互联网直接销售人寿保险仍在探索和发展过程中。目前传统寿险公司积极布局自营官网以及推出更多有竞争力的产品，自营官网的发展态势及增长速度迅猛，各家公司在自运营方面的能力都较快提升。

第四，财产责任保险领域，车险仍然是第一大险种，但增速放缓；财产保险增速稍快，重要性凸显。

中国的汽车市场，在经历了近30年的高速增长后，终于在2018年停下了飞奔的脚步。2018年9月以来，汽车销量呈下降趋势，这个趋势将持续下去。因此，保险市场汽车保险的增量将明显放缓。

伴随商车费改进一步推进深入，车险发展空间受到限制的情况下，非车险业务将得到更多重视。但是，车险仍然是财产保险市场上第一大险种。“赢车险者赢天下”，这个格局仍然没有改变。

第五，车险在中介渠道的“乱象”短期仍然无解；一部分保险公司将致力于探索“直接保险”模式，致力于“去中介”；而绝大部分保险公司仍将依赖中介渠道获取业务。

事实上，如何利用和管理中介渠道，如何建设自有渠道，如何发展直接保险，都成为保险公司，尤其是中小保险公司的选项。这些选项既是机遇也是挑战，互联网和智能手机的发展给部分财产保险产品的销售带来了极大机遇。关于渠道发展，既不是绝对的“去中介”，也不是绝对的“产销分离”，中介大发展。未来中国财产保险互联网和电话渠道的发展，应该注入更多的技术因素，打造竞争中的“护城河”，而不仅仅是打折和价格竞争。

第六，竞争格局仍然是强者恒强，保险市场集中度仍然居高不下。

市场集中度较高的趋势将会保持相当长的时间，大型保险公司仍将主导市场。较大的保险公司具有明显的品牌、规模经济和经营管理成熟度等方面的优势，而中小型保险公司在市场竞争中处于劣势地位，在可以展望的5年时间甚至10年时间之内，这种趋势不会有根本改变。

虽然中小保险公司的经营发展面临很大的困难和挑战，但是，在一个仍处在发展早期和粗放经营的市场里面，中小保险公司还是有很多翻身的机会。保险公司的治理、发展战略和定位，保险科技应用，客户管理和服务质量等是在未来竞争中取胜之关键。

第七，在发展速度趋缓的背景之下，越来越多的保险公司实施发展转型，追求有效益的规模，追求“保险姓保”。

很长时间以来，保险界似乎一直存在一个“要规模还是要效益”的问题。规模与效益并不矛盾，规模是效益的前提。保险公司必须追求有利润边际的规模。在有利润边际的前提下，公司保险业务收入规模是公司盈利的前提。

2019年，经济发展速度放缓，保险业发展速度也会相应受到一定程度影响。在行业发展速度放缓以及在现有法规的约束下，越来越多的保险公司将真正实施发展转型，追求有效益的规模，追求“保险姓保”。

第八，保险公司的战略规划和战略管理将得到重视和加强。

保险公司的发展战略规划、战略定位和战略管理将得到重视和加强。中国的保险公司，广泛存在战略规划能力不足、战略定位不清、创新不够、战略缺乏连续性和一致性等问题。保险公司，尤其是中小保险公司的战略发展、战略定位、战略管理，业已成为必须重视的头等大事。

在保险市场集中度趋高、竞争激烈、保险转型等压力之下，重新审视自身发展战略和战略定位必然成为保险公司的内生要求。战略定位、商业模式设计、管理体制设计、科技赋能将是战略发展的重要领域。

第九，保险科技将持续升温，保险科技在某些产品和某些业务领域的应用将取得局部突破。

保险科技革命处于爆发前夜，保险科技应用虽然不会在可见的近期对传统保险业造成整体性颠覆，但是它对保险业造成的巨大冲击乃至局部颠覆性影响则是可以预见的。保险科技应用造成的局部变革、局部创新是主流；保险科技在部分产品、部分价值链上的环节、部分业务领域的革命性变化则注定会发生。

2019 年，保险科技在财产保险领域应用将更加广泛，部分保险产品可以在全价值链上得到应用。财产保险领域的个别产品，例如汽车保险、旅游保险、意外保险、房屋保险、宠物保险等产品领域可能见到全流程的革命性变化。车险在保险科技应用方面具有标志性意义。保险科技在车险经营全价值链的应用是下一个阶段保险科技应用最突出和最具有标志意义的事件。

保险科技在寿险领域应用难度相对较大，但在个别寿险产品的销售、运营过程将获得广泛应用。保险科技在健康管理、医疗管理等环节和领域的应用，可能改变保险产品和服务的版图，可以实现局部突破。

保险科技创新将成为保险发展的驱动力，将会在部分产品、局部环节和领域改变保险业的面貌。风险管理能力仍将是保险行业的核心能力。

第十，保险行业持续对外开放。

对于外资寿险公司而言，外资股份比例放宽有可能意味着公司治理结构趋于合理，给外资寿险公司带来机遇。中国大幅度开放保险中介市场，将给中国保险市场带来更多经验和活力。虽然中国保险市场进一步对外开放，但外资对中国保险市场的热情，相比本世纪初中国加入世界贸易组织时期可能有所减弱。

（鲁峰：《2019 中国保险十大发展趋势》，2019 年 1 月 11 日，http://www.sohu.com/a/288239875_479770）

上海黄金交易所

上海黄金交易所是经国务院批准，由中国人民银行组建，专门从事黄金交易的国家金融要素市场，于 2002 年 10 月正式运行。其成立实现了中国黄金生产、消费、流通体制的市场化，是中国黄金市场开放的重要标志。

成立以来，上海黄金交易所始终坚持服务实体经济和产业发展原则，努力为投资者提供更丰富的投资渠道，已逐步发展成为中国黄金市场的核心、枢纽以及全球重要的黄金、白银、铂金等贵金属交易市场。自 2007 年起，上海黄金交易所交易量连续 10 年位居全球场内黄金现货场所之首。

截至 2017 年末，上海黄金交易所有会员 253 家，其中国内金融类、综合类共 165 家，特别会员 19 家，国际会员 69 家，国内会员单位年产金、用金量占全国的 90%，冶炼能力占全国的 95%；国际会员均为国际知名银行、黄金集团及投资机构。截至 2017 年末，机构客户 12269 户，个人客户 931.22 万户。

经过十多年的发展，上海黄金交易所建成了由竞价、询价、定价、租赁等市场共同组成，融境内主板市场与国际板市场于一体的多层次黄金市场体系。竞价市场实行集中竞价撮合机制，是目前交易量最大的市场，金融机构、产用金企业等机构和个人均可参与，交易标的包括黄金、白银和铂金三大类品种，有现货实盘合约、现货即期合约和现货延期交收合约等 16 个合约。询价市场是机构之间开展定制化衍生品交易的重要平台，主要提供黄金即期、远期、掉期和期权等交易品种，近年来交易规模增长迅速，已成为上海黄金交易所市场的重要组成部分。租借市场主要开展商业银行之间的黄金拆借业务、银行与企业之间的黄金租借业务，是上海黄金交易所支持产用金企业发展、更好发挥黄金市场投融资职能的重要创新和有益探索。

上海黄金交易所实行“集中、净额、分级”的结算原则，目前主板业务共有指定保证金存管银行18家，国际板业务共有指定保证金存管银行8家。上海黄金交易所实物交割便捷，在全国35个城市有61家指定仓库，并在全国范围内对金锭和金条进行统一调运配送。

2016年4月19日，上海黄金交易所发布了“上海金”，是全球首个以人民币计价的黄金基准价格。“上海金”定价机制是中国金融要素市场创新开放、积极融入全球一体化进程的重要尝试，为黄金市场参与者提供了良好的风险管理和创新工具，加快了中国黄金市场的国际化进程。2016年1月26日，上海黄金交易所推出首款移动互联网产品“易金通”，打造真正惠及群众的“百姓金”平台，推动黄金投资实现便利普惠。上海黄金交易所近年来还配合国家“一带一路”倡议，积极落实与相关省份和沿线国家、地区黄金市场的全方位对接以及战略合作，不断提升中国黄金市场的核心竞争力和国际影响力。

未来，上海黄金交易所将以建设一个国际一流的综合性黄金交易所为总体目标，坚定不移地实施“市场化、国际化”的发展战略，打造好代表人民币市场价格需求的“上海金”和落实国家“互联网+”及普惠金融战略的“百姓金”品牌，努力推动上海黄金交易所实现从现货交易为主向现货和衍生品交易多元化方向发展、从激发黄金的商品属性交易为主向商品属性和金融属性交易为主、从以国内市场为主向国内和国际两个市场并重的“三个转变”，更好地服务于黄金产业及国家的经济金融发展大局，为中国金融市场的改革开放、人民币国际化深入推进和国家“一带一路”倡议贡献力量。

（《上海黄金交易所成立16周年》，2018年10月30日，http：//www. zb580. tv/news/216326. html）

夯实黄金市场发展基石

一、构建“三元一体”的黄金市场架构

1. 上海黄金交易所黄金现货市场

为贯彻落实既定的战略发展目标，2014年9月，上金所正式推出“国际板”，实现了国内黄金市场和国际黄金市场的有效联通，加快了我国金融市场的开放进程，对推进上海国际金融中心和自贸试验区建设也具有突破性意义。2016年1月，上金所发布移动互联交易APP产品——“易金通”，为广大投资者搭建“百姓金”平台，推动黄金投资实现便利普惠。2016年4月，上金所推出国际首个以人民币计价的黄金基准价格——“上海金”，为上海建设全球人民币黄金定价中心奠定了坚实基础。截至2016年底，上金所已有会员253家，其中国际会员69家，涵盖了全国绝大多数的产用金企业、大型金融机构和国外知名银行、黄金集团及投资机构，各项业务呈现良性发展态势。

一是交易总规模大幅增长。上金所2016年全平台总交易额17.44万亿元，同比增长61.73%。其中，黄金成交4.87万吨，同比增长42.88%，是2012年的近8倍。二是投资性需求增长迅速。竞价市场延期合约较好地发挥了投资功能，进一步体现了黄金的金融属性。2016年，黄金延期合约成交量2.36万吨，同比增长61.81%。三是竞价、询价、定价三大

市场各有特色、互补发展，市场服务功能进一步增强。其中竞价市场交易量最大，交易规模总体平稳持续快速增长。2016 年全年黄金竞价成交量 3.04 万吨，同比增长 27.63%；成交金额 8.15 万亿元，同比增长 45.56%。询价市场是机构之间开展定制化衍生品交易的重要平台。2016 年，询价市场即期、远期、掉期成交量 1.77 万吨，同比增长 72.83%；成交金额 4.72 万亿元，同比增长 95.83%。此外，定价市场经过多轮“以价询量”的方式产生人民币计价的“上海金”基准价，以金融类机构参与为主。截至 2017 年 10 月，“上海金”自推出以来累计成交量 1536.32 吨，累计成交金额 4222.78 亿元。四是租借质押业务健康发展，服务实体经济的功能进一步加强。2016 年，全年共有 31 家商业银行借出黄金 3386.76 吨，同比上升 7.99%。五是国际化业务稳步拓展。2014 年 9 月，上金所启动黄金交易国际业务板块。国际板启动两年多来，在资金结算、实物交割等方面不断创新，影响力不断扩大。自推出以来至 2017 年 10 月，国际板累计共成交金额 34023.26 亿元。

2. 上海期货交易所黄金期货市场

2008 年 1 月，上海期货交易所黄金期货合约正式挂牌交易，进一步丰富了我国黄金市场的产品类型，成为黄金现货市场的有力补充。虽然黄金期货合约投机性交易占比超过九成，但上期所作为我国黄金市场的重要组成部分，在发挥市场功能等方面取得了明显成效。一是市场规模稳步增长，市场影响力扩大。2016 年，黄金期货全年成交量 6951.9 万手，成交金额 18.69 万亿元。二是市场主体结构不断优化，法人客户参与度持续上升。三是套期保值功能有效发挥，成为众多产业链企业风险管理的良好工具。四是期货价格与相关市场关联度进一步提高，已成为国内远期报价的重要定价依据。

3. 商业银行场外黄金市场

商业银行场外黄金市场包括银行与其客户之间开展的实物金销售、黄金积存等黄金业务，品种丰富，交易方式灵活，能够较好地满足企业融资、避险需求以及个人投资需求。商业银行一直以来是上金所黄金市场的主导力量，其自营业务在维护市场流动性等方面发挥了不可替代的作用。2016 年，商业银行总体交易规模快速增长，银行自营黄金成交量 2.54 万吨，占上金所黄金规模的 52.19%。

二、我国黄金市场发展特点

一是市场架构比较完整。我国黄金市场“三元一体”的市场架构层次分明，定位各有侧重，能较好满足各类投资者的多样化市场需求。

二是参与主体类型多样。商业银行、产用金企业、期货、证券、信托和各类专业投资公司等是两大场内市场的参与主体，另外还包括会员代理客户、提供客户服务的居间商以及支持类机构等。

三是与实体经济和黄金产业密切关联。我国是全球最大的黄金生产国、消费国和进口国，随着黄金市场化改革的推进，建设一个市场化、统一高效的交易平台，有助于提高交易和生产效率，从而更好地为黄金产业和国民经济发展服务。

四是投资与风险分散功能进一步得到发挥。近年来，我国黄金市场的交易规模和在金融市场体系中的占比均稳步提升，各类金融机构和其他非金融机构以及广大投资者均开始重视参与黄金投资，黄金市场的投资与风险分散功能日益完善。

三、高度重视黄金交易基础设施建设

1. 系统建设

2013 年 4 月 8 日，上金所第 2.5 代交易系统建设项目正式上线，其容量指标与性能指标均在第 2 代系统基础上明显提升。其中，客户容量从 300 万户提升至 500 万户，撮合速度设计峰值从 1000 笔/秒提升至 4000 笔/秒。系统上线后不断进行优化，主要新增功能及子系统包括周五夜市模板、黄金 ETF 系统、延期 mAu（T+D）合约、国际交易系统等。国际板在交易系统方面建立了集中托管模式的国际交易系统，该系统集上金所管理、会员管理、客户管理功能于一体，直接接入上金所核心系统，为会员提供服务，国际会员可直接使用该系统开展自营和代理业务。这一模式大大加速了国际板的推进，并加强了上金所对国际会员的集中管理。

2014 年 3 月，上金所第 3 代交易系统建设项目正式启动。第 3 代交易系统以“宝石”（GEMS，Gold Exchange Matching System）命名，旨在全面提升系统容量指标和性能指标，打造先进的技术架构和系统体系，广泛支持各项业务创新需求。2015 年 6 月，第 3 代交易系统一期（GEMS-1）上线，清算系统和交易核心系统的应用效率和稳定性大幅提升。随后，GEMS-1.1/1.2/1.5 的相继上线，完成了新版仓库管理系统、新版会员服务系统、业务管理系统以及登记平台的全面启用。2017 年 5 月 1 日，GEMS-2 系统正式上线。业务层面上，GEMS-2 系统涵盖了 43 项架构类需求，涉及核心业务、国际业务、互联网业务三大板块；技术层面上，GEMS-2 系统实现了客户、账户、协议、接口、界面和认证六大统一目标。就整体开发范围而论，涉及竞价、询价、国际板、集中定价，登记系统、清算系统、风控系统、数据服务平台以及多个外围管控平台，共计 15 个子系统。系统容量指标与性能指标方面，GEMS-2 系统较第 2.5 代系统取得了大幅提升。其中，客户容量从 500 万户提升至 5000 万户，活动客户容量从 100 万户提升至 1000 万户，单台撮合服务的连续交易撮合速度峰值实测超过每秒 4 万笔。第 3 代交易系统建设不仅精心重构了系统巨舰的核心龙骨，也全面带动了周边系统的演进和全面创新。

2. 完善交易机制

2016 年 1 月 12 日，询价市场正式启动黄金市场做市商制度，在银行间黄金询价市场开始正式做市业务，提高市场交易流动性、报价有效性，逐步构建场外市场中远期价格发现机制。为促进银行间黄金询价市场做市业务规范化发展，上金所制定了《上海黄金交易所银行间黄金询价市场做市商管理办法》，完善银行间黄金询价市场做市商激励约束机制，充分发挥做市商作用。

2016 年 1 月 26 日，上金所推出移动端黄金交易平台“易金通”，集开户、行情、交易、查询、资讯等功能于一体，为投资者提供权威、专业、便捷的交易工具。全天随时随地提供服务，用户通过手机即可直接进行出入金、开平仓交易、持仓及库存查询、历史交易查询等操作，突破网银和 PC 交易终端的固定性限制，大幅提升用户体验。在交易安全性上，提供基于图像识别、银行卡验证、双因子认证等多种手段的安全验证，确保每一位投资者的操作真实有效。“易金通”是打造真正惠及群众的“百姓金”平台，更好地推动黄金投资实现便利普惠。

2016 年 4 月 19 日，上金所推出“上海金”集中定价交易业务。“上海金”集中定价交易是指市场参与者在上金所平台上，以 1 公斤、成色不低于 99.99%的标准金锭为交易对象，以人民币/克为交易单位，通过多轮次“以价询量”集中交易的方式，在达到市场量价相对平衡后，最终形成“上海金”人民币基准价格。“上海金”基准价将为全球的投资者提供一个公允的、可交易的人民币黄金基准价格，为黄金市场参与者提供良好的风险管理和创新工具，将有利于进一步完善人民币黄金市场的价格形成机制，加快推进中国黄金市场国际化进程。

3. 优化资金清算、结算体系

上金所实行“集中、净额、分级”的资金清算原则。近年来，上金所不断优化结算功能，构建起集竞价、询价、定价、报价四大交易模式，包括黄金、白银和铂金三大交易品种在内的跨市场、多产品的结算业务体系，同时提供了询价交易、黄金ETF、易金通、充抵业务、定价交易、报价交易等创新金融产品的结算服务。根据结算业务发展需要，先后增加业务统计功能和预清算功能，增设结算服务平台，调整违约处置程序；配合第3代系统建设提出了更趋先进的结算业务开发需求，研发了树型结算账务结构与会员多存管银行系统。另外，上金所还参照《金融市场基础设施原则》的要求和标准，着手开展“合格中央对手方”的评估工作，目前已完成了自评估阶段，为下一步参加外部专家评估做好准备。2016年，上金所全年结算量已达35072亿元，其中会员自营23635亿元，增长40.55%；会员代理11436亿元，增长8.8%。日均结算量为144亿元，是2012年结算量的3倍多。

国际板在结算体系上实行“分级、净额、封闭”的资金结算原则。国际会员就其在上金所的买卖的成交差额与国际中心进行净额结算；国际客户与国际会员的资金分账户设立和存管，国际客户资金全部存管在国际中心专用结算账户，全封闭运行；国际中心负责对国际参与者实行结算，国际会员负责对其代理客户实行结算。国际板产品结算原则与主板产品一致，结算路径顺畅。所有国际会员与国际客户都必须开立由人民银行设在上海自由贸易试验区内的离岸人民币及外币的账户管理体系的账户（FT账户）。目前，国际板共有中国银行、工商银行、建设银行、农业银行、交通银行、浦发银行、招商银行、中银香港8家结算行，国际会员和国际客户可在这8家结算行中任选一家进行开户。2016年，国际板净额资金清算量达797.38亿元人民币。国际板跨区调拨694.79亿元人民币，其中从境外（含区内）调拨至境内271.91亿元，从境内调拨至境外（含区内）422.88亿元。在会员层面，29家国际会员已实现资金划转业务，转入资金总量360.76亿元；国际会员转出资金总量486.50亿元。

4. 建设交割储运网络

为满足买卖双方会员可就近入库和出库的需求，上金所建立起比较完善的黄金交割仓库服务网络，将国内生产黄金的企业和加工黄金的企业通过仓储网络连接起来。近年来，上金所进一步提高交割储运服务能力，完善实物交割管理和物流系统，提升交割运输效率，加强国际板交割系统建设与管理，优化国际板进境流程与服务，同时继续加强黄金实物和进出口质量管理。截至2017年10月，上金所在全国35个地区设置了60家主板黄金、2家国际板黄金、3家主板白银交割仓库，满足了国内外包括金融、生产、加工、批发、进出口贸易等各类黄金产业链企业的出入库需求，其中黄金生产类会员入库量约占全国同行业的80%，黄金加工类会员出库量约占全国同行业的90%。

国际板在实物交割上，在自贸区内设立国际板指定交割仓库，为国际投资者提供交割储运服务。利用自贸区海关监管的创新政策，在现行黄金进口管理的制度框架下，在自贸区内建立交割仓库，为国际投资机构提供标准实物黄金的入库、出库和账户划转服务，为国内黄金进口银行办理实物登记、存放和转运服务。自贸区仓库交割的黄金必须为伦敦金银业市场协会认证的标准金锭提供商提供的、符合标准的实物，严格限制国际上冲突地区黄金的进入，保证黄金质量。同时，限制黄金境内境外交叉出入库，防范利用黄金交易进行资金转移的行为。

四、黄金市场未来发展目标

上金所自2012年以来陆续改进了黄金登记、实物托管、交易、结算、交割、仓储、信息提供等众多市场基础服务工作。未来，上金所将进一步加强基础设施建设。一是明晰黄金市场基础设施的业务边界和管理规则，统筹黄金市场基础设施的发展规划。二是完善上金所制度与业务规则。三是参照《金融市场基础设施原则》的要求和标准，加快推进建立“中央对手方清算机制”。四是发挥黄金市场基础设施自律监管作用，探索建立信息披露和市场参与者反馈制度。五是积极推进主板与国际板准则的融洽接轨。六是配合监管部门完善黄金市场基础设施的立法体系，充实市场运行的法律依据，将黄金市场的监管纳入央行宏观审慎监管框架，切实维护金融市场稳健运行。

（张林：《焦瑾璞：夯实黄金市场发展基石》，2018 年 1 月 6 日，http：//www. sohu. com/a/214949987_ 481887）

第七章

金融衍生工具市场

开篇导读

中国航油（新加坡）股份有限公司（以下简称“中航油”）成立于1993年，由中央直属大型国企中国航空油料控股公司控股，总部和注册地均位于新加坡，2001年在新加坡交易所主板上市，成为中国首家利用海外自有资产在国外上市的中资企业。2002年公司被新交所评为“最具透明度的上市公司”奖，并且是唯一入选的中资公司。中航油通过国际石油贸易、石油期货等金融衍生工具的交易，其净资产已经从1997年的16.8万美元增加到2004年的1.35亿美元，增幅高达800倍。但2004年11月，中航油因误判油价走势，在石油期货投机上亏损5.5亿美元。这一事件被认为是著名的“巴林银行悲剧”的翻版：10年前，在新加坡期货市场上，欧洲老牌的巴林银行因雇员违规投机操作，令公司损失13亿美元并导致其被一家荷兰银行收购。中航油能够在7年间实现净资产增幅800倍，又巨亏5.5亿美元，都是缘于对金融衍生工具的使用。

金融衍生工具的诞生本来是为了规避风险进行套期保值，但中航油却是毁于对金融衍生工具的过度投机。金融衍生工具是指价值依赖于其他基本标的资产的各类合约的总称。美国财务会计准则委员会（FASB）将金融衍生工具定义为：价值由名义规定的衍生于所依据的资产的业务或合约。根据巴塞尔银行监管委员会的定义，金融衍生工具是一种合约，该合约的价值取决于一项或多项标的资产或指数的价值。标的资产包括的范围很广泛，可以是股票、债券等基础证券，可以是黄金、白银等贵金属，也可以是小麦、玉米、咖啡等大宗商品，甚至可以是不存在实物形态的股票指数、温度指数、污染指数等。例如，以股票为标的资产的衍生工具有股票期货、股票期权、股指期货、股票指数期权等。股票一般是公司为筹集资金而向投资者发行的，所有的股票发行是公司转让部分公司所有权的融资手段，投资者购买股票后，可按投资比例享有公司所有者的各项权利。金融衍生工具与此不同，衍生工具作为一个合约，合约的双方不是确定的。根据自身需要或对未来经济状态的判断，交易者可以选择站在合约的任意一方。金融衍生工具是在现时对金融基础工具未来可能产生的结果进行交易，其交易在现时发生而结果要到未来某一约定的时刻才能产生。衍生工具交易的对象并不是基础工具或金融商品本身，而是对这些基础工具或商品在未来各种条件下处置的权利和义务。基础的金融衍生工具包括期货与远期合约、期权和互换三大类。通过本章的学习，希望读者能够掌握金融衍生工具的基本概念、风险、收益属性和衍生工具在金融风险管理中的作用。

学习目标

1. 掌握远期合约、期货合约、期权合约、金融互换的基本概念、种类。
2. 掌握不同金融衍生产品的特点和差异。
3. 了解远期、期货、期权、互换的功能与应用。

第一节　金融衍生工具市场概述

一、金融衍生工具的概念

金融衍生工具（Financial Derivative Instrument）又称为金融衍生产品，是与基础金融产品相对应的概念，是指那些价值依赖于其他基本变量的金融工具，如远期、期货、期权、互换等。根据美国财务会计准则委员会（FASB）的定义：金融衍生工具是期货、远期合约、互换和期权合约以及类似性质的金融工具，如利率上限与固定利率借款承诺等。通俗来讲金融衍生工具就是在货币、债券、股票等传统金融工具基础上衍生而来，通过预测股价、利率、汇率等未来行情走势，借助于信用交易产生杠杆效应的新型金融工具。它是一把双刃剑，运用得当可以给投资者带来巨大收益，但是稍有不慎则可能带来灭顶之灾。

二、金融衍生工具的特征

（一）跨期性

金融衍生工具是交易双方通过对利率、股价、汇率等因素变动趋势的预测，约定在未来某一时间按照一定条件进行交易或者选择是否进行交易的合约。无论是哪一种金融衍生工具，都会影响交易者在未来一段时间或者一个时点上的金融资产转移，都具有十分突出的跨期特点。金融衍生工具的交易双方需要对利率、股价、汇率等因素的变动趋势进行预测，这一预测的正确与否将直接影响到交易双方在交易中的盈亏。

（二）杠杆性

金融衍生工具交易一般只需要支付少量的保证金或权利金就可以签订远期大额合约或者互换不同的金融工具。例如，期货交易保证金通常情况下是合约金额的5%，也就是说，期货投资者可以控制20倍于所投资金额的合约资产，以实现以小博大。也就是说，金融衍生工具的参与者只需要动用很少的资金就可以控制资金流量巨大的交易合约。正是这一杠杆作用大大提高了资金利用率和实现扩大收益的可能性，但是也同样带来了极大的风险。

（三）高风险性

金融衍生工具的投资成败取决于投资者对未来市场价格的判断。金融基础工具价格的变幻莫测决定了金融衍生工具交易盈亏的不稳定性，也构成了金融衍生工具具有高风险的重要诱因。除了价格的不确定性，金融衍生工具的风险性还包括信用风险、市场风险、流动性风险、结算风险、法律风险等。

三、金融衍生工具的起源与发展

尽管历史学家可以从古希腊文献中找到关于期权合约的记载，但现代意义上金融衍生产品的出现却是20世纪70年代的事。布雷顿森林体系的崩溃使得主要发达国家放弃金本位制度，浮动汇率制随之而来。70年代末美国货币政策的主要目标从以联邦利率为目标改为以货币总量为目标，导致利率波动性地上升，汇率和利率的双重波动使得对避险工具的需求日益旺盛，降低筹资成本、提高收益、增加融资渠道成为金融衍生工具发展的重要动力。1973年和1978年两次石油危机使西方国家经济陷于滞胀，为应对通货膨胀，美国不得不运用利率工具，这又使金融市场的利率波动剧烈。这一切都使利市、汇市、债市、股市发生了前所未有的波动。为了规避风险，商业银行、投资机构、企业纷纷开始寻找可以规避市场风险、进行套期保值的金融工具。在布雷顿森林体系崩溃前2个月，芝加哥商品交易所成功推出了第一张场内交易的外汇合约，1973年期权定价理论也取得革命性突破，即Black-Scholes-Merton模型，有利于投资者更为准确地对衍生工具进行估价、风险管理，从而促进衍生工具的迅速发展。1975年，芝加哥期货交易所率先推出抵押协会债券利率期货。1982年2月24日，美国堪萨斯市推出第一份股票指数期货合约，同年的10月1日，芝加哥期货交易所推出第一份利率期权合约。1984年，芝加哥商业交易所首次将期权与期货两种衍生工具结合在一起，即期货合同期权交易。

金融机构的利润驱动是金融衍生工具产生和迅速发展的又一重要原因。金融机构通过金融衍生工具的设计开发以及担任中介，显著地推进了金融衍生工具的发展。金融中介机构积极参与金融衍生工具的发展主要有两方面原因：

一是在金融机构进行资产负债管理的背景下，金融衍生工具业务属于表外业务，既不影响资产负债表状况，又能带来手续费等收入。1988年国际清算银行（BIS）制定的《巴塞尔协议》规定：开展国际业务的银行，其资本对风险加权资产的比率必须维持在8%以上，其中核心资本至少为总资本的50%。这一要求促使各国银行大力拓展表外业务，相继开发了既能增进收益、又不扩大资产规模的金融衍生工具，如期权、互换、远期利率协议等。

二是金融机构可以利用自身在金融衍生工具方面的优势，直接进行自营交易，扩大利润来源。为此，金融衍生工具市场吸引了为数众多的金融机构。20世纪80年代以来的金融自由化进一步推动了金融衍生工具的发展。所谓金融自由化，是指政府或有关监管当局对限制金融体系的现行法令、规则、条例及行政管制予以取消或放松，以形成一个较宽松、自由、更符合市场运行机制的新的金融体制。金融自由化一方面使利率、汇率、股价的波动更加频繁、剧烈，使得投资者迫切需要可以回避市场风险的工具；另一方面，金融自由化促进了金融竞争。由于允许各金融机构业务交叉、相互渗透，多元化的金融机构纷纷出现，直接或迂回地夺走了银行业很大一块阵地；再加上银行业本身业务向多功能、综合化方向发展，同业竞争激烈，存贷利差趋于缩小，使银行业不得不寻找新的收益来源，改变以存贷款业务为主的传统经营方式，把金融衍生工具视作未来新利润增长点。

20世纪90年代以来，通信技术、信息处理技术进步以及管制放松等有利条件促进了衍生工具的飞速发展。传统衍生产品包括期权、期货、远期利率协议，另外还有利率调期、利率保底合同和利率封顶合同，以及各种隐含期权比如可提前赎回债券、可提前兑换债券、可转换债券等，新兴的衍生产品包括资信衍生证券、各种形式的专用期权等。衍生产品的未来发展趋势将主要表现为资信衍生证券的应用将日益广泛，而以实物商品为标的物的调期合同、以非金融产品（如通信频带带宽、半导体或天然气）为标的物的衍生产品市场也将逐渐发展起来。回顾过去几十年来金融衍生工具的发展历史，我们可以看到一些基本的演化规律：在前20年中，金融衍生工具主要是一些如期货、期权和互换等基础性金融衍生产品。进入20世纪90年代之后，大多数新的金融衍生产品或者是基于20世纪70年代和80年代产生的基本衍生产品在某些应用方面的扩展，或者是基本证券和衍生证券的某种分解与组合，例如信用衍生产品和结构性衍生产品。90年代出现的众多金融衍生工具中有许多是OTC（场外交易）产品，OTC产品没有像交易所标准化产品那样引人注目，但是却从另一个角度表明了证券创新和衍生工具在整个金融界的普及和渗透。因此，在经历了20世纪的爆炸性发展之后，金融衍生工具进入了一个更加深入与广泛的阶段，这个趋势也将持续下去。

四、金融衍生工具的功能

如今，金融衍生工具在金融市场上发展迅速，受到诸多投资者的欢迎，这显然是与金融衍生工具所具有的功能与作用密不可分的。金融衍生工具的种类多种多样，它们各自所具有的功能也不尽相同，但是作为金融衍生工具，它们也有着共同的基础功能，主要表现在避险保值、价格发现、提高交易效率、优化资源配置四个方面。

（一）避险保值

金融衍生工具产生的最基本原因就是避险保值。金融市场上的投资者面临着众多的风险，这些风险对不同投资者未来收益的影响程度不同，可能对于某些投资者是很糟糕的风险，对另一些投资者而言却是影响不大甚至是好的结果。金融衍生品交易活动就创造出了转移风险的合理机制。这一机制主要通过套期保值交易发挥作用，套期保值是金融衍生市场的主流交易方式，交易主体通过金融衍生工具的交易实现对持有资产头寸的风险对冲，将风险转移给愿意并且有能力承担风险的投资者，同时也将潜在的利润转移出去。

（二）价格发现

价格发现是金融衍生市场的外部性功效。在金融衍生工具交易中，市场主体根据市场信号和对金融资产的价格走势进行预测，进行金融衍生品的交易。在金融衍生工具的价格发现中，最中心环节就是价格决定，这一环节是通过供给需求双方在公开喊价的交易所大厅（或电子交易屏幕）内达成，所形成的价格又可能产生新的价格信息来指导金融衍生工具的供给和需求，从而影响下一期的价格决定。大量的交易形成了金融衍生产品基础的金融产品的价格。这一市场均衡价格不仅有指示性功能，而且有助于金融产品价格的稳定。

（三）提高交易效率

在很多金融交易中，衍生品的交易成本通常低于直接投资标的资产，其流动性（由于可以卖空）也比标的资产相对强得多，而交易成本和流动性正是提高市场交易效率不可缺少的重要因素。所以，许多投资者以金融衍生品取代直接投资标的资产，在金融市场开展交易活动。

（四）优化资源配置

金融衍生工具市场扩大了金融市场的广度和深度，从而扩大了金融服务的范围和基础金融市场的资源配置作用。一方面，金融衍生产品以基础金融资产为标的物，达到了为金融资产避险增值的目的；另一方面，金融衍生市场是从基础金融市场中派生出来的，金融衍生工具的价格在很大程度上取决于对基础金融资产价格的预期，有利于基础金融工具市场价格的稳定和金融工具的流动性。

五、金融衍生工具的种类

金融衍生工具的种类日趋繁多，关于金融衍生工具种类的划分方法也有很多，这里主要介绍以下三种划分方法。

（一）按交易方式划分

从交易形式即合约类型的角度，金融衍生工具可以分为远期、期货、期权和互换四大类。

远期指规定合约双方同意在指定的未来日期按约定的价格买卖约定数量的相关资产或金融工具的合约，目前主要有远期外汇合同、远期利率协议等。

期货指规定交易双方在未来某一期间按约定价格交割特定商品或金融工具的标准化合约，目前主要有利率期货、外汇期货、债券期货、股票价格指数期货等。

期权指规定期权的买方有权在约定的时间或约定的时期内，按照约定价格买进或卖出一定数量的某种相关资产或金融工具的权利，也可以根据需要放弃行使这一权利的合约，目前主要有外汇期权、外汇期货期权、利率期权、利率期货期权、债券期权、股票期权、股票价格指数期权等。

互换也译作“金融掉期”，是指交易双方约定在合约有效期内，以事先确定的名义本金额为依据，按约定的支付率（利率、股票指数收益率等）相互交换支付的合约，目前主要有外汇互换、利率互换、货币互换、债券互换、抵押贷款互换等。互换合约实质上可以分解为一系列远期合约组合。

（二）按基础工具划分

从基础工具的分类角度，金融衍生工具可以划分为股权类产品的衍生工具、货币衍生工具、利率衍生工具、信用衍生工具以及其他衍生工具。

股权类产品的衍生工具指以股票或股票指数为基础工具的金融衍生工具，主要包括股票期货、股票期权、股票指数期货、股票指数期权以及上述合约的混合交易合约。

货币衍生工具指以各种货币作为基础工具的金融衍生工具，主要包括远期外汇合约、货币期货、货币期权、货币互换以及上述合约的混合交易合约。

利率衍生工具指以利率或利率的载体为基础工具的金融衍生工具，主要包括远期利率协议、利率期货、利率期权、利率互换以及上述合约的混合交易合约。

信用衍生工具指以基础产品所蕴含的信用风险或违约风险为基础变量的金融衍生工具，用于转移或防范信用风险，是20世纪90年代以来发展最为迅速的一类衍生产品，主要包括信用互换、信用联结票据等。

其他衍生工具指除以上四类金融衍生工具之外，还有相当数量的金融衍生工具是在非金融变量的基础上开发的，例如用于管理气温变化风险的天气期货、管理政治风险的政治期货、管理巨灾风险的巨灾衍生产品等。

（三）按产品形态划分

美国财务会计标准委员会（FASB）于1998年发布了第1号会计准则——《衍生工具与避险业务会计准则》。这个准则将金融衍生工具划分为独立衍生工具和嵌入式衍生工具两大类，给出了较为明确的识别标准和计量依据，尤其是所谓公允价值的应用，对后来各类机构制定金融衍生工具的计量标准具有重大的影响。

独立衍生工具指包括远期合同、期货合同、互换与期权，以及具备远期合同、期货合同、互换和期权中一种或者一种以上特征的工具。

嵌入式衍生工具指嵌入到非衍生工具（即主合同）中，使混合工具的全部或者部分现金流量随着特定利率、金融工具价格、商品价格、汇率、价格指数或者其他类似变量的变动而进行变动的衍生工具。嵌入式衍生工具与主合同共同构成混合工具，如可转换公司债券。

第二节　金融远期合约与金融期货、金融期权市场

一、金融远期合约

（一）金融远期合约的定义

金融远期合约（Forward Contracts）又称为金融远期、金融远期交易，是指双方约定在未来的某一确定时间，按确定的价格买卖一定数量的某种金融资产的合约。在合约中，双方约定买卖的资产称为“标的资产”，合约中规定的未来买卖标的物的价格称为“交割价格”或“协议价格”，规定在将来买入标的物的一方称为多头方，在未来卖出标的物的一方称为空头方。金融远期合约是适应规避现货交易风险的需要而产生的，我们知道，现货交易最大的缺点就是无法规避价格风险。例如，一个农场主的命运完全掌握在他的农作物在收割时农作物的市场价格之中，如果在播种时就可以确定农作物收割时可以卖出的价钱，那么农场主就可以安心致力于生产了，因此，远期合约应运而生。这里我们主要以远期利率协议来介绍金融远期合约。

远期利率协议是 1983 年问世的利率保值创新工具，最早流行于英国。目前，伦敦市场仍然是远期利率的交易中心，其次是纽约市场。远期利率协议的主要使用者是商业银行，他们使用远期利率协议来对现存的远期利率头寸进行套期保值，而非套利赚取利润。银行间签订远期利率协议，能够预先确定投资报酬率或者资金成本。另外，也有非金融机构用户使用远期利率协议规避远期借款利率上升的风险，而很少用它来固定远期存款利率。非银行金融机构的客户合约大部分也是通过银行缔结。远期利率协议还可以用来短期防范长期债务的利率风险。

（二）金融远期合约的特征

远期合约是一个特别简单的衍生工具。它是在一个确定的将来时间按确定的价格购买或出售某项资产的协议。远期合约不是标准化的，最终客户可“定制”远期合同以满足特殊的要求，这使远期合同能较好地适合于某些特殊目的。在签订远期合约之前，双方可以就交割地点、交割时间、交割价格、合约规模、标的物品质等细节进行谈判，以尽量满足双方需要，因此具有较大的灵活性。

但是，远期合约也有以下明显的缺点：

（1）由于远期合约一般在场外市场交易，没有固定的、集中的交易场所，不利于信息交流和传递，不利于形成统一的市场价格，市场效率较低。

（2）由于每份远期合约千差万别，这就给远期合约的流通带来较大不便，因此远期合约的流动性较差。

(3) 远期合约的履约没有保证，从合约签订到交割期间不能直接看出履约情况，风险较大。当价格变动对一方有利时，对方有可能无力和无诚意履行合约，因此远期合约的违约风险较高。

(三) 金融远期合约的种类

金融远期合约根据其交易对象可以分为远期利率协议、远期外汇合约和远期股票合约三类。

远期利率协议是指买卖双方同意从未来某一商定的时间开始在某一特定时期内按协议利率借贷一笔数额确定、以具体货币表示的名义本金的协议。

远期外汇合约是指双方约定在将来某一时间按照约定的远期汇率买卖一定金额的某种外汇的合约，交易双方在签订合同时，就确定好将来进行交割的远期汇率，到时不论汇价如何变化，都应按照此汇率交割。在交割时，名义本金并未交割，而只交割合同中规定的远期汇率与当时的即期汇率之间的差额。远期外汇协议又分为直接远期外汇合约和远期外汇综合协议。

远期股票合约是指在将来某一特定日期按特定价格交付一定数量单个股票或者一揽子股票的协议。

(四) 远期利率协议

1. 远期利率协议的概念、特点

远期利率协议（Forward Rate Agreement，FRA）是指交易双方约定在未来某一日期，交换协议期间内一定名义本金基础上分别以合同利率和参考利率计算利息的金融合约。远期利率协议是以锁定利率和对冲风险为目的的衍生工具之一。远期利率协议的买方是名义借款人，其订立远期利率协议的主要目的是规避利率上升的风险；远期利率协议的卖方则是名义贷款人，其订立远期利率协议的主要目的是规避利率下降的风险。之所以称为名义，是因为借贷双方不必交换本金，只是在结算日根据协议利率和参考利率之间的差额以及名义本金额，由交易一方付给另一方结算金。

远期利率协议交易具有以下几个特点：一是具有极大的灵活性，作为一种场外交易工具，远期利率协议的合同条款可以根据客户的要求“量身定做”，以满足个性化需求。二是并不进行资金的实际借贷，尽管名义本金额可能很大，但由于只是对以名义本金计算的利息的差额进行支付，因此实际结算量可能很小。三是在结算日前不必事先支付任何费用，只在结算日发生一次利息差额的支付。金融机构使用远期利率协议可以对未来期限的利率进行锁定，即对参考利率未来变动进行保值。

2. 远期利率协议的常见术语

为了规范远期利率协议，英国银行家协会于 1985 年颁布了远期利率标准化文件（FRABBA）作为市场实务的指导原则。FRABBA 对远期利率协议的术语作出了如下规定：

合同金额（Contract Amount）——借贷的名义本金额；

合同货币（Contract Currency）——合同金额的货币币种；

交易日（Dealing Date）——远期利率协议成交的日期；

结算日（Settlement Date）——名义借贷开始日期；

确定日（Fixing Date）——确定参照利率的日期；

到期日（Maturity Date）——合约结束之日；

合约期（Contract Period）——结算日至到期日的天数；

合约利率（Contract Rate）——协议中双方商定的利率；

参照利率（Reference Rate）——某种市场利率；

结算金（Settlement Sum）——在结算日，根据合同利率与参照利率的差额计算出来的，由交易一方付给另一方的金额。

3. 结算金的计算

在远期利率协议下，如果参照利率超过合同利率，那么卖方就要支付给买方一笔结算金，以补偿买方在实际借款中因为利率上升造成的损失，计算公式如下：

$$SS = \frac{A \times (R_t - R_c) \times \frac{D}{B}}{1 + R_t \times \frac{D}{B}}$$

式中，SS 表示结算金；R_t 表示参照利率；R_c 表示合同利率；A 表示合同金额；D 表示合同期天数；B 表示天数计算惯例（如美元为 360 天，英镑为 365 天）。

但如果参照利率小于合同利率，那么买方就要支付给卖方一笔结算金，以补偿卖方在实际借款中因为利率下降而造成的损失，计算公式如下：

$$SS = \frac{A \times (R_c - R_t) \times \frac{D}{B}}{1 + R_t \times \frac{D}{B}}$$

从结算金的计算公式中我们不难发现，在远期利率协议中借贷双方最终结算的是合同利率与参考利率的差额，并不进行本金的交割，所以 FRA 的合同金额又称为借贷的名义本金额。

4. 远期利率协议的功能

远期利率协议最主要的功能就是通过固定将来实际交付的利率而避免利率变动的风险。签订远期利率协议之后，无论将来市场利率如何变动，协议双方将来收付资金的成本或者收益总是固定于合同利率之上。利率用利差结算，资金流动量小，为银行提供了一种管理利率风险而又无须改变资产负债结构的有效工具。远期利率协议具有简便、灵活、无须支付保证金等优点，与此同时，由于远期利率协议是场外交易，故存在着信用风险与流动性风险，但这种风险又是有限的，因为它最后支付的只是利差而非本金。当然，远期利率协议也存在着一些缺点，比如，作为场外交易，远期利率协议相比其信用风险还是较大的。银行对远期利率协议交易一般用本金的 5%来测算其信用风险限额。另外，远期利率协议不能进行对冲交易，每笔交易都是相对独立的，所以它只可以与另一笔远期协议调换，不可以出售或者冲销原协议。

5. 我国远期利率协议简介

2007 年 10 月 8 日，中国人民银行发布公告（［2007］第 20 号），从 2007 年 11 月 1 日起正式推出远期利率协议业务。远期利率协议的买方支付以合同利率计算的利息，卖方支付以参考利率计算的利息。远期利率协议的参考利率应为经中国人民银行授权的全国银行间同业拆借中心等机构发布的银行间市场具有基准性质的市场利率或中国人民银行公布的基准利率，具体由交易双方共同约定。

作为一种典型的利率衍生产品，远期利率协议业务的推出具有非常重要的意义：

（1）有利于增强投资者管理利率风险的能力。随着我国金融体制改革的深入，利率市场化的程度也在逐步加深，投资者开始面对更多的利率波动的风险。远期利率协议可以让投资者锁定从未来某一时刻开始的利率水平，从而有效地管理短期利率风险。

（2）有利于促进市场稳定，提高市场效率。远期利率协议通过锁定未来的利率水平实现了风险的转移和分散，能够深化市场功能，提高市场稳定性，同时可以在客观上降低投资者的交易成本，提高市场效率。

（3）有利于促进市场的价格发现，为中央银行的货币政策操作提供参考。远期利率协议所达成的利率水平集中体现了来自套期保值、套利、投机等各方面的需求，是各种市场信息和对未来预期的综合反映，有助于促进市场的价格发现，其价格水平的变动可以为中央银行的货币政策操作提供重要的参考。

（4）有利于整个金融衍生品市场的协调发展。远期利率协议的推出，不仅可以进一步丰富金融衍生产品种类，使投资者更灵活地选择适合自身需要的风险管理工具，还可以为现有的利率衍生产品提供有效的对冲手段，从而促进整个金融衍生品市场的协调发展。

二、金融期货市场

（一）金融期货的起源与发展

期货的英文为“Futures”，是指交易双方不必在买卖发生的初期就交收实货，而是共同约定在未来的某一时间交收实货。期货市场的发展大致经历了由商品期货到金融期货的发展历程。商品期货是指标的物为实物商品的期货合约。商品期货历史悠久，种类繁多，主要包括农产品期货、金属期货和能源期货等。而金融期货出现较晚，它产生的根本原因在于为了防范金融商品价格如利率、汇率以及股价指数大幅波动而产生的风险，主要包括外汇期货、利率期货和股票指数期货。随着第二次世界大战后布雷顿森林体系的解体，20 世纪 70 年代初国际经济形势发生急剧变化，固定汇率制被浮动汇率制所取代，利率管制等金融管制政策逐渐取消，汇率、利率频繁剧烈波动，从而激发了市场对金融期货的潜在需求。1972 年 5 月，芝加哥商业交易所（CME）设立了国际货币市场分部（IMM），首次推出英镑、加拿大元、西德马克、法国法郎、日元和瑞士法郎等外汇期货合约，合约均以美元报价。1975 年 10 月，芝加哥期货交易所上市国民抵押协会债券（CNMA）期货合约，从而成为世界上第一个推出利率期货合约的交易所。1977 年 8 月，美国长期国债期货合约在芝加哥期货交易所上市，是迄今为止国际期货市场上交易量较大的金融期货合约之一。1982 年 2 月，美国堪萨斯期货交易所（KCBT）开发了价值线综合指数期货合约，使股票价格指数也成为期货交易的对象。至此，金融期货三大类别基本形成。进入 20 世纪 90 年代后，在欧洲和亚洲的期货市场，金融期货交易占了市场的大部分份额。在国际期货市场上，金融期货也成为交易的主要产品。目前，在世界各大金融期货市场，交易活跃的金融期货合约有数十种之多。其中影响较大的合约有美国芝加哥期货交易所（CBOT）的美国长期国库券期货合约、东京国际金融期货交易所（TIFFE）的 90 天期欧洲日元期货合约和香港期货交易所（HKFEE）的恒生指数期货合约等。金融期货虽然远不如商品期货的历史悠久，但其发展速度却比商品期货快得多。目前，在国际金融市场上，金融期货交易量甚至超过了其基础金融产品的交易量。随着全球金融市场的发展，世界主要金融期货市场的互动性增强，竞争也日趋激烈。

（二）金融期货的基本内容

1. 概念

金融期货（Financial Futures）是指以金融工具为标的物的期货合约。金融期货合约是指由交易双方订立的、约定在未来某个日期以成交时所约定的条件（包括价格、交割地点、交割方式）交割一定数量的某种金融商品的标准化契约。金融期货交易具有期货交易的一般特征，但与商品期货相比，其合约标的物发生了实质性的改变，不再是传统的实物商品，而是金融商品，如外汇、债券、股票指数等。

2. 特征

金融期货交易与金融现货交易相比，其特征可概括如下：

（1）合约标准化。期货合约的标准化是指对金融合约标的物有统一的要求和标准，对于合约的规模、交割地点、交割月份都有相应的规定，只有价格是变动的，从而可以大大减少交易手续，降低交易成本，防止交易双方因对合约条款的理解不同而产生争议和纠纷。同时，期货合约的标准化也为合约买卖创造了十分便利的条件。

（2）交易所交易。金融期货交易是在期货交易所内进行的交易，一般不允许进行场外交易。金融期货交易所不但提供了一个交易场所和必要的交易设备，而且还为金融期货交易制定了许多严格的规章制度，使期货市场成为一个组织化、规范化程度很高的市场。金融期货交易所为合约的买卖各方提供担保，使交易者不必担心交易的安全性，可以大胆地进行合约买卖。

（3）结算统一化。金融期货交易由期货结算机构进行统一的结算。在金融期货交易所中达成的期货合约买卖交易，只有通过结算机构的认可，才是有效的交易，才能得到相应的担保。每一笔交易经过期货结算机构确认后，交易双方互无关系，各自的权利或义务都转向了期货结算机构。期货结算机构既是买方的卖方，又是卖方的买方。这样既简化了交易手续和交割程序，更为交易者在期货合约到期前进行“对冲”操作创造了条件，所以金融期货交易中真正进行实物交割的比例很小，一般不超过合约总量的3%。

（4）保证金交易。金融期货交易者在进行交易之前，要交纳一定数额的保证金，在交易过程中还必须维持一个最低的保证金水平，为交易提供一种财力保证。保证金制度的实施，一方面增强了金融期货交易的安全性；另一方面使期货交易具有以小博大的特性，吸引投资者参与。

3. 金融期货与金融远期合约交易的区别

金融期货市场是在金融远期合约交易市场上发展起来的，两者最大的共同点是都采用在成交之后的未来某一时间进行交割的交易方式，但是两者之间也有很大的区别，具体如下：

（1）交易场所不同。远期交易属于场外交易，并没有固定的交易场所，交易双方各自寻找合适的交易对象，所以是一个无组织且效率较低的分散市场。但是金融期货交易则是主要在专门的交易场所集中进行，有固定的场所和专门针对金融期货交易的严格规定，是一个有组织、有秩序、统一的市场。

（2）合约标准化程度不同。金融期货合约是由交易所推出的标准化合约，合约中除了价格之外，其他条款都是由交易所统一进行规定的。尽管金融期货合约的灵活性不强，但是由于合约的标准化，使期货合约便于订立与转让，提高了金融期货合约的流动性。远期合约对于交易商品的品质、数量、交割日期等，都是由买卖双方自行协定的，是非标准化合约，具有很大的灵活性，但是对合约的流动性造成了很大影响。

（3）价格决定方式不同。远期合约的交割价格是由交易双方通过谈判私下确定的。而期货合约的价格则是在交易所中由很多买者通过公开竞价决定的，有关价格的信息也更加充分对称，产生的价格也较为统一合理。

（4）违约风险不同。远期合约的履行仅仅以签约双方的信誉作为保证，违约风险很高。虽然签约时采取了交纳定金、第三方担保等，但还是时常会出现违约、毁约的情况。期货合约则是由交易所或清算公司提供担保，交易双方直接面对交易所，即使一方违约，另一方也不会受到多大的影响，所以违约风险相对较小。

（5）履约方式不同。因为远期合约的流动性不强，导致远期合约二级市场不发达。所以绝大多数远期合约只能通过到期实物交割履行。期货合约则不同，当交易的一方达到目的（如套期保值、投机或套利）时，不需要征得对方同意就可以通过平仓来结清头寸，然后将履约的义务转交给第三方。在实际操作中，绝大多数的期货合约都是通过对冲平仓来了结的。

4. 我国金融期货交易所简介

中国金融期货交易所是经国务院同意、中国证监会批准，由上海期货交易所、郑州商品交易所、大连商品交易所、上海证券交易所和深圳证券交易所共同发起设立的金融期货交易所。中国金融期货交易所于 2006 年 9 月 8 日在上海成立，注册资本为 5 亿元人民币。中国金融期货交易所的成立对于深化金融市场改革、完善金融市场体系、发挥金融市场功能具有重要的战略意义。

中国金融期货交易所的宗旨是发展社会主义市场经济，完善资本市场体系，发挥金融期货市场的功能，保障金融期货等金融衍生品交易的正常进行，保护交易当事人的合法权益和社会公共利益，维护金融市场正常秩序。中国金融期货交易所的主要职能是：组织安排金融期货等金融衍生品上市交易、结算和交割；制定业务管理规则；实施自律管理；发布市场交易信息；提供技术、场所、设施服务；中国证监会许可的其他职能。

中国金融期货交易所在交易方式、结算制度等方面充分借鉴了国际市场的先进经验，并结合中国的市场实际，以高起点、高标准的原则建设中国的金融衍生品市场。中国金融期货交易所实行结算会员制度，会员分为结算会员和非结算会员，结算会员按照业务范围分为交易结算会员、全面结算会员和特别结算会员。实行结算会员制度，形成多层次的风险控制体系，强化了中国金融期货交易所的整体抗风险能力。中国金融期货交易所采用电子化交易方式，不设交易大厅和出市代表。金融期货产品的交易均通过交易所计算机系统进行竞价，由交易系统按照价格优先、时间优先的原则自动撮合成交。采用电子化交易方式体现了中国金融期货交易所的高效、透明、国际化的发展思路。

三、金融期权市场

（一）金融期权的起源与发展

在许多人心目中，期权是直到最近才出现的金融衍生工具之一。事实上，早在古希腊和古罗马时期，就已经出现了期权交易的雏形。17 世纪 30 年代爆发了“荷兰郁金香热”，一些珍贵品种的郁金香球茎供不应求，加之投机炒作，致使其价格飞涨 20 倍，成为最早有记载的“泡沫经济”。同时，这股投机狂潮开启了真正的期权交易之门。郁金香交易商向种植者收取一笔费用，授予种植者按约定价格向该交易商出售郁金香球茎的权利，这就是人类历史上最早的期权交易之一。到了 19 世纪，以单一股票为标的资产的股票期权在美国诞生，期权交易开始被引入金融市场。早期的期权交易由于条件限制，都是在场外市场（Over-the-Counter，OTC）进行的。当时，股票期权交易的品种单一，而且无统一合约规格、无统一交易规则、无统一结算机构，交易费用高昂，因此买卖双方不易成交，市场流动性较差，交易规模也相当有限。所以在集中性的期权交易专门场所产生之前，期权交易的效率相当低下，金融期权市场的发展比较缓慢。1973 年 4 月 26 日，美国芝加哥期权交易所（CBOE）正式成立，从此开始了集中性的场内期权交易。期权交易所实现了期权合约在交割数额、交割月份和交易程序等方面的标准化，并且以公开竞争的方式组织交易。同时，布莱克（Black）和舒尔斯（Scholes）在期权定价方面取得了突破性成果。交易制度方面的创新和理论技术方面的发展共同促进了金融期权市场的迅速发展。1982 年，芝加哥期货交易所推出了以长期国债期货为标的的期权交易。1983 年，芝加哥商品交易所推出了 S&P500 股价指数期权。随着这些金融期权交易品种的成功，各交易所迅速将期权交易扩展至其他金融品种，如利率、外汇等。美国期权交易的示范效应带动了世界各国期权市场的发展。除美国外，全球较有影响的期权市场还有欧洲期货交易所（EUREX）、伦敦国际金融期货期权交易所（LIFFE）、香港交易所（HLEX）、韩国期货交易所（KOFEX）等。总之，从期权交易发展的历史可以看到，期权交易虽然早已有之，但真正意义上的金融期权市场的形成和发展只有 40 多年时间，然而它却呈现出迅猛发展的势头，具有巨大的发展潜力。

（二）金融期权的基本内容

1. 金融期权的概念

期权又称为选择权，是指其持有者能在规定的期限内按交易双方商定的价格购买或出售一定数量的某种特定商品的权利。期权交易实际上是一种权利的单方面有偿让渡。期权的买方以支付一定数量的期权费为代价而拥有了这种权利，但不承担必须买进或卖出的义务；期权的卖方则在收取了一定数量的期权费后，在一定期限内必须无条件服从买方的选择并履行成交时的允诺。金融期权是指以金融商品或金融期货合约为标的物的期权交易形式。具体而言，其购买者在向出售者支付一定费用后，就获得了能在规定期限内以某一特定价格向出售者买进或卖出一定数量的某种金融商品或金融合约的权利。

2. 金融期权的特征

（1）金融期权交易的对象是一种权利。金融期权交易买卖的是一种选择权，即买进或卖出一定数量的某种金融产品的权利，但并不承担一定要买进或卖出的义务。这种权利赋予了购买方执行、转让和放弃等多种选择。这是金融期权交易的一个显著特征。

（2）金融期权的交易双方具有权利和义务的不对称性。权利和义务的不对称是金融期权交易的基本特征之一，表现在期权购买者拥有履约的权利而不承担相应的义务，而期权的出售者只承担义务而不拥有权利。

（3）金融期权交易具有很强的时效性。金融期权的持有者具有的权利只有在限定的时间内才有效，超过规定的期限，期权合约自动失效，所拥有的权利也随之消失。

（4）金融期权的标的物是一定数量的某种金融商品或金融期货合约。

3. 金融期权和金融期货的区别

金融期权是在金融期货的基础上产生发展起来的金融衍生工具，两者都具有转移风险和价格风险的功能，但是具体而言两者具有诸多方面的不同。

(1) 权利和义务。期货合约的双方都被赋予相应的权利和义务，除非用相反的合约进行对冲，否则这种权利和义务在到期日必须行使和履行。而期权合约只赋予买方权利，卖方则无任何权利，而只有在对方履约时进行对应买卖标的物的义务。

(2) 合约的标准化。期货合约都是标准化的，因为它是在交易所中交易的，而期权合约则不一定。在美国，场外交易的现货期权是非标准化的，而在交易所交易的现货期权和所有期货期权则是标准化的。

(3) 盈亏程度。金融期货交易双方都无权违约，也无权要求提前交割或推迟交割，而只能在到期前的任一时间通过反向交易实现对冲或到期进行实物交割。而在对冲或到期交割前，价格的变动必然使其中一方盈利而另一方亏损，其盈利或亏损的程度取决于价格变动的幅度。因此，从理论上说，金融期货交易中双方潜在的盈利和亏损都是无限的。在金融期权交易中，由于期权购买者与出售者在权利和义务上的不对称性，他们在交易中的盈利和亏损也具有不对称性。从理论上说，期权购买者在交易中的潜在亏损是有限的，仅限于他所支付的期权费，而他可能取得的盈利却是无限的；相反，期权出售者在交易中所取得的盈利是有限的，仅限于他所收取的期权费，而他可能遭受的损失却是无限的。

(4) 交易保证金。期货交易的买卖双方都需要交纳保证金。而在金融期权交易中，只有期权出售者，尤其是无担保期权的出售者才需开立保证金账户，并按规定交纳保证金，以保证其履约的义务。至于期权的购买者，因期权合约未规定其义务，无须开立保证金账户，也无须交纳保证金。

(5) 买卖匹配。期货合约的买方到期必须买入标的资产，而期权合约的买方在到期日或到期前则有买入或卖出标的资产的权利。期货合约的卖方到期必须卖出标的资产，而期权合约的卖方在到期日或到期日前则有根据买方意愿相应卖出或买入标的资产的义务。

(6) 套期保值。人们利用金融期货进行套期保值，在避免价格不利变动造成损失的同时，也必须放弃价格有利变动可能获得的利益。人们利用金融期权进行套期保值，若价格发生不利变动，套期保值者可通过执行期权来避免损失；若价格发生有利变动，套期保值者又可通过放弃期权来保护利益。这样，通过金融期权交易，既可避免价格不利变动造成的损失，又可在相当程度上保住价格有利变动而带来的利益。

第三节　金融互换市场

一、金融互换的起源与发展

根据国际清算银行的定义，互换（Swap）是指双方签约同意，在确定期限内互相交换一系列支付的一种金融活动。人们对互换交易的发展历史看法不一，但有一点是一致的，即金融互换起源于20世纪70年代英国与美国企业之间安排的英镑与美元的平行贷款。

（一）平行贷款

20世纪70年代初，由于国际收支恶化，英国实行外汇管制，并采取对外投资进行征税的办法，以限制资金外流。一些企业为了逃避外汇管制便采取了平行贷款（Paralled Loan）的对策。平行贷款涉及两个国家的母公司，各自在国内向对方在其境内的子公司提供与本币等值的贷款。具体的操作流程见图7-1。

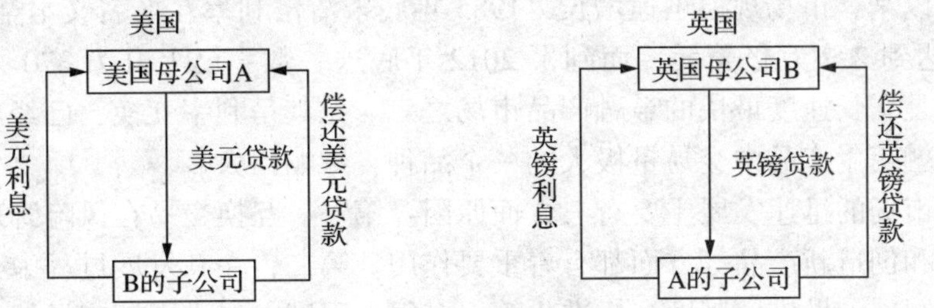

图7-1 平行贷款操作流程

平行贷款中涉及两个单独的贷款合同，分别由两个不同的母公司各自贷给对方设在本国境内的子公司。贷款由银行作为中介完成，子公司的贷款分别由母公司提供担保。平行贷款期限一般为5~10年，大多采用固定利率计息，按期每半年或一年互相向对方支付利息，到期各自偿还借款金额。由于平行贷款涉及两个单独的贷款合同，并分别具有法律效力，因此若一方违约，另一方仍要执行合同，不得自行抵消。于是，为降低违约风险，背对背贷款应运而生。

（二）背对背贷款

背对背贷款（Back-to-back Loan）是指两个国家的公司互相直接提供贷款，贷款的币种不同但币值相等，并且到期日也相同，双方按期支付利息，到期各自向对方偿还借款金额（见图7-2）。

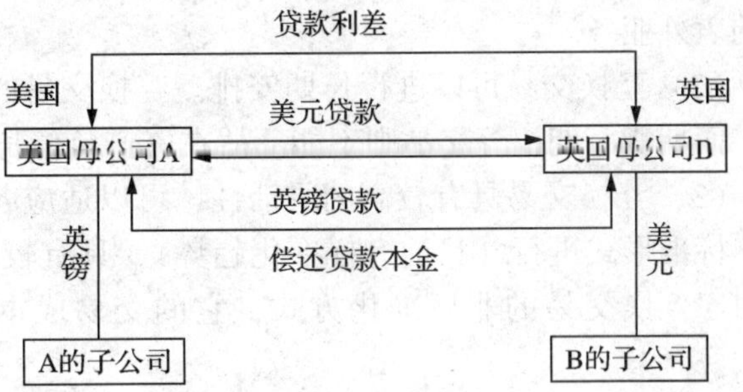

图7-2 背对背贷款操作流程

背对背贷款与平行贷款在贷款结构上不同，效果却相同。结构不同之处在于：它是两公司之间直接提供贷款，双方只签订一个贷款合同。若一方违约导致另一方遭受损失，另一方有权不偿还对它的贷款债务以抵消该损失，从而使双方的贷款风险降低。背对背贷款已经非常接近现代货币互换。但就其本质而言，它还是借贷行为，在法律上产生了新的资产与负债，双方互为对方的债权人和债务人；而货币互换则是不同货币间负债或资产的交换，属于表外业务，不会产生新的资产与负债。

（三）货币互换的出现

虽然在1977年英国公司与荷兰公司已经开始进行货币互换交易，但世界银行与IBM公司于1981年所进行的互换才真正使互换与国际资本市场融为一体。当时在所罗门兄弟公司的安排下，世界银行发行债券所筹集的2.9亿美元与IBM公司发行债券所筹集的德国马克和瑞士法郎进行了货币互换。

（四）利率互换的出现

第一例利率互换出现于1982年中期。学生贷款市场协会（Student Loan Marketing Association）发行了中期固定利率债券，由投资银行作中介，将利息支付互换成3个月国债收益为标准的浮动利息支付。通过互换，它获得了与其浮动利率资产相匹配的负债现金流。利率互换自其问世以来，市场规模迅速增长，1985年底未清偿利率互换名义本金为170亿美元，到1997年底达到2.2万亿美元，而到了2012年底这一数字已上升为370万亿美元。可以说，互换市场是增长速度最快的金融产品市场之一。尤其是利率互换，已经成为所有互换交易乃至所有金融衍生产品中交易量极大的一个品种，影响巨大。

金融互换市场的迅速发展主要有三方面原因：第一，互换交易在风险管理、降低交易成本、规避管制和创造新产品等方面都有着重要作用。第二，在其发展过程中，互换市场形成的一些运作机制，如做市商制度、标准化等，在很大程度上促进了该市场的发展。第三，监管当局在互换市场发展过程中并未对其在整体上作出过多的干涉，而是主要采取一些比较有针对性的监管方法。这种监管态度为互换交易提供了合法发展的空间。

二、金融互换的概念与特征

（一）金融互换的概念

金融互换（Financial Swaps）是两个或两个以上当事人按照商定条件，在约定的时间内交换一系列现金流的合约。远期合约可以被看作仅交换一次现金流的互换。在大多数情况下，互换协议的双方通常会约定在未来多次交换现金流，因此互换可以看作是一系列远期的组合。

（二）金融互换的特征

总的来说，金融互换的特征有以下几方面：

（1）互换交易是表外业务。所谓表外业务，是指那些不会引起资产负债表内业务发生变化，却可为商业银行带来业务收入或减少风险的中间业务。互换交易就是一种衍生金融工具的表外业务。

（2）互换交易可以进行长期安排。互换交易的期限一般为2~20年，因此可进行长期安排，而期货、期权等交易则不能。故在资产负债长期管理中，互换交易更为适用。

（3）互换交易具有较高的灵活性，可以适应各种交易者的需要。互换交易是场外交易，按非标准形式进行（目前有标准化趋势），具有较高灵活性以适应各种交易者的需要。但正是由于互换交易的非标准化方式，它的交易成本较高，谈判比较复杂，同时违约风险也较大。

（4）互换交易可以暂时改变给定资产或负债的风险与收益，而不必出售原始资产与负债。这是互换最主要的特点，对于流动性相对较差的资产与负债来说尤为重要。

（三）金融互换的理论基础

比较优势（Comparative Advantage）理论是英国著名经济学家大卫·李嘉图（David Ricardo）提出的。他认为，在两国都能生产两种产品，且一个国家在这两种产品的生产上均处于有利地位，而另一国均处于不利地位的条件下，如果前者专门生产优势较大的产品，后者专门生产劣势较小（即具有比较优势）的产品，那么通过专业化分工和国际贸易，双方仍能从中获益。

李嘉图的比较优势理论不仅适用于国际贸易，而且适用于所有的经济活动。互换是比较优势理论在金融领域最生动的运用。根据比较优势理论，只要满足以下两种条件，就可进行互换：首先，双方对对方的资产或负债均有需求；其次，双方在两种资产或负债上均存在比较优势。概括起来，金融互换实际上是一个市场参与者利用其在某个市场上的比较优势得到在另一个市场上的所需的资产或负债。

三、金融互换的种类及交易原理

金融互换虽然历史较短，但品种创新却日新月异。除了传统的利率互换和货币互换，一大批新的金融互换品种不断涌现。

（一）利率互换

利率互换（Interest Rate Swaps）是指双方同意在未来的一定期限内根据同种货币的同样的名义本金交换现金流，其中一方的现金流根据浮动利率计算，而另一方的现金流根据固定利率计算。互换的期限通常在 2 年以上，有时甚至在 15 年以上。利率互换只交换利息差额，因此信用风险很小。进行利率互换的主要原因是双方在固定利率和浮动利率市场上具有比较优势。假定 A、B 公司都想借入 5 年期的 1000 万美元的借款，A 想借入与 6 个月期相关的浮动利率借款，B 想借入固定利率借款。但两家公司信用等级不同，故市场向他们提供的利率也不同，如表 7-1 所示。

表 7-1 公司 A 和 B 的融资利率

	固定利率	浮动利率
A 公司	10.00%	6 个月期 LIBOR+0.30%
B 公司	11.20%	6 个月期 LIBOR+1.00%

从表 7-1 中可以看出，A 的借款利率均比 B 低，即 A 在两个市场都具有绝对优势。但在固定利率市场上，A 比 B 的绝对优势为 1.2%；而在浮动利率市场上，A 比 B 的绝对优势为 0.7%。这就是说，A 在固定利率市场上有比较优势，而 B 在浮动利率市场上有比较优势。这样，双方就可以利用各自的比较优势为对方借款，然后互换，从而达到共同降低筹资成本的目的。即 A 以 10.00%的固定利率借入 1000 万美元，而 B 以 LIBOR+1.00%的浮动利率借入 1000 万美元。由于本金相同，故双方不必交换本金，而只交换利息的现金流。即 A 向 B 支付浮动利息，B 向 A 支付固定利息。通过发挥各自的比较优势并进行互换，双方总的筹资成本降低了 0.5% [11.20%+（6 个月期 LIBOR+0.30%）-10.00%-（6 个月期 LIBOR+1.00%）]，这就是互换利益。互换利益由双方共享，具体分享比例由双方谈判决定。假定双方各分享一半，则双方都将使筹资成本降低 0.25%，即双方最终实际筹资成本为：A 支付 LIBOR+0.05%的浮动利率，B 支付 10.95%的固定利率。这样，双方就可以根据借款成本与实际筹资成本的差异计算各自向对方支付的现金流，即 A 向 B 支付按 LIBOR 计算的利息，B 向 A 支付按 9.95%计算的利息。在上述互换中，每隔 6 个月为利息支付日，因此互换协议的条款应规定每 6 个月一方向另一方支付固定利率与浮动利率的差额。假定某一支付日的 LIBOR 为 11.00%，则 A 应向 B 支付 5.25 万美元 [1000 万×0.5×（11.00%-9.95%）]。利率互换的流程如图 7-3 所示。

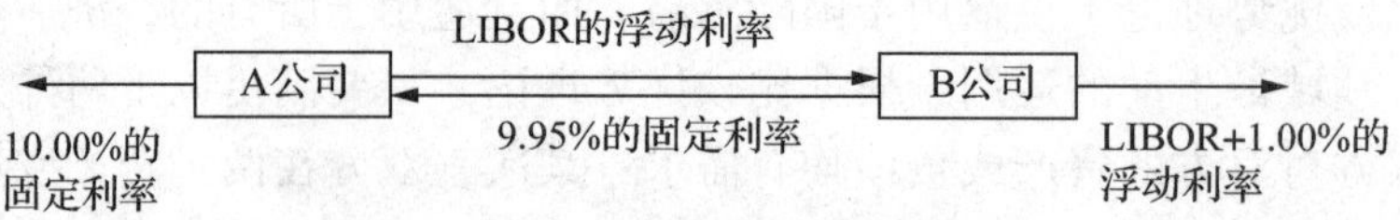

图 7-3　公司 A 和 B 的利率互换交易流程

（二）货币互换

货币互换（Currency Swaps）是将一种货币的本金和固定利息与另一种货币的等价本金和固定利息进行交换。货币互换的主要原因是双方在各自国家的金融市场上具有比较优势。货币互换涉及本金互换，因此当汇率变动较大时，双方将面临一定的信用风险。当然这种信用风险仍比单纯的贷款风险小得多。假定英镑和美元汇率为 1 英镑=1.5000 美元。A 想借入 5 年期的 1000 万英镑借款，B 想借入 5 年期的 1500 万美元借款。但由于 A 的信用等级高于 B，两国金融市场对 A、B 两公司的熟悉状况不同，因此市场向他们提供的固定利率也不同，如表 7-2 所示。

表 7-2　公司 A 和 B 的利率安排

	美元	英镑
A 公司	8.0%	11.6%
B 公司	10.0%	12.0%

从表 7-2 中可以看出，A 的借款利率均比 B 低，即 A 在两个市场都具有绝对优势，但绝对优势大小不同。A 在美元市场上的绝对优势为 2%，在英镑市场上只有 0.4%。这就是说，A 在美元市场上有比较优势，B 在英镑市场上有比较优势。这样，双方就可以利用各自的比较优势借款，然后通过互换得到各自想要的资金，并通过分享互换收益（1.6%）降低筹资成本。于是，A 以 8%的利率借入 5 年期的 1500 万美元借款，B 以 12%的利率借入 5 年期的 1000 万英镑借款。然后，双方先进行本金的交换，即 A 向 B 支付 1500 万美元，B 向 A 支付 1000 万英镑。假定 A、B 公司商定双方平分互换收益，则双方都将使筹资成本降低 0.8%，即双方最终的实际筹资成本分别为：A 支付 10.8%的英镑利率，B 支付 9.2%的美元利率。这样，双方就可以根据借款成本与实际筹资成本的差异计算各自向对方支付的现金流，进行利息互换，即 A 向 B 支付 10.8%的英镑借款的利息计 108 万英镑，B 向 A 支付 8.0%的美元借款的利息计 120 万美元。经过互换，A 的最终实际筹资成本降为 10.8%英镑借款利息，而 B 的最终实际筹资成本变为 8.0%美元借款利息加上 1.2%英镑借款利息。若汇率水平不变，B 最终实际筹资成本相当于 9.2%美元借款利息。若担心未来汇率水平变动，B 可以通过购买美元远期或期货来规避汇率风险。在贷款期满后，双方要再次进行借款本金的互换，即 A 向 B 支付 1000 万英镑，B 向 A 支付 1500 万美元。到此，货币互换结束。若不考虑本金问题，上述货币互换的流程如图 7-4 所示。

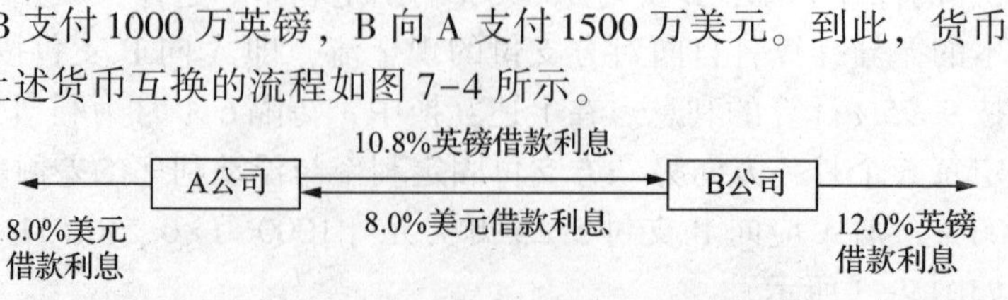

图 7-4　公司 A 和 B 的货币互换交易流程

（三）其他互换

从最普遍的意义上来说，互换实际上是现金流的交换。由于计算或确定现金流的方法有很多，因此互换的种类就有很多。除了上述最常见的利率互换和货币互换外，其他主要的互换品种有以下几种。

1. 交叉货币利率互换

交叉货币利率互换是利率互换和货币互换的结合，它是以一种货币的固定利率交换另一种货币的浮动利率。

2. 增长型互换、减少型互换和滑道型互换

在标准的互换中，名义本金是不变的，而在这三种互换中，名义本金是可变的。其中增长型互换的名义本金开始时较小，尔后随着时间的推移逐渐加大。减少型互换则正好相反，其名义本金随着时间推移逐渐变小。滑道型互换的名义本金则在互换期间内时而增大，时而减小。

3. 基点互换

在基点互换中，双方都是浮动利率，只是两种浮动利率的参照利率不同，如一方为 LIBOR，另一方为基准利率。

4. 可延长互换和可赎回互换

在标准互换中，期限是固定的。而可延长互换的一方有权在一定限度内延长互换期限，可赎回互换的一方则有权提前中止互换。

5. 零息互换

零息互换是指固定利息的多次支付流量被一次性的支付所取代。该一次性支付既可以在互换期初也可以在互换期末。

6. 后期确定互换

在普通的涉及浮动利率的互换中，每次浮动利率都是在该计息期开始前确定的。后期确定互换的浮动利率则是在每次计息期结束之后确定的。

7. 差额互换

差额互换是对两种货币的浮动利率的现金流量进行交换，只是两种利息现金流量均按同种货币的相同名义本金计算。

8. 远期互换

远期互换是指互换生效日是在未来某一确定时间开始的互换。

9. 商品互换

商品互换是用商品价格而不是利率或者汇率计算的互换。1986 年出现了第一笔石油交易的互换。交易双方确定一个名义本金，只不过名义本金是以石油的桶数而不是以美元来表示的，定期的清算安排则是基于固定和浮动的石油价格进行的。在石油互换中采用的浮动价格并不是通常意义上的单一即时价格，而是在一个特定时期内的石油平均价格。在石油互换中，尽管现金流是以石油表示的，但在交割结算中并不涉及实际数量的石油，结算时的净现金流仅仅是石油价格的反映。

10. 股票互换

股票互换是以股票指数产生的红利和资本利得与固定利率或浮动利率交换。在股票互换中，交易方的净现金流取决于特定股票指数的收益率。投资组合管理者可以用股票互换把债

券投资转换为股票投资，反之亦然。

四、金融互换的作用

金融互换主要有以下几方面的作用：

（1）金融互换的交易双方可以利用各自在不同金融市场筹资的优势，达到降低筹资成本的目的。在资产负债业务管理中运用互换交易，可以防范和转嫁利率和汇率波动的风险。

（2）金融互换可以使某些筹资人进入原本很难进入的市场。特别是可以通过互换交易更方便地在境外市场融资，并有效降低汇率风险。

（3）根据互换合同的特点，通过互换交易，筹资者可以按照自身需求，筹集到各种不同期限、币种、利率的资金，还可以根据市场行情变化来调整资产或负债的币种、利率形式。

五、我国金融互换发展简介

金融互换被金融界誉为“金融业务链条中的集成电路”，虽然自其诞生至今仅过了短短几十年时间，但是金融互换市场在西方一直处于高速发展之中，自身变得日趋完善的同时，在整个金融体系中的地位和作用也越发重要。因此，研究金融互换的有关技术和发展前景，分析金融互换在我国发展的必要性和可能性，对于金融互换在我国的健康、快速发展，乃至对于我国金融体系的改革与发展无疑具有重要的理论和现实意义。我国虽然早在20世纪80年代就有零星的互换交易，但发展缓慢。直到2001年，我国加入WTO后，经济活动日益国际化，汇率风险日益成为影响成本与收益的首要因素，在这种情况下，我国金融衍生品市场不断开放，金融互换业务逐渐获得发展。2001年12月，中国人民银行与泰国银行签署了总额为20亿美元的第一份双边货币互换协议。2002年3月，中日双方签署了人民币与日元之间的双边货币互换协议。这一时期，中国还相继与包括俄罗斯、蒙古、越南、缅甸等在内的周边国家签订了类似的协议。2006年2月9日，中国人民银行发布《中国人民银行关于开展人民币利率互换交易试点有关事宜的通知》，标志着我国利率互换市场的正式启动。数据显示，2006年2月10日至当年末，人民币利率互换共成交339.7亿元，2007年则迅速增加至2168.4亿元，是2006年的6.38倍。自2008年年底以来，我国与阿根廷、韩国、印尼、马来西亚和白俄罗斯等国陆续签订货币互换协议，货币互换市场得到进一步发展。近几年来，我国的外债和外汇储备的规模不断扩大，进出口总额不断增加，汇率和利率风险增大，作为风险管理的重要金融工具之一，金融互换在我国的发展是很有必要的。

金融互换市场在我国的发展至少可以达到如下几方面的目的：

1. 规避风险

近年来，我国银行间债券市场发展迅速，市场规模不断扩大，金融产品日益丰富，初步满足了市场投资者的投资需要，但也为广大市场投资者带来了新的挑战。互换交易有利于丰富银行间债券市场投资者风险管理及资产负债管理工具，解决资产负债结构错配问题，对促进我国金融市场健康发展、维护金融稳定、加快利率市场化进程具有深远意义。

2. 有效管理外汇储备

我国对外债的管理手段主要是计划管理、余额管理等计划经济手段，很少运用衍生金融工具进行积极的避险管理。因此，有必要根据其他外债的实际需要作相应的安排，而互换正是充当这一职能的重要手段。

3. 促进金融机构之间的竞争，加快商业银行的发展

一方面，银行需要利用利率互换来规避风险；另一方面，银行业竞争激烈，且由于直接投资比重的加大，传统的信贷业务已无法创造足够的利润，必须寻找新的利润增长点。金融互换属于表外业务，可为银行创造大量的中介服务费收入。

4. 可以形成高效统一的债券市场

我国的债券市场目前仍然存在一些问题，其中最突出的是市场的流动性差，交易不活跃，投资者参与的积极性不高。推出金融互换交易可以在很大程度上改善这种局面：一方面使现有的投资者在利率变动时可以通过主动交易规避风险，另一方面可以吸引更多新的投资者进入。

5. 有利于加强货币政策传导机制，提高金融宏观调控能力

开展金融互换有助于提高公开市场操作的效果，提高中央银行对经济的宏观调控能力。

第四节　其他金融衍生工具

一、资产证券化

（一）资产证券化的起源与发展

资产证券化是20世纪80年代西方国家的一项重大金融创新，是世界金融业务的发展趋势之一。它是一个以某种资产组合为基础发行证券的过程，其包含的内容相当广泛，既可以是金融资产，也可以是非金融资产。资产证券化起源于20世纪60年代末美国的住宅抵押贷款市场。1968年，美国政府国民抵押协会首次公开发行“过手证券”，开启了资产证券化的先河。1985年3月，美国的斯佩里金融租赁公司为了融通资金、改善经营，以1.92亿美元的租赁票据为担保，发行了世界上第一笔资产证券，从而引发了西方国家资产证券化的浪潮。1987年2月后，美洲银行以84万个VISA卡账户的4亿美元存款为担保，通过发行信用卡资产证券来融通资金，该证券称为“分期支付循环债务票据”。不久，几家大型百货零售商，如西尔斯（Sears）和蒙哥马利·沃德（Montgomery Ward）等，也相继推出了非信用卡账户担保的类似票据。此后，各种资产担保证券相继问世并流向国际资本市场，其种类之多令人耳目一新。

美国资产证券化浪潮快速冲击到大西洋彼岸的欧洲各国。1990年，法国首次发行了个人消费贷款资产证券。1991年5月，同在美洲的加拿大也推出了汽车贷款资产证券。自此，资产证券已成为一种新的、行之有效的金融衍生工具。

（二）资产证券化的概念与特征

1. 资产证券化的概念

资产证券化是将那些缺乏流动性，但能够产生可预见现金收入的资产（如住房贷款、学生贷款、信用卡应收款等）出售给特定发行人，通过创设一种以该资产产生的现金流为支持的金融工具或权利凭证，进而将这些不流动的资产转换成可以在金融市场上出售和流通的证券的一种融资过程或融资办法。

2. 资产证券化的特征

（1）资产证券化的基础资产主要是贷款、应收账款等具有可预见的未来现金流的资产。可预见的现金流是进行资产证券化的先决条件，而不管这种现金流由哪种资产产生。因此，资产证券化实际上是以资产产生的现金流为支持的，这是它的本质特征。

（2）资产证券化是一种结构化的过程，将某些资产重新组合、打包并以证券的形式出售。

（3）资产证券化可实现再融资和将资产移出表外的目的。

（4）资产证券化可以提高资产的流动性，将原先难以兑现的资产转换成可流动的证券。

（三）资产证券化的种类及一般程序

1. 资产证券化的种类

（1）抵押支持证券和资产支持证券。按照抵押物的不同，资产证券化可分为抵押支持证券（Mortgage-backed Securities，MBS）和资产支持证券（Asset-backed Securities，ABS）。抵押支持证券中的抵押物是住房贷款，资产支持证券中的抵押物是非住房贷款，如企业的应收账款、信用卡贷款、汽车贷款等。

（2）过手证券和转付证券。根据证券偿付结构的不同，资产证券化可以分为过手证券（Pass-through）与转付证券（Pay-through）。过手证券是出现最早的抵押支持证券形式，这种证券代表的是投资者对基础证券资产的所有权，不作为发行人的债务出现在其资产负债表内，来自资产的现金流收入简单地“过手”给投资者以偿付证券的本息，投资者承担基础资产产生的风险。而在转付证券结构下，资产池产生的现金流并不直接过手给投资者，而是先对其进行剥离和重组，再向投资者偿付。如果说过手证券属于股权投资工具，那么转付证券就属于债权投资工具。

2. 资产证券化的一般程序

一般而言，资产证券化的基本运作程序是：发起人将需要证券化的资产出售给一家特设信托机构（SPV），由 SPV 主动购买可证券化的资产，然后汇集成资产池，再以该资产池产生的现金流为支撑在金融市场上发行有价证券融资，最后用资产池产生的现金流来清偿发行的有价证券。这一过程中，SPV 以证券销售收入向资产权益人偿付资产出售价款，以资产产生的现金流向投资者偿付所持证券的权益。具体讲，操作程序包括以下几个步骤：

（1）组建资产池

发起人（Sponsor）确定证券化资产后，组建资产池。并非所有能产生现金流的资产都可以证券化，一般地，应选择未来现金流稳定、可靠、风险较小的资产作为证券化资产。

（2）设立特设机构 SPV

SPV 在资产证券化中扮演着重要角色，它的主要功能是隔离风险，实现发起人需要证券化的资产与其他资产之间的“风险隔离”。这样当发起人由于公司财务状况不佳而清偿资产时，证券持有人对证券化资产就可以享有专享权，而不需与公司其他债权人分享。

（3）资产权属让渡

证券化资产完成从发起人到 SPV 的转移后，即实现了资产的权属让渡。这样发起人的债权人将不得追索该资产，SPV 的债权人也不得追索发起人的其他资产，实现了风险隔离。

（4）信用增级

SPV 取得证券化资产后，为吸引投资者并降低融资成本，必须提高拟发行资产支持证券的信用等级，使投资人的利益能得到有效保护。

(5) 资产证券化的信用评级

引进信用评级机构对未来资产能够产生的现金流以及对经过信用增级后的拟发行证券进行评级。评级结果就为投资者提供了投资选择的依据。

(6) 发售证券

在经过信用评级后，SPV 作为发行人通过各类金融机构如银行或证券承销商等，向投资者销售证券。

(7) SPV 向发起人支付购买证券化资产的价款

SPV 将证券发行收入按照事先约定的价格向发起人支付购买证券化资产的价款。

(8) 管理资产池

证券发行完毕后就到金融市场申请挂牌上市，但 SPV 还需要对资产池进行管理和处置，对资产所产生的现金流进行回收和分配。在信贷资产证券化运作中，管理人主要负责收取债务人按期偿还的本息并对其履行债务实施监督；在房地产证券化运作中，管理人主要负责通过出租或出售房地产等方式获取收益。

(9) 清偿证券

按照证券发行时的约定，待资产支持证券到期后，由资产池产生的收入在还本付息、支付各项服务费之后，若有剩余，按协议规定在发起人和 SPV 之间进行分配，整个资产证券化过程即告结束。

二、权证

(一) 权证的概念

权证（Warrants）是发行人与持有者之间的一种契约，其发行人可以是上市公司，也可以是上市公司股东或投资银行等第三者。权证允许持有人在约定的时间（行权时间），可以用约定的价格（行权价格）向发行人购买或卖出一定数量的标的资产。

(二) 权证的种类

根据认股权证的权利不同可分为认购权证和认沽权证。认购权证赋予权证持有者在一定期限内按照一定的价格向发行人购买一定数量的标的资产的权利。而认沽权证则赋予权证持有者在一定期限内按照一定的价格向发行人出售一定数量的标的资产的权利。

按照权证发行者不同可分为股本权证和备兑权证。如果权证由上市公司自己发行，就叫股本权证。它授予持有人在到期日或之前按执行价格向上市公司买卖该公司股票的权利。它有两个主要特点：第一，期限通常较长，可能长达数年。第二，股本权证持有人执行权利时，由于上市公司不能持有自己的股票，因此必须通过发行新股或注销公司股票的方式进行，因此会导致公司股本扩张或收缩。上市公司发行股本权证主要有两种情形：其一是赋予本公司经理人或员工一定数量的认股权作为激励机制，这类激励权证通常不可转让并且期限较长。其二是公司在发行新股或其他公司证券时，将权证免费附送给证券购买方，用以增加公司证券的吸引力。

如果权证由独立的第三方（通常是投资银行）发行，则称为备兑权证。实际上备兑权证的标的资产除了可以是个股股票外，还可以是股价指数、一揽子股票或其他标的物（如利率、汇率和商品等）。虽然最早的权证是从股本权证开始的，但在如今的全球权证市场中，占绝对主导地位的却是备兑权证，股本权证的市场地位呈现衰落的趋势。

（三）权证与股票期权的区别

股票期权与股本权证的区别主要在于以下几方面：

（1）有无发行环节。股本权证在进入交易市场之前，必须由发行股票的公司向市场发行；而股票期权无须经过发行环节，只要买卖双方同意，就可直接成交。

（2）数量是否有限。股本权证由于先发行后交易，在发行后，其流通数量是相对固定的。而股票期权没有发行环节，只要有人愿买愿卖，就可以成交，因此其数量在理论上是无限的。

（3）是否影响总股本。权证发行后，公司总股本的增减等于行使股本权证时所买卖的股票数量，从而对股票价格有摊薄或提升的作用；股票期权行权时所需的股票完全从市场上购入，上市公司的总股本并不会增减，期权行权对上市公司无任何影响。备兑权证比股本权证更贴近于股票期权，因为备兑权证的行权也不会影响公司的总股本。因此备兑权证和股票期权的区别仅在于有无发行环节和数量是否有限。

（四）权证的基本要素

1. 发行人

股本权证的发行人为标的上市公司；备兑权证的发行人为标的公司以外的第三方，一般为券商。

2. 到期日

到期日是权证持有人可行使认购或出售权利的最后日期。该期限过后，权证持有人便不能行使相关权利，权证的价值也变为零。

3. 执行方式

在美式执行方式下，持有人在到期日以前的任何时间均可行使权利；而在欧式执行方式下，持有人只有在到期日当天才可行使权利。

4. 行权价

行权价是发行人在发行权证时所定下的价格，持证人在行使权利时以此价格向发行人认购或出售标的股票。

5. 结算方式

结算包括证券结算和现金结算两种形式，其中，证券结算指投资者行使认股权利时从发行人处购入或出售标的证券，而现金结算是指由发行人向投资者支付市价高于或低于执行价的价格。

6. 行权比率

行权比率是每张权证可认购或出售正股的股数，如认购比率为 0.1，就表示每 10 张权证可认购 1 股标的股票。

7. 杠杆比率

对认购权证而言，杠杆比率（Leverage Ratio）是正股市价与购入一股正股所需权证的市价之比，即

杠杆比率＝正股股价/（权证价格/认购比率）

杠杆比率可以用来衡量“以小博大”的放大倍数，杠杆比率越高，投资者盈利率也越高，同时，其可能承担的亏损风险也越大。

（五）我国权证的发展

1992年6月，沪市推出了我国第一个权证——大飞乐配股权证，此后相继有十几种权证在沪深证券交易所上市交易。但是到了1996年底，因权证市场过度投机、价格暴涨暴跌，管理层出于抑制投机的目的，取消了所有的权证交易。为配合股权分置改革的顺利推进，2005年6月14日，上海交易所制定《上海证券交易所权证业务管理暂行办法》，我国证券市场重新开始权证业务。2005年8月22日，宝钢认购权证在上海证券交易所上市流通，标志着权证交易再一次登陆中国资本市场。沪市宝钢、武钢、招行、南航等17家上市公司先后在股改中利用权证作为股改对价，相关大股东发行了21只权证产品，并在上交所挂牌交易。这些上市公司之所以用权证作为对价，主要是因为其非流通股股东难以用股份或现金等形式支付对价。采用向流通股股东免费派送可上市交易、具有套期保值和风险管理等功能的权证，成为此类公司进行股改的一项可行方案。2008年6月20日，最后一只股改权证南航认沽权证存续期满，股改权证完成使命退出历史舞台。沪深交易所挂牌交易的最后一只权证是长虹CWB1，该权证为欧式认股权证，行权终止日为2011年8月18日。

三、可转换债券

（一）可转换债券的概念与特征

1. 可转换债券的概念

可转换债券（Convertible Bonds）是以公司债券为载体、允许持有人在规定时间内按规定价格转换为发债公司或其他公司股票的金融工具。它是一种混合型的金融产品，可以被视为普通公司债券和股本认购权证的组合体。从证券权利角度分析，可转换债券赋予持有人一种特殊的选择权，即可以按照事先约定在一定时间内将其转换为公司股票的选择权利。这样，可转换债券就将传统的股票与债券的融资功能结合起来，在转换之前属于企业发行的债务，权利行使之后则成为发行企业的股权资本。

2. 可转换债券的特征

可转换债券兼有债权与股权的特点，其主要特征表现在以下几方面：

（1）可转换性。可转换债券集债权和认购权证的特点于一身。从债权特点看，可转换债券和其他债券一样，是一种重要的债权凭证。从认股权看，可转换债券的持有者拥有按约定的条件将债权转为股权的权利，转换后，债券持有者转变为公司股东。

（2）利率较低。由于可转换债券附有转化为股份的权利，转换权能使债权人获得潜在收益，所以投资者能够接受比一般债券低的利率。

（3）多选择性。可转换债券兼有债券与股票的双重特点，使投资者有了更多选择机会。从发达国家的经验看，可转换债券既能够保证投资者稳定的利息收入，当公司业绩成长、股票价格上涨时，又可使投资者按约定的条件将债权转换为股票，分享公司成长的收益，因此对投资者有较高的吸引力。

（4）收益的不确定性。尽管可转换债券具有较好的投资价值，但并不意味着其收益就相当稳定。可转换债券的收益受到诸多因素的影响，如发行公司股价、转换条款、利率水平和转换期限等。

（5）期限较长。可转换债券是一种长期融资工具，其期限一般都很长，大多在10年以上。

（二）可转换债券的基本要素

1. 标的股票

可转换债券对股票的转换性，实际上是一种股本权证，它的标的物就是可以转换成的股票。

2. 转换价格

可转换债券发行之时，明确了以怎样的价格转换成普通股，这一规定的价格就是转换价格，即将可转换债券转换为普通股的每股普通股价格。

3. 转换比率

转换比率是每张可转换债券能够转换的普通股的股数。可转换债券的面值、转换价格、转换比率存在以下关系：

$$转换比率=债券面值/转换价格$$

4. 票面利率

可转换债券利率一般低于普通债券利率。这是因为可转换债券价值除了利息部分外，还包含了认购权证部分，而认购权证部分价值一般足以弥补利率差价。

5. 转换期

转换期是指可转换债券持有者行使转换权的有效期限。

6. 赎回条款

赎回条款是指可转换债券的发行企业可以在债券到期日之前提前赎回债券的规定。该条款一般规定，如果公司股票的价格在若干个交易日内满足赎回条件，那么公司有权按照赎回价格赎回公司剩余的可转换债券。由于公司的赎回价格一般要远远小于转换价值，所以这个条款最主要的作用就是实现强制性转股，缩短可转换债券的期限。

7. 回售条款

回售条款是当发行公司的股票价格在一段时间内连续低于转股价格并达到某一幅度时，债券持有者有权按事先约定的价格将所持债券卖给发行公司的规定。对投资者而言，是否要回售，取决于可转债价值和回收价格的大小。

8. 转换调整条款和保护条款

转换调整条款也称为向下修正条款，是在发行可转换债券后，如果公司股票价格满足转股价格调整条件时，公司董事会有权在一定幅度内调整转股价格。有的还规定超过一定幅度需要股东大会通过。

（三）可转换债券价值的分析

可转换债券具备了股票和债券两者的属性，结合了股票的长期增长潜力及债券所具有的安全和收益固定的优势。此外，可转换债券与股票相比还有优先偿还的要求权。

可转换债券是一种极其复杂的信用衍生产品，除了一般的债权，还包含着很多的期权。这些期权主要有：投资者按照一定价格在一定期限内将债权转换成公司股票的期权（转股权）；投资者在一定条件下将债券按照一定价格回售给公司的期权（回售权）；公司在一定条件下调整转股价格的期权（转股价格调低权）；公司在一定条件下赎回可转换债券的期权（赎回权）。其中转股权和回售权是属于投资者的多头期权，而转股价格调低权和赎回权则是属于发行公司的多头期权。投资者和发行公司在行使各自的期权时存在复杂的博弈过程，而且这些期权的行使都有一定的条件，这就决定了可转换债券定价的复杂性。

本章小结

1. 金融衍生工具就是在货币、债券、股票等传统金融工具基础上通过信用交易产生杠杆效应的金融商品。它具有跨期性、杠杆性以及高风险性的特征。

2. 金融远期合约是指双方约定在未来的某一确定时间，按确定的价格，买卖一定数量的某种金融资产的合约，远期合约不是标准化的，因此具有较大的灵活性。

3. 金融期货合约是指由交易双方订立的，约定在未来某个日期，以成交时所约定的条件交割一定数量的某种金融商品的标准化契约。金融期货市场是在金融远期合约市场上发展起来的，两者有关联，也有差别。金融期货基本上可以分成三大类：外汇期货、利率期货和股票价格指数期货。

4. 金融期权是期权购买者在向出售者支付一定费用后，就获得了能在规定期限内，以某一特定价格向出售者买进或卖出一定数量的某种金融商品或金融合约的权利。

5. 资产证券化是将那些缺乏流动性的资产出售给特定发行人，通过创设一种以该资产产生的现金流为支持的金融工具或权利凭证，进而将这些资产转换成可以在金融市场上出售和流通的证券的一种融资过程或融资办法。

关键概念

金融衍生工具　金融远期合约　金融期货　金融期权　金融互换　资产证券化　权证　可转换债券

综合训练

1. 金融衍生工具具有哪些特征与功能？
2. 金融衍生工具包括哪些种类？
3. 金融期货交易有哪些特征？与金融远期合约相比有何差别？
4. 什么是金融期权？和金融期货有何区别？
5. 金融互换交易有哪些特征？基于什么理论基础？

课外延伸阅读

培养富有竞争力的金融衍生品市场

随着全球经济一体化进程加快，以期货价格为基准的国际大宗商品买卖已经越来越多地引导经济走势和影响经济格局。衍生品市场作为现代经济体系中各类资产重要的风险管理场所及定价中心，已被各国政府视为提升金融市场竞争力的重要战略资源。因此，加快推进我国衍生品市场发展，培养富有竞争力的衍生品市场，争夺国际定价话语权已成当务之急。

一、我国金融衍生品市场发展方向

1. 推进多层次衍生品市场体系建设

随着我国市场经济快速发展以及经济金融全球化趋势加深，建立包括现货市场、场内市场和场外市场在内的多层次衍生品市场成为我国持续高效发展的必然选择。场外衍生品市场是金融市场体系的重要组成部分，在经济和金融发展中发挥着重要的作用，因为其个性化定制及交易成本低的特点，在服务实体经济和对冲个性化风险需求中发挥了独特作用，是金融市场体系中不可缺少的一环。目前，我国场外衍生品市场较场内市场落后，应适度加快场外衍生品市场发展步伐，形成场内、场外交易均衡发展的格局。

2. 加快衍生产品和衍生工具的创新

期货品种过少限制了期货市场功能的发挥，不利于国民经济平稳健康发展。建议建立以市场为导向的期货新品种上市机制，首先加快推出原油期货等对制造业企业和国计民生具有重要影响意义的原材料类期货，完善制造业产业链的风险对冲。

随着我国资本市场快速成长，利率、汇率将逐步市场化，为了增强市场的风险管理能力，建议积极研究利率期货与外汇期货，为企业规避现货风险及在国际贸易与国际投资中面临的利率与汇率风险。同时，建议推出人民币期货以争夺市场定价权。

此外，加快推出股指期权、商品期权产品。期权交易推出是期货市场发展到一定阶段的产物，将有利于提高期货市场的效率，降低期货参与者规避风险的成本，为套保者、期货资产管理业务提供更完善的风险保护，提高实体企业和机构投资者利用衍生工具的积极性。因此，应尽快推出期权产品，完善衍生品交易方式，从而更好地满足实体经济的需要。

3. 鼓励期货经营机构业务创新发展

经过近些年期货行业规范化发展，期货公司的资本实力、合规运作水平、风险控制能力等综合实力大幅提高，但与实体经济的需求相比，期货公司中介机构的职能作用没有充分发挥出来，集中体现在国内衍生品市场的工具匮乏、场内场外的多层次市场服务体系尚未有效建立、期货公司服务能力不足上，从而影响着衍生品市场服务国民经济功能的发挥程度。

当前，创新业务的推出步伐已不能满足实体经济的需求，只有加快国内期货市场的业务创新，才能真正提升期货公司服务实体企业的能力，满足实体经济发展的需求。目前，国内期货公司在资本实力、技术条件、人才储备、风险控制等各个层面已经具备了综合开展经纪业务、资管业务、咨询业务、境外代理业务、自营业务、现货投资等业务的能力。同时，上述业务的推出和完善，也是期货行业、衍生品市场发展以及期货公司更好服务实体经济发展之需要。

4. 建立灵活、系统、多层次监管体系

国外衍生品市场发展历史表明，一个较为成熟的衍生品市场，都经历过监管政策力度由刚性向弹性转变的过程。当期货市场逐渐发展成熟时，刚性的监管体系使交易所、经纪商和监管者的成长都受到极大的限制。适度放松监管，建立更具灵活性、系统性、多层次的监管体系转换是必要的。

具体可从以下三个方面开展监管制度的改革：

一是建立衍生品市场创新机制，为行业创新创造条件并提供依据。建议监管部门建立自下而上的期货公司自我创新机制，取消事前审批，只要符合创新业务的基本原则，即市场有内在需求、公司有清晰的盈利模式、风险可控不外溢、没有法律障碍且公司可以自主决定等，经过报备程序就允许开展。当然，期货行业创新制度应当坚持创新和监管相协调的理念，既不能因为加强监管而影响创新的积极性和效率，也不能因为创新而损害监管的有效性。

二是健全金融衍生品市场监管法律体系，为市场健康发展提供法律保障。首先，要加快制定统一的衍生品交易法，以保证监管框架的稳定性、持续性和一致性；其次，需要针对不同种类的衍生品分别制定相应的法规，以强化各类规范的协调性和可操作性；再次，立法要体现前瞻性和开放性，应给金融衍生品市场参与者创造宽松的创新环境，规定市场参与者可根据市场需要研发衍生品；最后，对政府、行业协会和交易所在金融衍生品监管方面的责、权以法律形式进行明确，以使监管工作有法可依，有章可循。

三是建立衍生品市场统一结算体系，控制多层次市场风险。建立一个现货市场、场内市场和场外市场互为补充的多层次交易市场是大势所趋，但场外交易缺乏交易结算制度，造成交易对手信用风险的不可控。建议成立中央衍生品结算公司，由政府组建、独立于期货交易所和各类场外交易市场，承担我国场内、场外衍生品市场资金统一结算职能。建立统一结算体系，不仅能提高市场各参与主体的资金结算效率，方便投资者套利交易，而且有利于期货市场价格发现功能的发挥，还能有效控制场外市场的信用风险。

5. 进一步推进衍生品市场对外开放

目前，我国衍生品市场还基本处于封闭状态，政策上境外投资者不能投资国内期货市场，被允许投资海外期货市场的国内投资者也仅局限于少量，大多数企业无权利用境外期货市场进行套保，但他们迫切需要利用境外期货市场回避生产经营中的价格风险。建议尽快开放境外期货业务，鼓励和培育具有竞争力和创新能力的期货公司，为我国企业走出去提供高效、优质的服务。

此外，分步骤放开国内品种，分阶段允许境外投资者进入我国期货市场交易，树立我国期货价格在全球定价体系中的权威性，在国际商品价格形成过程中获得更多的定价权，以保障国家经济安全，实现我国经济可持续发展。

二、我国金融衍生品市场创新模式

目前，企业参与期货业务已经改变了传统的交易模式（见图 7-5），在固有的套保交易基础上，向拓宽融资渠道模式升级（见图 7-6、图 7-7）。期货特有的风险控制和价格发现功能已深入实体企业，并作出了重要贡献。目前，在多项创新业务推动下，企业在满足原有需求的基础上，更多地向如何提高资金使用率提出要求，期货风险管理公司等创新业务恰好能够满足企业进一步融资的需求。

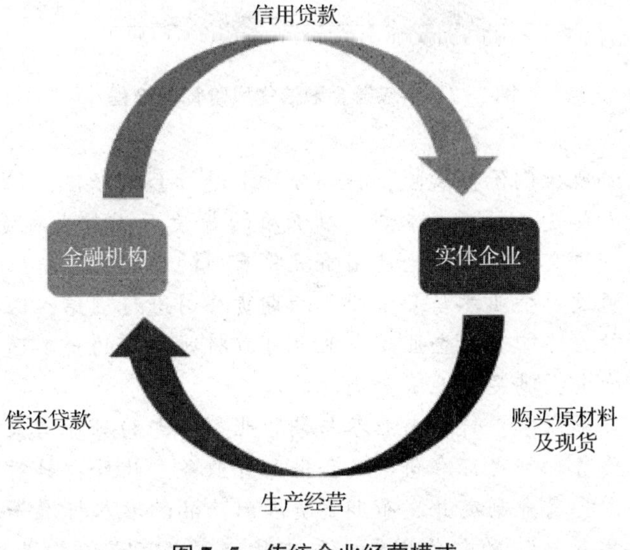

图 7-5 传统企业经营模式

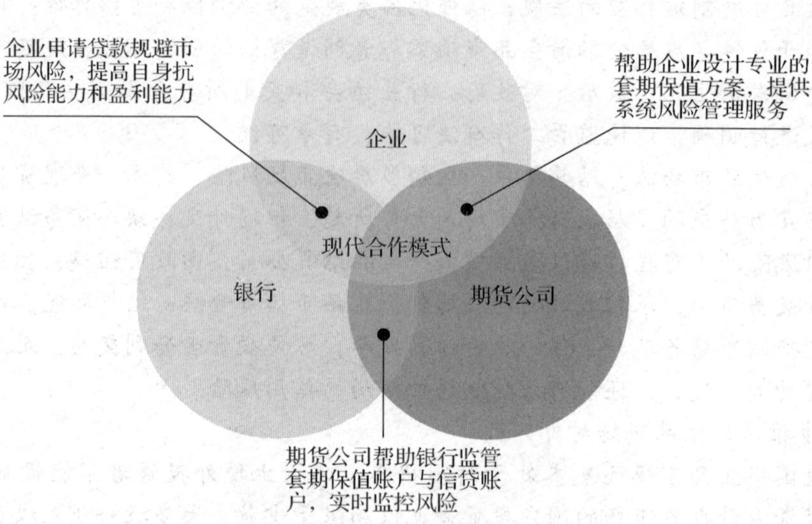

图 7-6　企业、银行与期货公司合作模式

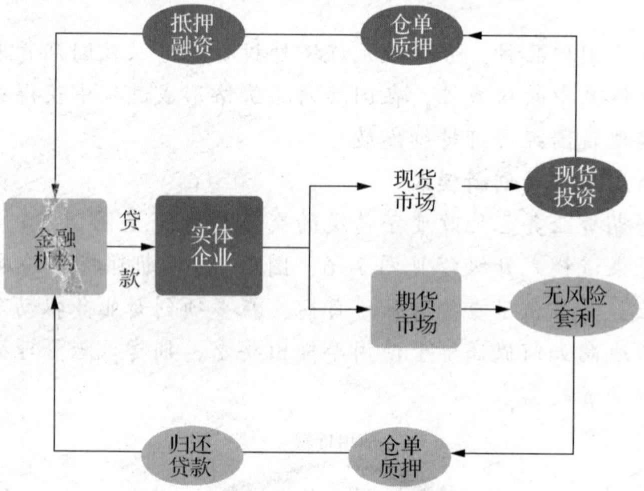

图 7-7　供应链金融信贷风险管理流程

企业为了能够很好地控制价格风险，将部分资金进行套期保值，但同时也面临占用该部分资金的使用问题，尤其是在融资成本高、融资难的背景下，企业对资金的使用更为重视。不过，目前企业参与期货交易时，资金使用情况将有新的变化，期货风险管理公司将帮助企业从银行获得资金，通过对企业参与套保业务的期货公司进行授信，银行根据授信情况适当放出贷款，这部分贷款最终回流至企业。企业也可以将所持有的仓单通过子公司业务向银行抵押，以此获得抵押资金，满足企业资金周转需求。

银行也非常注重期货业务，针对企业参与期货业务所需的融资需求，部分银行特别设立了相关业务部门，主要负责制定标准仓单及套保融资业务。此外，针对期货资管业务也会专门设立资产管理部，主要负责制定并发布期货类理财产品的准入标准等制度规范。银行也会同期货公司进行“共同营销”的合作模式，与期货公司共同营销企业客户，提高银行对该项业务的知晓度和客户认知度，同时也能提高期货公司营销客户的成功率。

此外，部分银行还开展了套保动产业务，是指客户以其合法持有的动产（仓单）质押予银行，并在指定期货公司建立与质押的动产（仓单）项下货物数量相等、品质相同的卖出套保头寸后，向银行申请短期融资业务，银行向期货公司或子公司进行授信，向其放款。部分套保动产业务的质押率最高可达90%，充分满足了企业对资金的使用需求。

三、我国金融衍生品市场业务案例

金融衍生品市场业务是在传统信贷市场之外，综合运用利率、汇率、信用、商品、权益等构成的基础及金融衍生品工具，通过在国内外金融衍生品市场上，进行本外币资金的投融资运作与交易，承销、发售直接融资工具等，满足投资者和银行自身的投融资、交易与避险需求的新兴业务。在推动银行转型过程中，金融衍生品市场业务产品线的快速发展对满足客户的多样化需求、提升核心竞争力与综合服务水平具有重大的战略意义。

金融衍生品市场业务产品具有综合面广、专业性强、技术含量高、同业竞争日趋激烈等特点。随着全球经济与金融市场的快速发展，投资者的多元化金融需求日益旺盛。近年来，中国工商银行着力发展金融市场业务，通过加大产品创新力度、优化产品功能与设计，逐步构建了由投资交易类、风险管理类、债务融资工具承销类三大产品线组成的，较为完备的金融市场业务产品体系，为投资者提供账户贵金属、结售汇、外汇买卖、债券投资交易、避险金融衍生品、债务融资工具承销等数十种金融产品与服务。

商品交易按照交易方式不同，分为实时交易、挂单交易、询价实时交易和询价挂单交易。其中，实时交易和挂单交易既可以通过企业网银渠道办理，也能通过营业网点渠道办理，而询价实时交易和询价挂单交易只能通过企业网银渠道办理。

目前，已支持的品种有黄金、白银、Brent原油、WTI原油、天然气、大豆、玉米、小麦、豆油、豆粕、棉花、咖啡、白糖、棕榈油、橡胶、铜、铝、锌、铅、镍、锡等品种的远期、掉期交易，其他品种将陆续推出。

例如，中国工商银行账户原油是中国工商银行为个人客户提供的，采取只计份额、不提取实物原油的方式，以人民币或美元买卖原油份额的投资交易产品。产品适用于具有完全民事行为能力，并且具备相应风险承受能力以及满足产品适合度评估的个人客户。

第一，账户原油产品按照报价参考对象不同，分为账户北美原油和账户国际原油。其中，账户北美原油参考纽约商业交易所WTI原油报价，账户国际原油参考纽约商业交易所或洲际交易所Brent原油报价。

第二，账户原油的交易币种包括人民币和美元，美元又分为美元现钞和美元现汇。人民币买卖账户原油的交易报价单位为元/桶，资金结算单位为元，保留小数点后两位数字。美元买卖账户原油的交易报价单位为美元/桶，资金结算单位为美元，保留小数点后两位数字。

第三，账户原油交易按照交易类型不同，分为先买入后卖出交易和先卖出后买入交易。两种交易类型相互独立，分别操作。先买入后卖出交易，指客户先买入账户原油，再卖出已买入账户原油的交易。客户累计卖出账户原油的数量不能大于累计买入的数量，客户以先买入后卖出交易方式买入账户原油称为买入开仓，卖出账户原油称为卖出平仓。先卖出后买入交易，指客户首笔交易为卖出交易，然后在卖出的数量内部分或全部买入账户原油的交易。客户累计买入账户原油的数量不能大于累计卖出的数量，客户以先卖出后买入交易方式卖出账户原油称为卖出开仓，买入账户原油称为买入平仓。

第四，账户原油交易按照交易方式不同，分为实时交易和挂单交易。其中，实时交易，指客户按照中国工商银行的交易报价实时买卖账户原油；挂单交易，指客户提交挂单指令，当中国工商银行交易报价满足挂单条件时，按挂单价格买卖账户原油，主要包括获利挂单、止损挂单和双向挂单。

第五，账户原油的交易起点数量为0.1桶，交易最小递增单位为0.1桶。中国工商银行可根据市场情况调整交易起点数量与交易最小递增单位。客户将先买入后卖出交易子账户的某种账户原油产品一次性全部卖出平仓，或将先卖出后买入交易子账户中的某种账户原油产品一次性全部买入平仓时，不受交易起点数量和交易最小递增单位的限制。

（王红英：《培养富有竞争力的金融衍生品市场》，2017年2月13日，http：//futures.hexun.com/2017-02-13/188114101.htm）

证监会马险峰：我国金融衍生品市场潜力巨大

2017年12月1~3日，由中国期货业协会、深圳市人民政府主办的第十三届中国（深圳）国际期货大会在深圳召开。本届大会以“开放融合、提升服务、共赢未来——新时代期货及衍生品行业的转型与发展”为主题。中信期货及中国民生银行承办本次“财富管理规范化与专业化发展论坛”。中国证监会中证金融研究院副院长马险峰作《新时代资本市场金融机构的转型与发展》主题演讲。以下为其发言实录：

习近平总书记在十九大报告中指出，我国经济社会发展进入新时代，经济发展由高速增长阶段转向高质量发展阶段，正处在深化供给侧结构性改革、培育经济增长新动力关键攻关期，建设现代化经济体系是跨越关口的迫切要求，是新时代我国经济发展的战略目标。建设现代化经济体系，对资本市场金融机构的转型与发展提出了更高的要求，创造了发展新机遇。期货公司是期货市场功能发挥的专业载体，是国民经济各行业提升风险管理水平的专业帮手，是市场在资源配置中发挥决定性作用的价格信号的专业感知与使用者，在我国建设现代化经济体系中将发挥更加重要的作用，取得更大的发展。在此，我想就新时代资本市场金融机构的转型与发展谈几点看法，与大家交流探讨。

第一，资本市场发展潜力巨大，金融机构要增强补短板的紧迫感与使命感。

经过近30年的发展，我国金融市场已取得巨大成就，现代金融体系不断健全，系统性风险防控能力显著增强。金融市场为经济发展提供了资金支持，在配置金融资源中基本发挥了决定性作用。在资本市场上，已建立起涵盖主板、创业板、新三板和区域性股权市场在内的多层次市场体系。证券期货机构经营稳健，产品创新有序开展，市场双向开放稳步推进，服务实体经济和支持转型升级的能力不断增强。截至2017年11月29日，我国沪深两市上市公司总数达3458家，总市值56.69万亿元，居全球第2位，仅次于美国。但总的来看，我国金融市场目前仍不够发达，人均金融财富水平不高，金融结构不尽合理，直接融资比重较低，资本形成机制尚不健全，不能及时适应企业融资和风险管理的需要。

从人均金融财富情况来看，我国人均金融财富水平与居民财富不相匹配，财富管理行业将有较大发展空间。根据波士顿金融咨询公司测算，2016年中国个人可投资金融资产总规模已居世界第2位，达到126万亿元。但从瑞士信贷银行测算的人均金融财富水平看，我国与主要发达国家相比仍存在较大差距。2016年我国人均金融财富仅为2.3万美元，不仅远低于美国34.5万美元、英国28.9万美元与日本23.1万美元的水平，也低于亚太地区平均

4.6 万美元和全球平均 5.3 万美元。

从金融结构情况来看，我国金融结构中目前仍以间接融资为主，资本市场是我国金融体系的短板。新世纪以来，虽然直接融资比重保持快速增长态势，“十五”“十一五”“十二五”期间分别累计为 4.91%、11.49%和 16.42%，2016 年上升至 23.82%，但与发达市场占 60%以上相比还有较大差距。2016 年，我国广义资本化率（上市公司总市值与债券余额之和/GDP）仅为 128%，而美国为 359%；我国货币化率（M2/GDP）为 208%，美国为 71%，英国为 34%；我国金融化率（广义资本化率与货币化率之和）为 335%，美国为 431%，英国为 484%。货币化率高、金融化率低，是我国金融结构的主要特征。在我国以货币资产为主的金融结构情况下，金融机构过度追求短期资产收益，导致实体经济融资成本偏高、杠杆率增加，不利于企业进行长期投资活动以实现可持续发展。

从资本形成情况来看，我国资本形成机制尚不健全，资本市场对实体经济的支持力度仍有较大提升空间。上市公司是一个国家经济竞争力的重要体现。1991~2017 年，我国上市公司从 14 家增至目前的 3458 家，增速较快，但从国际比较来看我国上市公司数量并不多。从 2016 年底每百万人口上市公司数量看，我国仅为 2.21，远落后于美国的 16.09、英国的 39.58、日本的 27.86 和德国的 7.21。这也表明我国资本市场有较大发展潜力。例如，目前正在等待上市的排队公司有 400 多家，并有大量公司仍在计划上市融资。同时，从上市公司总市值占 GDP 比重来看，我国与发达国家相比存在较大差距。2016 年底我国上市公司总市值已排全球第 2 位，但占 GDP 比重为 65.29%，低于美国的 147.30%、德国的 49.50%、日本的 100.32%和英国的 121.05%。

总而言之，我国资本市场还有很大发展空间和潜力，正面临加快发展、提档升级的发展机遇期。党的十九大报告中关于金融改革最重要的有四句话，即“深化金融体制改革，增强金融服务实体经济能力，提高直接融资比重，促进多层次资本市场健康发展”。其中最后两句话，即“提高直接融资比重，促进多层次资本市场健康发展”，就是专门讲资本市场要加快改革发展，弥补金融体系发展短板。资本市场金融机构更要增强补短板的紧迫感和使命感，以通过自身的规范、稳健发展，加快推进建设现代资本市场体系的各项工作。

第二，资本市场金融机构加快发展具备良好的基础和条件。

经过近 30 年的发展，我国资本市场经营机构规模稳步扩大，服务实体经济的能力不断增强，合规风控能力显著提升。

从行业规模来看，已具备加快发展的良好基础。截至 2017 年 7 月底，全国共有证券公司 129 家，总资产 5.97 万亿元，净资产 1.76 万亿元，2017 年上半年净利润 552.58 亿元。截至 2017 年 9 月，全国共有 113 家基金管理公司，取得公募基金管理资格的证券公司或证券公司资管子公司共 12 家，保险资管公司 2 家，以上机构管理的公募基金资产合计 11.14 万亿元。截至 2017 年 10 月底，在中国基金业协会登记设立的私募基金管理人 21628 家，已备案私募基金 63248 只，私募基金认缴规模 10.77 万亿元。2016 年底全国共有期货公司 149 家，总资产（含客户资产）5439.41 亿元，净资产 911.53 亿元，客户保证金 4342.35 亿元，实现净利润 65.67 亿元。

从服务实体经济来看，综合服务能力显著增强。近年来，资本市场金融机构功能发挥逐步深化，综合服务能力和市场竞争能力有所提升，在服务实体经济发展，支持国家供给侧结构性改革、国有企业混合所有制改革，“大众创业，万众创新”“脱贫攻坚”和绿色发展等方面发挥了积极作用。特别是，2016 年 IPO 常态化以来至 2017 年 9 月，资本市场已支持 590 家企业完成 IPO，融资额 3322 亿元，支持 4256 家企业完成并购重组，交易金额 3.59 万亿元，帮助 6465 家企业挂牌新三板，帮助非金融企业发行公司债券 3.42 万亿元。

从合规与风控能力来看，经营管理水平逐步提升。近年来资本市场经营机构对合规经营的重视和理解程度都有了较大的提升。从投行业务看，有部分证券公司督促有瑕疵的上市企业主动撤回 IPO 申请；部分证券公司主动补充资本金，严格控制设立子、孙公司，证券行业整体杠杆水平全面下降，风险控制能力显著增强。2017 年《证券公司和证券投资基金管理公司合规管理办法》颁布后，证券、基金公司都在努力构建有效的合规与风控体系，形成自我约束的长效机制。近年来，期货公司已经逐步建立了以净资本为核心的风险管理体系，不断提升期货经营机构抗风险能力。特别是十八大以来的 5 年间，我国期货公司所有风险监管指标均达到监管要求，有力保障了期货投资者的合法权益。

第三，资本市场金融机构加快发展仍面临一些挑战。

资本市场经营机构在快速发展的同时也面临着一些问题和挑战。主要有，行业服务能力无法满足实体经济的需要，在一定程度上存在靠牌照、靠项目吃饭、专业能力不够精良的问题；部分机构存在风控系统流于形式、风控体系存在盲区、风控能力落后于业务发展的问题。与银行保险业相比，资本市场金融机构规模较小、盈利能力相对较弱，这可以从银行、证券、保险行业上市金融机构的指标比较来得到证明。按照 A 股上市公司 2017 年三季报统计，前三季度中，25 家上市银行共实现营业收入 2.90 万亿元，净利润 1.13 万亿元；6 家上市保险公司共实现营业收入 1.65 万亿元，净利润 1124 亿元；38 家上市证券公司实现营业收入 2057 亿元，净利润 766 亿元（仅为银行的 6.76%）。从每家上市机构的净利润比较来看，证券公司平均利润仅为 20 亿元，远低于保险公司的平均利润 187 亿元，更与银行平均利润 453 亿元存在较大差距，基本上各行业间的差距各为一个数量级。未来一段时期，资本市场金融机构应积极迎接新的挑战。

金融机构要着力回归服务实体经济和国家战略的本源。要做优做强投行业务，完善投行的内控体系，提高执业水平，努力为不同类型、不同规模和不同发展阶段的企业提供全面、深入、差异化融资中介服务。要稳步扩大资产证券化业务规模，帮助更多企业盘活存量资产，拓宽融资渠道。积极支持符合条件的绿色企业上市融资和再融资。要规范资管业务发展，立足脱虚向实，立足居民的长期投资需求，深化金融产品服务，积极发展跨境、跨市场、多元化投资策略和差异化收费模式的投资产品。要加快创投业务发展，完善扶持创业投资发展的政策体系，鼓励和引导创业基金投资中小微企业。探索建立私募基金份额转让制度，建立健全私募市场风险监测监控体系。引导各类机构投资者投资绿色金融产品。

金融机构要进一步完善公司治理机制，加强合规管理。要着力抓好合规新规的落实，健全风险管理体系，实现合规管理的全覆盖，做好压力测试，强化风险监测预警。要加强防范流动性风险，严格落实流动性监管指标要求。要强化金融机构的内部管理责任，落实机构对投资者的责任。清晰界定董事会、监事会、高管人员以及合规负责人的合规管理职责，严格选任合规负责人。

金融机构要大力发展专业投资业务。要推动基金管理公司向现代资产管理机构转型。推进基金管理公司组织创新，激发行业活力。要逐步改进基金产品开发，完善基金销售渠道。要研究开发适合养老金等长期资金需要的投资产品，提供专业化、长期化、国际化的投资管理服务。

金融机构要不断提升市场竞争力。要推动证券期货经营机构实施差异化、专业化、特色化发展。推动证券期货行业双向开放，增强国际竞争力。11月，美国特朗普总统访华期间(11月10日)，中美两国元首在经济领域达成多方面重要共识。为落实十九大确定的关于进一步扩大对外开放的决策部署，我国宣布将单个或者多个外国投资者直接或间接投资证券、基金管理、期货公司的投资比例限制放宽至51%，并在该项措施实施3年后，投资比例不受限制。

第四，期货公司发展面临更多新机遇。

未来一段时期，我国期货市场的持续发展，将为期货公司创造更多新机遇。期货市场是现代金融体系的重要组成部分，与实体经济息息相关，每个商品期货品种都连接着一个实体产业链。作为全球第二大经济体，我国已成为全球最重要的大宗商品生产、消费和贸易国。稳步推进期货市场发展，有利于农业生产者调整农产品种植结构，帮助农业生产、加工企业和农户提高供给质量、稳收增收；有利于工业企业优化生产经营和防控市场风险，促进转型升级；有利于政府部门及时制定相关政策，保障供给侧结构性改革的顺利推进。期货市场发展目标，应是建设一个以服务实体经济发展为根本宗旨，与现货市场发展阶段相匹配、与经济风险管理需求相适应，竞争力不断增强的现代期货市场体系，特别是需要把握机遇，遵循市场化、法治化、国际化的方向，加快打造“大宗商品定价中心”和“风险管理中心”。

目前，我国商品期货市场交易规模已居世界前列，但未来发展潜力仍然巨大。目前，我国期货市场初具规模，功能发挥日益增强。期货市场品种已达55个，其中商品期货47个、金融期货5个、商品期权2个、金融期权1个，基本形成了覆盖农业、金属、能源、化工以及金融等国民经济主要领域的产品体系。2016年，我国期货市场成交量41.38亿手，成交金额196万亿元。我国大宗商品期货成交量已连续7年位居世界第1；其中三家商品期货交易所交易量约占全球商品期货与期权成交总量的近六成份额；上期所、大商所、郑商所和中金所全年交易量在国际排名中分列第6、第8、第11和第16位。但是，由于我国大多数商品期货合约规格较小，市场成交规模与发达国家特别是美国相比还有较大差距。例如，我国2016年全年期货交易金额只相当于CME集团一家交易所的75%。

期货市场发展需要积极稳妥推进品种创新。与发达市场相比，我国期货上市品种仍过少(只有55个)，服务实体经济的能力有限。按照美国期货业协会（FIA）对全球88家期货交易所的统计，目前全球共有期货品种2822个。其中美国有期货品种有1192个，不但数量最多，占全球四成以上，而且种类丰富，许多同类商品同时上市大合约、mini合约和微型合约。而我国合约设计较为单一，一般一种商品只上市一种合约，合约总数占全球比例不足2%。我国期货品种总数不但少于德国（317个）、英国（232个）、日本（91个）等发达经济体，甚至还少于印度、巴西、南非等发展中国家。我国应继续发展符合实体经济需要、市场条件具备的各类商品期货品种，同时进一步深化现有期货品种的功能发挥。

期货市场发展需要稳妥推进国际化和法治化。对外开放是提高期货市场核心竞争力和国际影响力的必由之路。目前，我国一些期货品种的交易量在全球排名靠前，但定价能力仍然较弱。我国需要逐步建立国际化的大宗商品定价中心，更好地适应我国企业参与国际竞争和管理市场风险的需要。我国要加快推动制定期货法。2017年11月3日，十二届全国人大财经委全体会议，审议通过了《期货法（草案）（送审稿）》。其中一致同意将场外衍生品纳入期货法调整范围，并认为期货法草案成熟后可直接提请常委会审议，努力争取在本届人大任期内提请常委会审议。我们相信，期货法的出台将保障期货市场在法治化的道路上迈上新台阶。

期货市场发展需要培育机构投资者和防范市场风险。要推动清理取消产业客户尤其是国有企业运用风险管理工具的限制规定。要鼓励银行、保险、信托、证券、基金等金融机构积极利用衍生品市场进行风险管理。拓展机构投资者入市渠道，改善期货市场参与者结构。期货工具能管理风险，但过度投机炒作也会扭曲价格信号、引发市场风险。要不断全面加强市场监管，严防投机资本进行市场操纵。

期货市场的发展尤其需要期货公司加快规范发展。期货公司是期货市场发展的短板。我国各产业龙头企业在参与市场竞争中，往往面临全球各类商品和金融市场价格大幅波动的巨大风险，都有尽快提高风险管理能力、增强市场竞争力的现实需要。期货公司作为风险管理服务的专业提供者，长期以来整体实力非常弱小，难以适应实体经济对风险管理服务的需求。而且，期货公司盈利模式仍较为单一，过分依赖同质化的传统经纪业务，手续费存在恶性竞争；高端人才资源匮乏，也制约了期货公司服务能力的提高与良性发展。全行业从业人员仅5万余人，且大部分从业人员工作经历较短，尤其缺乏具备资本市场综合业务背景（如懂期权、场外衍生品、产品设计）的专业人员和具备国际经验的高端人才。期货公司要努力弥补自身发展短板，切实增强服务实体经济的能力。要积极引导实体企业广泛运用期货期权产品，进一步发挥期货公司风险管理子公司的作用。要合理规划、布局境内外交割仓库体系，构建覆盖广泛的交割服务网络。要逐步清理取消对实体企业和金融机构运用风险管理工具的限制措施。应完善期货公司准入与退出机制，鼓励期货公司收购兼并，推动期货公司实施差异化、专业化、特色化发展。完善期货公司分类监管制度，加快推动符合条件的公司上市。

（肖旭宏：《证监会马险峰：我国金融衍生品市场潜力巨大》，2017 年 12 月 3 日，https：//finance. ifeng. com/a/20171203/15837725_ 0. shtml）

第八章

现代金融市场理论的发展

开篇导读

在华尔街以及资本市场较发达的世界各地，证券分析行业都是报酬最丰厚的行业之一。优厚的报酬吸引了成千上万的优秀人才加入到证券分析师的行列。他们到处收集各种信息，运用各种分析工具和手段，分析各种证券的价值，寻找价格被低估和高估的证券，并自己或建议客户采取相应的买卖行动。应该说，大量证券分析师的这种竞争性行动是促使资本市场走向效率的最重要力量。然而，当市场达到充分有效的状态时，证券分析师花费大量成本和精力收集各种信息并运用各种方法对这些信息进行分析处理都无助于他们击败市场。这样的话，就没有人再愿意去花费无谓的时间和金钱去收集和分析信息了，效率市场也就失去了它存在的基础。可是，当资本市场逐渐变得无效时，信息的价值又开始凸显出来，证券分析师又开始忙于收集和分析信息，市场效率的程度又逐步提高。最终，市场效率的程度将在收集和分析信息的边际成本等于其边际收益时达到均衡。由此可见，只要收集和分析信息的边际成本不为零，资本市场就不可能达到完美有效的地步。正是基于这一点，格罗斯曼和斯蒂格利茨（1980）才指出，在现实生活中，完美的有效市场是不存在的。

从上面分析我们可以看出，收集和处理信息的成本越低、交易成本越低、市场参与者对同样信息所反映的证券价值的认同度越高，市场的效率程度就越高。

20 世纪 50 年代是金融市场理论发展的一个分水岭。在此之前存在的金融市场理论体系被称为古典经济学中的金融市场理论，之后发展起来的叫作现代金融市场理论。现代金融市场理论起始于 1950 年马科维茨提出的证券组合理论。本章就由证券组合理论开始，分别从理论概述、假设、推导、应用、意义评价等几个方面介绍几个经典的金融市场理论：资本资产定价模型、套利定价模型和有效市场价说，最后介绍将心理学尤其是行为科学的理论融入金融学之中的行为金融学理论及其在中国的发展应用。

学习目标

1. 了解现代金融市场各主要理论，并理解其现实意义。
2. 了解现代金融市场理论的发展脉络及发展方向。

第一节 证券组合理论

证券组合理论的提出，主要是针对化解投资风险的可能性。“不要把所有的鸡蛋放在一个篮子里”就是多元化投资组合的最佳比喻。

一、理论概述

证券组合理论（也称资产组合理论）由美国经济学家哈里·马科维茨（Harry Markowitz）等人于20世纪50年代创立（1990年获诺贝尔奖），要解决的问题是，如何提供一套证券分散投资的方法，使投资者在给定风险水平的基础上，期望收益极大，或者为获得既定的期望收益率，使承担的风险极小。在马科维茨之前，人们对风险的界定并不十分明确，虽然在投资领域投资者已经遵循了多样化的投资原则，但是这一原理未能得到理论上的证明。马科维茨在其分析中引入了统计上的均值-方差概念来衡量证券或证券组合的收益与风险，使这一问题得到了很好的解决，从而完成了被认为是历史上首次对投资领域中的风险运用现代微观经济学和数理统计的规范方法进行全面研究的现代金融理论的框架。

1952年，哈里·马科维茨一篇题为《证券组合选择》的论文标志着现代证券组合理论的开端，马科维茨考虑的问题是单期投资问题：投资者在某个时间（称为“期初”）用一笔自有资金购买一组证券并持有一段时期（称为“持有期”），在持有期结束时（称为“期末”），投资者出售他在期初购买的证券并将收入用于消费或再投资。马科维茨在考虑这一问题时，第一次对证券投资中的风险因素进行了正规阐述。他注意到，一个典型的投资者不仅希望“收益高”，而且希望“收益尽可能确定”。这意味着投资者在寻求“预期收益最大化”的同时也追求“收益的不确定性最小”，在期初进行决策时必然力求使这两个相互制约的目标达到某种平衡。马科维茨分别用期望收益率和收益率的方差来衡量投资的预期收益水平和不确定性（风险），建立均值-方差模型来阐述如何全盘考虑上述两个目标，从而进行决策。推导出的结果是，投资者应该通过同时购买多种证券而不是一种证券进行分散化投资。然而这种方法所面临的最大问题是其计算量太大，特别是在大规模的市场存在着上千种证券的情况下。在当时，即使是借助计算机也难以实现，更无法满足实际市场在时间上近乎苛刻的要求。这严重阻碍了马科维茨方法在实际中的应用。1963年，马科维茨的学生威廉·夏普提出了一种简化的计算方法，这一方法通过建立“单因素模型”来实现。后来在此基础上发展出“多因素模型”，以图对实际有更精确的近似。这一简化形式使得证券组合理论应用于实际市场成为可能。特别是20世纪70年代计算机的发展和普及以及软件的成套化和市场化，极大地促进了现代证券组合理论在实际中的应用。当今在西方发达国家，多因素模型已被广泛应用于证券组合中普通股之间的投资分配；而最初的、更一般的马科维茨模型则被广泛应用于不同类型证券之间的投资分配，如债券、股票、风险资产和不动产等。

二、理论的假设

第一，投资者全部是风险规避者，即投资者每承担一定的风险，就必然要求与其所承担的风险相应的收益来补偿。如果用纵坐标表示证券或证券组合的预期收益（ER），横坐标表示证券或证券组合的风险大小（用标准差 σ 衡量），那么该投资者的无差异曲线为向右上方倾斜的二次型曲线。投资组合效用函数具有冯·诺依曼-摩根斯坦（Von Neumann-Morgenstern，VNM）效用函数形式，其伯努利效用函数为二次型（其他类型效用函数也常用于投资理论）。

第二，投资者只进行单期投资决策，其投资决策只受当期因素的影响，并且投资者对其证券或证券组合的持有期完全相同，因而该理论实质上是一种静态的投资决策（单期随机现金流模型）。

第三，假设资产的收益和风险状况可以通过资产收益率的均值和方差反映。投资者通过资产收益率的均值和方差来选择投资，同一均值水平上方差小的投资优于方差大的投资，同一方差水平上均值大的投资优于均值小的投资（非饱和性）。

第四，市场不存在不完全信息，所有的市场参与者均能免费获得同样的信息。并且，投资者对市场上各种风险资产的预期收益率和风险大小以及各种资产之间的相关系数都有一致的认识，即理性预期假设。

第五，不考虑税收、交易成本等因素，即市场环境是无摩擦的；不允许风险资产的卖空交易（在马科维茨最初的研究中他假定风险资产不允许卖空，后来布莱克（Black）引入了卖空假设）。

第六，不考虑无风险资产（所有的资产均为风险资产），投资者不可以按无风险利率进行资金的借贷。后来托宾（Tobin）修正了这一假设，在模型中引入了无风险借贷假设，见表 8-1。

表 8-1　Markowitz 投资组合模型的拓展

模型假设	允许以无风险利率无限制地借入和借出	不允许以无风险利率进行借贷
允许卖空风险资产	最终模型	Black 模型
不允许卖空风险资产	Tobin 模型	Markowitz 模型

三、最优证券组合的选择

（一）投资者的风险偏好

风险偏好是指为了实现目标，投资者在承担风险的种类、大小等方面的基本态度。风险有一种不确定性，投资者面对不确定性时所表现出的态度、倾向便是其风险偏好的具体体现。不同的投资者对风险的态度存在差异，某些人喜欢追求高风险、高收益，而有些人更愿意获取稳妥的收益。根据投资者对风险的偏好可将其划分为风险回避者、风险偏好者和风险中立者。风险回避者选择资产的态度是：当预期收益率相同时，偏好于具有低风险的资产；而对于具有同样风险的资产，则钟情于具有高预期收益率的资产。与风险回避者恰恰相反，风险偏好者通常主动追求风险，喜欢收益的动荡胜于喜欢收益的稳定。相对于低风险低收益的资产，他们更愿意选择高收益高风险的资产。风险中立者通常既不回避风险，也不主动追求风险。他们选择资产的唯一标准是预期收益的大小，而不管风险状况如何。

（二）无差异曲线

无差异曲线是一条表示线上所有各点两种物品不同数量组合给消费者带来的满足程度相同的线，是用来表示消费者偏好相同的两种商品的所有组合。或者说它是表示能够给消费者带来相同的效用水平或满足程度的两种商品的所有组合。无差异曲线主要有以下四个特征。

（1）假定每个商品都被限定为多了比少了好，那么无差异曲线一定向右下方倾斜，就是说，其斜率一定为负。只是在特殊情况下，即当某种商品为中性物品或令人讨厌的物品时，无差异曲线才表现为水平的或者垂直的，甚至是向右上方倾斜，即斜率为正。

（2）在每种商品都被限定为多了比少了好的前提下，无差异曲线图中位置越高或距离原点越远的无差异曲线所代表的消费者的满足程度越高。换句话说，较高无差异曲线上所有商品组合的效用高于较低的无差异曲线上所有商品组合的效用。

（3）任何两条无差异曲线不能相交。这是因为两条无差异曲线如果相交，就会产生矛盾。只要消费者的偏好是可传递的，无差异曲线就不可能相交。

（4）无差异曲线通常是凸向原点的，这是由边际替代率递减规律所决定的。假定消费者甲对啤酒和可乐有不同的偏好，为达到一定的满足水平，他需要 3 瓶啤酒和 4 瓶可乐。现在和甲商量，如果减掉 1 瓶啤酒，再给他多少瓶可乐，甲才会同意（即甲的满足水平并没有变化）？甲认为需要增加 2 瓶可乐。这样，甲的消费束就从原来的 3 瓶啤酒和 4 瓶可乐变为 2 瓶啤酒和 6 瓶可乐，而满足水平没有变化，换句话说，甲的两个消费束对他而言是无差异的，即图 8-1 中的 A、B 两点。反复这样做，而且假定啤酒和可乐的变化单位可以无限小，我们可以找到许许多多和 A 无差异、因而也彼此无差异的消费束，把这些消费束代表的点连接起来，就形成了甲消费啤酒和可乐的无差异曲线。可见，无差异曲线说明消费者可以在无差异曲线上选择任何消费束而得到同样的满足水平。需要指出，消费者一定的满足水平对应唯一的无差异曲线，把消费者不同满足水平的无差异曲线描绘出来，就形成了消费者的无差异曲线族，如图 8-2 所示，右上方的无差异曲线代表更高的满足水平。

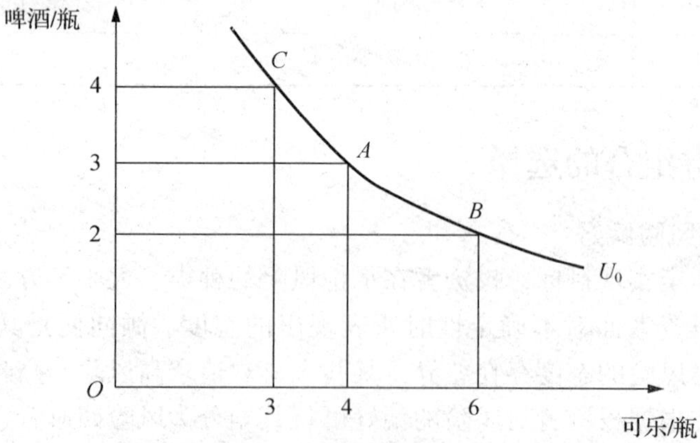

图 8-1　甲的无差异曲线

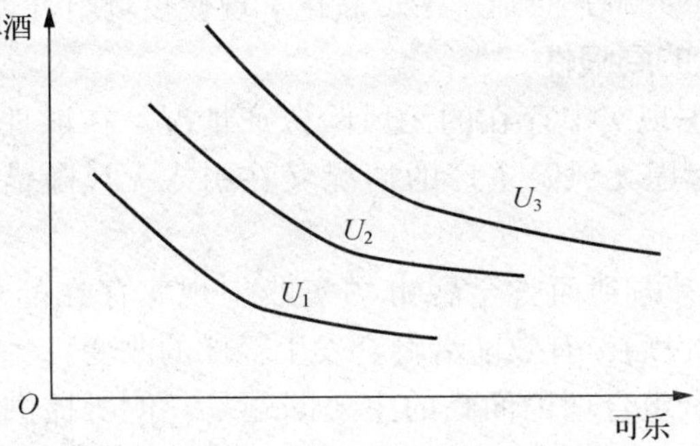

图 8-2 无差异曲线族

(三) 最优证券组合选择

现代投资组合理论认为，多样化的投资组合确实可以分散风险，并且该理论给出了在不存在无风险资产条件下可供投资者选择的有效集（可看作备选方案，正如确定性条件下的决策问题一样）。这样在引入投资者风险规避假设后，即可确定某一投资者的最优风险资产组合，如图 8-3 所示，该组合必然是有效组合边界 MB 曲线与投资者无差异曲线的切点所代表的投资组合，如 N 点、G 点。

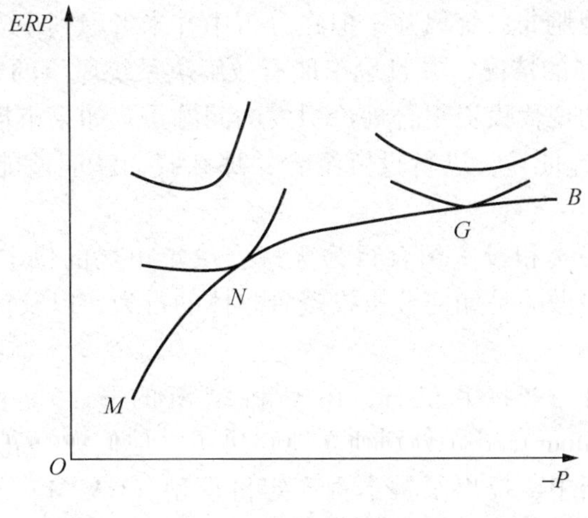

图 8-3 最优证券组合

四、理论的意义和评价

(一) 马科维茨投资组合理论的贡献

(1) 马科维茨的投资组合理论建立了一系列的基本概念，运用统计学的均值和方差等概念为金融资产的风险与收益分析提供了科学的依据，使得以均值衡量收益、方差衡量风险的现代风险分析基本框架在现代金融理论中得到确立。

(2) 该理论提出的有效投资组合的概念及分析方法大大简化了投资分析的难度。

(3) 尽管马科维茨的投资组合理论存在一些缺点（主要是理论假设过于严格，与现实相距甚远），但该理论在金融学理论发展史上是至关重要的。后续的 CAPM 等理论发展，一方面综合了其理论成果，另一方面则进一步简化了现代投资组合理论在现实操作中的困难。

（二）投资组合理论的局限性

（1）该理论没有考虑现实中存在的无风险资产情况。在该理论中，我们假定所有证券均是有风险的，而没有考虑无风险资产的情况（在引入无风险借贷假设后，有效前沿或有效集将发生重大改变）。

（2）该理论也没有考虑到西方金融市场实践中现实存在的可以卖空风险资产的情况（在引入风险资产卖空假设后，有效前沿将会发生轻微的改变）。

（3）马科维茨的投资组合理论面临的主要问题是，他所提供的方法对普通投资者而言应用难度太大，只有一些大型的机构投资者才能运用，并且该理论在实际运用中还面临计算烦琐等问题。

第二节　资产模型与套利模型

一、资本资产定价模型

马科维茨的投资组合理论只涉及了非系统风险的分散化问题，认为通过多样化或分散化的投资行为可以有效地规避非系统风险。但在分析中并未考虑到现实金融领域中存在的无风险资产（如短期国库券）的情况，并且也未能有效解决系统风险的定价问题。

由马科维茨所创立的现代投资组合理论引发的问题是：如果市场中的所有投资者都按照马科维茨的E-V原则选择证券，进行投资组合，那么我们就应该能够分析投资者整体的行为及其产生的影响。

投资者整体的证券买卖和投资组合行为无疑会决定市场的供求关系，从而决定市场价格，因此，后续研究需要做的是如何分析投资者整体的行为，以及使市场出清的价格和收益是如何确立的。

这个方面的研究在1964年左右，由马科维茨的学生夏普（Sharpe）以及莫森（Mossin）和林特纳（Lintner）等人分别独立地解决了。他们在马科维茨研究基础上，将无风险资产引入了分析框架中，提出了资本资产定价模型（CAPM），从而给出了在市场均衡的状态下，风险资产预期收益率的确定方法和系统风险的定价问题。资本资产定价模型是现代金融市场价格理论的支柱，广泛应用于投资决策和公司理财领域。

（一）理论假设

为了推导资本资产定价模型，假定：

（1）所有投资者的投资期限均相同。

（2）投资者根据投资组合在单一投资期内的预期收益率和标准差来评价这些投资组合。

（3）投资者永不满足，当面临其他条件相同的两种选择时，他们将选择具有较高预期收益率的那一种。

（4）投资者是厌恶风险的，当面临其他条件相同的两种选择时，他们将选择具有较小标准差的那一种。

（5）每种资产都是无限可分的。

（6）投资者可按相同的无风险利率借入或贷出资金。

（7）税收和交易费用均忽略不计。

（8）对于所有投资者来说，信息都是免费的并且是立即可得的。

（9）投资者对于各种资产的收益率、标准差、协方差等具有相同的预期。这些假定虽然与现实世界存在很大差距，但通过这个假想的世界，我们可以导出证券市场均衡关系的基本性质，并以此为基础，探讨现实世界中风险和收益之间的关系。

（二）资本市场线

1. 分离定理

在上述假定的基础上，我们可以得出如下结论。

（1）根据相同预期的假定，我们可以推导出每个投资者的切点处投资组合（最优风险组合）都是相同的，从而每个投资者的线性有效集都是一样的。

（2）由于投资者对风险、收益偏好不同，其无差异曲线的斜率不同，因此他们的最优投资组合也不同。由此我们可以导出著名的分离定理：投资者对风险和收益的偏好状况与该投资者风险资产组合的最优构成是无关的。分离定理可从图 8-4 中看出，在图 8-4 中，I_1 代表厌恶风险程度较轻的投资者的无差异曲线，该投资者的最优投资组合位于 O_1 点，表明他将借入资金投资于风险资产组合上；I_2 代表较厌恶风险的投资者的无差异曲线，该投资者的最优投资组合位于点 O_2，表明他将部分资金投资于无风险资产，将另一部分资金投资于风险资产组合。虽然 O_1 和 O_2 位置不同，但它们都是由无风险资产 A 和相同的最优风险组合 T 组成，因此他们的风险资产组合中各种风险资产的构成比例自然是相同的。

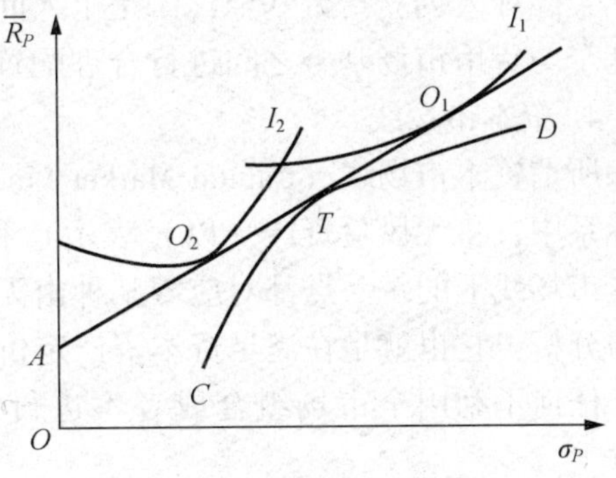

图 8-4　分离定理

2. 市场组合

根据分离定理，我们还可以得到另一个重要结论：在均衡状态下，每种证券在均衡点处投资组合中都有一个非零的比例。这是因为，根据分离定理，每个投资者都持有相同的最优风险组合 T。如果某种证券在 T 组合中的比例为零，那么就没有人购买该证券，该证券的价格就会下降，从而使该证券预期收益率上升，直到在最终的最优风险组合 T 中，该证券的比例非零为止。同样，如果投资者对某种证券的需要量超过其供给量，则该证券的价格将上升，导致其预期收益率下降，从而降低其吸引力，它在最优风险组合中的比例也将下降直至对其需求量等于其供给量为止。因此，在均衡状态下，每一个投资者对每一种证券都愿意持有一定的数量，市场上各种证券的价格都处于使该证券的供求相等的水平上，无风险利率的水平也正好使得借入资金的总量等于贷出资金的总量。这样，在均衡时，最优风险组合中各证券的构成比例等于市场组合（Market Portfolio）中各证券的构成比例。所谓市场组合是指由所有证券构成的组合，在这个组合中，每一种证券的构成比例等于该证券的相对市值。一种证券的相对市值等于该证券总市值除以所有证券的市值的总和。

习惯上，人们将切点处组合叫作市场组合，并用 M 代替 T 来表示。从理论上说，M 不仅由普通股构成，还包括优先股、债券、房地产等其他资产。但在现实中，人们常将 M 局限于普通股。

3. 共同基金定理

如果投资者的投资范围仅限于资本市场，而且市场是有效的，那么市场组合就大致等于最优风险组合。于是单个投资者就不必费那么多工夫进行复杂的分析和计算，只要持有指数基金和无风险资产就可以了。当然，如果所有投资者都这么做，那么这个结论就不成立。因为指数基金本身并不进行证券分析，它只是简单地根据各种股票的市值在市场总市值中的比重来分配其投资。因此，如果每个投资者都不进行证券分析，证券市场就会失去建立风险收益均衡关系的基础。如果我们把货币市场基金看作无风险资产，那么投资者所要做的事情只是根据自己的风险厌恶系数 A，将资金合理地分配于货币市场基金和指数基金，这就是共同基金定理。共同基金定理将证券选择问题分解成两个不同的问题：一是技术问题，即由专业的基金经理人创立指数基金；二是个人问题，即根据投资者个人的风险厌恶系数将资金在指数基金与货币市场基金之间进行合理配置。

4. 资本市场线

所谓资本市场线（Capital Market Line，CML），就是在预期收益率 E 和标准差 σ 组成的坐标系中，将无风险资产（以 r_f 表示）和全市场组合 M 相连所形成的射线 r_fM（见图 8-5）。资本市场线上的每一点都对应着某种由无风险资产和全市场组合 T 构成的新组合。而根据上文的分析，它也就是在满足资本资产定价模型的假设条件下，所有投资者投资组合的有效界面。任何不利用全市场组合或者不进行无风险借贷的其他投资组合都位于资本市场线的下方。

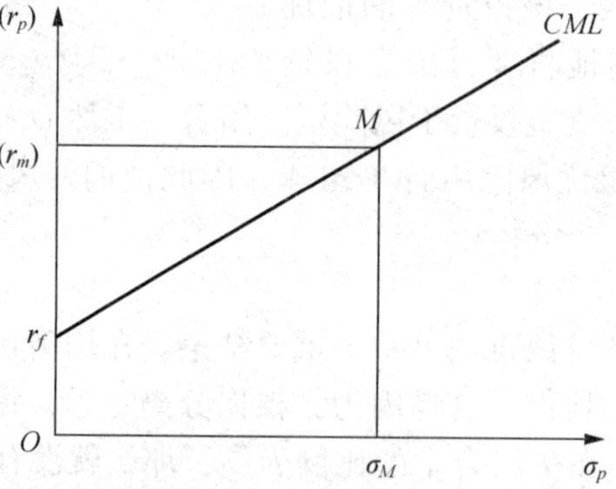

图 8-5 资本市场线

资本市场线的方程如下：

$$E(r_P) = r_f + \frac{E(r_m) - r_f}{\sigma_M}\sigma_P$$

式中，$E(r_P)$ 和 σ_P 分别表示任一有效投资组合的预期收益率和标准差；r_f 为无风险收益率；$E(r_m)$ 和 σ_M 分别为全市场组合的预期收益率和标准差；$E(r_m) - r_f$ 为全市场组合的风险报酬，以补偿其承担的风险 σ_M；$\frac{E(r_m) - r_f}{\sigma_M}$ 是对单位风险的补偿，也即单位风险的报酬，所以也称之为风险的价格。

可以看出，资本市场线的方程对有效投资组合的预期收益率和风险之间的关系给予了完整的阐述。在均衡的证券市场上，每个有效投资组合的预期收益率和风险之间的关系都与两个关键的数字有关：一是无风险收益率 r_f；二是风险的价格 $\dfrac{E(r_m)-r_f}{\sigma_M}$。它们分别代表时间报酬和风险报酬。所以，也可以说，证券市场提供了时间和风险进行交易的场所，其价格则由供求双方的力量来决定。

（三）资本资产定价模型和证券市场线

资本市场线反映的是有效组合的预期收益率与标准差之间的对应关系，该直线未能说明市场均衡时，无效组合或单个证券的风险与收益之间的关系。1964 年，威廉·夏普提出了证券市场线解决了这一问题。

资本资产定价模型是在马科维茨均值-方差理论基础上发展起来的，它继承了其假设，如资本市场是有效的，资产无限可分，投资者可以购买股票的任何部分，投资者根据均值-方差选择投资组合，投资者是厌恶风险、永不满足的，存在着无风险资产，投资者可以按无风险利率自由借贷等。同时又由于马科维茨的投资组合理论计算的烦琐性，导致了其不实用性，夏普在继承的同时，为了简化模型，又增加了新的假设：资本市场是完美的，没有交易成本，信息是免费的并且是立即可得的，所有投资者借贷利率相等，投资期是单期的或者说投资者都有相同的投资期限、相同的预期，即他们对预期回报率、标准差和证券之间的协方差具有相同的理解等。

资本资产定价模型可以表示为：

$$E(R)=R_f+[E(R_M)-R_f]\beta$$

式中，$E(R)$ 为股票或投资组合的期望收益率；R_f 为无风险收益率，投资者能以这个利率进行无风险的借贷；$E(R_M)$ 为市场组合的收益率；β 是股票或投资组合的系统风险测度。

从模型中我们可以看出，资产或投资组合的期望收益率取决于三个因素：（1）无风险收益率 R_f，一般将一年期国债利率或者银行三个月定期存款利率作为无风险利率，投资者可以以这个利率进行无风险借贷。（2）风险价格，即 $[E(R_M)-R_f]$ 是风险收益与风险的比值，也是市场组合收益率与无风险利率之差。（3）风险系数 β 是度量资产或投资组合的系统风险大小尺度的指标，是风险资产的收益率与市场组合收益率的协方差与市场组合收益率的方差之比，故市场组合的风险系数 β 等于 1。

资本资产定价模型的图示形式称为证券市场线（SML），如图 8-6 所示。证券市场线很清晰地反映出风险资产的预期报酬率与其所承担的系统风险 β 系数之间呈线性关系，充分体现了高风险高收益的原则。图中 $E(R_i)$ 为第 i 种股票或第 i 种投资组合的必要报酬率，$E(R_m)$ 为市场组合的平均报酬率。

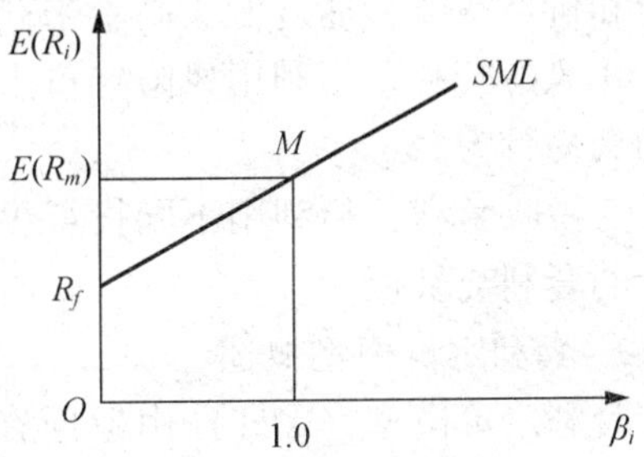

图 8-6　证券市场线

（四）意义和评价

资本资产定价模型是第一个关于金融资产定价的均衡模型，同时也是第一个可以进行计量检验的金融资产定价模型。模型的首要意义是建立了资本风险与收益的关系，指明了证券的期望收益率就是无风险收益率与风险补偿两者之和，揭示了证券报酬的内部结构。资本资产定价模型另一个重要的意义是，它将风险分为非系统风险和系统风险。非系统风险是一种特定公司或行业所特有的风险，它是可以通过资产多样化分散的风险。系统风险是由那些影响整个市场的风险因素引起的，是股票市场本身所固有的风险，是不可以通过分散化消除的风险。资本资产定价模型的作用就是通过投资组合将非系统风险分散掉，只剩下系统风险，并且在模型中引进了β系数来表示系统风险。尽管资本资产定价模型在实际投资生活中有着如此多的美好应用，但是它的缺陷也是明显的。这些缺陷来源之一是模型建立时的假设条件，如资本资产定价模型要求投资者投资期是单一的、投资者对价格的预期是一致的、市场是有效的等，显然这些在现实中是不可能的。其次，模型把市场风险（系统风险）全部集中地表现在一个因素中，使得其分析框架过于笼统。实际上，影响证券价格的因素远不止于此，其他诸如国民收入、通货膨胀率、利率水平、汇率水平、产业关系、公司规模以及红利等一些因素均会对证券价格产生重大影响。

二、套利定价模型

（一）基本原理

1. 套利的含义和基本类型

（1）套利的含义

套利指利用一个或多个市场存在的各种价格差异，在不承担风险或承担较小风险的情况下取得较高收益率的交易活动。其基本类型包括：空间套利、时间套利、工具套利、风险套利及税收套利。

（2）套利的基本类型

①空间套利，指在一个市场上低价买进某种商品，而在另一市场上高价卖出该商品，从而获取不同市场间价差的交易行为。套利活动的直接结果在于使不同市场间同种商品的价格趋于一致。否则套利活动将一直持续下去，直到不同市场间同种商品的价格趋于一致为止。

②时间套利，指同时买卖在不同时点交易的同种资产。它包括现在对未来的套利和未来对现在的套利。我们知道，远期或期货价格与现货价格之间的关系可利用持有成本表示。所谓的持有成本等于该资产的储存成本加上融资购买该项资产所应支付的利息，再扣除该项资产的收益。

③工具套利，指利用同一资产的现货及以该资产为标的资产的各种衍生证券之间的价格差异和价格特征，通过低买高卖来获取无风险利润的行为。

④风险套利，指利用风险定价上的差异（如 CAPM 模型）通过低买高卖获取无风险利润的交易行为。

⑤税收套利，指利用不同投资主体、不同证券及不同收入来源在税收方面存在的差异所进行的套利交易行为。

2. 套利定价模型概述

套利定价模型（APT）由罗斯在 1976 年提出，实际上也是有关资本资产定价的模型。模型表明，资本资产的收益率是各种因素综合作用的结果，如 GDP 的增长、通货膨胀的水平等因素的影响，并不仅受证券组合内部风险因素的影响。套利定价模型是资本资产定价模型（CAPM）的替代理论，虽然被称作套利定价模型，但实际与套利交易无关，是适用于所有资产的估值模型，其理论基础是一项资产的价格是由不同因素驱动的，将这些因素乘上该因素对资产价格影响的Beta系数，加总后，再加上无风险收益率，就可以得出该项资产的价值。虽然APT理论上很完美，但是它没有给出都有哪些因素驱动资产价格，这些因素可能数量众多，只能凭投资者根据经验自行判断选择。此外每项因素都要计算相应的Beta值，而CAPM模型只需计算一个Beta值，所以在对资产价格估值的实际应用时，CAPM比APT使用得更广泛。

（二）套利定价理论的意义

套利定价理论导出了与资本资产定价模型相似的一种市场关系。套利定价理论以收益率形成过程的多因子模型为基础，认为证券收益率与一组因子线性相关，这组因子代表证券收益率的一些基本因素。事实上，当收益率通过单一因子（市场组合）形成时，将会发现套利定价理论形成了一种与资本资产定价模型相同的关系。因此，套利定价理论可以被认为是一种广义的资本资产定价模型，为投资者提供了一种替代性的方法，来理解市场中的风险与收益率间的均衡关系。套利定价理论与现代资产组合理论、资本资产定价模型、期权定价模型等一起构成了现代金融学的理论基础。

第三节　效率市场理论

一、理论概述

（一）有效市场

有效市场（Efficient Market Hypothesis，EMH）的概念最初是由尤金·法码（Eugene Fama）在1970年提出的，他认为，当证券价格能够充分地反映投资者可以获得的信息时，证券市场就是有效市场，即在有效市场中，无论随机选择何种证券，投资者都只能获得与投资风险相当的正常收益率。

有效市场是指这样一种市场，在这个市场上，所有信息都会很快被市场参与者领悟并立刻反映到市场价格之中。这个理论假设参与市场的投资者有足够的理性，能够迅速对所有市场信息作出合理反应。有效市场假说理论认为在一个充满信息交流和信息竞争的社会里，一个特定的信息能够在股票市场上迅速被投资者知晓。随后，股票市场的竞争会驱使股票价格充分且及时地反映该组信息，从而使得该组信息所进行的交易不存在非正常报酬，而只能赚取风险调整的平均市场报酬率。只要证券的市场价格能充分及时地反映全部有价值的信息，市场价格代表着证券的真实价值，这样的市场就被称为“有效市场”。

例如，拉齐-T石油公司（Lazy-T Oil Company）刚刚在阿拉斯加湾发现石油，这是在星期二上午11点30分宣布的。拉齐-T公司股票的价格将会在什么时间上涨呢？效率市场理论认为这个消息会立刻反映到价格上去。市场参与者会立即作出反应，并将拉齐-T公司股票的价格抬高到应有的高度。简而言之，在每一个时点上，市场都已经消化了可以得到的全部最新消息，并且将它包含在股票价格或谷物价格或其他投机价格之中。

这意味着，如果你从报纸上看到佛罗里达下了一场大霜，别以为依靠在午餐休息时间购进冷冻橘汁期货你就能够发财；在报道该消息的同时，甚至在此以前，橘汁的价格就已经上涨了。

（二）有效市场假说

“有效市场假说”起源于20世纪初，这个假说的奠基人是一位名叫路易斯·巴舍利耶的法国数学家，他把统计分析的方法应用于股票收益率的分析，发现其波动的数学期望值总是为零。

1964年奥斯本提出了“随机漫步理论”，他认为股票价格的变化类似于化学中的分子“布朗运动”（即悬浮在液体或气体中的微粒所做的永不休止的、无秩序的运动），具有“随机漫步”的特点，也就是说，它变动的路径是不可预期的。1970年法玛也认为，股票价格收益率序列在统计上不具有“记忆性”，所以投资者无法根据历史的价格来预测其未来的走势。

这个结论不免使许多在做股价分析的人有点沮丧，他们全力研究各家公司的会计报表与未来前景以决定其价值，并试图在此基础上作出正确的金融决策。难道股价真的是如此随机，金融市场就没有经济学的规律可循吗？

萨缪尔森的看法是，金融市场并非不按经济规律运作，恰恰相反，这正是符合经济规律的作用而形成的一个有效率的市场。

（三）市场有效性假设

市场有效性假设是以一个完美的市场为前提的：

（1）整个市场没有摩擦，即不存在交易成本和税收；所有资产完全可分割，可交易；没有限制性规定。

（2）整个市场充分竞争，所有市场参与者都是价格的接受者。

（3）信息成本为零。

（4）所有市场参与者同时接受信息，所有市场参与者都是理性的，并且追求效用最大化。

在现实生活中，这些假设条件是很难成立的，投资者进行投资都必须考虑以下成本：

（1）交易成本。投资者每做一次交易，都要付给经纪人一定费用。

（2）税收。投资者必须按每次交易的金额或收入，以一定比例纳税。

（3）投资者为了挖掘各种信息，也必须支付一定的费用。

（4）机会成本，包括时间、精力等。

二、理论要点

第一，市场上的每个人都是理性的经济人，金融市场上每只股票所代表的各家公司都处于这些理性人的严格监视之下，他们每天都在进行基本分析，以公司未来的获利性来评价公司的股票价格，把未来价值折算成今天的现值，并谨慎地在风险与收益之间进行权衡取舍。

第二，股票的价格反映了这些理性人的供求的平衡，想买的人正好等于想卖的人，即认为股价被高估的人与认为股价被低估的人正好相等。假如有人发现这两者不等，即存在套利的可能性的话，他们立即会用买进或卖出股票的办法使股价迅速变动到能够使两者相等为止。

第三，股票的价格也能充分反映该资产的所有可获得的信息，即“信息有效”，当信息变动时，股票的价格就一定会随之变动。一个利好消息或利空消息刚刚传出时，股票的价格就开始异动，当它已经路人皆知时，股票的价格也已经涨或跌到适当的价位了。

三、理论的三种形态

法码根据投资者可以获得的信息种类，将有效市场分成了三个层次：弱式有效市场（Weak-form EMH）、半强式有效市场（Semi-strong-form EMH）和强式有效市场（Strong-form EMH）。

1. 弱式有效市场

弱式有效市场中以往价格的所有信息已经完全反映在当前的价格之中，所以利用移动平均线和K线图等手段分析历史价格信息的技术分析法是无效的。

2. 半强式有效市场

除了证券市场以往的价格信息之外，半强式有效市场假设中包含的信息还包括发行证券企业的年度报告、季度报告等在新闻媒体中可以获得的所有公开信息，依靠企业的财务报表等公开信息进行的基础分析法也是无效的。

3. 强式有效市场

强式有效市场假设中的信息既包括所有的公开信息，也包括所有的内幕信息，例如企业内部高级管理人员所掌握的内部信息。如果强式有效市场假设成立，上述所有的信息都已经完全反映在当前的价格之中，所以，即便是掌握内幕信息的投资者也无法持续获取非正常收益。

四、理论的意义和评价

（一）理论意义

提高证券市场的有效性，根本问题就是要解决证券价格形成过程中在信息披露、信息传输、信息解读以及信息反馈各个环节所出现的问题，其中最关键的一个问题就是建立上市公司强制性信息披露制度。从这个角度来看，公开信息披露制度是建立有效资本市场的基础，也是资本市场有效性得以不断提高的起点。

（二）实践意义

1. 有效市场和技术分析

如果市场未达到弱式下的有效，则当前的价格未完全反映历史价格信息，那么未来的价格变化将进一步对过去的价格信息作出反应。在这种情况下，人们可以利用技术分析和图表从过去的价格信息中分析出未来价格的某种变化倾向，从而在交易中获利。如果市场是弱式有效的，则过去的历史价格信息已完全反映在当前的价格中，未来的价格变化将与当前及历史价格无关，这时使用技术分析和图表分析当前及历史价格对未来作出预测将是徒劳的。如果不运用进一步的价格序列以外的信息，明天价格最好的预测值将是今天的价格。因此在弱式有效市场中，技术分析将失效。

2. 有效市场和基本分析

如果市场未达到半强式有效，公开信息未被当前价格完全反映，分析公开资料寻找误定价格将能增加收益。但如果市场半强式有效，那么仅仅以公开资料为基础的分析将不能提供任何帮助，因为针对当前已公开的资料信息，目前的价格是合适的，未来的价格变化与当前已知的公开信息毫无关系，其变化纯粹依赖于明天新的公开信息。对于那些只依赖于已公开信息的人来说，明天才公开的信息，他今天是一无所知的，所以不用未公开的资料，对于明天的价格，他最好的预测值也就是今天的价格。所以在这样的一个市场中，已公布的基本面信息无助于分析家挑选价格被高估或低估的证券，基于公开资料的基础分析毫无用处。

3. 有效市场和证券组合管理

如果市场是强式有效的，人们获取内部资料并按照它行动，这时任何新信息（包括公开的和内部的）将迅速在市场中得到反映。所以在这种市场中，任何企图寻找内部资料信息来打击市场的做法都是不明智的。在这种强式有效市场假设下，任何专业投资者的边际市场价值为零，因为没有任何资料来源和加工方式能够稳定地增加收益。对于证券组合理论来说，其组合构建的条件之一即是假设证券市场是充分有效的，所有市场参与者都能同等地得到充分的投资信息，如各种证券收益和风险的变动及其影响因素，同时不考虑交易费用。但对于证券组合的管理来说，如果市场是强式有效的，组合管理者会选择消极保守型的态度，只求获得市场平均的收益率水平，因为区别将来某段时期的有利和无利的投资不可能以现阶段已知的这些投资的任何特征为依据，进而进行组合调整。因此在这样一个市场中，管理者一般模拟某一种主要的市场指数进行投资。而在市场仅达到弱式有效状态时，组织管理者则是积极进取的，会在选择资产和买卖时机上下功夫，努力寻找价格偏离价值的资产。

有效市场的形式和证券投资分析有效性之间的关系可以由表 8-2 来表示：

表 8-2　有效市场形式和证券投资分析

	技术分析	基本分析	组合管理
无效市场	有效	有效	积极进取
弱式有效市场	无效	有效	积极进取
半强式有效市场	无效	无效	积极进取
强式有效市场	无效	无效	消极保守

第四节　行为金融学

一、行为金融学概述

（一）理论简介

行为金融学就是将心理学尤其是行为科学的理论融入金融学之中。它从微观个体行为以及产生这种行为的心理等动因来解释、研究和预测金融市场的发展。这一研究视角通过分析金融市场主体在市场行为中的偏差和反常，来寻求不同市场主体在不同环境下的经营理念及决策行为特征，力求建立一种能正确反映市场主体实际决策行为和市场运行状况的描述性模型。

行为金融学对于两大传统假设的挑战为我们研究商业银行公司治理问题提供了一个新的视角。其一，传统金融理论关于人的行为假设。传统金融理论认为人们的决策是建立在理性预期、风险回避、效用最大化以及相机抉择等假设基础之上的。但是大量的心理学研究表明，人们的实际投资决策并非如此。比如，人们总是过分相信自己的判断，人们往往是根据自己对决策结果的盈亏状况的主观判断进行决策等。尤其值得指出的是，研究表明，这种对理性决策的偏离是系统性的，并不能因为统计平均而消除。其二，有效的市场竞争。传统金融理论认为，在市场竞争过程中，理性的投资者总是能抓住每一个由非理性投资者创造的套利机会。因此，能够在市场竞争中幸存下来的只有理性的投资者。但在现实世界中，市场并非像理论描述得那么完美，大量“反常现象”的出现使得传统金融理论无法应对。传统理论为我们找到了一条最优化的道路，告诉人们“该怎么做”，让我们知道“应该发生什么”。可惜，并非每个市场参与者都能完全理性地按照理论中的模型去行动，人的非理性行为在经济系统中发挥着不容忽视的作用。因此，不能再将人的因素仅仅作为假设排斥在外，行为分析应纳入理论分析之中，理论研究应转向“实际发生了什么”，从而指导决策者们进行正确的决策。

（二）理论起源

早在半个世纪前，爱德华就将决策的制定引入心理学的研究领域，并勾画了未来研究的蓝图。但认知心理学的理论研究直到卡内曼和特维斯基发表他们在判断和决策课题上的研究成果才取得巨大的突破。行为金融学是金融学、心理学、行为学、社会学等学科相交叉的边缘学科，力图揭示金融市场的非理性行为和决策规律。行为金融理论认为，证券的市场价格并不只由证券内在价值所决定，还在很大程度上受到投资者主体行为的影响，即投资者心理与行为对证券市场的价格决定及其变动具有重大影响。它是和有效市场假说相对应的一种学说，主要内容可分为套利限制和心理学两部分。

20 世纪 80 年代对金融市场的大量实证研究发现了许多现代金融学无法解释的异象（Anomalies），为了解释这些异象，一些金融学家将认知心理学的研究成果应用于对投资者的行为分析，至 90 年代这个领域涌现出了大量高质量的理论和实证文献，形成最具活力的行为金融学派。2002 年 10 月 8 日，瑞典皇家科学院宣布，将 2002 年诺贝尔经济学奖授予丹尼尔·卡内曼，以表彰他把心理研究的成果与经济学融合到了一起，尤其是在不确定情况下人的判断和决策方面作出了突出贡献。

行为金融学在投资实践中也取得了令人瞩目的成就，如行为金融学大师理查德·塞勒（Richard Thaler）既是理论家也是实践家，他参与创办的资产管理公司管理着 15 亿美元的资产，年报酬率达 31.5%，而大盘涨幅仅为 16.1%。此外还有很多基金公司、投资公司、咨询公司在其业务中使用行为金融学成果并取得了不俗业绩。

二、行为金融学的主要理论

（一）期望理论

这个理论的表述为：人们对相同情境的反应取决于他是盈利状态还是亏损状态。一般而言，当盈利额与亏损额相同的情况下，人们在亏损状态时会变得更为沮丧，而当盈利时却没有那么快乐。当个体在看到等量损失时的沮丧程度会比同等获利情况下的高兴程度强烈得多。研究还发现：投资者在亏损 1 美元时的痛苦的强烈程度是在获利 1 美元时高兴程度的两倍。具体来说，某只股票现在是 20 元，一位投资者是 22 元买入的，而另一位投资者是 18 元买入的，当股价产生变化时，这两位投资者的反应是极为不同的。当股价上涨时，18 元买入的投资者会坚定地持有，因为对于他来说，只是利润的扩大化；而对于 22 元的投资者来说，只是意味着亏损的减少，其坚定持有的信心不强。由于厌恶亏损，他极有可能在解套之时卖出股票。而当股价下跌之时，两者的反应恰好相反。18元买入的投资者会急于兑现利润，因为他害怕利润会化为乌有，同时，由于厌恶亏损可能发生，会极早获利了结。但对于22元买入的投资者来说，持股不卖或是继续买入可能是最好的策略，因为割肉出局意味着实现亏损，这是投资者最不愿看到的结果。所以，他反而会寻找各种有利的信息，以增强自己持股的信心。特维斯基和卡内曼在1979年的文章中认为：投资者更愿意冒风险去避免亏损，而不愿冒风险去实现利润的最大化。在有利润的情况下，多数投资者是风险的厌恶者；而在有亏损的情况下，多数投资者变成了风险的承担者。换句话说，在面临确信有赚钱的机会时，多数投资者是风险的厌恶者；而在面临确信要赔钱时，多数投资者成为了风险的承受者。在这里，风险是指股价未来走势的一种不确定性。

（二）羊群效应

羊群效应描述了个体间的行为趋于一致，而且不存在任何相互抵消的现象。具体来看，在金融市场中，羊群行为是指在观察到其他投资者的行为后，个体投资者倾向于同大多数采取相同或相似的投资策略，或者对于某种特定资产持有相同或相似的偏好。大量的实证研究表明，在我国乃至全球的金融市场中，投资者的行为在一定程度上都表现出羊群行为的特征。由于羊群效应直接或间接地导致资产价格的波动，并对金融市场的效率和稳定性产生重要影响，因此，羊群效应的研究对于金融市场的健康发展具有重要的理论和现实意义。粗略地讲，当人们的行为相同并趋于一致时，羊群效应便产生了。羊群效应产生于人们模仿其他人行为的意愿。这种“有意识”的羊群行为应该和“无意识”的羊群行为，即伪羊群行为相区别。伪羊群行为是指拥有相同信息集的人们，在面临同样的问题时作出同样的决定。

（三）后悔理论

投资者在投资过程中常出现后悔的心理状态。在大牛市背景下，没有及时介入自己看好的股票会后悔，过早卖出获利的股票也会后悔；在熊市背景下，没能及时止损出局会后悔，获点小利没能兑现、然后又被套牢也会后悔；在平衡市场中，自己持有的股票不涨不跌，别人推荐的股票上涨，自己会因为没有听从别人的劝告而及时换股后悔；当下定决心，卖出手中不涨的股票，而买入专家推荐的股票，又发现自己原来持有的股票不断上涨，而专家推荐的股票不涨反跌时，更加后悔。圣塔克拉拉大学的迈尔·斯塔特曼（Meir Statman）教授是研究“害怕后悔”行为的专家。由于人们在投资判断和决策上经常容易出现错误，而当出现这种失误操作时，通常感到非常难过和悲哀。所以，投资者在投资过程中，为了避免后悔心态的出现，经常会表现出一种优柔寡断的性格特点。投资者在决定是否卖出一只股票时，往往受到买入时的成本比现价高或是低的情绪影响，由于害怕后悔而想方设法尽量避免后悔的发生。有研究者认为：投资者不愿卖出已下跌的股票，是为了避免做了一次失败投资的痛苦和后悔心情，向其他人报告投资亏损的难堪也使其不愿去卖出已亏损的股票。另一些研究者认为，投资者的从众行为和追随常识，是为了避免由于作出了一个错误的投资决定而后悔。许多投资者认为，买一只大家都看好的股票比较容易，因为大家都看好它并且买了它，即使股价下跌也没什么。大家都错了，所以我错了也没什么。而如果自作主张买了一只市场形象不佳的股票，如果买入之后它就下跌，自己就很难合理地解释当时买它的理由。此外，基金经理人和股评家喜欢名气大的上市公司股票，主要原因也是因为如果这些股票下跌，他们因为操作得不好而被解雇的可能性较小。害怕后悔也反映了投资者对自我的一种期望。赫什·舍夫林（Hersh Shefrin）和迈尔·斯塔特曼在一个研究中发现：投资者在投资过程中除了避免后悔以外，还有一种追求自豪的动机在起作用。害怕后悔与追求自豪造成了投资者持有获利股票的时间太短，而持有亏损股票的时间太长。他们称这种现象为卖出效应。他们发现：当投资者持有两只股票，股票 A 获利 20%，而股票 B 亏损 20%，此时又有一个新的投资机会，而投资者由于没有别的钱，必须先卖掉一只股票时，多数投资者往往卖掉股票 A 而不是股票 B。因为卖出股票 B 会对从前的买入决策后悔，而卖出股票 A 会让投资者有一种作出正确投资的自豪感。

三、行为金融学在中国

我国的证券市场是一个较新兴的市场，在许多方面尚未成熟，目前的一个突出问题是过度投机性，而其产生的最主要原因就是众多中小投资者的非理性行为。证券市场的投资者可分为机构投资者与普通投资者，前者在资金实力、分析手段与信息获得与把握上具有优势；而后者由于势单力薄，经常揣摩、打听前者的消息或行动，作为自己决策的参考依据。在我国，中小投资者占投资者的绝大部分，他们的决策行为在很大程度上决定了市场的发展状况，而他们又以弱势人群的姿态出现，其决策行为的非理性严重导致了市场的不稳定。因此，仅借助现代金融学的方法无法正确分析我国证券市场，我们应充分重视行为金融学这一新兴理论方法，利用它来发展、完善现代金融学，并将其应用到我国的证券市场。

要将行为金融学的研究成果运用到我国证券市场的实践中，合理引导投资者的行为。对于广大中小投资者，要通过教育来使其趋于理性化，提高证券市场投资者的投资决策能力和市场的运作效率。对于机构投资者，要提高其投资管理水平。例如，行为金融学对我国开放式基金的发展具有重要的指导作用。开放式基金的一个突出问题是基金份额的赎回，基金经理要根据其对赎回量的估计确定资产的流动性，而这就不可避免地要估计投资者的行为决策方式。投资者往往在受到压力时高估风险，稍有风吹草动，他们就可能大量赎回，而从众心理又可能深化这种趋势，使基金受到更大的压力。另外，由于投资者的后悔与谨慎心理，他们常常利用代理人制度转移其对经济结果的责任及受到的压力，通过深入分析这一点，基金经理就能确定合理的管理费率，提高基金的运作水平。

资本市场与机构投资者的发展使得投资基金逐渐成为资本市场中的主要投资机构，以共同基金、养老基金以及对冲基金等众多投资基金为主体的投资机构已经成为市场中最重要的投资主体。投资基金地位的上升也使得投资基金逐渐成为居民投资者的重要投资对象，因此如何在众多投资基金中确定投资对象就成为众多学者研究的课题。投资基金经理是投资基金的管理层，是基金投资策略的确定者和实施者。投资基金的选择在很大程度上就是对基金经理的选择。基金经理层的专业学识与心理素质也成为选择基金时的重要考虑因素。对于基金经理的选择，以前主要是以传统的有效市场理论和信息理论为指导，但是随着金融理论的发展，行为金融学理论在这个领域显示出越来越重要的意义和作用。根据行为金融学理论，结合中国证券市场的实际，我国投资者在确定投资对象与选择基金经理时，除了传统金融理论中的考虑因素，还必须从行为金融理论出发进行考虑。

本章小结

1. 证券组合理论（也称资产组合理论）要解决的问题是，如何提供一套证券分散投资的方法，使投资者在给定风险水平的基础上，期望收益极大，或者为获得既定的期望收益率，承担的风险极小。多样化投资组合可以降低投资的风险。

2. 资本资产定价模型（CAPM）给出了在市场均衡的状态下，风险资产预期收益率的确定方法和系统风险的定价问题。资本资产定价模型是现代金融市场价格理论的支柱，广泛应用于投资决策和公司理财领域。

3. 有效市场是指这样一种市场，在这个市场上，所有信息都会很快被市场参与者领悟并立刻反映到市场价格之中。这个理论假设参与市场的投资者有足够的理性，能够迅速对所有市场信息作出合理反应。根据投资者可以获得的信息种类，可将市场分为弱式有效市场、半强式有效市场和强式有效市场。

4. 行为金融学主要理论有：期望理论，人们对相同情境的反应取决于他是盈利状态还是亏损状态。羊群效应，指在观察到其他投资者的行为后，个体投资者倾向于同大多数采取相同或相似的投资策略，或者对于某种特定资产持有相同或相似的偏好。后悔理论，指投资者在投资过程中常出现后悔的心理状态。

关键概念

最优资产组合　证券组合理论　CAPM 模型　资本市场线　证券市场线　弱式有效市场　半强式有效市场　强式有效市场　行为金融

综合训练

1. 证券组合理论要解决什么问题？
2. 资本资产定价模型的计算公式是什么？如何评价资本资产定价模型？
3. 什么样的市场是有效的？有效市场可以分为哪几种形态？
4. 简述行为金融学在中国的发展和应用。

课外延伸阅读

人工智能时代的智能投顾

1998 年 12 月，以美国 Paypal 为代表的第三方互联网支付平台的兴起，标志着金融科技发展进入一个新的时代，金融科技公司和机构成为资本市场上的新宠儿。所谓金融科技是指互联网公司或高科技公司利用云计算、大数据、移动互联网等新兴技术，大幅提升传统金融服务的操作效率与客户体验，由此践行“普惠金融+金融服务”大众化的精神。而在大量兴起和发展的金融科技公司中，智能投顾行业更是发展迅速，美国的 Lending Club. Wealth-front. Betterment 等智能投顾企业在两三年内就成为独角兽企（估值超过 10 亿美元），而传统金融企业和机构要达到这种估值水平却需修炼数十年。所谓智能投顾（robo-advisor），也就是机器人投顾，是一种在线投资顾问服务模式，运用现代资产组合理论等相关算法搭建一个数据模型，根据投资者的风险偏好、财务状况及理财目标，为用户提供智能化和自动化的资产配置建议。其最大的价值是通过“互联网客户服务体验+人智能+大数据分析”，解决投资者缺少专业投资建议的瓶颈。相比传统的投资顾问平台，智能投顾也需要平台用户在网上填写调查问卷，包括客户的可投资资金、风险承担能力和预期收益要求。但智能投顾平台在获取这些用户信息后，可以根据大数据分析提供针对性的资产配置建议，并定期根据投资者以往收益状况与金融市场发展动态进行重新评估，从而对用户资产组合进行合理调整。显然，智能投顾解决了线下传统金融服务方式存在的成本高、难以覆盖普通大众等问题，并可以帮助投资者避免情绪化的操作，使证券投资管理或财富管理进入一个新的阶段。

在我国，智能投顾市场仍处于培育阶段，不久前，国家级人工智能战略规划的出台意味着“人工智能+金融”正成为未来金融行业发展的方向，我国资产管理行业已开始关注、研究和思考人工智能的发展与应用。2017 年 8 月 30 日，由中国证券投资基金业协会金融科技专业委员会主办，通联数据、新智元承办的“2017 智能投资峰会”在北京召开，探讨资产管理行业应用人工智能技术的趋势、实践和发展。8 月 31 日，上海壹账通金融科技有限公司携“智能财富管家”正式进入智能投顾市场，在 1.8 亿用户多年来积累的金融财富数据的基础上，提供用户侧的大数据处理。近几年，我国已经运行的一些有影响的智能投顾平台主要有：

（1）摩羯智投。2016 年 12 月，招商银行推出了摩羯智投，成为业内首个由国内商业银行推出的智能投顾产品，资产管理规模已突破 50 亿元。

（2）金融界灵犀智投。金融界推出的智能投顾产品于 2016 年 11 月 8 日上线运营，在稳健运营半年有余后，金融界正式发布智能投顾品牌“灵犀智投”，旗下包括灵犀智投（智能投顾）、灵犀定投（智能定投）两大产品。灵犀智投依据诺贝尔奖经典理论的投资组合策略进行资产配置，覆盖 A 股、港股、美股、黄金、债券等大类资产，同时纳入了养老模型和家资产配置理念，为每一位投资者提供“千人千面”的智能化服务，量身定制投资组合。

（3）宜信财富投米 RA。投米 RA 是宜信财富旗下智能投顾产品，其海外 RA 组合于 2016 年 5 月 28 日上线。产品沿用海外智能投顾的经典模式，通过对接美国嘉维证券，直接投资于海外 ETF 构建组合。之后，投米 RA 丰富了产品线，于 2017 年 5 月 28 日正式上线了境内 RA 组合，精选 9 只国内公募基金产品，覆盖 A 股、债券、美股、黄金等大类资产。

（4）理财魔方。理财魔方团队成立于 2014 年底，产品于 2015 年 3 月正式上线。产品围绕组合风险控制和用户风险定制的基本原则，为用户提供配置方案。区别于其他智能投顾产品，理财魔方根据投资者的客观特征的改变，动态修正投资者的风险承受能力，动态匹配最佳投资组合。目前，理财魔方以“千人千面”和动态调仓功能为重点，为用户提供个性化的配置管理方案，以及用户心理的调整与跟踪服务。

显然，新世纪以来的证券投资理论研究已经更多地转入实际应用阶段，互联网金融的快速发展和大数据时代的到来，也使现代证券投资理论能更好地服务于普通大众的投资需要。但这种证券投资理论的广泛运用于普通投资者的投资实践，是基于建立完善的大数据系统。这种大数据系统不仅包括各种投资品种如各种股票、债券、基金以及各种衍生品等投资标的的基本数据，还包括各类投资者的基本数据资料，而目前大多数智能投顾平台的大数据系统建设严重滞后，必然会影响到智能投顾平台所提供的资产配置建议的合理性。因此，加强大数据建设，是促进证券投资理论广泛服务于普通大众的前提和基础。

（涂人猛：《证券投资理论的演绎与实践》，《社会科学动态》2017 年第 12 期）

第九章

金融市场的风险与监管

开篇导读

2010年7月21日，对于美国首府华盛顿的居民来说或许是再平常不过的一天，不过对于美国的金融版图却是跨时代的一天。随着美国总统奥巴马在里根大楼签署金融监管改革法案，历时近两年的金融改革立法终于尘埃落定。

2008年9月，华尔街大型投资银行雷曼兄弟倒闭引发本轮全球金融危机。在危机中上任的奥巴马政府于2009年6月正式提出金融监管改革方案。美国会众议院和参议院分别于2009年12月和2010年5月通过了各自的金融监管改革法案版本。2010年6月30日，众议院通过了两院统一的版本。2010年7月15日，参议院通过了最终版本金融监管改革法案，为该法案最终成为法律清除了最后障碍。虽然，法案在危机防范的有效性等方面仍存在巨大争议，但金融监管改革法案被认为是奥巴马政府继2010年3月签署医疗改革法案后的又一项立法成就。奥巴马在仪式上说："这项改革代表着历史上最有力的消费者金融保护。"可见，法案致力于保护消费者、解决金融业系统性风险等问题。

（《美金融监管改革立法完成》，2010年7月23日，http：//business.sohu.com/20100723/n273703308.shtml）

学习目标

1. 理解金融市场监管的必要性。
2. 了解金融市场监管的基本原则。
3. 了解我国金融市场监管的实践与发展方向。

第一节　金融风险、金融脆弱性与金融危机

一、金融风险

（一）金融风险的含义

风险是一个非常宽泛、常用的词汇。目前金融理论界对风险的解释或界定主要有以下一些观点：

（1）风险是结果的不确定性；

(2) 风险是损失发生的可能性或可能发生的损失；

(3) 风险是结果对期望的偏离；

(4) 风险是导致损失的变化；

(5) 风险是受伤害或损失的危险。

上述对风险的解释从不同的角度揭示了风险的某些内在特性。这些解释主要涉及不确定性、损失、可能性、波动性（即对期望的偏离）和危险等概念。风险具有以下几个特点：

(1) 风险是对事物发展未来状态的看法，具体而言是对投资在损失或盈利发生以前状态的看法，因此，时间是形成风险的基本因素之一。

(2) 风险产生的根源在于事物发展未来状态所具有的不确定性，不确定性也是形成风险的基本因素之一。

(3) 风险和不确定性在很大程度上都受到经济主体对相关信息掌握的影响，信息是影响风险的重要因素之一。

(4) 风险是针对事物发展的未来状态出现不利情形的描述，如发生损失或低于期望值的回报，损失也是风险的基本因素之一。

金融风险就是指在货币经营和信用活动中，由于各种因素变化的影响使金融机构或投资者的实际收益与预期收益发生背离的不确定性，及其资产蒙受损失的可能性。一家金融机构发生的风险所带来的后果，往往超过对其自身的影响。金融机构在具体的金融交易活动中出现的风险，有可能对该金融机构的生存构成威胁；具体的一家金融机构因经营不善而出现危机，有可能对整个金融体系的稳健运行构成威胁；一旦发生系统风险，金融体系运转失灵，必然会导致全社会经济秩序的混乱，甚至引发严重的政治危机。由此可以看出，金融风险有狭义和广义之分，狭义的金融风险是指金融机构经营失败和倒闭的可能性，广义的金融风险指发生系统性的或全局性金融危机的可能性。金融风险与金融危机密切相关，两者的区别在于现实性和可能性。

（二）金融风险的种类

现代金融风险的种类有很多，有信用风险、市场风险、外汇风险、利率风险、财务风险、管理风险、购买力风险等，所有这些风险既有相对独立的特征，也包含着密切的联系，正是各种风险之间存在着紧密的相互关系，从而使得现实经济活动中很难分清造成损失的结果是由什么风险带来的。如果按照性质分类，风险可分为纯粹风险和投机风险。

纯粹风险指只可能给风险承担者带来损失而无任何获利可能的风险，如火灾、地震、空难等导致的风险。

投机风险是指既有损失的可能性，同时又有获利可能性的风险，如因利率变动或汇率变动所导致的利率风险或汇率风险等。

一般而言，纯粹风险才可保险，投机风险通常不可保。但是，如果我们从金融风险的发生范围上来考察金融风险，可以将其分为系统性风险和非系统性风险。

1. 系统性风险

系统性风险也称为不可多样化风险，是指由于宏观方面的因素引起的，对整个金融系统和经济活动造成破坏和损失的可能性，如利率风险、汇率风险、国家风险等，这方面的因素包括经济周期、国家宏观经济政策的变化等。由于这种风险影响所有的金融活动参与主体及其所持有的金融资产和金融负债的价值，一般不能通过多元化分散或投资组合相互抵消、消减，因此又称为不可分散风险，其不利影响可能在整个金融体系引发“多米诺骨牌”效应，造成经济金融的大幅度波动，产生宏观层面上的金融风险。具体包括以下几方面：

（1）利率风险

这是一种由于市场价格变化（利率变化）引起金融机构持有资产价格变动或银行及其他金融机构协定利率跟不上市场利率变化而带来的风险。尤其是金融衍生产品交易风险，即金融机构从事期货、期权等金融衍生工具交易时对市场行情错误预计而发生损失的风险，这种风险如果不能很好地控制，对于金融机构而言往往是致命的风险。

（2）汇率风险

汇率风险也称外汇风险，这是由于汇率变动而出现的风险。主要包括：一是买卖风险，即外汇买卖后所持头寸（多头或空头）在汇率升降时出现损失的可能性。对于外汇银行来说，这是主要风险。二是交易结算风险，即以外币约定交易时所发生的风险。三是汇价风险，即会计处理中某些项目需要在本币和外币之间换算时因所用的汇率不同而承受的风险，主要是交易发生日汇率同财务决算日汇率之间的差异，会造成现金债权债务及其损益和分配上利益的不确定性。这种风险通常包含了上述两种风险，但范围更广些。

（3）政策风险

这是指一国宏观经济政策的调整可能给金融机构造成资产损失。如采取扩张或紧缩的财政政策、货币政策干预金融市场，实行程度不同的全融管制等，都可能造成金融机构的资产损失。

（4）制度风险

这是指一国的金融制度超前或滞后于经济发展需要、金融制度建立不完善和执行不足带来的宏观经济波动和系统性的金融风险。

（5）政治风险

这是指一国政府更迭或首脑更替带来的政策变化的风险。

2. 非系统性风险

非系统性风险是指金融机构或其他融资主体由于决策失误、经营管理不善、违规经营或债务人违约等微观因素引起的，个别或部分金融企业或其他融资主体在融资活动中遭受损失或不获利的可能性。由于通过加强管理、多元化分散融资，这种风险能有所降低，甚至还有可能消除，因此，又将其称为可分散风险。具体包括以下几方面：

（1）信用风险

其存在两种可能性：一是借款人到期不能还本付息可能引起商业银行信贷资产的损失；二是商业银行可能因存款人挤提存款而没有足够的准备金来支付。

（2）流动性风险

这是指存款人按照正当理由要求提款时银行或其他金融机构不能支付的风险。一是现金支付能力不足，不能保证存款者提现需求；二是银行不能满足企业、单位等存款者转账支付需求。严重的流动性风险会触发银行信用风险，即存款者挤提存款而银行无法支付的风险。挤兑会造成银行破产，甚至发生连锁反应，危及整个银行体系的安全。

（3）资本风险

资本风险是指商业银行由于资本金过少而不能抵补亏损，进而不能保证其正常经营的可能性。

(4) 操作风险

这是指由于不完善或有问题的内部操作程序、人员和系统或因外部事件导致直接或间接损失的风险。最重大的操作风险在于金融企业内部控制及公司治理机制的失效，从而可能因为失误、欺诈、未能及时作出反应而导致金融企业财务损失，如交易员、信贷员、其他工作人员越权、从事职业道德不允许的业务或风险过高的业务。操作风险的其他方面包括信息技术系统的重大缺陷、日常工作差错和其他自然灾难等。

(5) 衍生金融工具风险

衍生金融工具包括期货交易、期权交易、互换交易和回购交易，是为了适应人们保值、投机和规避现货市场风险的需要而产生的。由于衍生金融工具具有在虚拟资本之上再度虚拟的双重虚拟的特征，没有内在价值，没有交易数量的限制，杠杆作用很大，所以存在着巨大的风险。

当然，系统性风险和非系统性风险的划分不是绝对的，它们之间既有较为明显的区别，也有内在的联系，尤其是随着通信技术的日益现代化，随着国际经济的一体化，非系统性风险经常会通过种种途径转化为系统性风险。因为在经济联系日益密切的现实世界中，虽然有些风险起初表现为非系统性风险，但是，如果这类风险一旦变成现实，它会迅速地在整个经济领域中扩散，从而引致成系统性风险。

(三) 金融风险的管理

金融风险管理就是营利性组织和非营利性组织衡量和控制风险及回报之间的得失。“金融风险管理”这个词汇是金融语言的核心。随着金融一体化和经济全球化的发展，金融风险日趋复杂化和多样化，金融风险管理的重要性愈加突出。金融风险管理包括对金融风险的识别、度量和控制。由于金融风险对经济、金融乃至国家安全的消极影响，在国际上，许多大型企业、金融机构和组织、各国政府及金融监管部门都在积极寻求金融风险管理的技术和方法，以对金融风险进行有效识别、精确度量和严格控制。

二、金融脆弱性

(一) 金融脆弱性含义

金融脆弱性也称“金融内在脆弱性”，简称“金融脆弱”。狭义上的金融脆弱性是指高负债经营的行业特点决定了金融业具有容易失败的特点。广义上的金融脆弱性是指一切金融领域，包括金融机构融资和金融市场中的风险积累。现在更多的是从广义的角度来理解金融脆弱性的。由于金融本身的脆弱性，即金融体系本身具有的不稳定性的特征，容易引发金融危机，从而需要监管。这种脆弱性表现在：

1. 银行的脆弱性

当储蓄者对商业银行失去信心时，就会出现对商业银行的挤兑，导致其流动性严重不足，甚至破产。商业银行面对挤兑所显示出的脆弱性，深藏于其业务的特征之中。作为一个中介机构，商业银行的功能，就是通过吸收资金和发放贷款，把对零散储户的流动性转化为对借款人的非流动性债券，这就导致了商业银行的资产负债的期限不匹配。如果存款基础是稳定的并且借款人能够按时归还贷款，商业银行便可以在保持足够的流动性的基础上应付日常提款，那么商业银行是稳定的。但是现实中，总有借款人不能按时归还贷款或者不归还贷款，总会出现某一段时间取款人特别集中等现象，这都会导致金融机构的清偿能力降低，从而可能产生挤兑风潮，出现破产或者倒闭的危险。

2. 金融市场的脆弱性

金融市场的脆弱性是指一个意外事件的冲击导致人们信心丧失时，极易引发金融危机，尤其是股票价格的急剧下跌，会严重扰乱金融和经济体系的秩序。历史上多次的金融危机甚至经济大萧条均与股市的崩溃密切相关。这是因为股市存在“花车效应”，即人们有追随成功者和别离失败者的倾向。当受某种乐观因素的影响，幼稚的投资人开始涌向价格的“花车”，使股价上升至完全无法用基础经济因素来解释的水平，并最终使市场预期发生逆转，股市崩盘。同时在股市上心理预期的影响作用很大。股票价格代表的是对一个未来收益的贴现值，任何影响收益预期或市场贴现率的事件都会引起股市的波动。如果投资者对股市预期乐观，则股市价格将持续上升，直到极度不合理后导致市场崩溃；如果投资者的预期是悲观的，则恐慌性抛售足以摧毁健康的股市。

（二）中国金融脆弱性

改革开放以来，我国发生的银行或其他金融机构倒闭的事件并不多见，这在很大程度上是由于当银行一旦出现较高的风险时，政府往往会迅速介入并通过行政性手段强制化解风险。但是目前我国金融体系的脆弱性问题仍是不容小视的。随着我国金融管制的逐步放松，金融深化成为我国金融改革的方向，金融改革和金融创新的规模与速度也与日俱增，金融业所蕴藏的风险将逐步显性化，金融体系的脆弱性问题成为一个严峻的课题。

当今的中国经济飞速发展，对外开放程度不断加大，同世界其他国家的交流和融合也逐步加深，但是作为一个刚刚建立市场经济的发展中大国，几十年的计划经济的影响还没有完全消散，新的市场经济体制还不十分健全，金融创新相对滞后。因此，中国的金融脆弱性有不同于别国的一些特点，比如不良资产率高、流动性脆弱、资本充足率低、资本结构不合理、存在道德风险、盈利能力低、市场结构不合理等。

三、金融危机

（一）金融危机的含义

金融危机又称金融风暴，是指一个国家或几个国家与地区的全部或大部分金融指标（如短期利率、货币资产、证券、房地产、土地（价格）、商业破产数和金融机构倒闭数）的急剧、短暂和超周期的恶化。其特征是人们基于经济未来将更加悲观的预期，整个区域内货币币值出现幅度较大的贬值，经济总量与经济规模出现较大的损失，经济增长受到打击。金融危机往往伴随着企业大量倒闭，失业率提高，社会普遍经济萧条，甚至有些时候伴随着社会动荡或国家政治层面的动荡。

（二）金融危机的类型

金融危机按其表现形式一般可分为四类，即货币危机、银行危机、债务危机和资本市场危机。

货币危机是指人们对一国货币丧失了信心，大量抛售该国货币，从而导致该国货币汇率在短时间内急剧贬值的情形。1997 年，以索罗斯为代表的国际炒家对亚洲各国货币发起进攻导致的亚洲金融危机，就属于典型的货币危机。

银行危机是指由于某些原因，人们对银行丧失了信心，大量挤提存款，导致银行系统的流动性严重不足，出现银行大量倒闭的现象。

债务危机是指一国政府不能按照预先约定的承诺偿付其国外债务，从而导致对该国发放外债的金融机构遭受巨大损失。例如，1982 年墨西哥宣布无力偿还当年到期的国际债务，由此爆发了一场国际债务危机。

资本市场危机是指人们对资本市场丧失了信心，抛售所持有的股票、债券等金融资产，从而使金融资产市场价格急剧下跌的金融现象。2007~2009 年由美国次贷危机引发的金融风暴就属于资本市场危机。当时，由于美国利率急剧上升，次级信用借款者（收入不稳定甚至没有收入的借款人）无力偿还贷款，只好通过出售房屋来偿还贷款。但由于房价大幅下跌，所得资金无法弥补贷款本息。这不仅使贷款机构损失惨重，而且使投资者对次贷相关金融资产的价值失去信心，纷纷抛售这些资产，导致次贷相关资产市场价格急剧下跌，从而爆发了金融危机。2008 年，这场金融危机开始失控，华尔街五大投行全军覆没，多家大型金融机构倒闭或被政府接管，并且这场危机后来蔓延到了实体经济，演变成为全球性的经济危机。

第二节 金融市场监管概述

一、金融监管含义

金融监管是金融监督和金融管理的总称。综观世界各国，凡是实行市场经济体制的国家，无不客观地存在着政府对金融体系的管制。金融监管是国家法律授权的部门（往往授予中央银行或者特定的金融监管当局），为了维护金融机构的安全和信誉，保护银行安全、稳健地运行，维护公平竞争的市场环境，依法对银行实行监管和管理权限的行政行为。一个独立、高效的金融监管体系和一套完整并且健全的金融监管制度，对于防范和化解金融风险，保证金融业稳健运行和实现货币政策目标有重要的现实意义。金融监管有狭义和广义之分。狭义的金融监管是指中央银行或其他金融监管当局依据国家法律规定对整个金融业（包括金融机构和金融业务）实施的监督管理。广义的金融监管在上述含义之外，还包括了金融机构的内部控制和稽核、同业自律性组织的监管、社会中介组织的监管等内容。

二、金融市场监管的现实意义

金融市场监管的现实意义主要体现在以下四个方面：

1. 保护投资者权益

投资者是金融市场的支撑者，他们涉足金融市场是以获得某项收益和权益为前提的，而金融市场同时具有高风险的特点，为了保护投资者的合法权益，必须坚持“公开、公平、公正”的原则，加强对金融市场的监管，只有这样，才便于投资者充分了解金融产品发行人的资信、价格和风险状况，从而使投资者能够较正确地选择投资对象。

2. 维护金融市场正常秩序

金融市场存在着蓄意欺诈、信息披露不完全与不及时、操纵股价、内幕交易等弊端，为此，必须对金融市场活动进行监管，对非法金融市场交易活动进行严厉查处，以保护正当交易，维护金融市场的正常秩序。

3. 健全金融市场体系，促进金融市场功能发挥

通过金融市场的监管，完善与健全市场体系，促进其功能的发挥，有利于稳定金融市场，增强社会投资信心，促进资本合理流动，从而增进社会福利。

4. 及时提供信息，提高金融市场效率

及时、准确、可靠、全面的信息是金融市场参与者作出发行与交易的重要依据，因此，一个发达的高效率的金融市场必须是一个信息通畅的市场，它既要有现代化的信息通信设备系统，又必须有一个组织严密科学的信息网络机构，必须有一整套收集、分析、交换信息的制度、技术和相应的管理人员。这些只有通过国家的统一组织和管理才能实现。

三、金融监管的要素

（一）金融监管的主体

一般说来，在市场经济条件下，对经济和金融的监管是由以下两类主体完成的。第一类主体是所谓的“公共机构”，通常被称为“金融当局”，其权力是由政府授予的，主要负责制定金融监管方面的各种规章制度以及这些规章制度的实施，如果有人违反了这些规章制度，就会受到法律法规的处罚。第二类主体是各种非官方的民间机构或者私人机构，其权力来自其成员对机构决策的普遍认可。出现违规现象并不会造成法律后果，但可能会受到机构纪律的处罚。

（二）金融监管的对象和内容

金融监管的传统对象是国内银行业和非银行金融机构，但随着金融工具的不断创新，金融监管的对象逐步扩大到那些业务性质与银行类似的准金融机构，如集体投资机构、贷款协会、银行附属公司或银行持股公司所开展的准银行业务等，甚至包括与金边债券市场业务有关的出票人、经纪人的监管等。目前，一国的整个金融体系都可视为金融监管的对象。

金融监管的内容主要包括：对金融机构设立的监管；对金融机构资产负债业务的监管；对金融市场的监管，如市场准入、市场融资、市场利率、市场规则等；对会计结算的监管；对外汇外债的监管；对黄金生产、进口、加工、销售活动的监管；对证券业的监管；对保险业的监管；对信托业的监管；对投资黄金、典当、融资租赁等活动的监管等。其中，对商业银行的监管是监管的重点。主要内容包括市场准入与机构合并、银行业务范围、风险控制、流动性管理、资本充足率、存款保护以及危机处理等方面。

（三）金融监管的目标

金融监管的目标是实现金融有效监管的前提和监管当局采取监管行动的依据。金融监管的目标可分为一般目标和具体目标。世界各国都认为，一般目标应该是促成建立和维护一个稳定、健全和高效的金融体系，保证金融机构和金融市场健康的发展，从而保护金融活动各方特别是存款人的利益，推动经济和金融发展。世界大多数国家的具体监管目标体现在各国的银行法或证券法等金融法规上。

目前各国无论采用哪一种监管组织体制，监管的目标基本是一致的，通常称作三大目标体系：第一，维护金融业的安全与稳定；第二，保护公众的利益；第三，维持金融业的运作秩序和公平竞争。

我国现阶段的金融监管目标可概括为以下两方面：

1. 一般目标

防范和化解金融风险，维护金融体系的稳定与安全；保护公平竞争和金融效率的提高，保证中国金融业的稳健运行和货币政策的有效实施。

2. 具体目标

经营的安全性、竞争的公平性和政策的一致性。经营的安全性即保护存款人和其他债权人的合法权益，规范金融机构的行为，提高信贷资产质量。竞争的公平性是指通过中央银行的监管，创造一个平等合作、有序竞争的金融环境，保证金融机构之间的适度竞争。政策的一致性是指通过监管，使金融机构的经营行为与中央银行的货币政策目标保持一致。通过金融监管，促进和保证整个金融业和社会主义市场经济的健康发展。

（四）金融监管的方式和原则

就管理的方式和手段来说，大体上可以分为两种方式：第一种方式是直接对这些活动和行为进行干预和规范；第二种方式是先对影响人类金融行为和活动领域的各种因素进行干预，以改变这些因素对人类金融行为及金融活动的作用方向或者作用程度，然后间接地影响人类的金融行为和金融活动领域。

无论采取什么样的金融监管手段，都必须遵循以下原则：合法原则、公正原则、公开原则、公平原则、系统风险控制原则。

四、金融监管体系

如前所述，金融监管就是由监管主体（金融当局）为了实现监管目标而利用各种监管手段对监管对象（金融市场参与者的活动和行为）所采取的一种有意识的和主动的干预和管理活动，这种干预活动的直接结果是限制了被监管者（金融市场参与者）的选择。它涉及监管主体（金融当局）与监管对象（金融活动和金融行为）之间、监管者和被监管者之间、不同监管主体之间、监管主体与其他相关组织之间、监管对象与其他相关组织之间的关系的定位，这种关系定位构成了监管体系。

根据立法要求创立的金融监管机构，目的是对金融业实施监管。一方面，金融行业的活动将会对该行业的消费者产生影响，同时金融产品和金融服务供应量的变化又会影响到有关集团的利益，另一方面，金融行业本身又受到来自消费者和有关利益集团的影响。除此之外，金融产品和金融服务的消费者和有关利益集团，以及金融企业自己都可能向金融监管机构提出采取金融监管行动的建议和要求，或者可能向立法机关提出修改金融方面法律法规的建议。同时，金融监管机构所采取的某些监管行动，有可能被上诉到法院，而法院的判决则可能导致金融监管机构改变自己的行为。另外，金融监管机构本身可能向立法机关提出改变自己职责和使命的要求，而其他监管部门也可以向立法机关提出修改法律法规的要求。

除了上面所描述的各种复杂的关系之外，一旦金融监管进入实施阶段，还有一个金融执法过程中的决策问题。如果这个问题不解决，那么金融监管的目标就不可能实现。金融执法活动可以被看成是一个“合规机制”或一个“防范机制”。“合规机制”的基本任务是通过一定的合规手段使被监管者——金融市场的参与者的行为符合有关的金融法律法规，或者采取各种监管行动防止被监管者可能的越轨或犯规行为，但并不一定是调查、处理和处罚犯规者或越轨者。因此，可以认为，“合规机制”的首要职责是防止被监管者，也就是金融市场的参与者的越轨或犯规行为并就出现的问题进行补救。而“防范机制”的基本任务是通过调查各种金融犯法、犯规和越轨行为，通过确定谁应该对这些行为负责以及通过对犯法者的处罚来确保被监管者的行为符合有关的金融法律法规，以防止犯法者在未来继续出现犯法、犯规或者越轨的行为。

因此，可以说金融监管体系包括了三个方面的内容：金融监管的法律制度体系、金融监管的组织体系和金融监管的执行体系。法律制度体系从法律制度的角度界定了金融监管过程中有关当事人的法律地位，规定每一方当事人在金融监管过程中的权利和义务；监管的组织体系从当事人自身的行为的角度展现出有关各方在金融监管过程中的互动关系，说明当事人出于本能或者在外部刺激下可能作出的反应以及对其他当事人的影响；执行体系描述的是金融监管者具体实施某项监管时的手段、步骤和做法。在实际的金融监管过程中，金融监管体系的这三个方面往往是同时存在并发挥作用的。

第三节　中国金融市场监管

一、中国金融市场监管格局的历史沿革

真正意义上的金融监管是与中央银行制度的产生和发展直接相关的。也就是说，中央银行制度的普遍确立是现代金融监管的起点。从这点上说，我国真正意义上的金融监管是从1984年中国人民银行专门行使中央银行职能开始的。如果分阶段来看，我国金融监管的改革和发展大体经历了以下几个阶段。

第一阶段（1984~1992年）。1983年9月，国务院决定：中国人民银行专门行使中央银行职能，集中力量进行金融宏观调控与管理，研究和制定金融方针政策。1986年1月，国务院发布《中华人民共和国银行管理暂行条例》，提出中国人民银行依法对金融机构进行登记、核发经营许可证和办理年检，这是我国第一部有关金融监管的政策规定。此时我国主要依靠行政手段管理金融。中国人民银行从经营与监管合一转变到放弃经营功能，成为了一个超脱的金融监管主体。

第二阶段（1992~1998年）。从1992年开始，随着中国金融机构的不断增多，证券市场、信托机构快速发展，银行和保险业的竞争加剧，出现了宏观金融失控和金融秩序混乱的状况，金融监管的重要性逐渐提高。1995年，《中华人民共和国中国人民银行法》颁布实施，首次以国家立法的形式确立了中国人民银行作为中央银行的监管职能。同时，为了管理好经济中信用扩张的风险，我国开始逐步实行分业监管的体制。1992年10月，我国将证券监督管理职能从中国人民银行分离出来，成立中国证券监督管理委员会，依法对全国的证券市场进行统一监管。1993年12月，《关于金融体制改革的决定》提出，我国要转换中国人民银行的职能，强化金融监管，并对银行业、证券业、保险业实行分业管理。这确立了我国分业监管体制形成的政策基础。1998年11月，中国保险监督管理委员会成立，对保险业进行监管的职能从中国人民银行中分离了出来。由此，我国最终形成了银行业、证券业、保险业分别由中国人民银行、中国证券监督管理委员会和中国保险监督管理委员会分业监管的框架。

第三阶段（1998~2003年）。从1998年开始，在亚洲金融危机发生后，我国吸取他国

的经验教训，强化了对金融监管体制的改革。1998 年，在商业银行和人民银行与所办证券公司、保险公司、信托公司等经济实体彻底脱钩，银行、证券、保险和信托实现分业经营的基础上，我国对中央银行实行大区分行制的改革，取消了省级分行的管理，而设立 9 大区行外加 21 个地方监管办。总行也按境内外、表内外、本外币、现场非现场监控融为一体的思路重新进行了调整。时隔不久，2001 年，我国依据“管监分离，集中监管”的思路，在原监管一司及二司之外，设立新的银行管理司，调整了监管一司、监管二司的职能以及非银司和合作司的机构设置。中国人民银行总行监管司由原来的 4 个增加为 5 个。监管组（处）由原来的 34 个调整为 42 个，其中设监管组 28 个。分行、营业管理部、监管办事处、省会城市中心支行的机构和监管职责也进行了调整。新的监管体制对突出监管重点起到了一定的作用。

第四阶段（2003 年至今）。2003 年，我国成立了中国银行监督管理委员会。中国银行监督管理委员会下设 16 个局级部门，其中，银行监管一部、二部、三部、非银部、合作部主要由原人民银行主管国有银行的银行监管一司、主管股份制银行的银行监管二司、主管市场准入的银行管理司、主管信托公司和财务公司的非银行金融机构监管司、主管农村信用社的合作金融司组成。除上述几个部门之外，其他部门以原中央金融工委的工作机构为主组成。至此，中国人民银行专注于货币政策的制定和执行，不再承担有关金融监管职能。我国银监会、证监会和保监会分工明确、互相协调的金融分工监管体制正式确立。

二、银保合并迈出金融监管体制改革关键一步

2018 年 3 月 13 日，国务院机构改革方案提请十三届全国人大一次会议审议。该方案显示，将中国银行业监督管理委员会和中国保险监督管理委员会的职责整合，组建中国银行保险监督管理委员会，作为国务院直属事业单位。将中国银行业监督管理委员会和中国保险监督管理委员会拟定银行业、保险业重要法律法规草案和审慎监管基本制度的职责划入中国人民银行，不再保留中国银行业监督管理委员会和中国保险监督管理委员会。至此，酝酿已久、也让全国民众期盼已久的中国金融业监管体制改革终于浮出水面。

此前，我国地市和县一线保险业监管基本处于空白状态，保险市场存在的乱象较多，损害消费者权益的案件较多。“两会合并”之后，这种监管现状便可得到有效扭转，保险市场的准入关将被把严，保险市场主体的竞争也将趋于公平规范。同时也有望推动保险资金脱虚向实，服务好实体经济。不仅于此，这一举措还将“制定监管规则”与“执行监管规则”进行了明确划分，更好地体现了宏观审慎监管与微观行为监管两种不同监管功能，使监管责权利更加明确与对等，有利于各监管主体更好地履行监管职责，消除过去监管功能紊乱和重叠的现象，在更大范围、更高程度上消除监管内耗，有效整合监管资源，形成相对强大的监管合力，从而更好地将我国金融监管推进到新的历史阶段，揭开金融监管新局面，有效防范化解金融风险，为中国经济持续稳定发展提供良好的金融运行环境。

通过改革，以国务院金融稳定发展委员会和央行为主导的金融监管框架逐步形成，即新的“一委一行两会”结构：国务院金融稳定发展委员会（简称“金稳委”）、中国人民银行、中国证监会、中国银保监会。金稳委是在 2017 年 7 月由全国金融工作会议最终明确设立，2017 年 11 月 8 日正式成立，作为国务院统筹协调金融稳定和改革发展重大问题的议事协调机构。从金稳委设立以来，其始终发挥着统筹协调金融改革发展与监管的金融业“大

总管”作用，把监管机构统筹协调起来，就具体业务进行监管方面的协调，与“一行两会”共同履行监管职能，重点关注影子银行、资产管理行业、互联网金融、金融控股公司等方面问题。

金融市场监管体制必须与时俱进，才能克服金融业发展过程中涌现的各种新问题，为从根本上遏制金融市场乱象夯实制度保障。金融监管体制改革对推动我国金融业向制度化、现代化、国际化方向迈进起到重要作用。

本章小结

1. 金融风险是指在货币经营和信用活动中，由于各种因素变化的影响，使金融机构或投资者的实际收益与预期收益发生背离的不确定性，及其资产蒙受损失的可能性。

2. 金融脆弱性，一般来讲有狭义和广义之分。现在更多的是从广义的角度来理解金融脆弱性，即一切金融领域，包括金融机构的融资和金融市场中的风险积累。

3. 金融危机是指一个国家或几个国家与地区的，全部或大部分金融指标的急剧、短暂和超周期的恶化。金融危机按其表现形式，一般可分为四类，即货币危机、银行危机、债务危机和资本市场危机。

4. 金融监管是金融监督和金融管理的总称。金融监管有狭义和广义之分，狭义的金融监管是指中央银行或其他金融监管当局，依据国家法律规定，对整个金融业包括金融机构和金融业务实施的监督管理。广义的金融监管在上述含义之外，还包括了金融机构的内部控制和稽核、同业自律性组织的监管、社会中介组织的监管等内容。

关键概念

金融风险　系统性风险　非系统性风险　金融脆弱性　金融监管　金融监管体系

综合训练

1. 金融风险的含义是什么？如何分类？
2. 什么是金融危机？金融危机有哪几种表现形式？
3. 金融监管是不是管得越严越好？为什么？
4. 金融监管的目标和常用工具是什么？
5. 简述中国金融市场监管的发展改革历程。
6. 请谈谈次级贷款危机，思考我们可以从次贷危机中得到什么启示。

课外延伸阅读

防范金融风险 促进良性循环

整个2017年，由央行牵头，证监会、保监会、银监会针对金融市场的乱象和不稳定因素，不断强化金融监管，深化金融改革、防范金融风险、加强金融监管成为金融工作的重中之重。

在2017年中央金融工作会议上，习近平主席明确指出，防止发生系统性金融风险是金融工作的永恒主题，要把主动防范化解系统性金融风险放在更加重要的位置。习近平强调，要坚定深化金融改革，要扩大金融对外开放，做好新形势下金融工作。

2017年底中央经济工作会议指出，今后3年，打好防范化解重大风险攻坚战，重点是防控金融风险，要服务于供给侧结构性改革这条主线，促进形成金融和实体经济、金融和房地产、金融体系内部的良性循环，做好重点领域风险防范和处置，坚决打击违法违规金融活动，加强薄弱环节监管制度建设。

作为国之重器，国民经济的血脉，当前及今后金融改革与开放的意义怎么强调都不为过。过去一年，以"一行三会"为代表的金融主管机构，在金融监管上作出了诸多努力，也取得了一定的成效。

中国人民银行（下称"央行"）行长周小川认为，总体看我国金融形势是好的，但当前和今后一个时期我国尚处在风险易发高发期。

针对金融市场中存在的各种乱象，央行、证监会、保监会、银监会纷纷发力加强监管工作，监管政策不断落地，"严监管"成为贯穿2017年一整年的金融主题词。金融监管全面升级的背后，是监管层对于金融风险的清醒认识和精准把握。

习近平指出，防止发生系统性金融风险是金融工作的永恒主题，要把化解系统性金融风险放在更加重要的位置，科学防范，早识别、早预警、早发现、早处置。要坚定深化金融改革，要优化金融机构体系，完善国有金融资本管理，完善外汇市场体制机制，要完善现代金融企业制度，完善公司法人治理结构，优化股权结构，建立有效的激励约束机制，强化风险内控机制建设，加强外部市场约束。要加强金融监管协调，补齐监管短板。

从全国金融工作会议到十九大报告，再到日前的中央经济工作会议，深化金融改革、加强金融监管、防范金融风险仍将是今后一段时期金融工作的重中之重。

一、央行：牵头发布资管新规

近年来，我国金融机构资管业务快速发展，规模不断攀升，在满足居民财富管理需求、优化社会融资结构、支持实体经济融资需求等方面发挥了积极作用。但由于各类机构的主管部门不同，所遵守的行业规范也不尽相同，因此同类资管业务的监管规则和标准不一致，部分业务发展不规范、监管套利、产品多层嵌套、刚性兑付等问题也随之出现。

2017年11月17日，央行牵头三会一局联合发布《中国人民银行、银监会、证监会、保监会、外汇局关于规范金融机构资产管理业务的指导意见（征求意见稿）》，向市场公开征求意见，截止日期为12月16日。此举旨在规范金融机构资产管理业务，统一同类资管产品监管标准，有效防控金融风险，更好地服务实体经济，这也是首个横跨各类机构、涵盖全部资管业务的纲领性文件。

《指导意见》共29条，按照产品类型制定统一的监管标准，实行公平的市场准入和监管，主要内容是确立资管产品的分类标准，降低影子银行风险，减少流动性风险，打破刚性兑付，控制资管产品的杠杆水平，抑制多层嵌套和通道业务，切实加强监管，设置合理的过渡期，过渡期为自《指导意见》发布实施后至2019年6月30日。

相关数据显示，截至2016年，我国金融机构资管业务的资金总量已经达102万亿元，规模接近同期的全国贷款总额，占据我国金融市场的半壁江山。《指导意见》发布，中国百万亿资产管理市场将进入统一监管的时代，对信托、银行理财、基金、证券等领域都有重要影响。尤其值得注意的是，《指导意见》在打破刚性兑付、规范非标、减少嵌套等问题上，表现出极其坚决的监管态度。

分析人士认为，破除刚性兑付短期内可能会对资管行业形成冲击，但长期来看有利于资管行业发展。中国银行业协会首席经济学家巴曙松表示，在刚兑条件下，无论资产项目好坏，融资成本都比较高，这向市场传递了模糊信号，抬高市场的无风险收益率，限制行业发展。打破刚兑有助于形成市场的选择机制，促使资本追逐优质资产，从而降低优质资产的融资成本，形成有效的奖优罚劣机制。

从《指导意见》来看，未来对资管业务的监管将转向按照业务类型进行监管的方式。不论发行资管产品的主体是什么金融机构，只要是同一类产品，都将按统一的监管标准来管理。银行、证券、保险、信托、基金等各领域的诉求并不相同，横跨整个金融行业的监管业务经过几年的发展，现在由一个统一标准来衡量，要做到各方平衡并不容易。银行、信托、私募等都会因此受到影响与挑战，在这个过程中遇到的问题与难题需要各部门和机构之间协调配合，行使应尽职责。

在对资管行业充分了解，对行业的问题深入地分析之后，央行此次牵头发布《指导意见》，体现出通过监管来促进资管行业健康发展的期待和愿望。《指导意见》已于12月16日结束征求意见，下一阶段相关部门将根据各方反馈意见修改和完善资管新规，这也意味着距离资管新规的正式发布进入倒计时。资管新规出台以后，整个行业的竞争格局将会被重塑，规模增速放缓的同时，质量也会得到大幅提升，长期将会利好资本市场的健康发展。

二、证监会：保持新股发行常态化

就股票市场而言，新股发行是源头活水。为更好发挥资本市场服务实体经济和供给侧结构性改革的功能，证监会自2016年以来调整新股发行上市的思路，根据市场情况适时适度加大了IPO发行力度，致力于解决困扰A股市场多年的待发新股大量积压的问题。监管层用多种手段提高新股质量，一方面推进新股常态化发行，另一方面严把审核关，通过现场检查、发审委过滤等方式，将问题申报企业拒之门外。

坚定推行新股发行常态化，去除长期存在的“政策预期变量”，有利于市场稳定，增强理性投资氛围。过去市场行情一低迷，舆论就会要求监管部门暂停IPO，新股发行常态化后，证监会将不会再像过去一样关闭一级市场，这会改变投资者的固有预期，推进新股发行的市场化。

2017年证监会坚持稳中求进的工作总基调，贯彻新发展理念和以人民为中心的发展思想，牢记服务实体经济的根本发展方向和保护投资者合法权益的根本监管使命，不断强化依法全面从严监管，着力提升上市公司质量和促进资本市场的稳健发展。

一是立足增量优化，从源头上提升上市公司质量。证监会继续保持新股发行常态化，进一步优化股票发行审核流程，不断提高审核效率。同时，理顺发行、定价、配售等环节运行机制，完善股票发审委制度，坚持选聘、运行、监察相分离，提高透明度。并且严把审核质量关，推动更多优质企业进入资本市场。

二是注重存量重组，着力提升服务实体经济的质量和效率。2017年前10个月，全市场实施并购重组超过2000家次，上市公司并购重组在加快国有经济布局优化、结构调整、战略性重组方面的主渠道作用日益彰显。同时，强化监管和稽查执法，严格遏制“忽悠式”、跟风式及盲目跨界重组。符合条件的优质企业通过重组上市实现做强做优做大，并购重组的质量大幅提升，“炒壳”现象明显降温，市场估值体系回归理性。

三是贯彻新发展理念，助力经济发展“三大变革”。在服务国家创新驱动发展战略方面，加大政策倾斜力度，实施差异化信息披露监管安排，扶持高新技术企业做优做强，促进新旧动能转换。服务国家脱贫攻坚战略方面，对贫困地区企业IPO、债券发行、并购重组等实施“绿色通道”政策。在服务构建开放型经济新体制方面，扩大资本市场双向开放，A股成功纳入明晟（MSCI）新兴市场指数，首批220多家上市公司纳入指数。强化监管约束，督促上市公司加大现金分红力度，优化投资者回报机制。通过贯彻新发展理念，上市公司质量不断提高，盈利能力持续提升。

接下来证监会将继续落实好服务实体经济、防控金融风险、深化金融改革的任务，稳步提高直接融资比重，持续推进股票发行制度和并购重组市场化改革，发展交易所债券市场，拓展多层次、多元化、互补型融资渠道，健全完善与实体经济投融资需求相适应的多层次资本市场体系，坚持依法全面从严监管，推进资本市场实现新一轮高水平开放，展现新时代资本市场新气象，实现新作为。

三、保监会：加强资产负债管理监管

保险的宗旨是共济互助、扶危济困，其关系广大人民群众的切身利益，关系经济金融安全，一些局部的、基础的工作做不好，长期积累就可能诱发大的问题与风险。当前保险业全面服务国家治理体系和治理能力现代化建设的工作格局已经打开，已经成为保障和改善民生、支持实体经济发展的重要渠道。保险资金应发挥长期投资优势，为“一带一路”等国家重大战略和产业政策、国有企业混合所有制改革、棚户区改造、基础设施建设、新经济增长等提供资金支持，做长期资金的提供者而非短期资金炒作者，使金融体系的资金供需在期限结构上更加匹配。

2015年10月至2017年12月，保监会接受了由国际货币基金组织和世界银行联合开展的中国金融部门评估规划（FSAP）更新评估。该评估成果报告给予我国保险监管体系高度评价。具体而言，中国保险监管体系在保险监管制度建设、偿付能力监管制度现代化建设、全集团监管水平等方面取得了显著进展。

该评估成果报告针对进一步加强保险监管提出一些建议，如加强危机管理、充实监管资源、加强监管协调等。接下来，保监会将按照十九大会议精神，借鉴吸收FSAP评估的合理建议，继续推动保险监管深化改革，全面强化监管，切实防控风险，牢牢守住不发生系统性风险的底线。

良好的资产负债管理是保险公司可持续经营的基础，也是保险业在日益复杂的风险环境中稳健发展、防范系统性风险的重要保障。加强资产负债管理监管，有利于弥补监管短板，增强监管体系的科学性和有效性；有利于推动行业回归本源，发挥长期稳健风险管理和保障功能；有利于引导资金稳健配置，为实体经济发展提供有力支持；有利于防范资产负债错配风险，守住不发生系统性风险的底线。

2017年7月，保监会系统性发布了保险资产负债管理监管制度的总体框架。12月15日，保监会下发《保险资产负债管理监管办法（征求意见稿）》，严防资产负债错配，将保险公司资产负债管理综合评级分为A、B、C、D四大类，根据评级进行差别化监管。其中提到，保监会可以采用材料调阅、现场查验、问卷调查、质询谈话、穿行测试等方式，对保险公司资产负债管理能力进行量化评估。依据评估结果，保监会将对保险公司进行评级，从而依据评级对保险公司进行差别化监管。对于A类公司将鼓励先行先试，对于C类公司进行风险提醒或下发监管函，对D类公司将采取责令调整业务结构或禁止申报新产品等措施。

截至2017年12月，保监会发了37份监管函，超过保监会2014~2016年下发的监管函数量总和。12月15日，保监会下发第37份监管函，对安心财险车险业务违规行为提出监管要求。保监会还撤销了昆仑健康保险变更股东和变更注册资本的行政许可，首次对保险公司违规股权进行清退，并将相关投资人和中介机构列入市场准入黑名单。保监会发改部主任何肖锋接受采访时指出，接下来还有9家保险公司的违规股权将被处理，目前已开始走程序。

连续下发多份监管函充分显示了保监会强化保险监管、防范金融风险和严厉打击保险公司股权违法违规行为的决心，而要求保险公司严格执行公司治理相关规则制度，对部分公司关联交易采取禁止性措施，并着手清退违规股权，同样显示出保险公司治理监管从柔性引导向刚性约束的转变。可以预见，未来保监会将持续加强股权监管力度，部分股东将保险公司当成“提款机”的现象将无处藏身。

四、银监会：加强监管规范与整治现金贷业务

2017年以来，监管部门有序对银行业市场乱象进行整治工作，取得阶段性成效，但当前金融风险仍处于易发高发期。中国银监会副主席王兆星表示将有计划、分步骤地深入整治市场乱象，严厉打击乱办金融、非法集资等非法金融活动，严格规范金融市场交易行为。并且接下来，监管标准会越来越高，监管措施会越来越严，对于违规违法与不审慎经营行为的处罚会进一步加大。

随着互联网金融和消费金融的发展，无场景依托、无指定用途、无客户群体限定、无抵押、小额的现金贷业务发展迅速，服务长尾人群，具有一定的便利性。但多数现金贷企业还是采取高利率来覆盖高风险的商业模式，过度借贷、畸高利率、不当催收等问题突出，以及一些公司风控模式简单粗放、掩盖真实的借贷信息等造成了极大的金融风险和社会隐患，关于现金贷的负面事件频频发生。

12月1日，中国银行业监督管理委员会在北京召开“近期重点工作通报会”，银监会普惠金融部冯燕表示，现金贷业务将纳入本次互联网金融专项整治范畴，相关的整治要求将形成文件下发。根据先前互联网金融整治办的要求，各地应暂停新批设网络小贷公司，不得新增批小额贷款公司跨省开展小额贷款业务，下一步将对小贷存量业务集中整顿，纠偏网络小贷、规范持牌网络小贷行为、打击非持牌放贷机构，按照问题导向用负面清单界定业务，降低高息费率，严禁多头借贷等。

早在2017年4月，P2P网贷风险专项整治工作领导小组曾下发《关于开展“现金贷”业务活动清理整顿工作的通知》，指出要分类整治，切实防范风险，引导现金贷业务健康有序发展。11月21日，互联网金融风险专项整治工作领导小组办公室下发《关于立即暂停批设网络小额贷款公司的通知》。11月23日，央行、银监会联合召开网络小额贷款清理整顿工作会议，17个批准开展互联网小贷业务的省市金融办参会，汇报辖内网络小贷机构的批设情况。11月24日，中国互金协会发布《关于网络小额现金贷款业务的风险提示》，要求相关机构应严守法律底线，不具备放贷资质的机构应立即停止非法放贷行为。

12月1日，互联网金融风险专项整治工作领导小组办公室、P2P网贷风险专项整治工作领导小组正式下发《关于规范整顿“现金贷”业务的通知》，指出银行业金融不得以任何形式为无放贷业务资质的机构提供资金发放贷款，不得与无放贷业务资质的机构共同发放贷款。银行业金融机构与第三方机构合作开展贷款业务的，不得将授信审查、风险控制等核心业务外包。“助贷”业务应该回归本源，银行业金融机构不得接受无担保资质的第三方机构提供增信服务以及兜底承诺等变相增信服务，应要求并保证第三方合作机构不得向借款人收取息费。12 月 8 日，P2P 网络借贷风险专项整治工作领导小组办公室下发《关于印发小额贷款公司网络小额贷款业务风险专项整治实施方案的通知》，对互联网小贷公司的资金端融资收紧。由央行和银监会联手，一场强监管风暴降至野蛮生长的现金贷行业。强监管之下，从事现金贷业务或者即将从事现金贷业务的公司行为正在得到规范与整治。

（张兴军：《2018 防范金融风险 促进良性循环》，2017 年 12 月 26 日，http：//www. sohu. com/a/212838329_ 315625）

第十章

现代金融市场投资实践

开篇导读

金融市场的投资活动不但需要金融市场学的理论知识，更应具备实际操作的技能。将实验室的仿真模拟交易过程与我国金融市场的投资实践及投资组合管理理论结合，可以帮助学生更好地理解和掌握金融市场投资理论知识，以提高其实际应用能力。模拟交易所是一套支持模拟投资交易教学和培训的实训软件，它通过提供接近市场运作机制的模拟投资环境，举办各种规模、不同品种金融工具的模拟投资赛事，达到投资理论与实务操作充分结合，训练和提升使用者实际操作能力的目的。应用网络化的虚拟证券交易平台，能够使学生体验股票、债券、投资基金、外汇及金融衍生品的仿真交易过程，初步了解投资风险，提高对风险管理的认识，有助于深化学生对金融市场学的理解。

本章利用国泰安虚拟交易所进行模拟交易教学，主要介绍国泰安虚拟交易所的功能与特点，及股票、债券、投资基金、外汇等交易产品行情分析和操作方法。由于证券投资学和期货期权课程是金融市场学的后续课程，所以本章学习的重点在于让学生结合金融市场学中所学理论知识，对金融市场中主要交易工具的交易规则有更加直观的认识，初步了解模拟交易软件的操作方法，同时也为后续金融模拟实验课程打下基础。

学习目标

1. 了解金融模拟交易软件的功能与特点——以国泰安为例。

2. 了解股票交易、债券交易、投资基金交易、外汇交易及主要金融衍生品的模拟交易操作步骤。

第一节　金融市场实验交易所平台——国泰安虚拟交易所介绍

一、国泰安虚拟交易所的功能与特点

虚拟交易所是一套支持模拟投资交易教学和培训的实训软件，以提供接近市场运作机制模拟投资环境，通过举办各种规模的模拟投资赛事，达到投资理论与实务操作充分结合训练和提升的平台系统。该系统采用先进的平台化技术架构、基于即时 DDE 动态底层数据，结

合金融交割及支付系统、实时金融商品信息，通过贴近真实投资市场的动态模拟环境来吸引参与积极性，进而实现提升投资管理训练与业务竞争力的目标。

虚拟交易所以教学实训工具为其主导定位，以竞赛形式实施教学过程，从选择投资时点、单体投资、多品种投资到风险控制与管理，从简单到复杂，让学生能够逐步体验金融市场投资过程，实践其所学的金融市场基础知识。该平台具体特点如下：

1. 模拟交易环境高度仿真

该系统结合股票、基金、债券、金融期货等实时行情，模拟了交易过程中，银行、券商、交易所、中央登记结算公司、投资者等角色的职能与作用，遵循真实的委托下单流程，交易规则设置灵活，确保与真实市场保持同步，撮合规则高度接近真实，从而使得模拟投资环境与真实市场环境高度相似。

2. 投资理论方法指导灵活

该系统支持对竞赛规则中竞赛时间、报名时间、初始资金、持仓限制、违规规则、排名指标、评分规则等各项参数进行设置。使用者可以根据自身情况，灵活控制和定义模拟投资竞赛，并实现对参赛者的投资理论方法与实践操作的指导。

3. 模拟投资实训功能强大

用户可通过一个系统账号申请参与竞赛，同时参与多个进行中的竞赛及查看所参加过的竞赛历史信息，同一模拟投资竞赛中，同一用户可同时拥有银行、证券、港股、期货等多个资金账户，不同资金账户同种货币之间可实现资金自由划转。由此用户可同时投资于上海证券交易所、深圳证券交易所、中国金融期货交易所、大连商品期货交易所、上海期货交易所、郑州商品期货交易所上市的任一品种，即实现跨市场的市场套利。

4. 投资组合分析内容全面

该系统从资产配置、投资损益、收益率走势、持仓明细和绩效指标五个方面，对投资组合进行分析。模拟投资竞赛通过真实市场的信息来运作，将金融市场理论应用于实践。

二、实验平台操作入门

本教材中金融市场的实践部分，主要是利用国泰安虚拟交易所，应用网络化的虚拟交易平台，使学生了解平台的基本操作，进而体验金融市场各种金融产品的交易过程，加深对金融市场各种交易工具基础知识的理解，也为后续专业课程和专业模拟实习打下基础。“实验平台操作入门”部分主要以介绍普通大赛的平台操作为主，融资融券及金融衍生品交易的平台操作方法与此大同小异，故在此不作详细说明，学生可随着后续专业课程的深入学习，逐步实践。

（一）登录

打开浏览器，输入虚拟交易所参赛用户端访问地址，即可打开登录界面，如图 10-1 所示。

在该界面可以查看竞赛资讯和公告，以及个人和赛组排行榜等信息。

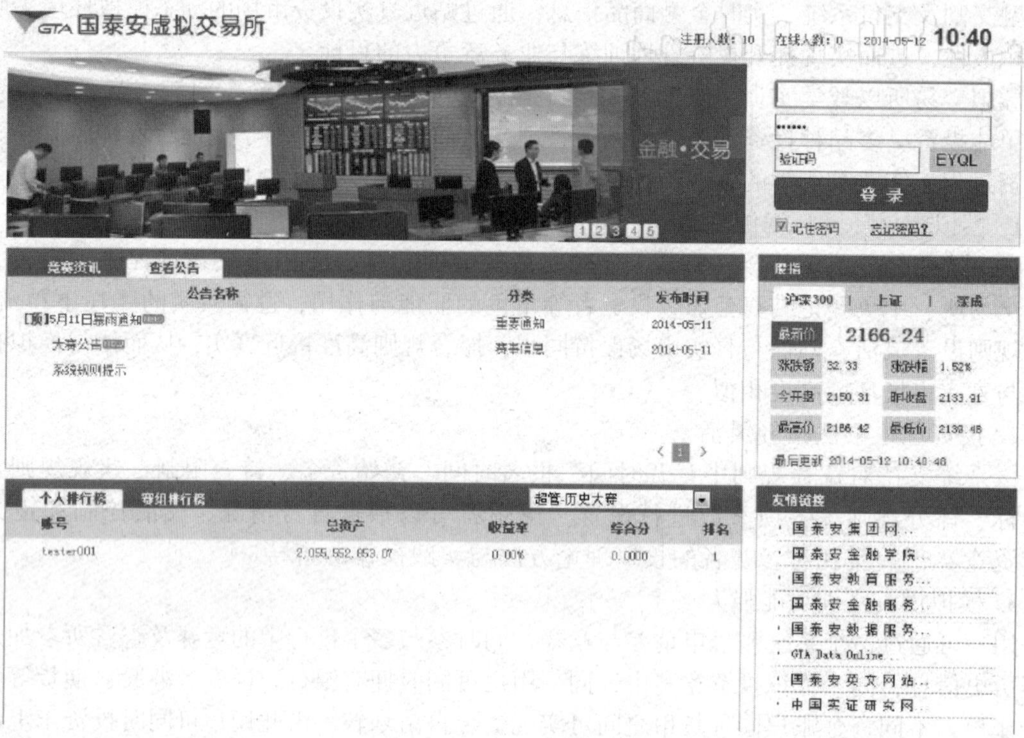

图 10-1　竞赛用户界面

用户在登录框填入账号、密码和验证码，点击“登录”即可登入系统。

1. 记住密码

用户登录区域的“记住密码”，可帮助系统用户自动记录账号登录信息，简化登录过程。

2. 忘记密码

用户登录区域的“忘记密码”，可帮助系统用户找回账号密码，输入账号后，点击“忘记密码”，系统会将用户密码发送到系统用户的注册邮箱内。

3. 登入界面

进入普通用户功能界面的“报名参赛”模块，支持对可报名的竞赛和竞赛申请进度进行管理，如图 10-2 所示。

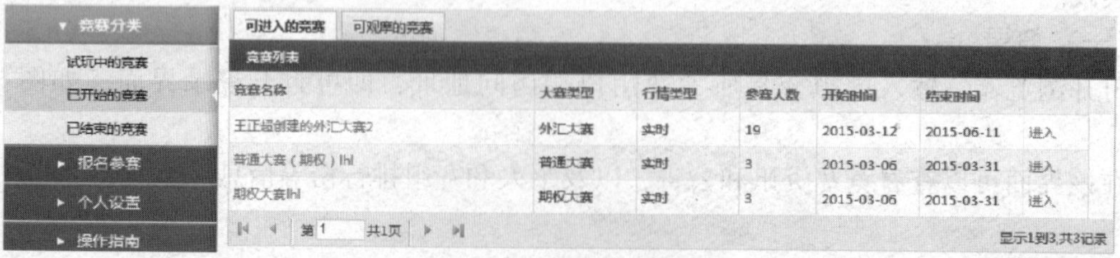

图 10-2　用户登录后界面

可报名的竞赛列示了允许用户申请报名参赛的所有竞赛，如图 10-3 所示。

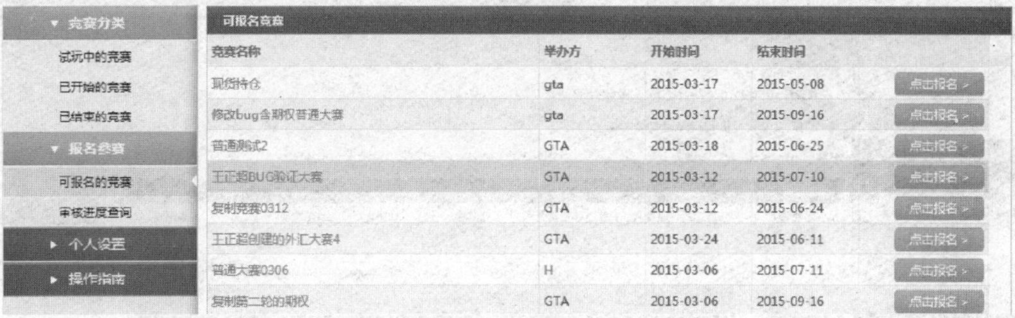

图 10-3　报名参赛

选中竞赛列表中具体竞赛，点击对应竞赛名称，则可打开竞赛规则内容查看窗口；点击“点击报名”，申报对应竞赛，系统会弹出报名成功提示。如果是需要审核才能成功报名的竞赛，也会弹出提示。

（二）已开赛的竞赛

点击“进入”按钮，进入竞赛主页，如图 10-4 所示。

图 10-4　竞赛主页

1. 普通大赛

已开赛的竞赛管理界面，包括快捷方式、行情中心、交易中心、排行榜、投组分析、资讯中心六个栏目，以及系统导航提示功能，如图 10-5 所示。

图 10-5　已开赛的竞赛管理

点击排行榜详情，可以查看总排行榜、周排行榜、月排行榜、季度排行榜情况，如图10-6所示。

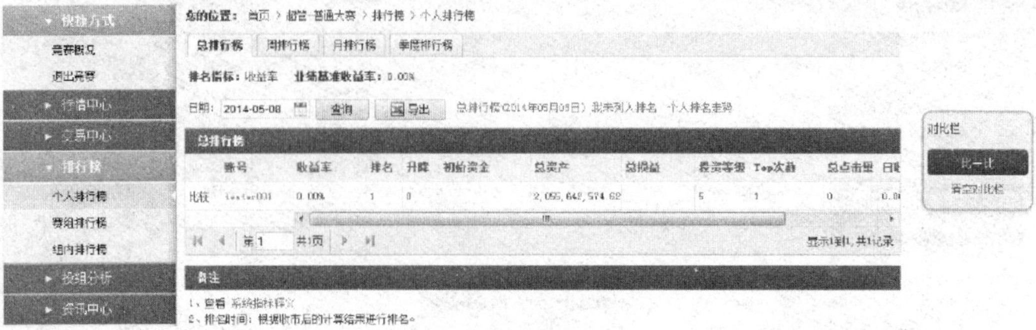

图 10-6 排行榜界面

点击“退出竞赛”，可以回到竞赛进入界面。

2. 行情中心

“行情中心”为当前竞赛投资商品的行情信息栏目，包括自选、推荐池、商品行情（上海证券、深圳证券、香港证券、股指期货、大连期货、郑州期货、上海期货、期权）、明星商品、预警，如图10-7所示。

图 10-7 行情信息界面

(1) 自选

自选行情列示了参赛用户所有自选商品的行情信息，如图10-8所示。

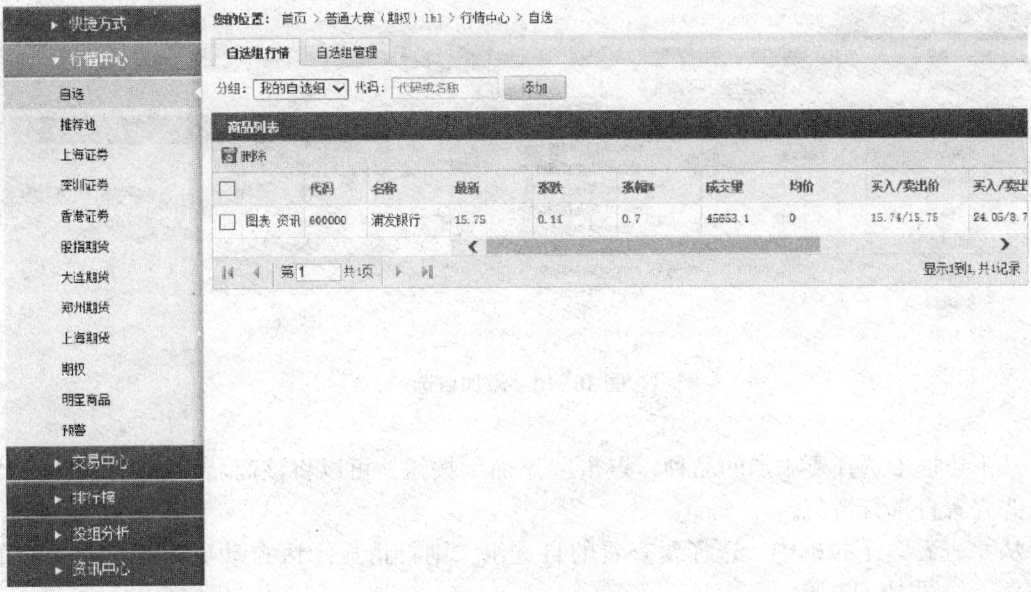

图 10-8　自选行情界面

①自选组管理

点击“自选组管理”，显示我的分组信息，如图 10-9 所示。

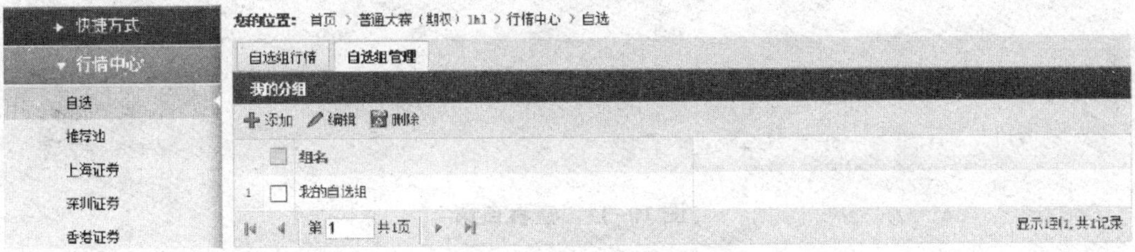

图 10-9　自选组管理界面

添加自选组。点击“添加”按钮，即会弹出新建/编辑自选组名称框，输入名称后点击“确定”，可在我的分组列表中看到新添加的分组。

修改自选组。勾选需要修改的分组，点击“编辑”按钮，则会弹出新建/编辑自选组名称框，重新编辑名称后点击“确定”按钮，对应自选组名称即被修改。

删除自选组。勾选需要删除的分组，点击“删除”按钮，删除对应的自选组。

②添加自选组行情

在“分组”处选择需要添加自选行情的分组，在“代码”处输入所要添加品种的代码、名称或拼音，下拉框中列示系统根据关键字自动匹配的商品代码及名称，如图 10-10 所示。

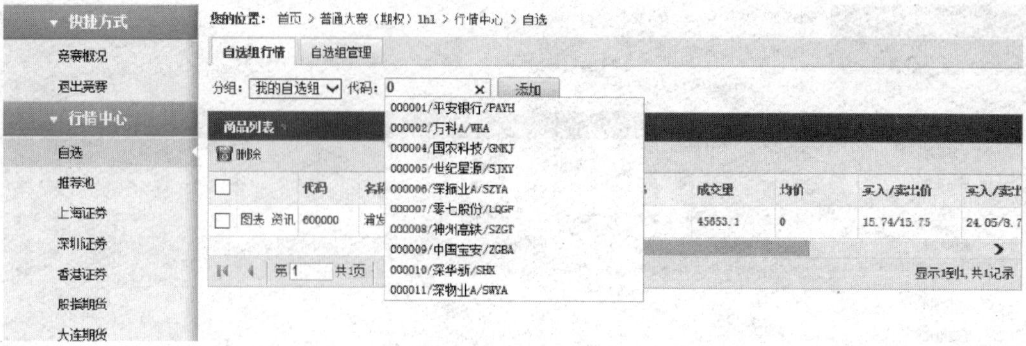

图 10-10　添加自选

从下拉框中选择要添加的品种，点击“添加”按钮，可以将该商品添加到自选组行情。

③查看自选行情

从“查看”下拉框中，选择要查看的自选组，则行情显示区自动更新为该自选组的行情信息，如图 10-11 所示。

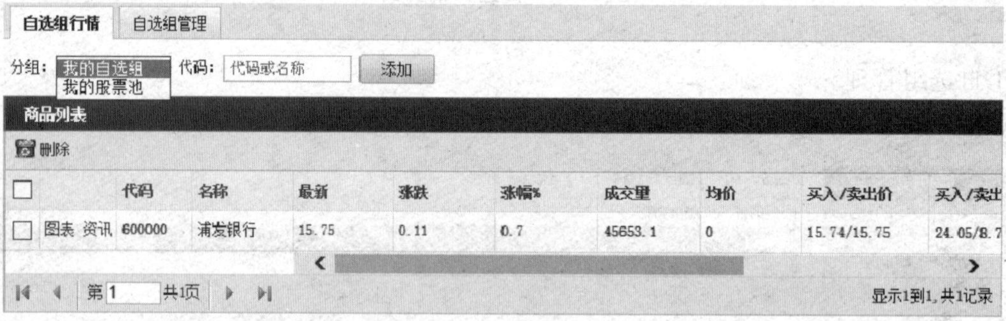

图 10-11　查看自选

④删除自选行情

勾选或全选要删除的商品，点击“删除”按钮，将对应商品从当前自选组中删除，如图 10-12 所示。

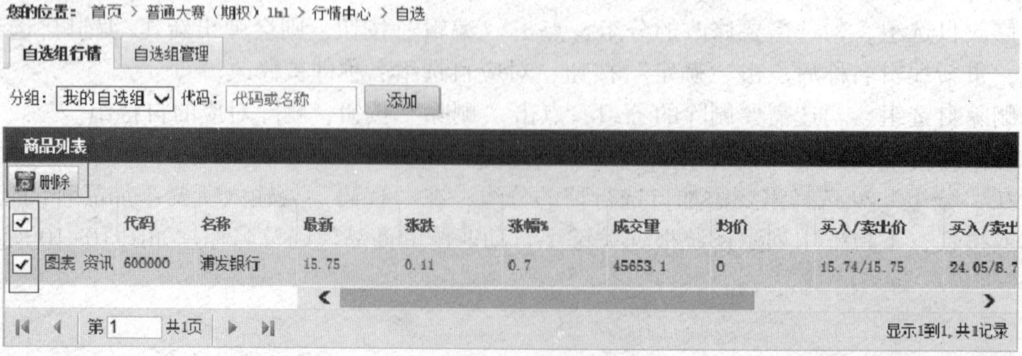

图 10-12　删除自选

（2）推荐池

点击“推荐池”，切换到推荐池查看界面，显示该竞赛中推荐池中的所有商品。在检索输入框中输入需要检索的商品代码、名称或拼音，点击“查询”按钮，则直接显示所查询商品所在界面，并突出显示，如图 10-13 所示。

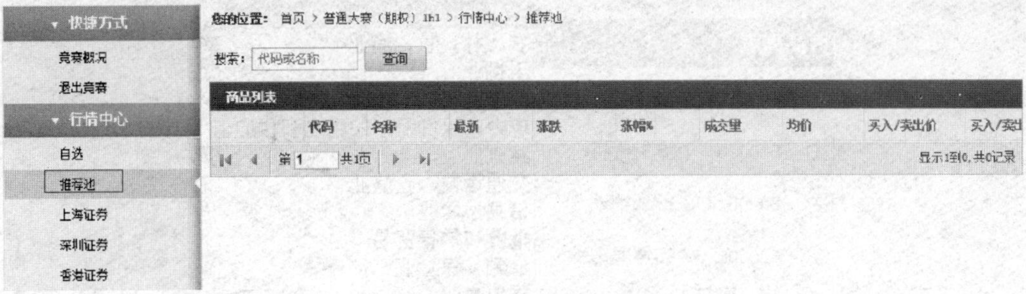

图 10-13　推荐池界面

（3）商品行情

以上海证券为例，点击“上海证券”，行情展示区切换为上海证券行情信息内容，如图 10-14 所示。

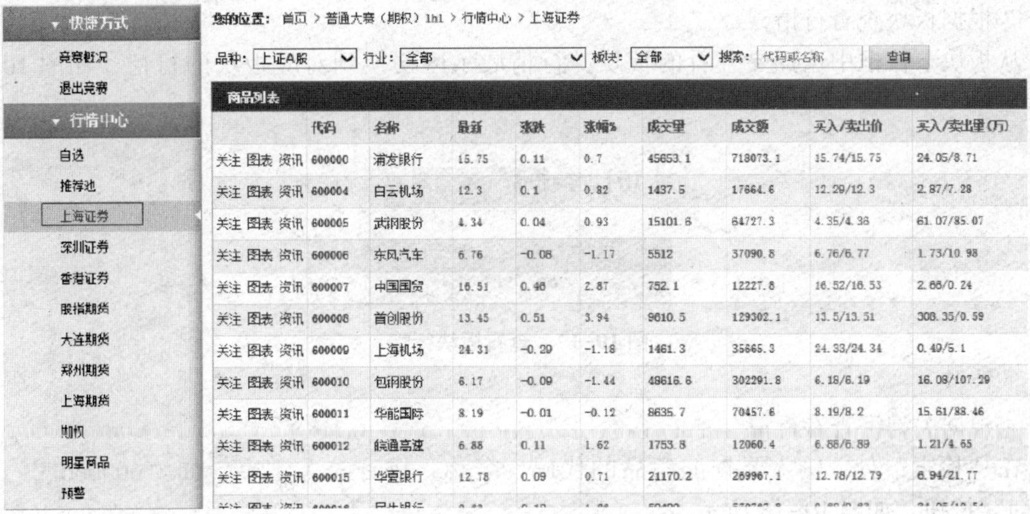

图 10-14　切换行情展示

①根据品种查看行情

从品种下拉框中选择要查看的行情品种，行情展示区切换到对应品种的行情，如图 10-15 所示。

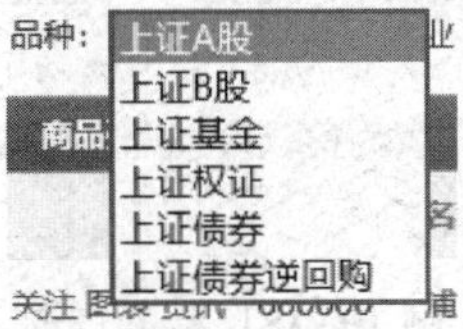

图 10-15　选择行情品种

②根据行业查看行情

从行业下拉框中选择要查看的行情品种，行情展示区切换到对应行业的行情，如图 10-16 所示。

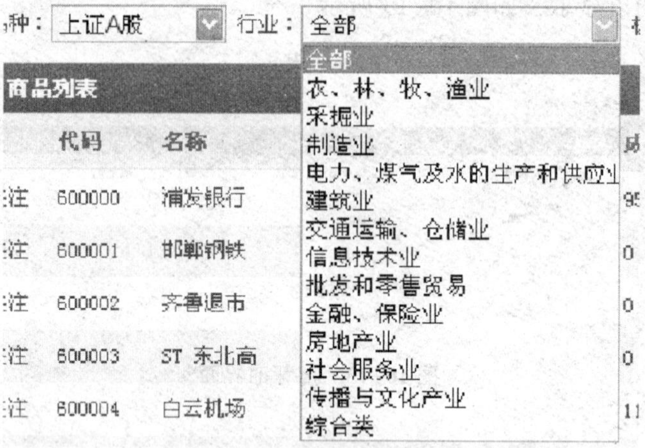

图 10-16　切换行业行情

③根据板块查看行情

从板块下拉框中选择要查看的板块，行情展示区切换到对应板块的行情，如图 10-17 所示。

图 10-17　查看板块行情

④根据关键字查看行情

在“检索”处，输入要查询商品的代码、名称、拼音等关键字，如“600066”，点击“查询”按钮，如图 10-18 所示。

图 10-18　检索查询

⑤添加商品到自选组

点击对应商品列表最左列的“关注”按钮，弹出自选组选择窗口，从下拉框中选择自选组，点击“确定”按钮，将商品添加到该自选组，如图 10-19 所示。

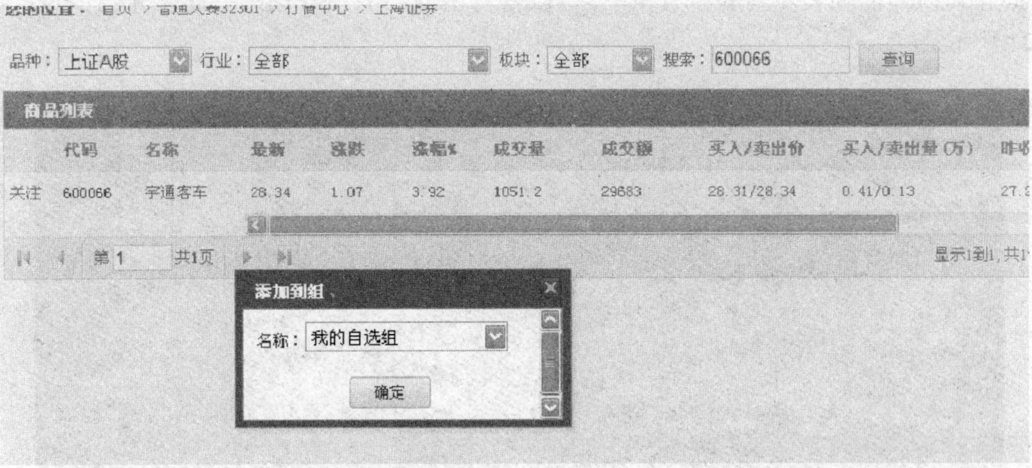

图 10-19　添加自选

⑥查看行情图

点击对应商品列表左列的“图表”，会弹出对应商品的行情图窗口，如图 10-20 所示。

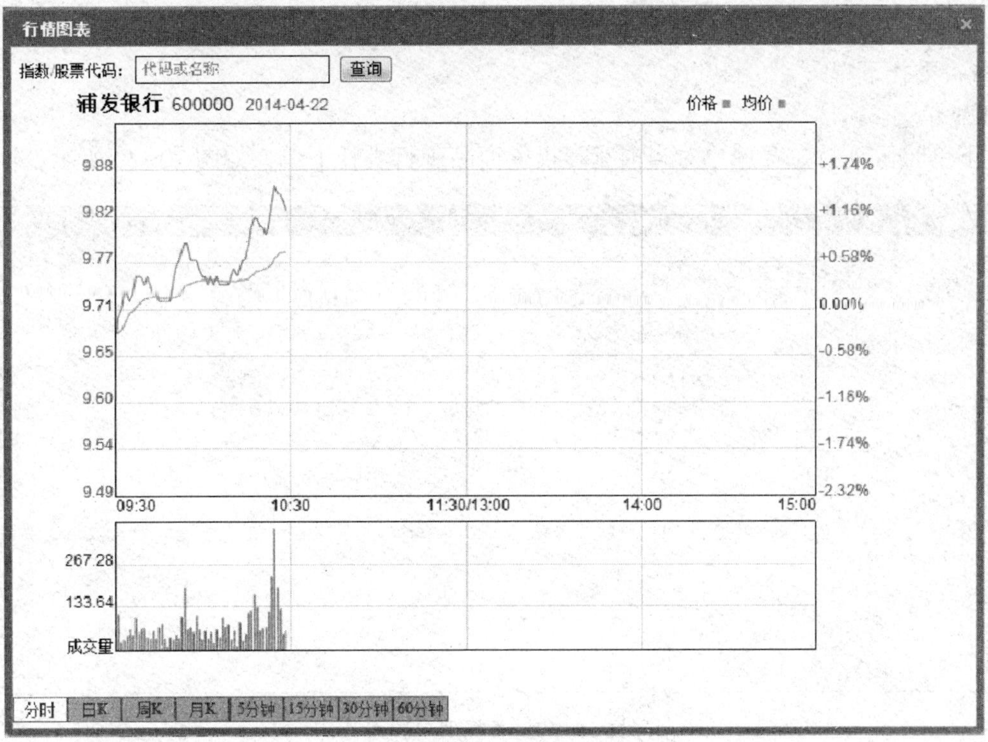

图 10-20　行情图窗口

在其中的指数/股票代码栏中，输入代码或名称关键字，选择需要查询的商品，点击查询，可以查看该商品的行情图。

⑦查看资讯信息

点击对应商品列表左列的“资讯”，可以查看该商品的最新动态等商品介绍信息，如图10-21所示。

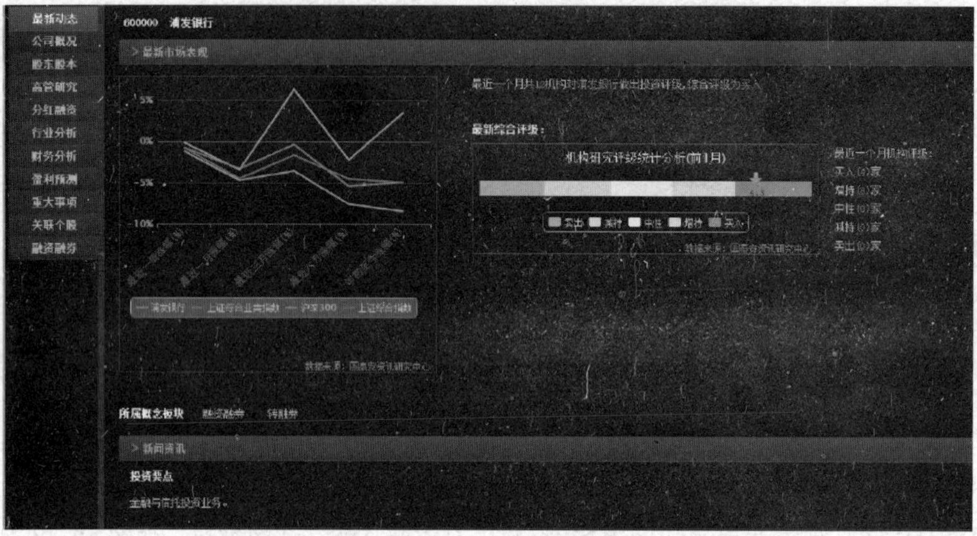

图 10-21　最新动态查询

（4）委托下单

①下单

“下单”区支持参赛用户对当前竞赛投资商品进行委托下单，如图10-22所示。

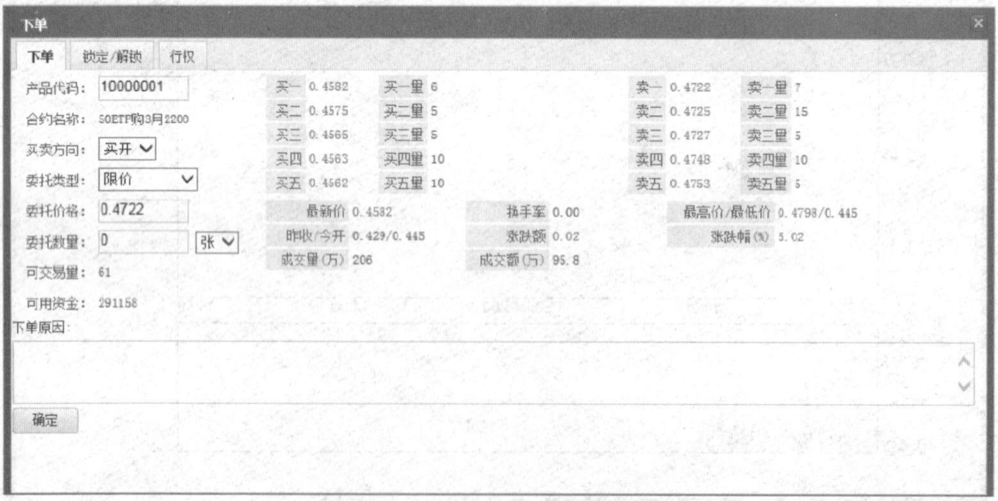

图 10-22　委托下单界面

在代码框，可手动输入商品代码，也可点击行情展示区中对应商品的代码，由系统自动将代码填入代码框。交易信息区会自动根据代码框中的代码，显示该商品的详细行情信息。

买卖方向、委托类型、委托价格和委托数量均由参赛用户进行设置。其中，当委托类型为市价时，委托价格不可设置；在填写委托数量时，可参考系统自动结合参赛用户当前的可用资金、商品价格或持仓中的可用数量，估算出的可交易数量（不含交易费用）。

在下单原因区域，参赛用户可填写交易委托的依据，便于竞赛管理员进行查看和指导。

对于下单原因中出现的敏感字段，系统自动将其以“ * ”屏蔽。设置完毕后，点击“确定”按钮，发送下单委托，系统弹出下单成功提示，如图 10-23 所示。

图 10-23　下单成功提示

②锁定/解锁

在“锁定/解锁”区，可以将证券进行锁定，或者将可解锁证券解锁，包含证券代码、证券名称、证券类别、持仓量、可锁定量、已锁定量、可解锁量、操作，如图 10-24 所示。

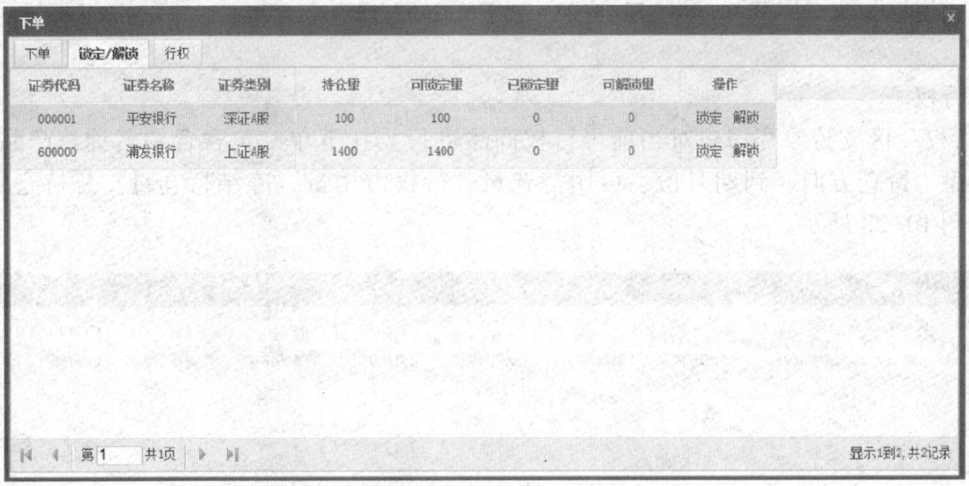

图 10-24　“锁定/解锁”区界面

点击图 10-24 中的锁定或者解锁按钮时，会有弹框提示，包含证券代码、证券名称、可锁/可解定量、锁定/解锁数量，如图 10-25 和图 10-26 所示。

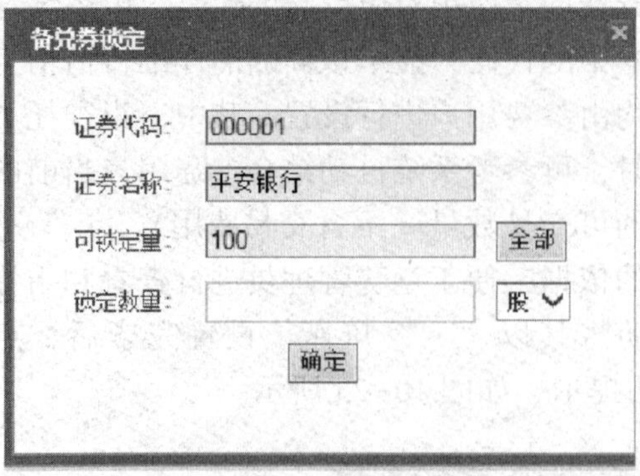

图 10-25 “锁定”操作

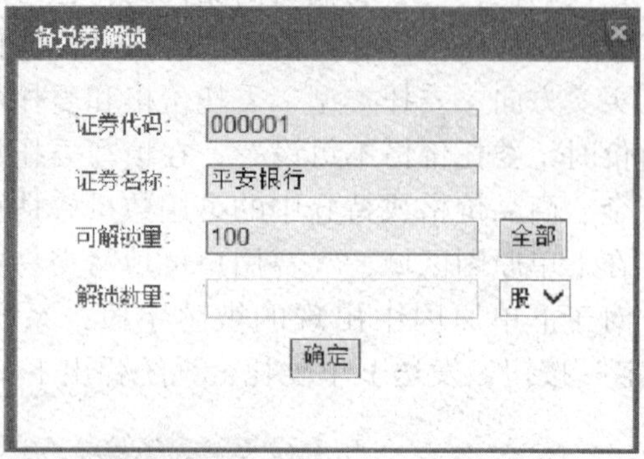

图 10-26 “解锁”操作

点击确定后，会有下单成功的弹框提示，如图 10-27 所示。

图 10-27 “下单成功”提示

③行权

“行权”区支持参赛用户对当前可行权商品进行委托下单，包含合约名称、产品代码、合约类型、持仓方向、到期月份、可用持仓量、行权占用量、冻结持仓量、总持仓量、操作，如图 10-28 所示。

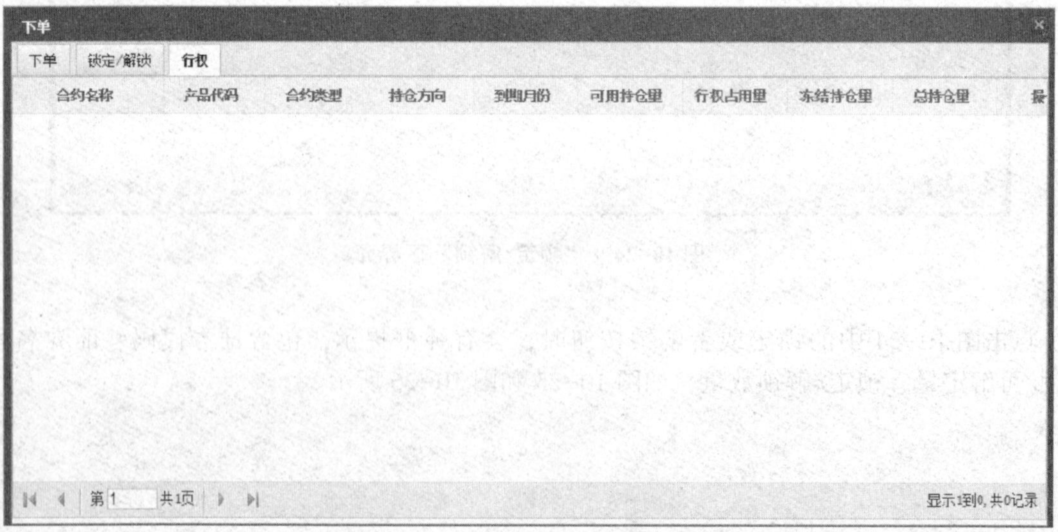

图 10-28 “行权”区功能界面

（5）明星商品

明星商品界面展示了该竞赛中所有参赛者所持有的商品按涨幅、持有人数、持仓市值/持仓保证金的排序结果，具体如图 10-29 所示。

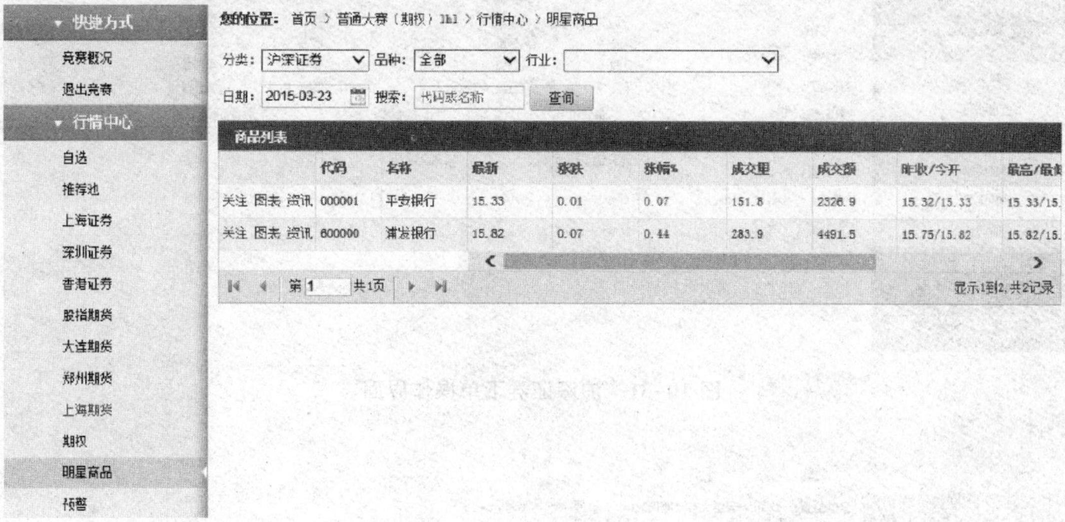

图 10-29　明星商品界面

3. 交易中心

“交易中心”支持参赛用户银证转账、下单以及查询与交易有关信息，包括下单、持仓明细、交易查询、银证转账、违规记录、操作点评六个栏目，如图 10-30 所示。

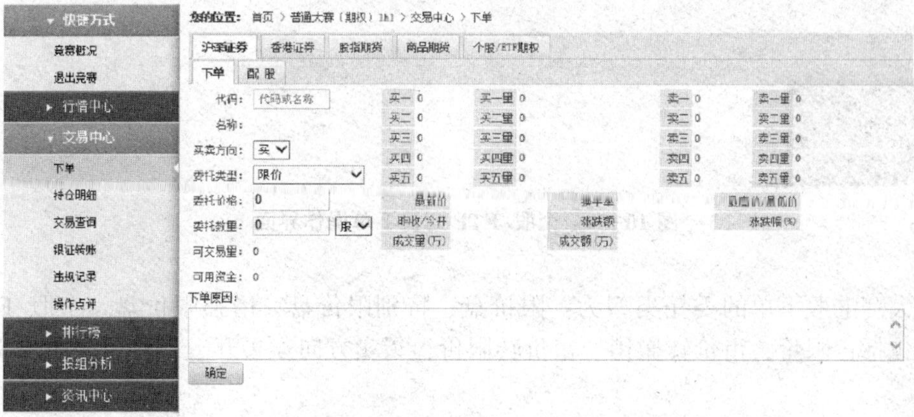

图 10-30　交易中心下单界面

（1）下单

①“下单”区包含下单功能，根据品种划分为沪深证券、香港证券、股指期货、商品期货、个股/ETF 期权，便于参赛用户快速下单。其中沪深证券包含下单和配股两个功能，个股/ETF 期权包括下单、锁定/解锁、行权功能，如图 10-31、图 10-32 所示。

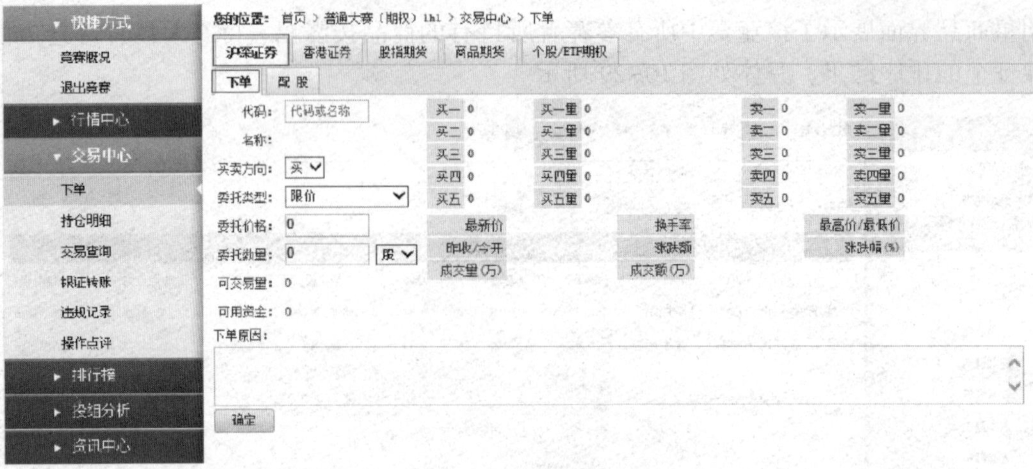

图 10-31　沪深证券下单操作界面

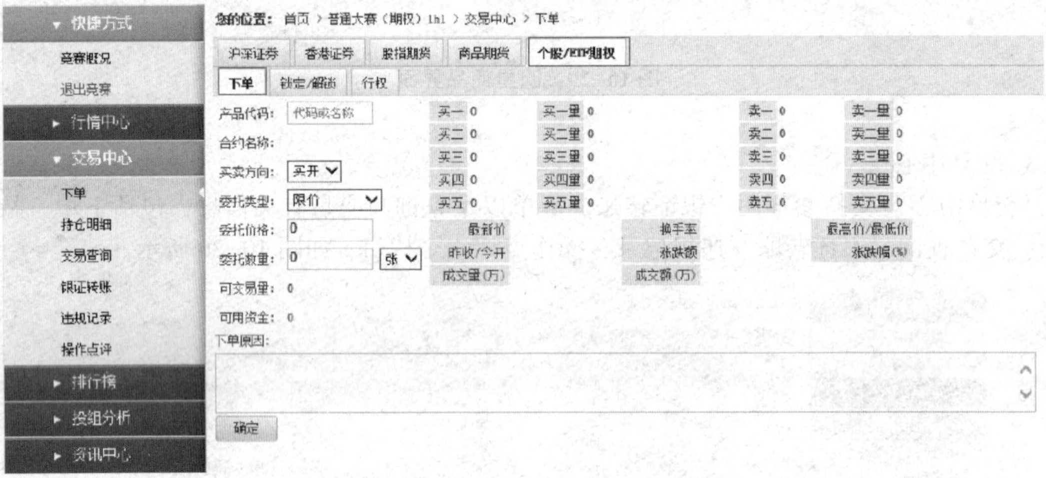

图 10-32　个股/ETF 期权下单操作界面

普通大赛港股下单的委托类型为：限价盘、特别限价盘、增强限价盘。个股/ETF 期权委托类型包括：限价、市价转撤销、市价转限价，买卖方向：买开、卖开、买平、卖平、备开、备平。

②当沪深证券发生配股时，系统会弹框提示配股信息，参赛用户也可以在“配股”界面查看配股信息，主要包含代码、名称、可配股量、配股价、配股登记日、配股缴款开始日、配股缴款结束日、上市流通日、下配股单等信息。在配股缴款开始日到配股缴款结束日之间，参赛用户可以点击相应的配股信息，并进行配股下单，如图 10-33 所示。

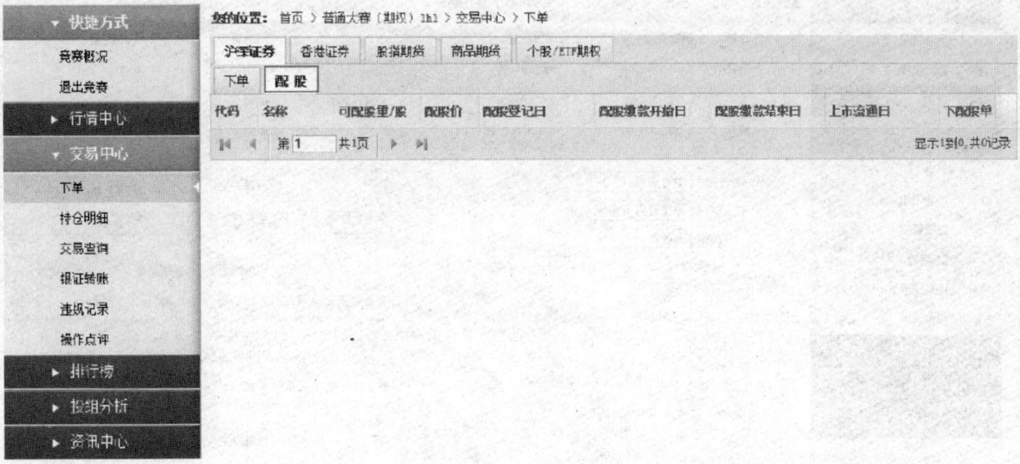

图 10-33　配股界面

下单时，委托类型包含限价、市价五档转限价、市价五档转撤销。

（2）持仓明细

“持仓明细”界面列示了参赛用户在当前竞赛中的持仓情况，如图 10-34 所示。

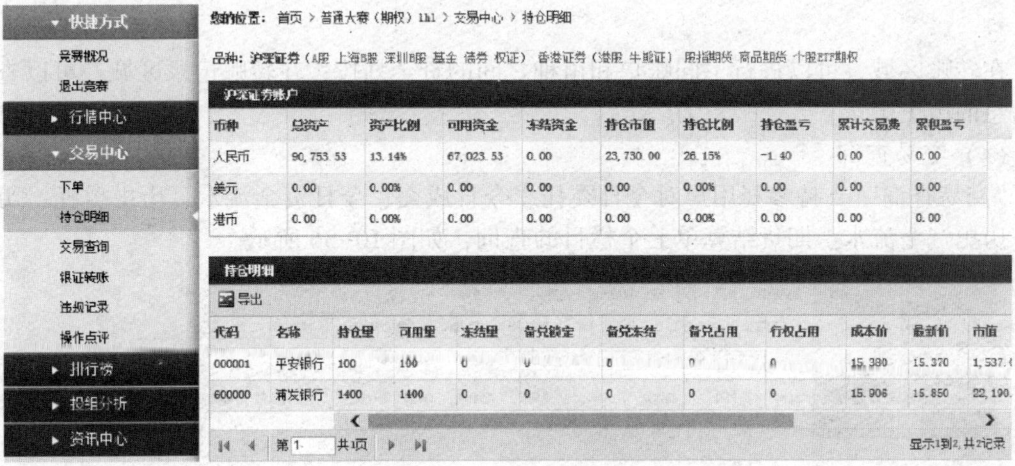

图 10-34　持仓明细界面

（3）银证转账

“银证转账”为参赛用户进行账户资金划拨的功能栏目，如图 10-35 所示。

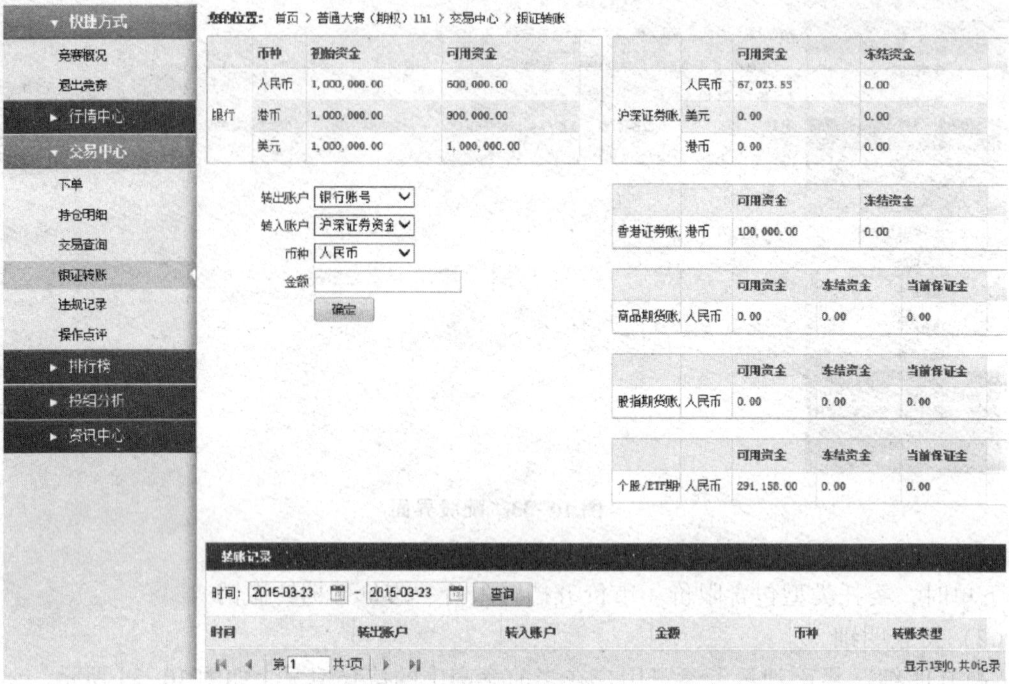

图 10-35　银证转账界面

在转账区域，可以进行不同账户和币种之间的资金划拨；在转账记录区域，可以查询转账信息的历史记录。

（4）交易查询

“交易查询”支持参赛用户对今日委托、今日成交、今日资金流水、历史委托、历史成交、历史资金流水、期货结算单七个栏目的查询，如图 10-36 所示。

图 10-36　交易查询

（5）违规记录

"违规记录"界面列示了参赛用户触发当前竞赛违规扣分的原因、状态、时间等详细信息，如图 10-37 所示。

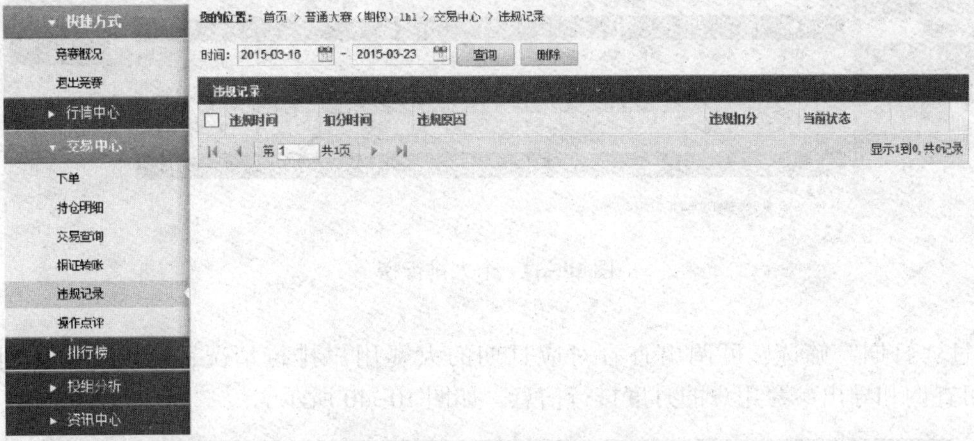

图 10-37 "违规记录"界面

（6）操作点评

"操作点评"界面列示了竞赛管理员对参赛用户操作点评的信息内容，如图 10-38 所示。

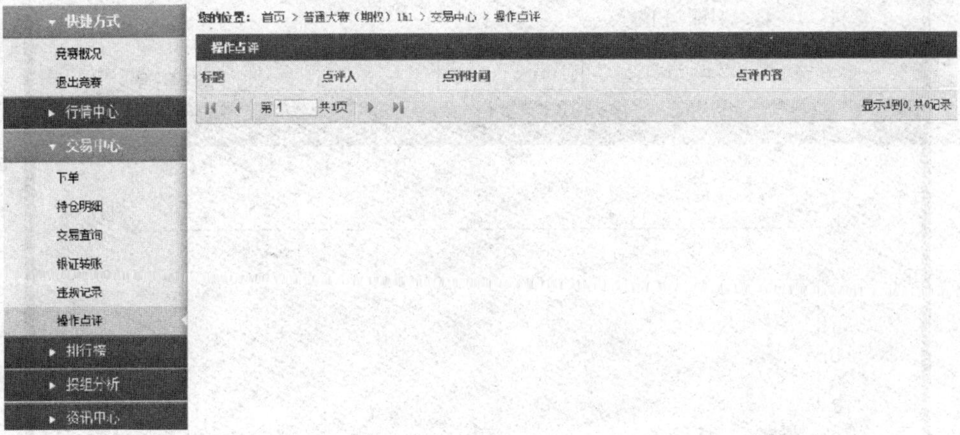

图 10-38 "操作点评"界面

4. 排行榜

点击"个人排行榜"可以查看个人排行榜信息，包括总排行榜、周排行榜、月排行榜、季度排行榜，如图 10-39 所示。

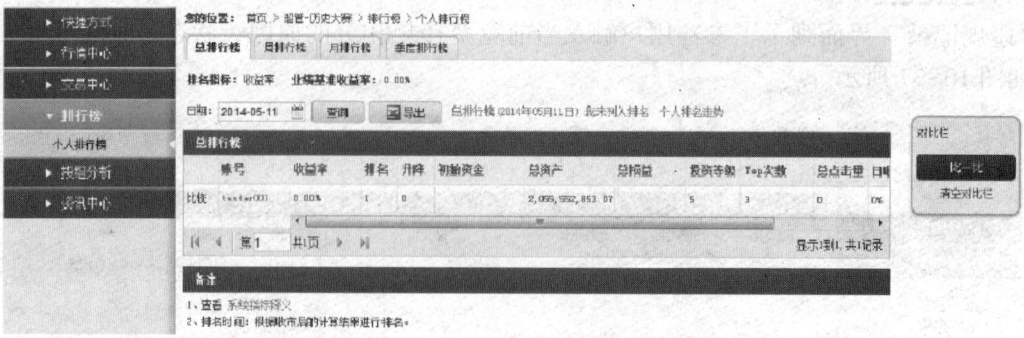

图 10-39　个人排行榜

通过“日期”筛选，可调出查看对应日期的大赛用户排行情况；点击“个人排名走势”，可查询和导出参赛用户的月度排行信息，如图 10-40 所示。

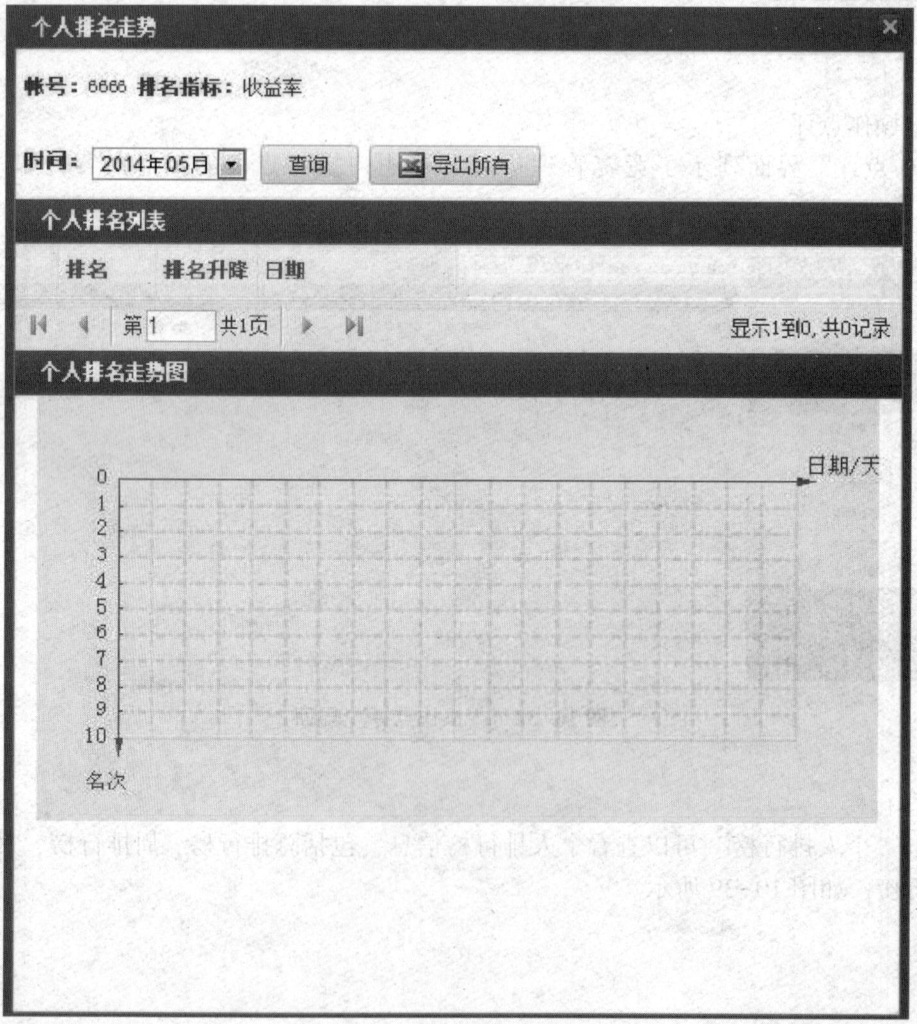

图 10-40　个人排名走势

点击具体账号可以查看相应参赛用户的详细操作记录，包括个人资产、历史持仓、风险收益指标、历史委托、历史成交，如图 10-41 所示。

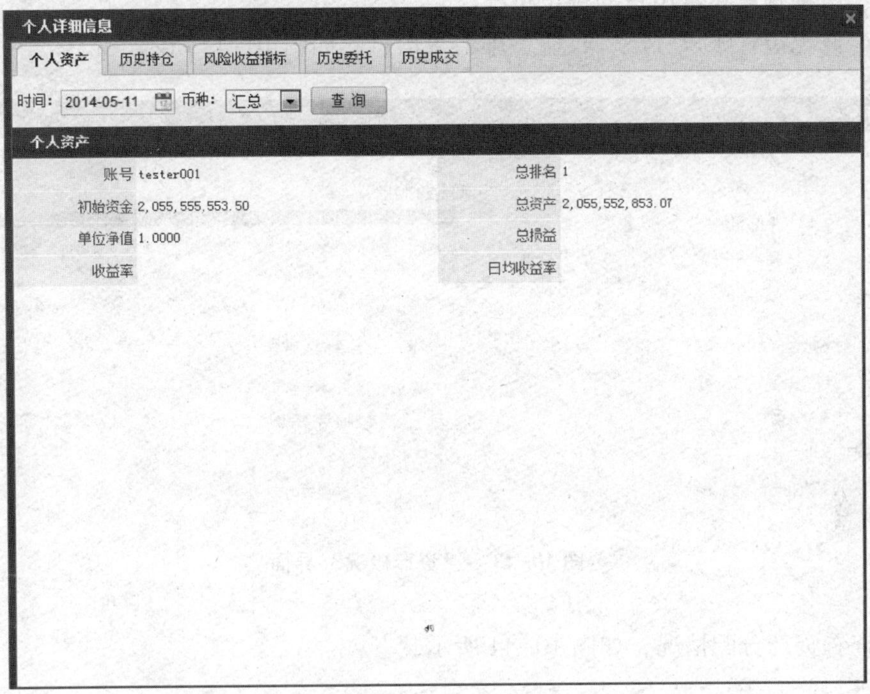

图 10-41　操作记录

点击导出图标，可导出当前排行榜信息。

5. 投组分析

“投组分析”为参赛用户投资情况分析栏目，包括资产概况、历史持仓、投资损益、行业收益、风险管理、数据导出、报告点评，如图 10-42 所示。

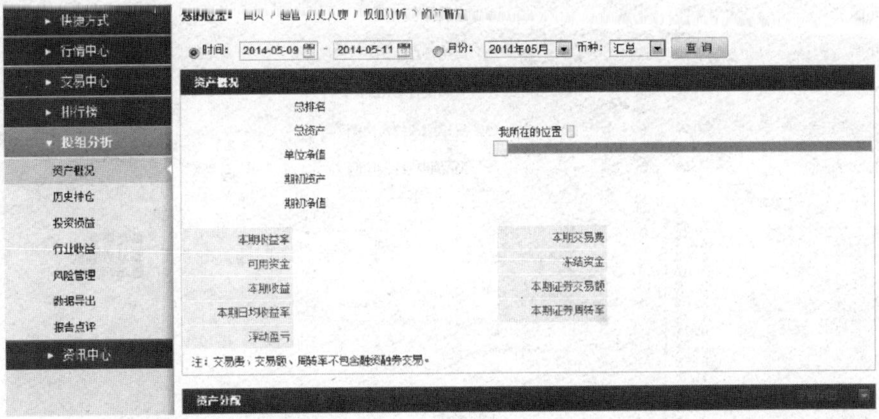

图 10-42　“投组分析”界面

(1) 资产概况

“资产概况”界面展示了参赛用户的排名、资产、收益、持仓等情况，可以根据时间段、月份、币种查看参赛用户的资产概况。

①资产概况包含账户资产、收益、排名等信息，如图 10-43 所示。

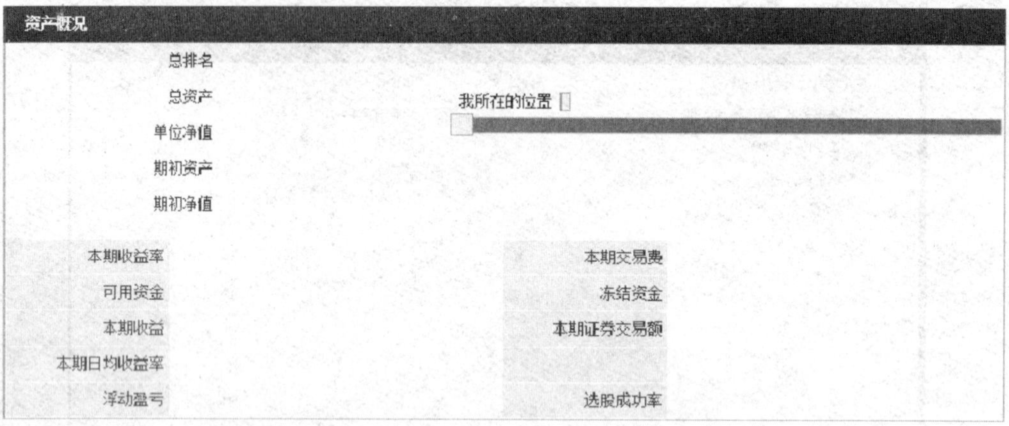

图 10-43 “资产概况”界面

②可查看资产分配情况，如图 10-44 所示。

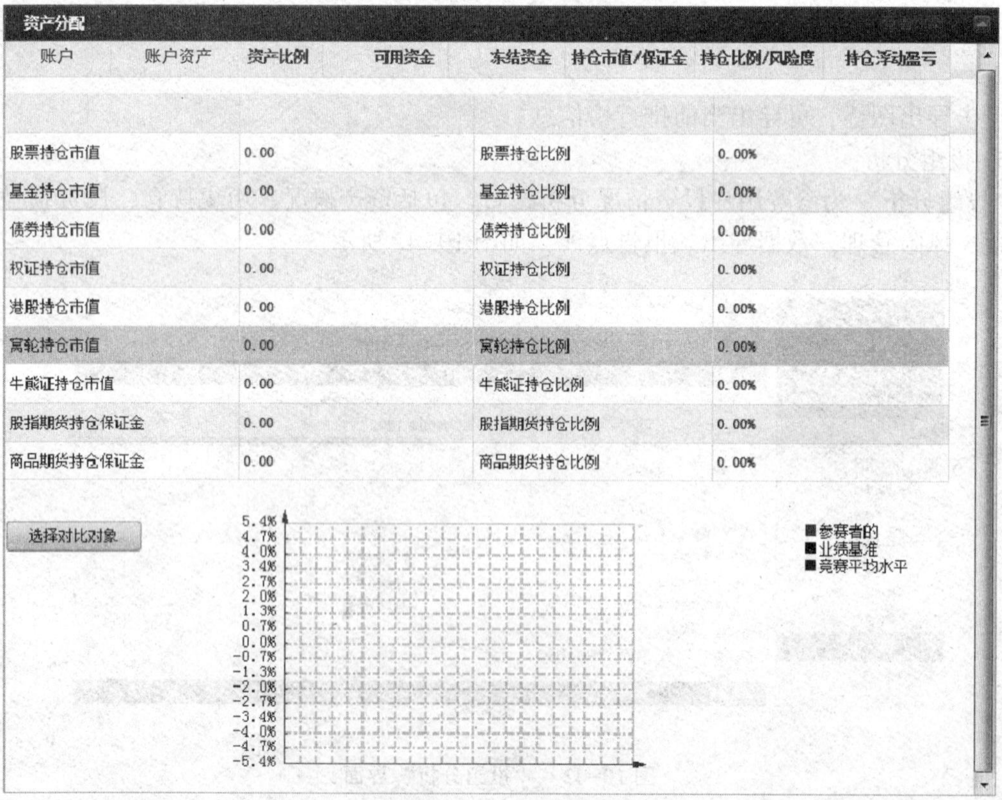

图 10-44 “资产分配”界面

③可查看账户资产分配饼图，如图 10-45 所示。

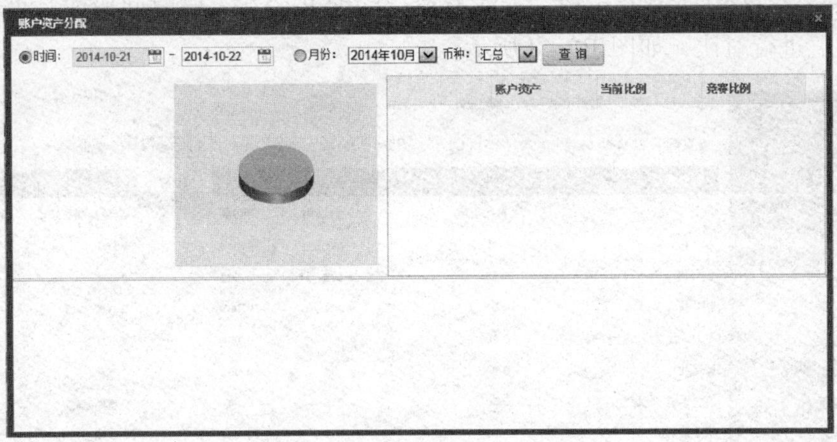

图 10-45　账户资产分配饼状图

（2）历史持仓

“历史持仓”界面可以查看竞赛所有历史交易日收市后的持仓情况，如图 10-46 所示。

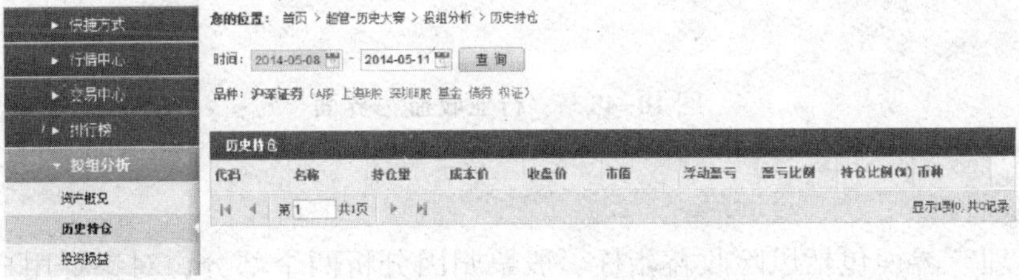

图 10-46　“历史持仓”界面

（3）投资损益

“投资损益”界面分品种和币种对参赛用户的投资损益情况进行分析展示，如图 10-47 所示。点击品种名称，则展示该品种的详细信息。

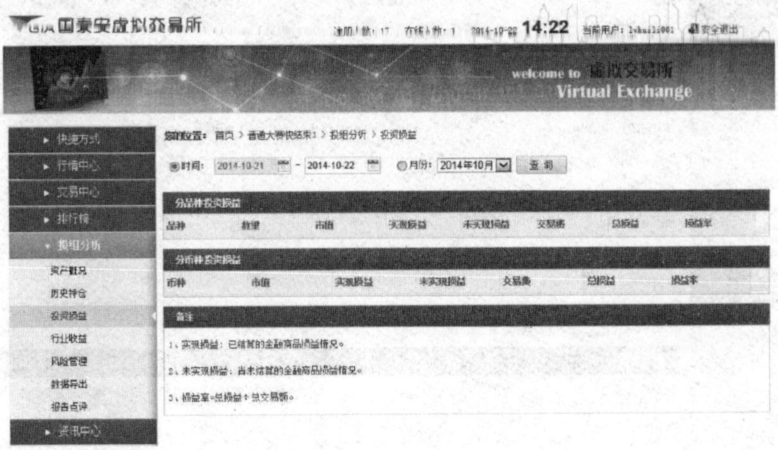

图 10-47　“投资损益”界面

（4）行业收益

“行业收益”界面展示了 A 股、上海 B 股、深圳 B 股在不同时间段或月份的收益情况，并与市场收益进行对比，如图 10-48 所示。

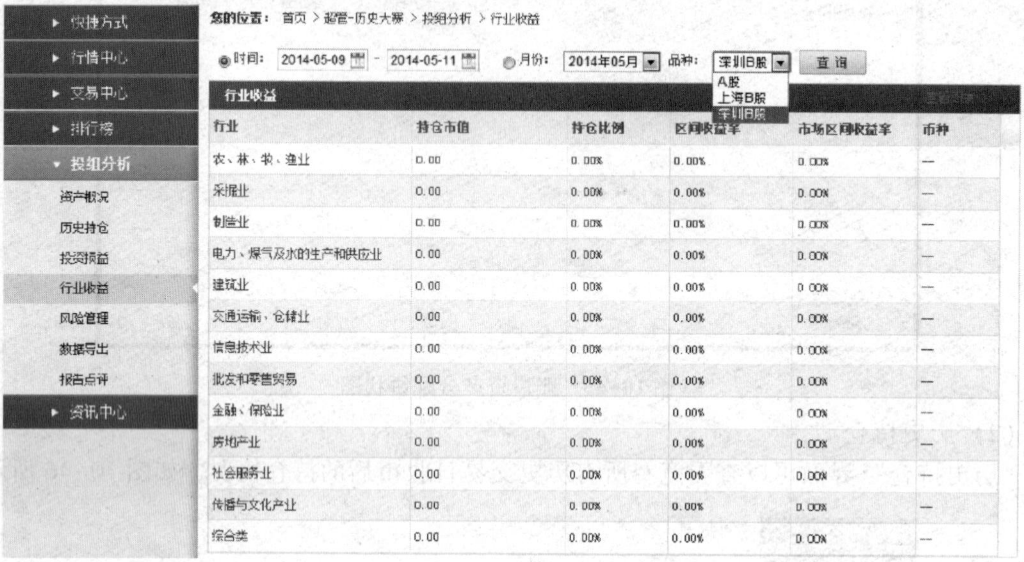

图 10-48　“行业收益”界面

（5）风险管理

“风险管理”界面包括风险收益指标、股票归因分析两个部分，对参赛用户投资组合的风险收益水平进行分析，如图 10-49 所示。

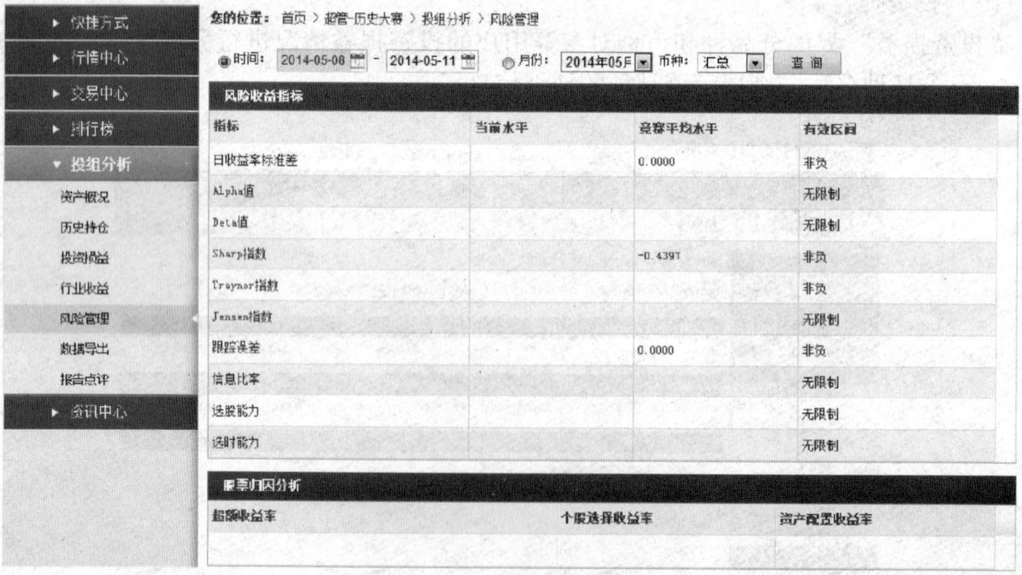

图 10-49　“风险管理”界面

（6）数据导出

数据导出包括对资产概况、历史持仓、投资损益、行业收益、风险管理五部分数据的导出，如图 10-50 所示。

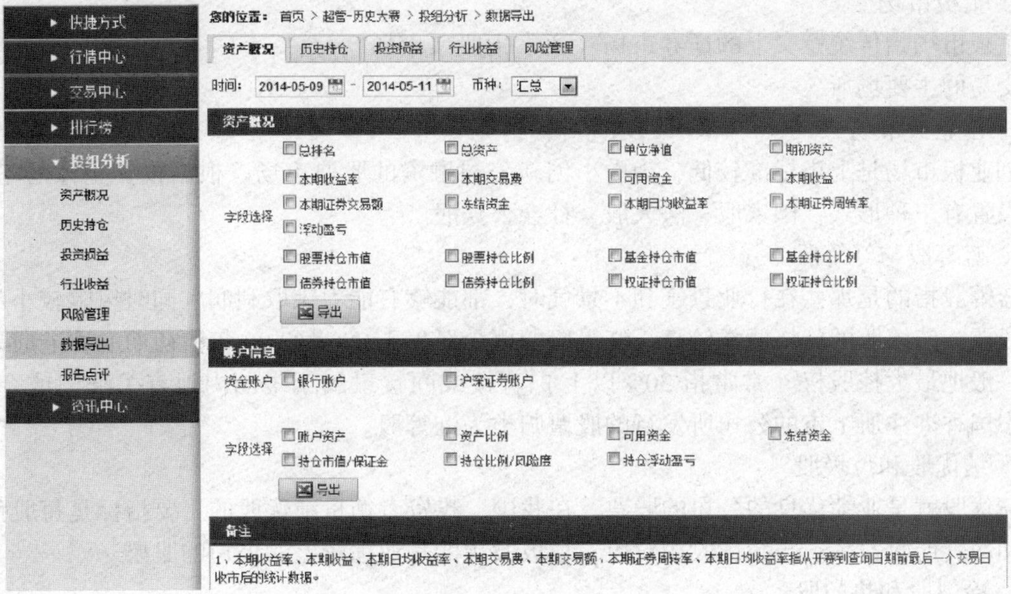

图 10-50 “数据导出”界面

选择需要导出数据的时间段，勾选需要导出数据的字段，点击“导出”按钮，即可导出数据。

（7）报告点评

“报告点评”界面依次列示竞赛管理员对从开赛到当前日跨越的所有完整月份的报告的点评内容。

6. 资讯中心

“资讯中心”为用户提供竞赛公告、系统公告、信息提示、竞赛规则、持仓限制、指标释义、操作指南六个栏目信息，便于用户在竞赛过程中及时查看，如图 10-51 所示。

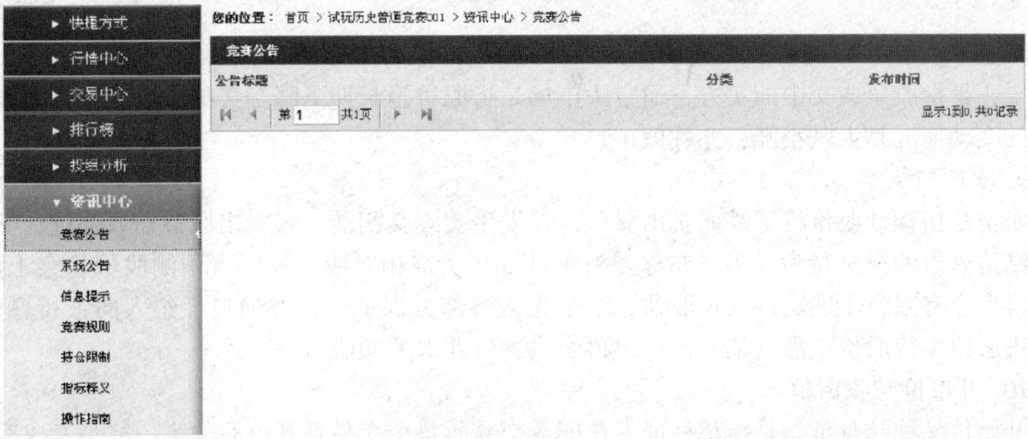

图 10-51 “资讯中心”界面

三、证券交易常用术语及操作绩效指标

（一）交易中常用术语

1. 主板市场

主板市场指传统意义上的证券市场（通常指股票市场），是一个国家或地区证券发行上市及交易的主要场所。

2. 创业板市场

创业板市场是上市标准较低，为中小创新公司融资的股票市场。根据投资主体的不同，股权设置有三种形式：国家股、法人股、社会公众股。

3. 蓝筹股与红筹股

蓝筹股指的是那些在行业景气和不景气时，都能够有能力赚取利润，同时风险较小的公司的股票，蓝筹股的价格通常较高。红筹股的概念诞生于20世纪90年代初期的香港股票市场，一般把最大控股权（常常指30%以上）直接或间接隶属于中国内地有关部门或企业，并在中国香港注册上市的公司所发行的股票归类为红筹股。

4. 绩优股和垃圾股

绩优股就是业绩优良的公司的股票，在我国，投资者衡量绩优股的主要指标是每股税后利润和净资产收益率。与绩优股相对应，垃圾股指的是业绩较差的公司的股票。

5. 冷门股和热门股

冷门股是指交易量很少，交易周转率低，流通性小，甚至经常没有交易，股票价格变动幅度小或不正常的股票。热门股是指交易量与交易周转率高，股票流通性强，股票价格变动幅度大的股票。

6. 除权与除息

除权报价的股票赋予出售者保留分享公司新发股票的权利。除息出售的股票赋予出售者保留即期红利的权利。

7. 多头与多头市场

多头是指投资者对股市看好，预计股价将会看涨，于是趁低价时买进股票，待股票上涨至某一价位时再卖出，以获取超额收益。多头市场也称牛市，指股票市场买入者多于卖出者，股市行情看涨，延续时间较长的大升势，多头市场股价变化的主要特征是一连串的大涨小跌。

8. 空头与空头市场

空头是指股票成交中的卖方，而空头市场是指股价呈长期下降趋势的市场，空头市场中股价的变动情况是大跌小涨，亦称熊市。

9. 卖空与买空

卖空是指预计股价将下跌而卖出股票，在发生实际交割前，将卖出股票如数补进，交割时只结清差价的投机行为。买空亦称多头交易，与卖空相对应，投资者预测股价将会上涨，但自有资金有限，不能购进大量股票，于是先交纳部分保证金，并通过经纪人向银行融资，以买进股票，待股价上涨到某一价位时再卖出，以获取差额收益。

10. 开市价与收市价

开始价又称开盘价，是指某种证券在证券交易所每个交易日开市后的第一笔买卖成交价

格。收市价又称收盘价，是指某种证券在证券交易所每个交易日内的最后一笔买卖成交价格。

11. 最高价与最低价

最高价指某种证券在每个交易日，从开市到收市的交易过程中，所产生的最高价格。最低价指某种证券在每个交易日，从开市到收市的交易过程中，所产生的最低价格。

12. 市盈率

市盈率又称股份收益比率或本益比，是股票市价与其每股收益的比值。

13. 利好、利空与利空出尽

利好就是给股市带来好的因素的消息，能刺激股指上涨，如公司经营业绩好转、银行利率降低、社会资金充足、银行信贷资金放宽、市场繁荣等，以及其他政治经济、军事外交等方面对股价上涨有利的信息。利空就是给股市带来不好因素的消息，能刺激股指下跌，如公司经营业绩恶化、银行利率调高、经济衰退、通货膨胀、天灾人祸等，以及其他政治经济、军事外交等方面促使股价下跌的不利消息。在证券市场上，证券价格因各种不利消息的影响而下跌，这种趋势持续一段时间，跌到一定程度，空方的力量开始减弱，投资者不再被这些利空的因素所影响，证券价格开始反弹上升，这种现象被称作利空出尽。

14. 量价背离

当前的量价关系与之前的量价关系发生了改变，一般量价背离会产生一种新的趋势，也可能只是上升中的调整或下降中的反弹。

15. 开低、开高与开平

开低是指今日开盘价在昨日收盘价之下。开高是指今日开盘价在昨日收盘价之上。开平是指今日开盘价与昨日收盘价持平。

16. 跳空与补缺口

跳空指受强烈利好或利空消息刺激，股价开始大幅度跳空，跳空通常在股价大变动的开始或结束前出现，经过一段时间，将回到跳空前的价位补空，即为补缺口。

17. 空翻多与多翻空

空翻多是指原本打算卖出股票的一方看法改变，变为多方。多翻空是指本看好行情的多头看法改变，不但卖出手中的股票，还借股票卖出。

18. 反弹

反弹是指在股市上，股价呈不断下跌趋势，终因股价下跌速度过快，而反转回升到某一价位的调整现象。一般来说股价的反弹幅度要比下跌幅度小，通常是反弹到前一次下跌幅度的 1/3 左右时，又恢复原来的下跌趋势。

19. 委买手数、委卖手数与委比

委买手数是指已经输入证交所主机计算机，欲买进某股票的委托手数，营业部的终端计算机通常显示前五档委买手数。委卖手数是指现在所有个股委托卖出上五档的股票总数量。

委比是指在报价系统之上的所有买、卖单之比，用以衡量一段时间内，买、卖盘相对力量的强弱。当委比值为正值，并且委比数大，说明市场买盘强劲；当委比值为负值，并且负值大，说明市场抛盘较强。委比值从 $-100\%\sim100\%$，说明买盘逐渐增强，卖盘逐渐减弱的一个过程，相反亦然。其计算公式为：

$$委比 = \frac{委买手数 - 委卖手数}{委买手数 + 委卖手数} \times 100\%$$

20. 内盘与外盘

内盘就是股票在买入价成交，成交价为申买价，说明抛盘比较踊跃，当成交价在买入价时，将现手数量加入内盘累计数量中，当内盘累计数量比外盘累计数量大很多，而股价下跌时，表明很多人在抢盘卖出股票。外盘就是股票在卖出价成交，成交价为申卖价，说明买盘比较积极，当成交价在卖出价时，将现手数量加入卖盘累计数量中，当外盘累计数量比内盘累计数量大很多，而股价上涨时，表示很多人在抢盘买入股票。

内盘和外盘这两个数据大体可以用来判断买卖力量的强弱，若外盘数量大于内盘，则表明买方力量较强，若内盘数量大于外盘，则说明卖方力量较强。

21. 超买与超卖

超买是指资产的价格升至基本面因素无法支持的水平，通常发生在价格短时间内急涨之后，超买意味着价格很容易出现向下修正。超卖是指就基本面因素而言，资产价格已跌至不合理的水平，通常发生在价格短期内急跌之后，超卖意味着价格很容易出现向上调整。

22. 打压、买压和卖压

打压是指用大量股票，将股票价格大幅度压低，以便低成本大量买进。买压是指买股票的人很多，而卖股票的人很少。卖压是指在股市大量抛出股票，使股票价格迅速下跌。

23. 换手率

换手率也称周转率，指在一定时间内市场中股票转手买卖的频率，也是反映股票流通性强弱的指标之一，其计算公式为：

$$周转率 = \frac{某一时期内的成交量}{发行总股数} \times 100\%$$

24. 盘档、整理、震荡和盘整

盘档是指投资者不积极买卖，多采取观望态度，使当天股票价格的变动幅度很小，这种情况称为盘档。整理是指股票价格经过一段急剧上涨或下跌后，开始小幅度波动，进入稳定变动阶段。整理是下一次大变动的准备阶段。震荡是指股票价格一天之内忽高忽低的大幅度变化。盘整是指当天股票价格波动幅度很小，最高价与最低价之间不超过2%，或者行情进入整理，上下波动幅度也不大，持续时间在半个月以上。

25. 多头陷阱和空头陷阱

多头陷阱通常发生在指数或股票价格屡创新高，并迅速突破原来的指数区，且达到新高点，随后迅速滑落，跌破以前的支撑位，结果使在高位买进的投资者严重被套。空头陷阱通常出现在指数或股票价格从高位区以高成交量跌至一个新的低点区，并造成向下突破的假象，使恐慌抛盘涌出后，迅速回升至原先的密集成交区，并向上突破原阻力线，使在低点卖出者踏空。

26. K线与K线类技术分析方法

K线是一条柱状的线条，由影线和实体组成，实体上方的部分叫上影线，下方的部分叫下影线。实体分为阳线和阴线两种，又称红线（阳线）和黑线（阴线），一条K线的记录就是某一种股票一天的价格变动情况。

K线类的研究手法是侧重若干天的K线组合情况，推测证券市场多空双方力量的对比，进而判断证券市场多空双方谁占优势，是暂时的还是决定性的，其中K线图是进行各种技术分析的最重要的图表。

27. 基本面分析与技术分析

股票价值的基本面分析要素涉及所分析企业的销售收益和资产。行业和公司的基本面分析要素包括销售、资产、收益、产品或服务、市场和管理。对于宏观经济的基本面研究，则包括国民生产总值、利率、失业存货、储蓄等内容。

技术分析（或图表分析）指针对市场价格行为的行情预测分析，技术分析主要研究市场（或股票）的供求关系，技术分析师通过对价格的运动规律、成交量变化模式等的研究，并以图像的形式反映这种指标的运动特征，来试图估计当前市场行为的可能效果，或者某证券的未来供求状况。

（二）实训操作中绩效分析指标简介

1. 排行榜指标

（1）操作分

操作分是在不考虑用户是否违规的情况下，单凭用户的投资效果，对用户投资水平的评价。操作分越高，用户的投资水平越高。

（2）违规分

违规分指标用来评价用户投资操作的违规程度，若竞赛有持仓违规扣分设置，则系统会根据持仓违规规则自动判断用户是否违规及是否进行违规扣分操作，违规分为用户从开赛到现在的违规扣分之和。

（3）综合分

综合分从投资效果及投资操作是否违规两个方面对用户进行综合评价，期终综合分等于操作分减去违规分，用户的综合分越高，综合评价也越高。

（4）排名

排名为根据综合分进行排序后的用户名次，排名越靠前，说明对用户的综合评价也越高，未进行过模拟交易操作的用户不参与排名。

（5）升降

升降为用户当前在排名榜中的排名相对于上一周期的变化情况，升降值为正，说明用户排名上升，升降值为负，说明用户排名下降。

2. 资产指标

（1）初始资金

初始资金为参赛者开赛的初始资金数量。

（2）总资产

总资产为用户当前竞赛中的所有资金账户资产之和，具体计算公式如下：

$$总资产=银行账户资产+现货资产+期货资产$$

（3）总可用资金

总可用资金为用户在当前竞赛中的所有资金账户的可用资金之和，具体计算公式为：

$$总可用资金=银行账户可用资金+证券账户可用资金+港股资金账户+可用资金+期货账户可用资金$$

（4）冻结资金

冻结资金为期末各资金账户汇总，或对应货币冻结资金之和。

（5）总损益

总损益为参赛者在当前竞赛中，从开赛到上一个交易日的总的损益程度，具体计算公式为：

$$总损益=总资产-初始资金$$

（6）浮动盈亏

浮动盈亏为期末现货持仓浮动盈亏与期货持仓浮动盈亏之和。

3. 收益指标

（1）收益率

收益率为用户在当前竞赛中，从开赛到上一个交易日的总的损益程度，计算公式为：

$$收益率=（总资产-初始资金）/100\%$$

（2）日收益率

当日的日收益率为用户当日总资产对比上一个交易日的损益程度，计算公式为：

$$日收益率=（当日总资产-上一个交易日总资产）/上一个交易日总资产\times 100\%$$

（3）日平均收益率

日平均收益率为从期初到现在所有交易日的日收益率的平均值。

（4）市场收益率

市场收益率是指期初到现在市场的整体收益情况，在虚拟交易系统中，以竞赛的标的指标从开赛到现在的收益情况来表示市场收益率。

（5）业绩基准收益率

业绩基准收益率是先求出业绩基准中的所有指数的收益率，再根据竞赛设置中各指数对应权重进行加权所得到的收益率，其计算公式为：

$$业绩基准收益率=\sum 权重\times 该指数的本期收益率$$

第二节　金融市场产品交易实训

一、股票交易

（一）实训目的

1. 掌握股票的各种分类及发行上市交易流程和交易规则，熟悉股票的基本分析方法，如技术分析、财务报表分析等方法，了解股票的投资策略。

2. 学会结合股票投资理论，利用各种分析指标及咨询信息进行选股、择时。

3. 理论结合实际，以投资实践加深对股票投资理论知识理解，促进股票投资水平的提高。

（二）交易常识

1. 股票交易规则

（1）交易时间

按上海证券交易所和深圳证券交易所的相关规定，证券交易时间为每周一至周五，国家法定节假日和交易所公告的休息日除外。交易时间分为集合竞价时间和连续竞价时间，每个交易日上午的9：15~9：25为开盘集合竞价时间，9：30~11：30和13：00~14：57为连续竞价时间，14：57~15：00为收盘集合竞价时间。

（2）申报规则

股票交易的计价单位为“每股价格”，A股交易的申报价格最小变动单位为0.01元人民币，B股为0.01港元（深圳证券交易）、0.001美元（上海证券交易所）。股票涨跌幅比例为10%，其中ST和*ST股票价格涨跌幅比例为5%，股票上市首日不受涨跌幅限制。股票的交易单位为“手”，“1手”等于“100股”。买入股票申报数量应当为100股（份）或其整数倍，卖出时余额不足100股部分，应当一次性申报卖出；单笔申报最大数量不超过100万股，股票交易方式采用T+1交易，当日买进的证券下一交易日才能卖出。交割方式上，A股采用T+1方式，B股采用T+3方式。

（3）成交规则

证券竞价交易按价格优先、时间优先的原则撮合成交。

2. 股票交易成本

交易成本是投资者计算盈亏必须考虑的因素，深沪两个交易所在对股票交易收取手续费的规定中，都设最低收费标准。

准确计算交易成本，有利于投资者在盈亏平衡的基础上，作出理性的投资决策。成本一般可分为交易成本和持仓成本。交易成本是指只计算客户买卖股票时所产生的佣金、印花税等费用的成本计算方法。持仓成本即盈亏成本，是计算客户单只股票累计所产生的买入卖出的费用、盈利、亏损情况的成本测算方法。

3. 我国A股、B股开户相关规定

（1）境内居民开立A股账户

第一，证券营业部开户。

①所需证件：投资者提供个人身份证原件及复印件，深、沪证券账户卡原件及复印件。

②填写开户资料并与证券营业部签订《证券买卖委托合同》（或《证券委托交易协议书》），同时签订有关沪市的《指定交易协议书》。

③证券营业部为投资者开设资金账户。

④需开通证券营业部银证转账业务功能的投资者，注意查阅证券营业部有关此类业务功能的使用说明。

第二，银证通开户。

①银行网点办理开户手续：持本人有效身份证、银行同名储蓄存折（如无，可当场开立）及深沪股东代码卡到已开通“银证通”业务的银行网点办理开户手续。

②填写表格：填写《证券委托交易协议书》和《银券委托协议书》。

③设置密码：表格经过校验无误后，当场输入交易密码，并领取协议书客户联。

第三，非现场开户。

非现场开户中最常见的开户方式是网上在线开户，在线开户是一种投资者自主、自助开户的形式，投资者通过证券公司指定的电子认证服务机构申请数字证书，并以数字证书为基础在网上办理开户手续。

①选择证券公司。每个券商给出的服务水平和佣金不同，投资者根据自己的需求选择不

同的券商开户。

②身份认证，用于查询和委托交易。

（2）境内居民开立 B 股账户

①凡申请上海、深圳 B 股账户的居民，先要办理转款手续。开设 B 股业务的证券公司营业部已在各商业银行开设 B 股保证金账户。居民选择了一家证券公司营业部后，就要到自己存有外币的银行办理入款手续，将资金转入自己所选择的证券公司。

②办理了入款手续后，凭银行的进账单到证券公司营业部确定资金是否到账，如得以确认，可持个人有效身份证件原件和进账单到 B 股柜台办理有关资金开户手续。

③持营业部入款凭证到营业部 B 股柜台办理 B 股股票开户事宜。

（3）哪些外籍人员可以开立 A 股账户

自 2018 年 9 月 15 日起，新增以下两类外籍人员可以开立 A 股证券账户：

①在境内工作的外籍人员。

②因参与股权激励计划的在境外工作的境内上市公司外籍员工。

在此之前，还有以下外籍人员可开立 A 股账户：

①获得中国永久居留资格的外国人（券商柜台办理）。

②对上市公司进行战略投资取得 A 股股份的境外自然人（中登柜台办理）。

③获得股权激励且在境内工作的境内上市公司外籍员工（中登柜台办理）。

（三）实训要求

1. 登录国泰安虚拟交易所交易系统，熟悉系统的各主要功能模块。

2. 分别调用上海证券交易所和深圳证券交易所的商品报价，进行委托买入、卖出、撤单等操作。

（四）实训步骤

1. 登录系统

登录国泰安虚拟交易所系统后，点击“已开赛的竞赛”。

2. 证券账户注资

点击“交易中心”列项下的“银证转账”，在转入账户的下拉菜单选择“沪深证券资金账号”，选择币种，输入转账金额，点击确定。

3. 制定股票投资策略

点击“行情中心”可以查看所有股票行情数据，用户根据自己的需要，通过板块检索或直接输入代码，筛选所关注的股票。

4. 委托买入

（1）点击“交易中心”列项下的“下单”，进入委托买卖操作区。

（2）输入要购买的股票代码。

（3）在“买卖方向”栏选择“买入”，输入委托价格、委托数量，买入股数必须是 100 的整数倍。

（4）点击“确定”确认下单或点击“清除”重新下单。

5. 委托卖出

股票委托卖出操作中，“买卖方向”选择“卖出”，其余操作与委托买入操作相同。委托卖出股票数量也必须是 100 的整数倍，只有在全部卖出时才允许零卖。

6. 撤单

下单成功后，点击“交易中心”的“查询”，可查询今日委托单明细。当撤单按钮为灰色时，表明委托已成交，不能撤销；按钮为红色时，点击即可撤销委托指令。

7. 持仓情况和资金流水查询

在“交易中心”列项下点击“持仓明细”，选择沪深证券，可查询沪深证券账户的持仓情况。点击“查询”可查询沪深证券账户的资金流水明细。

二、债券交易

（一）实训目的

1. 了解真实债券市场上债券的各种分类及发行上市交易流程，熟悉债券风险与收益的计算方法，掌握债券的估值与投资策略。

2. 通过模拟交易所系统的各交易功能模块，了解债券交易的操作流程。

3. 理论结合实际，以投资实践加深对债券市场理论知识的理解。

（二）交易常识

1. 上市品种

（1）上海证券交易所上市的债券品种

上海证券交易所上市的债券种类有：国债、地方债、政策性银行金融债、公司债、企业债、可转换公司债券、可交换债券、可分离债券、资产支持证券（ABS）、债券基金、债券回购交易。

（2）深圳证券交易所上市的债券品种

深圳证券交易所上市的债券种类有：现券、回购交易，包括当前深交所上市的国债、地方政府债券、企业债券、公司债券、可转换公司债券、分离交易的可转换公司债券、可交换公司债券及本所认可的其他债券品种。

2. 债券回购的交易方式

债券回购交易，采取债券质押式回购交易、债券买断式回购交易等方式。买断式回购交易与质押式回购交易的区别在于，在买断式回购的初始交易中，债券持有人将债券卖给逆回购方，所有权也随之转移，而质押式回购是指在回购的初始交易中，债券所有权并不转移。

3. 债券回购新规

（1）质押式回购管理更加规范

2018 年 2 月 4 日，上海证券交易所制定发布《上海证券交易所债券市场投资者适当性管理工作指引》，于 2 月 1 日开始正式实施的《上海证券交易所债券质押式回购交易风险控制指引》一起构成了对债券质押式回购交易明确的规范，使回购交易成为证券公司的常规业务。此举将极大地增加债券市场的流动性，同时也表明了政府大力发展债券市场的决心。债券流动性将日益改善，投资价值将日益显现。这将对低风险、固定收益投资者提高资金收益有所帮助。

（2）质押式回购交易时间变更

沪深交易所发布通知，宣布债券质押式回购延长交易时间 30 分钟，即延长至 15 时 30 分闭市，自 2019 年 1 月 21 日起施行。债券质押式回购交易采用竞价交易方式，每个交易日的 9 时 15 分至 9 时 25 分为开盘集合竞价时间，9 时 30 分至 11 时 30 分、13 时至 15 时 30 分为连续竞价时间。深交所发布的内容则略有不同，较上交所增加了收盘集合竞价阶段，15 时 27 分至 15 时 30 分为收盘集合竞价时间。

此次交易机制调整仅针对交易时间，其他如委托、申报、竞价原则和行情发布等在内的制度安排均与原先保持一致，新增交易时间也不会对交易连续性产生影响，投资者可按原有的交易习惯或交易模式参与债券质押式回购交易。

（三）实训要求

1. 登录国泰安虚拟交易所交易系统，熟悉系统的各主要功能模块。

2. 分别调用上海证券交易所和深圳证券交易所的商品报价，进行委托买入、卖出、撤单等操作。

（四）实训步骤

1. 登录系统

登录国泰安虚拟交易所系统后，点击“已开赛的竞赛”。

2. 证券账户注资

通过“交易中心”列项下的“银证转账”将资金从银行账户转入沪深证券资金账户。

3. 选择具有投资价值的债券

点击“行情中心”可以查看所有债券数据，用户可以根据自己的需要选择要查看的产品，制定债券交易决策，拟交易品种包括国债、企业债，同时还可通过板块筛选适合的品种，也可直接检索债券的名称或代码。

4. 委托买入

（1）点击“交易中心”列项下的“下单”，进入委托买卖操作区。

（2）在代码编辑框内输入要购买的债券的代码，下面立即显示该债券的名称，右侧行情区会显示这只债券的相应信息。

（3）在“买卖方向”栏选择“买入”，输入委托价格和委托数量。

（4）点击“确定”即可完成买入委托下单，点击“清除”可重新下单。

（5）下单成功则弹出“下单成功”提示框，否则弹出出错提示框。

5. 委托卖出

委托卖出操作中“买卖方向”选择“卖出”，其余与委托买入操作相同，其中卖出数量必须是 10 张或其整数倍，只有在全卖的时候才允许零卖。

委托卖出还可通过“交易中心”的“持仓明细”中所要卖出的债券明细列项后的“卖”按钮，快速下单，完成卖出委托。

6. 撤单

交易中心“查询”列项下的“今日委托”可查询委托订单明细。当撤单按钮为灰色时，表明委托已成交，不能撤销；按钮为红色时，点击即可撤销委托指令。

7. 持仓情况和资金流水查询

在“交易中心”列项下的“持仓明细”，可查询债券持仓情况。列项下的“查询”可查询资金流水等信息。

三、投资基金交易

（一）实训目的

1. 了解真实市场上基金的各种分类及构成，为了解基金投资的分析方法、学习基金的基本投资策略奠定基础。

2. 通过在虚拟交易所进行模拟操作，熟悉基金的交易流程和规则。

3. 了解基金的运作和基金投资组合的选择，从而深化对基金投资的认识。

（二）交易常识

1. 发行方式与基金分类

我国证券投资基金的发行方式主要有两种，上网发行和网下发行。上网发行是指将所发行的基金单位，通过与证券交易所的交易系统联网的全国各地的证券营业部，向广大社会公众发售的发行方式，封闭式基金主要采用这种发行方式。网下发行是指将所要发行的基金单位，通过分布在一定地区的银行或证券网点向社会公众发售的发行方式，开放式基金主要采用网下发行的方式。

开放式基金可分为不可上市交易型和可上市交易型。前者不能在交易所挂牌交易，但是可以在场外进行申购或赎回；后者是指在证券交易所挂牌交易的证券投资基金，包括 ETF 和上市开放式基金（LOF）两种。所谓 ETF 是指交易所交易基金（Exchange Traded Funds），是一种在交易所上市交易的、基金份额可变的开放式基金。目前国内推出的 ETF 也是指数基金。ETF 指数基金代表一篮子股票的所有权，是指像股票一样在证券交易所交易的指数基金，其交易价格、基金份额净值走势与所跟踪的指数基本一致。

封闭式基金类似于股票，在发行期满后一般都申请上市交易。

投资基金带来的收益主要包括利息收入、股息和红利收入、资本利得。

2. 交易规则

上海证券交易所和深圳证券交易所基金买入申报数量应为 100 份及其整数倍，卖出时余额不足 100 份的部分应一次性申报卖出，单笔最大申报数量不超过 100 万份，基金交易计价单位为每份基金价格，上海、深圳证券交易所基金交易申报价格最小变动单位为 0.001 元（人民币）。

开放式基金申购赎回时，采用“金额申购、份额赎回”原则，系申购时以金额填报数量申请，赎回时以份额填报数量申请。申购赎回的成交价格按当日基金份额净值确定最低申购金额和赎回份额，由基金管理人确定并公告，在最低申购金额的基础上，累加申购金额为 100 元或其整数倍，但最高不超过 99999900 元。单笔赎回的基金份额为整数份，但最高不能超过 99999999 份。同一交易日可以进行多次申购或赎回申报，申报指令可以更改或撤销，但申报已被受理的除外。

上市开放式基金募集期内，投资者在同一交易日内，可以进行多次认购，每笔认购数量必须为 1000 份及其整数倍，且最大不能超过 99999000 份基金单位。基金募集期内，所有投资者的认购资金将被冻结。上市开放式基金采取“金额申购、份额赎回”原则，场内申购申报单位为 1 元（人民币），赎回申报单位为 1 份基金份额。

证券交易所开放式指数基金 ETF 募集期间，认购 ETF 的方式有场内现金认购、场外现金认购、网上组合证券认购和网下组合证券认购。投资者办理证券交易所 ETF 份额的认购、交易、申购赎回业务需使用在中国结算公司开立的证券账户，交易价格实行10%的涨跌幅限制。

3. 交易费用

基金费用一般包括两大类：一类是在基金销售过程中发生的由基金投资人自己承担的费用，主要包括认购费、申购费、赎回费和基金转换费。这些费用一般直接在投资人认购、申购、赎回或转换时收取。其中申购费可在投资人购买基金时收取，即前端申购费；也可在投资人卖出基金时收取，即后端申购费，其费率一般按持有期限递减。另一类是在基金管理过程中发生的费用，主要包括基金管理费、基金托管费、信息披露费等，这些费用由基金资产承担。对于不收取申购、赎回费的货币市场基金和部分债券基金，还可按不高于2.5‰的比例从基金资产中计提一定的费用，专门用于本基金的销售和对基金持有人的服务。

主要费用包括：

（1）申购费（销售手续费）

投资者在买基金的时候，需要向基金的销售机构付一定的手续费，国内基金的销售手续费费率一般在基金金额的1%~1.5%之间。在基金发行期的销售手续费叫认购费用，发行期结束后的日常销售费用叫申购费用。一般来讲，基金公司为了吸引投资者在基金发行时买基金，认购费率比申购费率要便宜一些。为了使投资者长期持有基金，有些基金公司还推出了后端收费模式，即在投资者买基金的时候不收手续费，而将此项费用延迟到投资者赎回的时候再收取。但如果投资者持有基金的时间超过一定期限，赎回的时候便不用付费了。

（2）赎回费

国内基金在赎回的时候还要收取赎回费，主要是支付在赎回时的操作费用。一般的赎回费率在赎回金额的0.5%左右。为了鼓励投资者长期持有基金，一些基金公司推出了赎回费随持有时间增加而递减的收费方式，即持有基金的时间越长，赎回时付的赎回费越少，持有时间长到一定程度，赎回时就可不收赎回费。根据最新的基金法规，25%的赎回费是要计入基金资产的，以补偿没有赎回的投资者可能受到的损失。

（3）管理费

基金管理费是指基金管理人管理基金资产而向基金收取的费用。它是固定比率的，没有业绩提成。

（4）托管费

基金的管理原则是“投资与托管分离”。托管机构负责基金资产的保管、交割等工作，同时还有监督基金公司的职能，所以需要付给托管机构托管费。在国内，年托管费一般在基金资产净值的0.25%左右。

（5）交易费

基金交易费指基金在进行证券买卖交易时所发生的相关交易费用。我国证券投资基金的交易费用主要包括印花税、交易佣金、过户费、经手费、证管费。

（6）运作费

运作费指保证基金正常运作而发生的应由基金承担的费用。如发生的费用大于基金净值十万分之一，应采用预提或待摊的方法计入基金损益；如发生的费用小于基金净值十万分之一，应于发生时直接计入基金损益。

4. 深交所证券投资基金交易新规

为明确商品期货ETF的交易和申购赎回机制，经中国证监会批准，深圳证券交易所于2019年1月对《深圳证券交易所证券投资基金交易和申购赎回实施细则（2016年修订）》有关条款进行修订，具体条款修订后如下：

（1）投资者当日通过竞价交易方式买入（以下简称“竞价买入”）的债券ETF份额、黄金ETF份额、上市交易的货币市场基金份额、跨境ETF份额、跨境LOF份额和商品期货ETF份额，当日可以卖出。

（2）投资者当日通过大宗交易方式买入（以下简称“大宗买入”）的债券ETF份额、黄金ETF份额、上市交易的货币市场基金份额、跨境ETF份额、跨境LOF份额和商品期货ETF份额，当日可以通过大宗交易方式卖出（以下简称“大宗卖出”），次一交易日可以通过竞价交易方式卖出（以下简称“竞价卖出”）。

（3）投资者交易、以现金为对价申赎单市场债券ETF、跨市场债券ETF、跨市场股票ETF、商品期货ETF或者跨境ETF时，应当遵守下列规定：

①当日竞价买入的ETF份额，当日可以赎回；当日大宗买入的ETF份额，次一交易日可以赎回；

②当日申购的ETF份额，在交收前不得卖出或者赎回。

（4）商品期货ETF指以持有经中国证监会依法批准设立的商品期货交易所挂牌交易的商品期货合约为主要策略，以跟踪商品期货价格或价格指数为目标，使用商品期货合约组合或基金合同约定的方式进行申购赎回的ETF。

（三）实训要求

1. 登录国泰安虚拟交易所系统，熟悉系统的各主要功能模块。

2. 分别调用上海证券交易所和深圳证券交易所的商品报价进行委托买入、卖出、撤单等操作。

（四）实训步骤

1. 登录系统

登录国泰安虚拟交易所系统后，点击“已开赛的竞赛”。

2. 证券账户注资

通过“交易中心”列项下的“银证转账”，将资金从银行账户转入沪深证券资金账户。

3. 制定基金投资决策

点击“行情中心”可以查看所有投资基金行情，可以根据自己的需要通过板块筛选或输入基金代码检索所要查看的基金，制定基金投资决策，拟交易品种包括封闭式基金、ETF和上市开放式基金。

4. 委托买入

（1）点击“交易中心”列项下的“下单”，进入委托买卖操作区。

（2）在代码编辑框内输入要购买的投资基金的代码，即显示该投资基金的名称，右侧行情区会显示这个投资基金的相应信息。

（3）在“买卖方向”栏选择“买入”，输入委托价格和委托数量。

（4）上述委托买入操作，也可通过单击行情中心行情信息窗口的产品代码，实现快速买入操作。

（5）点击“确定”即可完成买入委托下单，点击“清除”可重新下单。

（6）下单成功则弹出“下单成功”提示框，否则弹出出错提示框。

5. 委托卖出

委托卖出操作是在“买卖方向”栏选择“卖出”，其余操作可参照上述买入操作进行。

6. 撤单

交易中心“查询”项下的“今日委托”列是委托订单明细。当撤单按钮为灰色时，表明委托已成交，不能撤销；按钮为红色时，点击即可撤销委托指令。

7. 持仓情况和资金流水查询

持仓明细以及资金流水查询的操作，可以参考股票交易、债券交易的操作。

四、外汇交易

（一）实训目的

1. 了解真实外汇市场上的外汇交易品种，外汇汇率类型及有关汇市报价，了解外汇实盘交易和外汇保证金交易的基本流程及相关术语。

2. 理论结合实际能够解读外汇行情，通过外汇模拟交易，加深对理论知识的理解。

（二）理论知识

1. 个人外汇买卖交易分类

个人外汇买卖交易按是否使用银行提供的资金，可分为外汇实盘交易和外汇虚盘交易两种方式。

外汇实盘交易是指个人客户在银行通过柜面服务人员或其他电子金融服务方式进行的不可透支的、可自由兑换外汇（或外币）的交易。实盘交易是一种现货交易，买卖货币必须进行实际收付。银行办理个人外汇买卖，要求客户必须有足额的现金或外币账户中有足额的卖出货币金额。个人实盘外汇买卖以赚取汇率差额为主要目的，客户还可以通过该业务，把自己持有的外币转为更有升值潜力或利息较高的外币，以赚取汇率波动的差价或更高的利息收入。通常实盘交易只能买涨，不能买跌，其优点是收入稳定。

外汇虚盘交易也称外汇保证金交易，指个人在银行交纳一定的保证金后进行的交易金额可放大若干倍的外汇交易。外汇保证金交易由外汇期货衍生而来，具有如下特点：

（1）外汇保证金交易的市场是无形和不固定的。

（2）外汇保证金交易是合约，而不是现货，可以双向交易投资，看涨看跌都有可能获利。

（3）具有保证金放大功能，境外经纪机构通常提供放大 10~400 倍的保证金交易。

（4）外汇保证金交易不像期货那样涉及交割日、交割月的概念，它没有到期日，但须清算隔夜息差。

2. 交易费用

客户在银行进行个人实盘外汇交易，或外汇保证金交易时，不需要交纳手续费。

3. 交易规则

在交易金额和交易时间上，各银行有不同的规定，个人实盘外汇买卖交易的清算方式为 T+0，客户在完成一笔交易后，外汇交易系统立即自动完成资金交割。也就是说，同一笔资金可以在一天内进行多次外汇买卖交易。个人外汇买卖业务牌价是根据国际市场实时汇率的中间价，加减买卖点差后确定的。牌价分为现汇买入价、现汇卖出价、现钞买入价和现钞卖出价。

4. 个人外汇买卖成交方式

个人外汇买卖有即时交易和委托交易两种成交方式，即时交易系按外汇交易系统的即时汇率成交。委托交易即由客户指定成交条件，一旦即时汇率满足客户指定的成交条件，即按客户委托汇率成交。

5. 开户资格

我国银行个人外汇买卖是指银行接受境内个人客户的委托，参照国际金融市场现实汇率，把一种外币兑换成另一种外币的业务，凡具有完全民事行为能力、在外汇指定银行的指定营业网点开立个人外汇存款账户，或只有外币现钞的境内居民，均可在银行办理个人外汇买卖业务。

（三）实训要求

1. 登录国泰安虚拟交易所外汇交易系统，了解系统的各主要功能模块。

2. 能够调用虚拟交易所外汇商品报价，了解外汇实盘交易和保证金交易的基本操作。

（四）实训步骤

1. 登录系统

登录国泰安虚拟交易所系统后，点击“已开赛的竞赛”，选择所要参与的外汇竞赛，点击“进入竞赛”进入外汇竞赛主页。

2. 外汇账户注资

点击“行情交易”列项下的“银汇转账”，转账类型选择“银行转外汇账户”，输入转账金额，点击“转账”即可完成外汇账户的资金转入。

3. 制定外汇投资策略

“行情交易”列项下的“行情报价”“自选行情”可以查看外汇产品的实时行情信息。参赛者可对预选产品行情进行分析，制定出外汇投资决策。

4. 委托交易：开仓

（1）在“行情交易”栏，点击“下单”，选择“综合下单”，在委托类型下拉菜单选择委托交易方式——市价开仓或挂单开仓。

选择市价开仓时，在代码输入框内输入所要操作的外汇代码，即显示对应的外汇名称，在“委托价格”栏显示该外汇的当前对应汇率，在“委托数量”栏填入要买入或卖出的数量，在“买卖方向”栏选择买入或卖出。同时可选择在开仓时下组合单，填入附带止损价格或附带止盈价格。

选择挂单开仓时，在代码输入框内输入所要操作的外汇代码，即显示对应的外汇名称，在“委托价格”栏显示该外汇的当前对应汇率，参赛者可重新输入委托价格，选择委托指令的有效期限，买卖方向选择买入或卖出。同时可选择在开仓时下组合单，确定附带止损价格或附带止盈价格。

（2）点击“行情报价”，点击所要交易外汇品种的买入价或卖出价，可实现快速市价开仓操作。

（3）单击“确定”，若下单成功，则弹出“下单成功”提示窗口；点击“取消”，可取消当前下单操作。

5. 委托交易：平仓

（1）在“行情交易”下，点击“下单”，选择“综合下单”，在委托类型下拉菜单中选择委托交易方式，包括市价平仓、止损平仓或止盈平仓，输入所要操作的外汇代码、委托价格、委托数量，选择买卖方向、有效期限等信息。或可以直接点击“市价平仓”“止损平仓”或“止盈平仓”下单。

（2）选择“市价平仓”时，选择要交易的“主单号”，系统将自动显示外汇代码、外汇名称、委托数量、委托价格及主单信息。若选择“止损平仓”或“止盈平仓”，则需要在选择主单号后，输入相应的委托价格，并选择相应的有效期限。

（3）点击“确定”下单，若下单成功，则弹出“下单成功”提示窗口；点击“取消”，可取消当前下单操作。

6. 委托查询

在“查询”模块下，单击“今日委托”“今日成交”“今日资金流水”“历史委托”“历史成交”“历史资金流水”等即可查询相应的信息。

7. 查询当前可用保证金和占用保证金

单击“行情交易”栏，选择“资金账户”可查询账面余额、持仓盈亏、今日平仓盈亏、实际净值占用保证金、可用保证金及可用保证金比例等。

五、其他金融衍生品交易

鉴于在金融市场学课程学习目标中，金融衍生品交易难易程度的设置，本部分对金融期货品种的实训操作不作详尽介绍，学生可根据个人学习程度和兴趣，自行完成模拟操作。同时，在国泰安模拟交易平台中，许多交易操作步骤有相关性，这里我们只以商品期货交易为例加以说明，其他金融衍生品的交易操作不作赘述。

（一）实训目的

1. 理解商品期货交易的主要原则和定价规则。

2. 通过国泰安虚拟交易所系统的基本操作，了解商品期货交易的流程和常用术语，理论结合实践，加深对商品期货投资相关理论知识的理解。

（二）交易常识

目前中国内地的期货交易所有四家，主要有上海期货交易所、大连商品期货交易所、郑州商品期货交易所和中国金融期货交易所。其中前三个交易所主要交易商品期货。

1. 商品期货交易所及主要交易品种

上海期货交易所是受中国证券监督管理委员会集中统一监管的期货交易所，宗旨是服务实体经济。根据公开、公平、公正和诚实信用的原则，现有四个下属子公司，分别为上海上期商务服务有限公司、上海期货信息技术有限公司、上海期货与衍生品研究院有限责任公司和上海国际能源交易中心股份有限公司。上海期货交易所上市品种有 17 个期货品种以及 2 个期权合约，主要分为三类：金属类：铜、铝、锌、铅、镍、锡、黄金、白银、螺纹钢、线材、热轧卷板；能源化工类：原油、燃料油、沥青、天然橡胶、20 号胶、纸浆；衍生品类：铜期权、天然橡胶期权。

大连商品交易所成立于 1993 年 2 月 28 日，是中国四家期货交易所之一，也是中国东北地区唯一一家期货交易所。目前已上市玉米、玉米淀粉、黄大豆 1 号、黄大豆 2 号、豆粕、豆油、棕榈油、纤维板、胶合板、鸡蛋、粳米、聚乙烯、聚氯乙烯、聚丙烯、焦炭、焦煤、铁矿石、乙二醇共计18个期货品种和豆粕、玉米2个期权品种。2018年12月，商品互换业务正式上线，大连商品交易所建立了多元开放衍生品市场新格局，在多元开放战略转型和全面建设国际一流衍生品交易所道路上迈出了坚实步伐。

郑州商品交易所成立于1990年10月，是国务院批准成立的首家期货市场试点单位。目前上市普通小麦、优质强筋小麦、早籼稻、晚籼稻、粳稻、棉花、棉纱、油菜籽、菜籽油、菜籽粕、白糖、苹果、红枣、动力煤、甲醇、精对苯二甲酸（PTA）、玻璃、硅铁、锰硅、尿素等20个期货品种和白糖、棉花2个期权品种，范围覆盖粮、棉、油、糖、果以及能源、化工、纺织、冶金、建材等多个国民经济重要领域。

2. 交易单位

交易单位是指在期货交易所交易的每手期货合约代表的标的商品的数量。如郑州商品期货交易所规定，一手白糖期货合约的交易单位为10吨；上海期货交易所规定，每张铜合约单位为一手5吨。在交易时，只能以交易单位的整数倍进行买卖。

报价单位是指在公开竞价的过程中，对期货合约报价所使用的单位，系每计量单位的货币价格。国内阴极铜、白糖、大豆等期货合约的报价单位以元/吨表示。

最小变动价位乘以交易单位，就是合约价格的最小变动值。例如郑州商品期货交易所白糖期货合约的最小变动价位是1元/吨，即每手合约的最小变动值是1元/吨×10吨等于10元。

期货交易的交割方式分为实物交割和现金交割两种，绝大多数期货合约在到期前以对冲方式了结，用现金完成交割结算。

3. 交易规则

商品期货开盘价和收盘价均由集合竞价产生，交易系统自动控制集合竞价申报的开始和结束，并在计算机终端上显示。

交易所实行价格涨跌停板制度和强行平仓制度。会员或投资者违规超仓，或者未按规定及时追加保证金，以及做出其他违规行为的，交易所对违规会员采取强行平仓措施。

4. 交易费用

交易手续费是期货交易所按成交合约金额的一定比例或按成交手数收取的费用。不同期货交易对交易手续费的收费标准均有不同规定。

（三）实训要求

1. 登录国泰安虚拟交易所交易系统，了解系统各主要功能模块。

2. 分别调用上海期货交易所、大连商品期货交易所和郑州商品期货交易所的商品报价，了解多头及空头期货交易的基本操作。

（四）实训步骤

1. 登录系统

登录国泰安虚拟交易所系统后，点击“已开赛的竞赛”，选择所要参与的竞赛，点击“进入竞赛”进入竞赛主页。

2. 账户注资

参考前文对该步骤的讲述，可将资金转入商品期货资金账户。

3. 制定商品期货投资决策

在“行情中心”列项下点击“上海期货”“大连期货”“郑州期货”，即可查看相应的商品期货实时行情，参赛者可根据行情信息制定商品期货交易决策。

4. 委托交易：开仓

点击“交易中心”列项下的“下单”，进入委托买卖操作区。在代码编辑框内输入所要操作的商品期货代码，在“买卖方向”选择“买开”或“卖开”，输入委托价格、委托数量。

5. 委托交易：平仓

在“买卖方向”选择“买平”或“卖平”，其他操作与委托开仓操作相同。

6. 撤单

点击“交易中心”栏，选择“查询”，单击“今日委托”，列示委托订单明细，若订单已成交，“撤”字为灰色，不能撤回指令，若订单未成交，点击“撤”可撤回委托指令。

7. 持仓情况和资金流水查询

点击“交易中心”栏，选择“持仓明细”，品种选择“商品期货”，可查询商品期货账户持仓情况。

8. 查询当前保证金

由于期货交易采取保证金制度，点击“交易中心”列项下的“银证转账”，可查询商品期货资金账户当前的保证金数额。

参考文献

［1］张亦春. 现代金融市场学［M］. 北京：中国金融出版社，2013.

［2］谢百三. 金融市场学［M］. 北京：北京大学出版社，2003.

［3］张亦春，郑振龙. 金融市场学［M］. 北京：高等教育出版社，2003.

［4］中国证券业协会. 金融市场基础知识［M］. 北京：中国财政经济出版社，2006.

［5］中国证监会从业资格考试委员会办公室编. 证券投资分析［M］. 北京：中国财政经济出版社，2006.

［6］杜金富. 金融市场学（第3版）［M］. 大连：东北财经大学出版社，2010.

［7］王振山，王立元. 金融市场学［M］. 北京：清华大学出版社，2011.

［8］徐晟. 金融市场学［M］. 北京：经济管理出版社，2012.

［9］郑庆寰. 金融市场学［M］. 上海：华东理工大学出版社，2011.

［10］弗兰克·J. 法博齐，弗兰克·莫迪利安尼. 金融市场与金融机构基础［M］. 孔爱国，等译. 北京：机械工业出版社，2010.

［11］白钦先，等. 发达国家金融监管比较研究［M］. 北京：中国金融出版社，2003.

［12］何小峰，黄嵩，刘秦. 资本市场运作教程（第3版）［M］. 北京：中国发展出版社，2011.

［13］胡日东，赵林海. 国际金融理论与实务（修订版）［M］. 北京：清华大学出版社，2010.

［14］张洪涛，郑功成. 保险学（第3版）［M］. 北京：中国人民大学出版社，2008.

［15］安东尼·桑德斯，马西娅·米伦·科尼特. 金融市场与金融机构［M］. 王中华，译. 北京：人民邮电出版社，2006.

［16］布莱恩·克特尔. 金融经济学［M］. 刘利，等译. 北京：中国金融出版社，2005.

［17］陈红. 中国股票市场制度创新研究［M］. 北京：中国财政经济出版社，2004.

［18］陈学彬，邹平座. 金融监管学［M］. 北京：高等教育出版社，2003.

［19］弗兰克·J. 法博齐. 金融工具手册［M］. 俞卓菁，译. 上海：上海人民出版社，2006.

［20］罗斯，马奎斯. 金融市场学［M］. 陆军，等译. 北京：机械工业出版社，2009.

［21］史建平. 金融市场学［M］. 北京：清华大学出版社，2007.

［22］汪昌云. 金融衍生工具［M］. 北京：中国人民大学出版社，2009.

［23］盛立军. 中国金融新秩序［M］. 北京：清华大学出版社，2003.

［24］杨玉凤，李英. 国际金融实务［M］. 上海：复旦大学出版社，2014.

［25］兹维·博迪，罗伯特·C. 莫顿. 金融学［M］. 伊志宏，等译校. 北京：中国人民大学出版社，2000.